U0920090

前言

日消月长，物换星移，自从地球这个蓝色星球上出现人类以来，几千年中，多少人沉浮史海，多少事随风而逝。兴盛与衰微，辉煌与灭亡，丽日晴空与血雨腥风，当尘埃落定时，留给后人的是一段段凝固的历史和一件件值得借鉴的历史大事。

埃延尼·古尔森说：“当代世界的痛苦就如产妇分娩时的阵痛，一个规模空前的人类社会正在如此巨大的痛苦中诞生。我们目击的一切重大事件的共同特点是全球性，把我们目击的重大事件与过去的、有史以来的一切重大事件分别开来的也正是全球性。”

如果说一个民族的历史像一条千丝万缕拧成的线，世界史则更像一幅由不同画面构成的巨幅长卷，它们自成一体，又相互关联。在这幅画卷上我们可以看到，人类文明的铸造史事实就是时间与空间的革命，当人类登上月球不再是梦想，当踏上宇宙已成为现实，当先进的交通工具将人们之间的距离缩得越来越短，当人类生存的环境及未来命运联系得越来越紧密时，地球变成了一个“村庄”，作为村民的我们每一个人，了解世界历史和世界历史大事就是在了解我们的身世。

《世界上下五千年》是一本历史知识的普及性读物，而非“通史”、“简史”之类的史学专著。它以世界历史为主干，以古国文明、社会变迁、战争风云、科学进步、民族革新、工业发展等事件为多姿多彩的枝叶，使读者在紧张的学习和工作之余，悠闲地浏览，以作消遣。既读了历史，又长了知识，更开阔了眼界，这正是策划、编撰本书的初衷。

本书记录的古国文明，可以让人了解到人类早期的文字、文学和艺术的初萌及形成过程，可以解读到上古时期的历史之谜。

本书记录的战争风云，可以让人感受到战场上战术的灵活机变，认识到战争的残酷无情。

本书记录的民族革新，可以让人领悟到世界历史发展不可阻挡的推动力量。

本书记录的科学进步、工业发展方面的内容，以近现代为主，选其具有代表性、人们乐于了解的事例。如牛顿发现万有引力定律、哥白尼提出“太阳中心学说”、爱迪生发明电灯，等等。从这些人物和事件的介绍中，让人领略到科学家、发明家的成长历程和智慧的闪光处。

熟悉历史，是为了了解昨天、把握今天、创造明天。倘若对过去的重大事件寻根究底，过去的一切会使我们特别注意到将来。

《世界上下五千年》记录的是全球而不是某一国家、地区的历史事件；关注的是整个人类而不局限于东方人或非东方人。

谨以此书献给广大读者。由于编著者能力所限，书中难免有不妥之处，敬请诸君雅正。

编　者

古代篇

第一章　美索不达米亚文明

苏美尔人创造楔形文字 / 2
汉谟拉比统一巴比伦 / 3
世界最古老的法典——《汉谟拉比法典》/ 6
安息建立奴隶制国家 / 7
新巴比伦人打造“空中花园” / 8
希伯来人大迁徙 / 9
犹太人建立以色列国 / 10
穆尔西里征服赫梯 / 13
亚述帝国的大规模扩张 / 14
大流士缔造波斯帝国 / 16
腓尼基人环航非洲 / 18

第二章　埃及文明

梅尼斯统一埃及 / 21
埃及古王国时期 / 22
埃及前王朝时期 / 23

埃及人发明图形文字 / 25
古埃及浮雕 / 27
胡夫大金字塔 / 28
狮身人面像 / 30
艳后克娄巴特拉拯救埃及 / 31

第三章　印度文明

哈拉帕文化遗址 / 38
梨俱吠陀时代 / 39
印度史诗 / 41
婆罗门教 / 42
释迦牟尼创立佛教 / 44
孔雀帝国 / 47

第四章　希腊文明

克里特人创造线形文字 / 49
伊索与《伊索寓言》/ 50
荷马史诗 / 52
苏格拉底 / 57
柏拉图 / 60
亚里斯多德 / 63
阿基米德 / 65
奥林匹克运动会 / 68
雅典改革 / 70
木马屠城记 / 72

希波战争 / 74
马拉松战役 / 76
马其顿控制希腊/ 78
亚历山大东征 / 79

第五章　罗马文明

拉丁字母 / 83
诺亚方舟 / 84
耶稣和《耶稣传》/ 87
斯巴达克起义 / 88
战神恺撒 / 90
屋大维与安东尼的权力之争 / 93
庞培古城葬身火山 / 97
古罗马竞技场 / 98
罗马帝国的灭亡 / 99

第六章　玛雅文明

科潘古城遗址 / 102
玛雅文化 / 103
玛雅人的雕刻艺术 / 106
玛雅人的商贸活动 / 107

中世纪篇

第七章　伊斯兰教的兴起

穆罕默德创立伊斯兰教 / 110

麦加朝觐 / 112
阿拉伯帝国 / 113
阿拉伯名著《一千零一夜》/ 116

第八章　十字军东侵

西欧骑士 / 118
十字军 / 119
第一次十字军东侵 / 122
第二次十字军东侵 / 125
第三次十字军东侵 / 126
第四次十字军东侵 / 128
第五、六、七、八次十字军东侵 / 132

近代篇

第九章　文艺复兴

文艺复兴运动 / 136
达·芬奇创作《蒙娜丽莎》/ 137
米开朗琪罗的雕塑作品 / 140
年轻画家马萨乔 / 143
罗马画派首领拉斐尔 / 144
马丁·路德改革宗教 / 146
培根开创现代实验科学 / 149
拉伯雷 / 151
塞万提斯 / 155

莎士比亚 / 159

第十章　工业革命

英国工业革命 / 164
第一部火车的问世 / 167
莫尔斯电码、电报的诞生 / 168
贝尔发明电话 / 170
爱迪生发明电灯 / 171
特斯拉发明交流电 / 174
亨利·福特改良汽车装配线 / 175

第十一章　科学革命

哥伦布发现新大陆 / 179
达·伽马发现印度 / 184
麦哲伦环球航行 / 187
法拉第发现电磁感应现象 / 192
哥白尼创立日心说 / 193
伽利略发现新宇宙 / 194
牛顿发现万有引力定律 / 197
达尔文开创进化论 / 198
诺贝尔制造炸药 / 202
爱因斯坦提出相对论 / 205
巴斯德发展预防接种技术 / 207
巴甫洛夫发现条件反射现象 / 209
莱特兄弟设计出第一架动力飞机 / 212
弗洛伊德的心理学研究 / 216

摩尔根创立遗传基因理论 / 219
梅契尼科尔夫揭开细胞免疫的奥秘 / 222
居里夫妇发现镭元素 / 223

第十二章　政治革命

(一)英国革命

伊丽莎白一世 / 226
圈地运动 / 228
处决查理一世 / 229
光荣革命 / 231

(二)美国革命

列克星顿的枪声 / 232
《独立宣言》的发表 / 234
美国国父华盛顿 / 236
林肯就任总统 / 238
南北战争 / 241

(三)法国革命

攻克巴士底狱 / 244
革命领袖丹敦之死 / 246
热月政变 / 247
拿破仑成为法国终身执政者 / 249
《拿破仑法典》/ 252
拿破仑远征俄国 / 253
维也纳会议 / 255
滑铁卢战役 / 257

（四）无产阶级革命
马克思奠定无产阶级革命理论基础 / 259
亲密战友恩格斯 / 261
共产主义者同盟 / 262
《共产党宣言》/ 264
《资本论》/ 266
巴黎公社 / 268
（五）俄国革命
彼得一世建立俄罗斯帝国 / 271
女沙皇叶卡捷琳娜 / 273
普加乔夫农民大起义 / 275
切斯马战役 / 276
克里木战争 / 277
普希金为现实主义文学奠基 / 279
现实主义作家托尔斯泰 / 282
日俄战争 / 285
流血星期日 / 287
1905 年俄国大革命 / 289

现代篇

第十三章 第一次世界大战
巴尔干“火药桶” / 292
萨拉热窝事件 / 294
凡尔登战役 / 295
日本趁火打劫 / 298

美国的介入 / 300
协约国“惨胜” / 303
同盟国惨败 / 305
巴黎和会 / 307

第十四章　俄国十月革命

列宁确立苏维埃政权 / 309
彼得格勒武装起义 / 314
攻占冬宫 / 315
共产国际成立大会 / 318

第十五章　第二次世界大战

希特勒发迹 / 321
国会纵火案 / 324
资本主义世界经济危机 / 328
罗斯福新政 / 330
慕尼黑阴谋 / 332
希特勒突袭波兰 / 335
希特勒袭击英伦三岛 / 336
丘吉尔拯救英国 / 338
斯大林领导卫国战争 / 341
斯大林格勒战役 / 344
莫斯科红场阅兵式 / 349
莫斯科保卫战 / 351
日本“大东亚共荣圈”的构想 / 355
日本武装入侵东南亚 / 357

珍珠港事件 / 362
中途岛大海战 / 364
沙漠之狐 / 367
西西里岛登陆 / 370
德黑兰会议 / 371
诺曼底登陆 / 374
犹太人大屠杀 / 377
柏林战役外围战 / 381
墨索里尼暴尸街头 / 382
雅尔塔会议 / 385
希特勒之死 / 386
广岛原子弹大爆炸 / 389
日本无条件投降 / 391
东京大审判 / 392
日军慰安妇 / 396
联合国的建立 / 397

第十六章　战　后

冷战 / 400
马歇尔计划 / 403
关税及贸易总协定 / 405
甘地遇害 / 407
柏林危机 / 409
联合国大会通过《世界人权宣言》/ 411
北大西洋公约组织 / 413
华沙条约组织 / 415

朝鲜战争 / 416
中国人民志愿军出兵朝鲜 / 419
日内瓦会议 / 422
万隆会议 / 425
戴高乐建立法兰西第五共和国 / 427
匈牙利事件 / 430
第一颗人造地球卫星 / 433
太空争夺战 / 434
苏联成功发射载人宇宙飞船 / 436
“阿波罗 11 号”登上月球 / 438
古巴导弹危机 / 441
越南战争 / 443
尼克松访华 / 445
水门事件 / 448
欧洲安全和合作会议的召开 / 451
恩德培机场人质事件 / 453
两伊战争 / 454
东德西德统一 / 456
海湾危机 / 458
沙漠风暴行动 / 460
苏联解体 / 463

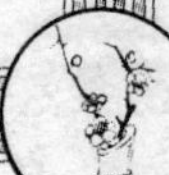

古代篇

第一章　美索不达米亚文明

苏美尔人创造楔形文字

美索不达米亚地处底格里斯河与幼发拉底河之间，美索不达米亚文明是世界历史上出现的第一个文明，它的伟大创建者是苏美尔人。

苏美尔位于现在的伊拉克共和国的南部，南临波斯湾，由若干块荒芜、干旱的小平原组成。约公元前3500年时，苏美尔人成功地完成了从新时器时代的部落文化到早期文明的过渡。

人类学家指出了早期人类文明的一些特征，比如：城市中心，由制度确立的国家的政治权力、纳贡或税收、文字、社会分为阶级或等级，巨大的建筑物，各种专门的艺术和科学，等等。这些文明的特征在苏美尔人那里都或多或少地有所体现。

早期的苏美尔人在美索不达米亚南部开沟挖渠，依靠复杂的灌溉网，利用底格里斯河与幼发拉底河湍急的河水，从而创建了第一个文明。到公元前3000年时，苏美尔地区已出现12个独立的城市国家，如其中的乌卢克城占地1 100英亩，人口约5万。正如美国历史学家爱德华·伯恩斯说的："历史发端于苏美尔。"当苏美尔人于公元前3200年创造楔形文字时，世界历史开始了。

在古代的苏美尔，经常可以看到有人拿着芦秆或木棒做成的尖头呈三角形的笔，在泥板上写字。这种字从左到右横着写，每一个笔画总是由粗到细，像木楔一样。这就是苏美尔人留给后世西方文明的三大珍贵礼品之一的"楔形文字"。

苏美尔文字是逐步产生的，正如我们现在所知，其间由借助图形表达某种观念到文字的出现经历了1 000年的演化过程。公元前3500年左右，苏美尔人开始刻图像于石或镌印于黏土，以此作为拥有某物的标志，或者用一块岩石表示"铁石心肠"，或者用一棵树表示一幢房屋。

大约500年以后，由图形向文字的演化速度大大加快。到了那时，苏美尔神庙的管理人员使用许多规范化的简图，把它们结合起来用以保存神庙的财产档案和商业交易档案。

尽管这一时期的书写文字仍具有象形文字特征，但已超越了以图画表示人及具体事物的阶段，发展到了用图画表示抽象事物，例如：一只碗表示食物，一个人头加一只碗则表示吃的意思。

又过了500年，成熟的文字全面取代了旧有文字，因为到那时最初的图画已变得非常系统化，以致人们不再把它们视为图画，而是视之为纯粹的符号；这些符号有许多已不再表示特定的词，而成为与其他同类符号结合在一起就可形成字词的音节符号。

公元前2500年左右，苏美尔地区的这种文字体系达到了充分发展的阶段。楔形符号共有500种左右，其中有许多具有多重含义，这就使得楔形文字体系比后来的字母文字体系要难以掌握得多。尽管如此，在2 000年间楔形文字一直是美索不达米亚唯一的文字体系；到了公元前500年左右，这种文字甚至成了西亚大部分地区通用的商业交往媒介。

从苏美尔时代残存下来、在近代被发掘出来的楔形文字文献都是抄写在泥板上的。这些泥板中，大约90%是商业的行政记录，其余的10%则是对话、谚语、赞美诗和神话传说的残篇。

苏美尔人的对话采用这样的形式：两个角色在辩论中各站在对立的一方互相辩驳——夏天对冬天，斧头对犁子，或者农夫对牧人。由于双方均有许多可以立足的根据，因而辩论通常没有输赢。另一方面，残存至今的苏美尔谚语则提供了明确的观点。

一则令人着迷的苏美尔处世格言这样讲："仆人待的地方，必有争吵相伴；理发师待的地方，必有毁谤传出。"

楔形文字流传到亚洲西部的许多地方，它为人类带来了文明的"火种"。公元前2007年，苏美尔人的最后一个王朝衰亡之后，巴比伦王国把这份遗产继承了下来，并有新的发展。

汉谟拉比统一巴比伦

巴比伦意为"神之门户"。这个城邦位于幼发拉底河中游，扼西亚贸易的要冲。它的境内土地肥沃，水源丰足，孕育着这一古国的文明。

公元前1894年，这里建立了古巴比伦第一王朝。但是此时的巴比伦不过是一个时而依附这一邻国，时而向另一邻邦称臣的小邦。直到第六代国王、雄才大略的汉谟拉比登上王位之后，才使它一跃而成为显赫一时并统一两河流域的大国。

当汉谟拉比继承王位时，巴比伦的领土范围，长不过 120－130 公里，宽只有 32－33 公里。他向北方的亚述称臣，致力于制定法律，修筑城墙，重建神庙，努力积聚实力，消弭内争。

汉谟拉比机灵善变，审时度势，利用矛盾，各个击破。他的基本策略是团结邻邦，集中全力打击一个主要敌人。一开始，他和北方的马里、南方的拉尔萨结盟，继续承认亚述的统治，以巴比伦、马里、拉尔萨的联合力量，一举灭亡了南方的近邻伊新。

随后，他又特别致力于与北方的马里结好。马里位于幼发拉底河的中游，联合了幼发拉底河流域许多的城邦，征服了一些游牧部落，并且与东地中海的许多城邦有广泛的贸易和外交联系。

汉谟拉比与马里国王吉姆里利姆在信函往来中互称“兄弟”，约定在国际事务中采取联合一致的行动，在军事上互相支援。汉谟拉比帮助马里摆脱了亚述对它的控制，也曾协助吉姆里利姆击退草原部落和东部邻国埃什努那的入侵。

当汉谟拉比认为自己的力量已经足够强大的时候，便于公元前 1764 年出兵击败了埃什努那。再过一年，即在汉谟拉比在位的第 31 年，巴比伦对拉尔萨发动了决定性的进攻。经过对拉尔萨的最后要塞的数月围攻，汉谟拉比终于灭掉了这个长期的劲敌，迫使它的国王黎姆新逃奔埃兰。

汉谟拉比的一系列举动，使邻国为之惊恐。特别是马里国王，对此已有警觉，即使是在他和汉谟拉比的关系处于最好状态的时期，也通过他常驻巴比伦的外交使节和谍报人员，密切注视巴比伦各方面的情况。现在，当他察觉形势的变化后，便召回了和巴比伦人一起在拉尔萨作战的部队。

但是，为时已晚，巴比伦已经强大到如此地步，他再也不可能与之平起平坐了。汉谟拉比在灭掉拉尔萨之后，挥师直逼马里城下，吉姆里利姆被迫臣服于汉谟拉比。

两年后，也就是公元前 1757 年，吉姆里利姆举兵反叛，遭到汉谟拉比的残酷镇压。一度繁荣昌盛的马里城被夷为平地。吉姆里利姆苦心营造的豪华宫殿也被付之一炬。

在取得节节胜利后，汉谟拉比继续对亚述用兵，击败了亚述的军队及其盟友。亚述王朝因某种原因幸存下来，但其南部领土为汉谟拉比所占据。

汉摸拉比在他在位的第38年，攻灭了埃什努那。此次战役，他是以残酷的决河屠城手段获得最后胜利的。

汉谟拉比统治的最后两年，巴比伦国家的扩张已达极限。社会内部矛盾，使其从对外扩张转入防御，对内力求维持社会秩序的稳定。身染重病的汉谟拉比，把国务交给自己的儿子萨姆苏伊鲁纳处理，公元前1750年汉谟拉比病逝。

汉谟拉比花了35年的时间，采取灵活的外交手段和军事征服政策，剪除城邦割据，消弭混乱，统一了两河流域，创建了一个从波斯湾至地中海沿岸的中央集权的奴隶制帝国。他自称是“强大之王”，“巴比伦之王”，“阿穆鲁的全国之王”，“苏美尔、阿卡德之王”和“世界四方之王”。在他当政期间，巴比伦成了西亚最大的经济、政治和文化中心。

《汉谟拉比法典》序言中说：“安努与恩里尔为人类福祉计，命令我，荣耀而畏神的君主，汉谟拉比，发扬正义于世，灭除不法邪恶之人，使强不凌弱，使我有如沙马什，照临黔首，光耀大地。”

汉谟拉比不愧为古代西亚奴隶主阶级的杰出政治家。他之所以取得成功，是与他实行的一系列政策密切相关的。

世界最古老的法典——《汉谟拉比法典》

《汉谟拉比法典》刻在一个石碑上，共包括282则条文。1901年，一支法国考古队在伊朗的苏萨挖出了一根黑色玄武岩的大石柱。这根石柱已经断成三截，但拼起来还是完整的。石柱高两米半，它的上方刻着两个人的浮雕像：一个坐着，右手握着一根短棍；另一个站着，双手打拱，好像在朝拜。石柱的下部，刻着像箭头或钉头那样的文字。经考证，这正是用楔形文字记录的法律条文——《汉谟拉比法典》。

在《汉谟拉比法典》中，奴隶毫无权利可言，稍有过失即受到断肢的可怕惩罚。此外，法典中提到了两个法律阶层：一是"人"，显然意指贵族；另一是所有其他既非"人"亦非奴隶的人，他们的法律待遇很差，但拥有某些法律权利。

《汉谟拉比法典》建立在两个最著名的原则基础上，此即"以眼还眼、以牙还牙"和"让买方小心提防"。

乍一看来这两个原则都很原始。在规定对确定的伤害行为进行赔偿时（"倘人毁他人之目，则毁其目"；"倘人断他人之骨，则断其骨"），法典从不考虑最初的伤害是否纯属意外，而是残酷无情地坚持让人受到皮肉之苦和侮辱。"让买方小心提防"原则则不那么残酷无情，但看上去不像是法律。

为什么国家会在一部法典里有这两项规定呢？因为美索不达米亚人颁布法律主要是为了制止争斗。他们以为——这决非毫无理由——一个总想采取暴力手段的人，如果记住不论他怎样加害于人，都会受到法律同样的处罚，那么他也许会不再施暴。

另外，他们也清楚地认识到，惩罚只有迅捷无情才能收到威慑效果。这一观点使得他们必然对无实质意义的动机问题不予考虑，因为调查犯罪细节和犯罪动机要花费时间，况且，如果罪犯知道如何保护自己，那么这就会使真正蓄意的犯罪有可能逃脱法律的惩罚。

而"让买方小心提防"原则，同样也是为了制止争斗，因为买方知道自己没有权利，如果他去取闹，马上就会受到惩罚。

正是依靠这部法典,使汉谟拉比时代的巴比伦社会,成为古代东方奴隶制国家中统治最严密的国家。

至今,这部刻在石柱上的法律条文仍是世界上一部最古老而最完整的法典。

安息建立奴隶制国家

波斯帝国灭亡以后,公元前330年到前247年间,伊朗高原先后被亚历山大帝国和塞琉古王朝所统治。接着安息王国兴起于伊朗东北部。

公元前3世纪中叶,一支来自中亚的游牧部落从北方来到这里,与原有居民一起起义,推翻了塞琉古王朝的统治,帕提亚独立,新来部落的首领阿尔萨息当了国王,建立了阿尔萨息王朝,史称“安息帝国”。

公元前2世纪中叶,安息的疆域包括中亚西南部的大部、伊朗高原和幼发拉底河以东的整个美索不达米亚地区。到公元前2世纪末,安息东北部的国界到达阿姆河,以泰西封为都,成为中亚的大国。

安息是奴隶制国家,国王、官僚、贵族占有大片土地,剥削奴隶。奴隶有的来自战俘,也有的因负债而沦为奴隶。另外,还有广大村社农民,耕种小块土地,向国家缴纳赋税。

安息地跨中亚和西亚,历时约500年之久,为东西方商道要冲,商品货币关系很发达。我国史书曾经记载说它“善市贾,争分铢”。西汉时我国与安息就开始有经济和文化的交流。公元前115年,汉武帝遣使安息,安息使者也“来观汉地,以大鸟卵及犁靬眩人(犁靬即罗马,眩人是魔术师)献于汉”。公元前97年,班超遣甘英去罗马帝国,曾到达安息直至波斯湾。当时我国的丝绸和铁制品等畅销于中亚以至罗马等地,杏、桃和甘蔗亦于此时由中国传至伊朗高原。同时,苜蓿、葡萄、石榴和核桃等则从中亚和伊朗等地传入我国。公元前148年,安息王子安世高东来洛阳,在翻译佛经方面做出了贡献。以后安息的佛教仍不断东来。

从公元前1世纪中叶起,罗马奴隶制国家向东扩张,和安息发生长期战争,公元前53年,安息大败罗马军,杀死镇压斯巴达克起义的刽子手罗马统帅克拉苏。此后双方不断斗争,但都没有取得决定性胜利,直至最后安息被萨珊波斯灭亡为止。

安息在与罗马长期争战中,虽然阻止了罗马向东扩张,但也逐渐削弱了自身的力量。安息王朝后期的内部矛盾,又削弱了中央集权的号召力。公元 226 年,安息帝国为波斯的萨珊王朝所代替。

新巴比伦人打造“空中花园”

巴比伦王国因其首都巴比伦城而得名。关于巴比伦城,我们现在了解最多的就是新巴伦人时期的巴比伦城。它的规模令人惊异,因为它占地达 2 100 公顷,大于苏美尔地区的所有古城。更令人吃惊的是巴比伦城的色彩,因为新巴比伦人学会了用色彩明快的上釉砖建造主要纪念物。著名的例子是“世界七大奇迹”之一的巴比伦城墙。城墙以亮丽的蓝色为底色,由白、黄两色组成的狮子、公牛和龙的图案散布在城墙各处,由上到下、一层一层地排列着,它们昂首阔步,栩栩如生。被后世人称为“空中花园”。

新巴比伦王国历时 88 年。在所统治的巴比伦尼亚的各城市——巴比伦、西帕尔、尼普尔和乌鲁克等,奴隶制商品经济有了很大的发展,各重要城市的神庙往往是手工业、商业和高利贷活动的中心,而且它们还享有种种特权,包括免除税收和劳役等。

祭司奴隶主集团当时势力很大,他们往往操纵政变,废立国王。也出现了经营范围广泛的富有商家,如巴比伦的埃吉贝商家和尼普尔的穆拉树商家便很有名。它们拥有数以百计的奴隶,拥有许多矿坑、房屋建筑物、作坊和大量土地。

新巴比伦王国时代,城市里的工商业奴隶主在剥削奴隶方面也采取了新方式。一小部分奴隶往往从主人那里取得本钱,以主人的名义独立经营小店和手工业作坊,但必须向主人缴纳年贡,约相当于奴隶身价的 1/5,另外还要缴纳本钱的利息。在法律上,奴隶主仍随时可以将奴隶所经营的财产收回。

新巴比伦王国的统治者尼布甲尼撒二世(公元前 604 - 前 562)多次发动对外战争,主要是与埃及争夺叙利亚和巴勒斯坦。公元前 586 年,他攻占了耶路撒冷,灭犹太王国。据传,一日,尼布甲尼撒与众臣欢宴,以从耶路撒冷掠来的金银器皿为酒杯。席间忽然有人发现王宫里与灯台相对的粉墙上有人用指头写字。这一异象预示新巴比伦王国即将灭亡。

尼布甲尼撒死后不久,新巴比伦人又受到波斯人的挑战。公元前 539 年,尼布甲尼撒的继承者没能理解“粉墙上指书”的含义,但当他醒悟过来时,波斯人已经以迅雷不及掩耳的攻势涌入了这个“空中花园”。

希伯来人大迁徙

你知道“以色列人”的来历吗?这还得从上古时代的希伯来人说起。

据《圣经》记载,希伯来人的先祖亚伯拉罕家族起源于苏美尔。他们是闪族语系的一支,最早出现于美索不达米亚。

希伯来人原来是一个游牧民族,大致在公元前 1900 年至前 1500 年之间,他们逐渐由美索不达米亚迁入叙利亚,随后迁入埃及。就在这几百年间,有个自称是亚伯拉罕的孙子雅各的后裔的希伯来部落开始用雅各的别名称呼自己为“以色列人”。据《圣经》记载,在雅各与一位天使角斗了整整一个通宵之后,他得到了“以色列”这一称号,意为“神的勇士”。《圣经》中记载了这则故事:天使对那位希伯来人说:“你的名字不要再叫雅各,要叫以色列,因为你与神与人较力,都取胜了。”

在旅居埃及的大约 300 年间,适逢新王国诸法老正试图创建一个埃及帝国并寻找空前多的奴隶来维持国内经济的运转,希伯来人受到了种种奴役。

正是在那时,在公元前 1250 年左右,希伯来人终于找到了一位领袖——英勇的摩西,他率领他们摆脱了埃及的束缚,离开埃及来到西奈半岛(这是位于埃及和迦南之间的一片沙漠地带),并说服他们崇奉雅赫维神,该神的名字后来被写作耶和华。

也正是在那时,所有希伯来人都成了以色列人,因为他们在摩西的劝说下相信，耶和华是亚伯拉罕、以撒和雅各的神，结果以色列的神也就成了他们全民族崇奉的神。

希伯来人在西奈沙漠地带游荡了大约一代人的时间，其后他们决定迁回比这里富饶得多的迦南之地；相对于干旱的西奈荒漠而言，迦南确实太过富饶了，在他们看来是片“流着牛奶和蜜”的地方。

不过这次迁徙并非简单的搬迁和定居，因为迦南已经为另一个讲闪族语系语言的迦南人占领了，后者不愿与希伯来人共享他们的土地，因而希伯来人不得不诉诸武力，而事实证明这一历程进展迟缓且布满艰辛。

摩西的继承者约书亚确实夺取了迦南的一些地区，但收获并不太大，因为游牧的以色列人装备较差，无法用围城战术攻克迦南防御坚固的城池。此外，约书亚死后，以色列各部又重新各自为政，无法采取统一的军事行动，因而攻城掠地进展甚微。

结果，经过一个世纪的征战，以色列人所获得的只是迦南的一些丘陵地带和为数不多的土地及并不肥沃的河谷。在公元前 1025 年前后，一位名叫撒母耳的部落士师以其人格力量赢得了以色列各部落的拥戴，他从所有以色列人中挑选出了一位国王扫罗，是他后来使希伯来人成了一个统一的民族。

犹太人建立以色列国

以色列是一个有自己独特经历的国家，它创造过众多的辉煌，也经历过深深的苦难。犹太民族有过令人骄傲的黄金时代，也有过令人没齿不忘的屈辱。世界上恐怕没有一个民族有过犹太民族那样曲折的经历，也没有一个民族于 1800 多年后重又历尽艰辛地回到他们祖先的故土，继承和开发祖先的业绩，重新创建犹太民族的国家。

犹太民族大约在 4000 年前最早出现在这片土地上，以色列人的祖先亚伯拉罕从美索不达米亚迁移到迦南（现以色列）定居。

公元前约 1020 – 前 930 年，12 个犹太部落推举扫罗为王，这是古以色列历史上第一位国王。当时小亚细亚的腓力斯人在沿海一带占领了一些地方,并以此为立足点不断向中央山区进击。扫罗王遂率兵抵抗,最终将腓力斯人逐出中央山区,同时把松散的部落组织过渡到君主制。

公元前约 1004 – 前 965 年,古以色列第二位国王大卫王成功地组织了远征,击败了腓力斯人,于公元前 1000 年左右建立了统一的以色列王国,定都大卫城,即现今的耶路撒冷。公元前约 965 – 前 930 年,其子所罗门继位,修建了许多豪华的宫殿,其中摩利亚山上那座华丽的圣殿可称之为最辉煌的成就。耶路撒冷的王宫和圣殿从此成为以色列民族生活和宗教活动的中心。所罗门的穷奢极侈和好大喜功使老百姓付出了沉重代价,从而遭到人民的强烈不满和怨恨。他死后不久发生了人民起义,使统一的王国分裂为北方的以色列王国和南方的犹太王国。前者首都设在撒马利亚,王国统治延续了 200 余年,于公元前 722 年被亚述人灭亡,人民被迫流亡。后者定都耶路撒冷,王国统治延续了 400 余年,最后被巴比伦帝国征服。公元前 586 年,巴比伦统治者夷平了圣殿王宫,把多数居民流放,从此结束了以色列历史上的第一圣殿时期。

公元前约 538 年,波斯人打败巴比伦人后,巴勒斯坦和叙利亚成了波斯的属地。根据波斯国王赛勒斯的一项法令,约有 5 万犹太人获准返回故国,几十年后,另一批犹太人返国。返回后,他们十分艰难地在耶路撒冷重建圣殿,历时 20 余年,到公元前 516 年才得以竣工。此后的约 400 年间,犹太人先后在波斯人和古希腊人的统治下实行了不同程度的自治。这就是以色列历史上的第二圣殿时期。

公元前 198 年,希腊塞琉古王朝的叙利亚当政后,力图打破犹太人在精神上与外界隔绝的状态,禁止推行犹太人的文化、社会和宗教信仰,并亵渎圣殿,试图将希腊文化和风俗强加于犹太人。公元前 166 年,无法忍受的犹太人在耶路撒冷以南燃起武装起义的烈火。经过 3 年激战,起义者解放了耶路撒冷,赢得了信仰自由,建立了哈斯蒙尼王朝统治的犹太国家。公元前 164 年,圣殿再次重建。为纪念马加比起义,犹太人举行了为期 8 天的修殿节(哈努卡节,又称灯节)。

正当哈斯蒙尼王朝的独裁统治日趋衰落时,罗马帝国的势力逐步扩展到地中海东岸。公元前 37 年,哈斯蒙尼王朝结束时,以色列已经成为罗马帝国的属地,以色列作为政治实体已不复存在。公元 66 年,犹太人不堪罗马人的残暴统治而奋起反抗,发动叛乱。罗马帝国对之进行了残

酷镇压,并于公元70年彻底摧毁了耶路撒冷城和圣殿。3年后,罗马帝国摧毁了犹太人的最后一个阵地——死海附近马撒达山顶的希律王宫殿。当时近千名守卫在山顶的犹太人不愿沦为异族的奴隶,全部自杀身亡。此后,大批犹太人被赶到国外,流亡到世界各地。公元135年,按照当时的说法,耶路撒冷被“一对公牛犁为平地”。犹地亚被更名为叙利亚巴勒斯梯尼亚,即巴勒斯坦。

此后的1 800多年中,犹太民族的命运十分悲惨。留在巴勒斯坦的犹太人因在政治、经济和社会上遭到严重歧视,又一次逃离故土,梦想到国外能找到一块安身之地。而流落在世界各地的犹太人也在宗教、政治和经济上受到客居国的歧视和迫害。欧洲许多国家曾多次掀起反犹、排犹浪潮。第二次世界大战时,德国法西斯则进行了灭犹的血腥大屠杀。据以色列前外长埃班在《犹太史》中的统计,纳粹德国在欧洲至少杀害了600万犹太人。但是,犹太民族在这漫长的岁月中,矢志不渝地信守着自己的宗教信仰和复国的民族信念。1897年8月,在赫茨尔的倡导下,犹太复国主义者第一次代表大会在巴塞尔召开。赫茨尔明确提出了赞成在巴勒斯坦创立一个正式的、有法律根据的犹太民族国家的思想。大会还成立了世界犹太复国主义者协会。在此后的半个世纪中,犹太复国主义领导人一方面进行外交努力,争取国际支持;一方面组织散居在世界各地的犹太人向巴勒斯坦移民。1948年5月15日,犹太民族终于根据联合国的分治决议,在他们祖先生活过的土地上重新建立了以色列国。

穆尔西里征服赫梯

美索不达米亚好像一位慈祥的母亲，她的乳汁养育了苏美尔人、巴比伦人、赫梯人、亚述人、波斯人、安息人、希伯来人、腓尼基人等帝国文明。

赫梯人发源于中亚大草原，操印欧语，印欧语系包括印度语、波斯语、希腊语、拉丁语等。

赫梯的最早居民称为哈梯人，他们不操印欧语，可能属于当地的土著。

公元前 3000 年，哈梯人部落已经处于原始公社的瓦解阶段。亚述商人约于公元前 3000 年代末在卡帕多细亚建立商业殖民地，其中最大的是伽尼什。

亚述人的商业和高利贷活动加速了哈梯人的分化。一部分哈梯部落首脑从和亚述人的贸易中积累了财富，逐渐成为奴隶主贵族。一般居民却在亚述人和本土贵族的贪婪剥削下纷纷破产，不少沦为债奴。

公元前 19 – 前 18 世纪之交，赫梯人形成第一批部落联盟，并有设防的城市，以库萨尔、涅萨和察尔帕为最重要。库萨尔王阿尼塔在各部落联盟的斗争中取得胜利，毁灭原先哈梯部落的堡垒哈图沙，征服涅萨，并定都于此。

在形成中的赫梯国家实行对外侵略。赫梯王塔巴尔纳约在公元前 1640 年征服小亚细亚东部，其子哈图喜里又攻击哈尔帕城。公元前 16 世纪的穆尔西里一世迁都哈图沙，这时操涅西特语的赫梯部落和原有哈梯部落已经统一。

穆尔西里一世继承先辈诸王的侵略政策，趁喜克索斯人势力削弱和巴比伦国家内外交困的机会，约于公元前 1600 年征服喜克索斯人的北方据点哈尔帕，稍后，又于公元前 1595 年左右洗劫巴比伦。

在穆尔西里一世统治晚期，王室贵族不断倾轧。大约由于王位继承问题，穆尔西里一世本人也在宫廷阴谋中死去。

被征服地区重新独立；骚动、叛乱和反抗在赫梯国家继续了几十年。因此约在公元前 1535 年，国王铁列平不得不对国家制度作重大改革。

铁列平力图杜绝贵族纷争，借以保证国家的稳固。他的改革从王位

继承制度着手,规定国王的嫡长子是王位的优先合法继承者;如无嫡男,依次由庶子和嫡长女婿递补。这就确立了王位世袭制,防止贵族的争夺。

铁列平还禁止王族仇杀。国王若犯此法,由贵族会议审讯,并依法处死。贵族会议保留很大的权力,不经同意,国王无权处死任一兄弟姊妹。

公元前1450-前1300年期间,赫梯帝国的疆域扩展到了顶点,经济上也达到了极盛时期,但到了公元前13世纪,它就不得不忙于防御分别来自埃及和美索不达米亚北部的入侵。

公元前1286年,赫梯人阻止住了埃及人对叙利亚的猛攻;而在同一世纪晚些时期,他们仍有能力抵挡住由美索不达米亚北部的讲闪语的亚述人的一次次进攻。但是战争损耗太大,最终把他们拖垮了。

亚述帝国的大规模扩张

亚述位于两河流域北部底格里斯河中游地区,东北靠扎格罗斯山,东南以小扎布河为界,西临叙利亚草原。

在经济地理上,亚述可分为两部分:底格里斯河沿岸是农业区,种植大小麦及葡萄,有河水和井水灌溉,但土地不如两河流域南部肥沃;扎格罗斯山区与大、小扎布河谷为畜牧区,同时有依靠雨水灌溉的少量农业。境内盛产木材、石料和铜矿,很早即为巴比伦取给之源。

亚述城在底格里斯河西岸,是古代西亚交通贸易中心。由依蓝、阿卡德通向叙利亚、巴勒斯坦和埃及的道路,以及从巴比伦到小亚细亚和亚美尼亚的道路,都以亚述为必经之地。巴比伦和依蓝的农产品,北叙利亚、小亚细亚、亚美尼亚的铜、银、铅矿,从埃及来的黄金,都经亚述转运。约从公元前3000年代中叶起,苏美尔和阿卡德各城就已派人在亚述建立商业据点。

从公元前10世纪开始,亚述再度强盛。

亚述那西尔帕二世(公元前883-前859年)曾侵略美索不达米亚和叙利亚,扩张领土到卡尔赫米什附近,兵临腓尼基海岸。其后继者萨尔玛那萨尔三世(公元前859-前824年)在位35年,发动了32次侵略战争,两河流域北部和叙利亚地区的许多小国都被征服。

公元前9世纪末，亚述一度因内部纷争和乌拉尔图由北方进攻而中止扩张。但到公元前8世纪下半期，它重又走上扩张的道路。扩张的规模远远超过了以往，终于形成庞大的军事帝国。

公元前9－前8世纪，亚述历史进入一个新的时期。这时铁器已经开始替代青铜器。公元前9世纪的亚述文献中已有铁剑、铁锄的记载；公元前8世纪后，铁兵器和铁工具更普遍地流行。铁犁、铁锄、铁锹在农耕方面的应用以及因使用铁制工具而日益扩大和完善起来的水利灌溉事业，都使农业生产力大为提高。谷物的增产为国家设置巨额常备军和保持长期作战能力提供了必不可少的给养条件。随着生产力的发展，奴隶主阶级对劳动力的需求也日益扩大。这就成为亚述统治者对外实行军事扩张的动力。从亚述战俘之众、奴役和迁徙被征服人口之广，就可以证实军事扩张是亚述奴隶主掠取劳动力的重要手段。

以铁制武器装备起来的亚述军队是古代西亚第一次出现的最残暴的侵略力量。

提格拉特帕拉沙尔三世（公元前745－前727年）进行了军事改革，推行募兵制，建立完全由王室供应的常备军。军队包括各种兵种，有原来由贵族组成的战车兵，还有骑兵、重装和轻装步兵、攻城部队、辎重队，甚至还包括工兵。军队装备精良，兵士都身穿铠甲，有盾牌和头盔防护，以弓箭、短剑和长枪为武器，攻城时还使用特制的撞城槌。这支强大的军队是亚述统治者对外扩张最有效的工具。

国际环境对亚述也极为有利。西亚和北非地区的强国如埃及、巴比伦、赫梯等，到公元前10世纪时都已衰落或灭亡。叙利亚、腓尼基、巴勒斯坦则诸国纷争。乌拉尔图虽曾一度兴盛，但未能发展到足以压倒亚述的程度。东方的依蓝也微弱无力。因此亚述统治者利用这一形势，实行对外扩张。

亚述的大规模扩张始自提格拉特帕拉沙尔三世。公元前743年，他发动对乌拉尔图的战争，之后又西攻叙利亚。于公元前732年攻陷大马士革，杀其王，直抵地中海东岸。推罗、毕布勒等城，被迫向亚述纳贡。公元前729年，提格拉特帕拉沙尔三世吞并巴比伦，自称巴比伦之王。

到萨尔贡二世（公元前722－前705年）时，亚述击溃乌拉尔图，压服依蓝所支持的巴比伦的反抗。叙利亚、腓尼基等地的反抗也被迅速扑灭，奄有小亚细亚东部地区。阿萨尔哈东(公元前681－前668年)更于公元前671年侵略埃及,攻占孟斐斯,取得对埃及的统治,自称上下埃及和努比亚之王。公元前7世纪中期,亚述帝国的版图东接伊朗,西临地中海以至埃及,北及南高加索,南临波斯湾。古代西亚和北非文明发达的地区,都已囊括在其国境之内。

约公元前639年,亚述巴尼帕(公元前668－前625年?)又残酷毁灭依蓝,完成亚述历史上最后一次也是最野蛮的一次对外征服。

大流士缔造波斯帝国

波斯最早兴起于伊朗高原的西南部。

伊朗高原北接里海和中亚盆地,东北起自兴都库什山脉,西北倚高加索山脉,西有札格罗斯山脉,南临波斯湾和阿拉伯海。其国境或阻以高山,或面临大海,是比较闭塞的内陆高原。

伊朗高原最古的居民是依蓝人部落。公元前4000年代,他们已定居于札格罗斯山脉的西南部,公元前2000年代后期,曾形成强大的奴隶制国家,公元前7世纪被亚述击败,逐渐衰落。

波斯帝国以前,伊朗高原西部曾先后兴起过埃兰和米底。

公元前7世纪后半期,伊朗高原西部形成米底人的奴隶制国家,它曾与新巴比伦王国结成军事联盟,于公元前612－前605年击灭并瓜分了亚述帝国。但米底国家历时短暂,于公元前550年亡于波斯。

当公元前7世纪米底强盛时,波斯人的部落联盟受米底统治。公元前553年出身于阿黑门尼德氏族的居鲁士(公元前558－前529年)率领波斯人起来反抗米底的统治,于公元前550年灭米底王国。随后,居鲁士率兵进行扩张战争,征服小亚细亚,又于公元前538年占领巴比伦城,灭新巴比伦王国。公元前529年,居鲁士死于对中亚细亚的扩张战争中,这时波斯帝国已基本上形成。居鲁士死后,其子冈比西斯二世(公元前529－前522年)于公元前525年征服埃及。

公元前522年,祭司高马达起兵反抗波斯,夺取了政权,并以免税三年和不服兵役为号召,一时波斯帝国境内被征服民族纷纷独立。高马达起兵后，冈比西斯死于从埃及回国的途中。出身于阿黑门尼德氏族的大流士一世（公元前521－前485年）在波斯贵族的支持下，杀高马达，夺得政权，平息内乱。于是，大流士便成了波斯王，称为大流士一世。

大流士做了国王以后，继续对外进行侵略战争，征服了附近的许多国家和部落。波斯成了一个疆土十分辽阔、国势十分强盛的大帝国。它的版图东边到达印度河，西南包括整个埃及。黑海、爱琴海、地中海、里海、咸海、红海、波斯湾和印度洋的波浪，拍打着波斯帝国的海岸。为了统治这个庞大的帝国，大流士把苏萨、爱克巴坦那、巴比伦、帕赛波里斯4个城市作为首都。他一年四季轮流在这4个首都发号施令。

大流士把帝国分为20省，每省设总督一人。为了防备总督反叛，他还派出许多人去监视他们。每个总督的一举一动，大流士都能很快知道。如果某个总督企图谋反被发现，他的皮就要被剥下来，铺在总督坐的椅子上，以警戒总督的继任人。

为了密切中央与地方的联系，大流士继承亚述帝国的驿递制度，在帝国境内修筑大道，把首都跟各个行省联结起来。最大的一条从苏萨通到爱琴海海岸，有2 500公里长，这就是波斯著名的“皇道”。皇家的信使在“皇道”上骑着快马来往奔驰，他们采用接力赛的方法传递紧急文书。一个信使飞马急驰20公里，把文书传给在路边等候的另一个信使，这个信使再传给前面的人。步行需要几十天的路程，信使3天就可以到达。希腊人羡慕地说：“波斯王住在巴比伦，爱琴海鲜鱼进宫廷。”据说，水稻和孔雀就是在那个时期从印度传入波斯的。

交通发达促进了帝国的贸易，为了安全，沿途又派有士兵保护商旅行人免遭抢劫，波斯和印度以及地中海各国的贸易很快就发展起来了。

每年，大流士从各行省勒索大量黄金，铸成金砖，保存在皇宫金库里。他还第一次铸造和使用金币。金币的一面是一个弓箭手，另一面是他本人的头像。这种金币叫做“大流克”，重8.4克，含纯金98%。银币叫做“舍克勒”，重5.6克。

大流士非常注重税制改革，其税收制度计算得十分精细，纳税者戏称大流士是“小商贩”。同时，他还逼迫波斯本土的农民奉献给他丰富的礼物。靠着对各地人民的残酷压榨，大流士过着极其豪华奢侈的生活。他调集埃及、巴比伦、腓尼基和其他地方的能工巧匠，为他建造宏伟的王宫。

王宫里面的奴仆多达1.5万人，卫队由1 000名骑兵和1万名步兵组成。大流士平时吃的是从各行省进贡来的奇珍佳肴，穿的是绣着金丝的大红袍。他的臣下都不敢走近他，生怕自己的呼吸冒犯了这个“众王之王”。

为了巩固自己的统治，继续对外扩张，大流士还建立了强大的常备军，自己担任最高统帅，悍然发动波希战争，但屡遭失败。公元前5世纪上半期，大流士和后来的几个国王多次发动侵略希腊的战争，结果都遭到惨败，这对波斯的军事优势是一个十分沉重的打击。

在以后的100多年里，波斯境内被奴役人民的反抗斗争此起彼伏，一直没有中断，使帝国的势力一天天衰落下去。

公元前486年10月，埃及爆发了反对波斯人统治的起义。一个月后，大流士还没来得及把起义镇压下去，便溘然死去。

腓尼基人环航非洲

“腓尼基”这个名称，最早见于公元前3000年的埃及文献，又叫“腓尼赫”。希腊人始称“腓尼基”，意为“紫红之国”。

腓尼基东连叙利亚，西临地中海，北接小亚细亚，南连巴勒斯坦。是黎巴嫩山和地中海之间的一个狭长地带。境内多山，但雨量丰富，沿海土地宜于精耕细作。园艺业发达，种植葡萄、橄榄、椰枣等经济作物。

黎巴嫩山产雪松和其他珍贵木材，驰名国外。腓尼基地处西亚海陆交通的枢纽，很早就有发达的商业。

公元前3000年代末，在腓尼基产生了一些小的奴隶制城邦，如：乌加里特、阿瓦尔德、毕布勒、西顿、推罗等。在各城市国家中，自由民财产分化剧烈。有产阶级在政治上享有特权地位，公职人员是根据财产资格选举出来的。城邦会议完全操纵在大奴隶主手中。

腓尼基各城邦互相争夺霸权，长期处于分裂状态，没有一个城邦有足够的力量能够统一其他城邦。城邦之间经常发生争夺霸权的斗争。起初北方的霸主是乌加里特，南方的霸主是毕布勒。

公元前2世纪中期，腓尼基已处于埃及控制之下。腓尼基诸城很早就有发达的手工业和商业。远在公元前3000年代末，乌加里特和毕布勒就已经与埃及、克里特等地发生商业来往,所产纺织品和染料最负盛名。染料为紫红色,从一种海生甲壳动物中提取。用这种颜料染成的紫红布行销地中海各地,腓尼基人的足迹随着布匹行遍地中海沿岸各港口城邦。同时,也培养出一批优秀的腓尼基航海家。

有一天,埃及法老尼科把一些腓尼基航海家召进王宫,对他们说:“能替我围着非洲转一圈,告诉我非洲的形状吗?”航海家们赶紧跪下,并肯定地回答道:“愿听法老吩咐,您让我们到哪儿去,我们都可以办到。”

这些腓尼基航海家虽夸下海口,但他们也没有把握,因为谁也没有跨出过地中海,面对非洲大陆,他们一无所知。环航整个非洲就是要走一条前人没有涉足的航道。腓尼基人不愿服输,他们决定环航非洲。

腓尼基人精心设计出3条小船,这些船只分成双层,下层坐着的是划船的水手,而高高翘起的船头由一名水手站在上面,时刻注视着前方的情况。船上装的除了日用品外,其余的是他们准备与别的港口交换的商品。几天后,腓尼基人出航了,每一个日出日落,腓尼基人都要用小刀在桅杆上划下一道,这代表他们走了一天。桅杆上的道道一直在增加,可腓尼基人在沿途根本没有看见任何人烟。直到第四十道横线出现时,瞭望员才发出叫喊:“快看,快看!前面有人在海边捕鱼。大家赶紧把船靠过去。”听了这个消息,船长也显得兴奋起来,可他却摆了摆手,怀疑地问道:“看仔细点,那些人手中有没有武器?”“没有,没有,我看得很清楚!”瞭望台上的水手回答说。

在确认无误后，船长这才敢让人把船向岸边靠近。那儿是一个村庄，村庄里的人几乎都没有穿衣服，只用树叶在身上随便地缠着。由于语言不通，腓尼基人和这些原始居民之间只能互相比划着说话。在粗略的交流后，大家都明白了对方的意思，于是双方进行了物品的交换。

走过这个村庄，腓尼基人又向南前进，越过了赤道。很多天以后，腓尼基人的食物吃光了，他们只得上岸打猎，并在土地上种了一些庄稼。3个月后，庄稼收获了，腓尼基人装好粮食，继续前行。在第三年桅杆快要划满横杠的时候，他们到了一个大河口岸，河口边有一些村庄，进去一看，里面住着的竟也是腓尼基人，原来他们回到腓尼基了！几天后，腓尼基航海家进入地中海，向法老禀报自己是怎么航行的。法老听了他们环航的经过，十分高兴，重重地赏赐了他们。

腓尼基人结束了环航非洲的行程。这次航行是人类航海史上的第一件盛事。

第二章 埃及文明

梅尼斯统一埃及

埃及文明发源于尼罗河流域。尼罗河流域不同于美索不达米亚,它的东面是阿拉伯沙漠,西面是利比亚沙漠,南面是努比亚沙漠和飞流直下三千尺的大瀑布,北面是尼罗河三角洲地区的没有港湾的海岸。这些天然屏障使尼罗河流域受到特别好的保护,不受到外族的入侵。埃及人生活在这块安全的地区,可以自由自在地安排自己的命运。

公元前5000多年,古埃及人逐渐在尼罗河三角洲定居下来。最初,他们用简单的工具,清除了尼罗河两岸的荆棘,开渠筑坝,在河水灌溉的土地上种植大麦、小麦等农作物。尼罗河年年给古埃及带来丰收,尼罗河养育了一代又一代埃及人。

农业出现后,社会向前发展了,古埃及慢慢地从原始社会进入到奴隶社会。公元前4000年左右,古埃及尼罗河附近出现了奴隶制小国。这种小国以城市为中心,周围有一些组合起来的村庄,叫做"州"。当时,埃及有40多个州,每个州独立存在,都有自己崇拜的神,后来又出现军队和用来代表自己部落的旗帜。各州之间经过长期的战争和兼并,把埃及分成了北部和南部两大独立王国。南部叫上埃及王国,北部叫下埃及王国。上下埃及经常发生战争。公元前3100年左右,上埃及逐渐强盛起来,国王梅尼斯决定完成上下埃及的统一。于是,他亲自率领大军北征下埃及。

双方的激战在尼罗河三角洲一带展开。梅尼斯没有一点畏怯,他亲自在阵前督战。经过三天三夜的大战,下埃及军队被击溃。下埃及国王跪在地上,双手把王冠献给梅尼斯。从此,古埃及初次统一了。梅尼斯为了纪念这次胜利,把这个决战的地点命名为"白城"。200年后,这里成了统一的古埃及王国首都孟斐斯城,它历经3 000多年的风雨,直到公元7世纪才毁灭。

战争结束后,梅尼斯为了赢得下埃及人民对自己的拥戴和忠诚,采取了一系列安抚措施。他尊重下埃及国王,尊重下埃及人民的宗教感情,允许他们信奉自己的保护神,这些举措赢得了百姓的拥护。

梅尼斯统一埃及后,渐渐地建立起了一套专制统治机构。国王是这个国家至高无上的统治者。人们不能再称国王的名字,而要尊称为“法老”。大臣们见法老时,都必须说出一番赞美词,并匍匐在地,亲吻法老脚前的土地。

从公元前3100年一直到公元前1100年的2 000多年里,埃及经历了古王国、中王国、新王国共31个王朝,此后埃及国力逐渐衰落,先后遭到利比亚、亚述等国的侵略,公元前7世纪中期重获独立。以后又被波斯帝国、希腊等国征服。公元前30年,古埃及成为罗马帝国的附庸。

埃及古王国时期

埃及是人类历史上最早建立王朝的地区之一。根据古埃及史学家的年代界定,从梅尼斯的统一至被希腊征服为止,将埃及历史划分为31个王朝。另一种划分法,是把古埃及史分为早期王国、古王国、中王国、新王国和后期埃及等几个时期。

第三至第六王朝是埃及历史上的古王国时期,到第七和第八王朝(约公元前22世纪),埃及陷于分裂,再也没有统一的政权。

古王国全盛时期,法老的专制政权比早期王朝时大为巩固。第三王朝(约公元前2700－前2650年)迁都孟斐斯,加强对下埃及的控制。早期王朝屡次爆发的下埃及反抗上埃及的战争,到这时已经平息,以前专为下埃及设置的红仓,现在也不再设置。第四王朝(约公元前2650－前2500年)、第五王朝(约公元前2500－前2350年)的法老开始称为赖神之子。

赖神即太阳神,被奉为全国的最高神。赖神地位的尊崇,反映当时王权的强大。法老对臣属的威权是无上的,所以任何大臣在朝见时都必须匍匐在御座之前,以胸贴前,吻法老脚前的尘土。

法老是古埃及的最高统治者,法老之下为宰相,其全衔是“最高法官、宰相、档案大臣、工部大臣”。这个官衔列举宰相的各种职权,全国司法、行政以及经济等要政都由宰相综揽。在当时,掌管档案是一项很重要的职务,它在好几方面都和维护土地所有制有密切的关系。按照古代埃及的制度,一切土地都必须在宰相衙门登记,一切由法老赐予的土地执照必

须由宰相衙门颁发，一切关于土地的诉讼也必须由宰相衙门审理。因此掌管档案实际上就是代法老掌管全国的土地。宰相既拥有这样广泛的权力，所以非法老近亲不能担任。第四王朝循例以太子为宰相。太子不但辅弼法老，且借此获得统治的经验，以巩固王权的世袭。

各州的州长都由法老直接任命调遣。州长掌管全州的赋税、水利和司法，同时又是法老在各地方的代理者，必须贯彻法老的政令；遇有战争，则须从地方征招军队应役。但是从过去遗留下来的上下埃及的划分，在古王国时期还没有完全消除。第五王朝设南部总督，统辖上埃及各州的军务和政务；下埃及各州则由法老和宰相直接管辖。

军队是法老专制王权的重要支柱。军队的军事机构的头目都由王族成员担任。步兵是唯一兵种，以弓箭为武装。东北边境西奈半岛和南方边境努比亚都驻兵设防；国内各地也遍设堡垒，以加强控制。古王国时期的兵力多寡，现在已不可考。第六王朝侵略巴勒斯坦和叙利亚时，曾从全国征招军队，并在努比亚地区召集辅助部队，看来法老在战时所能动员的兵力是相当强大的。

伴之以王朝的强权统治就是王权的神化。古王国时代，尊奉太阳神为国神。法老被奉为“太阳神之子”，是太阳神的化身，死后成为天上诸神中的一个新神。这样，法老头上便罩上了一圈神圣的光环。

埃及前王朝时期

公元前5000年左右，尼罗河流域进入金石并用时代，开始出现小型的国家，古埃及人称之为“塞普”。这时期也就是后来的史学家们称之为“前王朝”的时期了。

尼罗河东西两侧的高山富于石灰石、花岗岩和玄武岩，古代埃及人用以制作工具和器皿，也用作建筑的材料。尼罗河谷地的新石器时代文化遗址中发现大量的石刀、石簇、石斧、石镰等。到公元前4000年，埃及进入金石并用期，出现了铜器。从这个时期坟墓中发现的刀、钻、斧、锄等工具来考察，冶炼技术已相当发达。

居民居住的村社仍长期保持闭塞的、集体的性质。土地为村社所有，水源、水利也属于集体。但是，它的管理机构已经具有驾乎一般成员之上的权力。村社会议由一部分富裕成员组成，长老居于支配地位。村社内部的贫富分化越来越悬殊，掌握领导权的上层分子经常侵蚀一般成员的利益。占有较好的份地，拥有较多的财富。

村社里也有较一般成员更加穷苦的贫民。他们多半是各家族中没有份地继承的余子，不得不为长子或富有的上层分子劳动。还出现为数不多的奴隶。

古代埃及的国家还只是一种雏型，它的名称不是国，而是州，由许多村社联合组成。埃及图形文字中的州字，其象形的部分实际上是画一块由河渠交叉界划的土地，可见州最初是一个具有独立灌溉系统的单位。每个州有自己的图腾和州神。在社会分化日益深刻的过程中，各州出现了军队和代表州的旗帜，州成为一个单独的小国。全埃及约有40个这样的州。各州之间经常发生战争，战俘就变成了奴隶。州长职位世袭，拥有祭祀、军事、司法诸权，实际上是一个小国君。祭司、军官和在州长指挥下的其他上层人物构成州的统治阶级。

州和州之间长期战争不断，它们为了争夺物产和奴隶，互相掠夺，相互兼并。在这种激烈甚至是相当残酷的屠杀中，各州之间的实力便随之发生变化，于是便形成了北部和南部两个独立的王国。

公元前4000年代中叶，北部三角洲地区各州以布陀州为中心，形成下埃及王国。

国王戴红冠，以蛇神为保护神，以蜜蜂为国徽。这个王国存在很久，有7个国王的名字流传下来。

下埃及王国出现后，上埃及以尼赫布特为中心，也形成了一个独立的王国。国王戴白冠，以神鹰为保护神，以白色百合花为国徽。下埃及的文化发展较快，最先出现文字和书写的纸草。但在政治和军事上，它不如上埃及强大。三角洲地区有难以通行的沼泽，各州有很大的独立性，国王对它们不易控制。上埃及的国王对各州的控制力较强，国势也较盛，成为古埃及居民最集中的地区。

埃及人发明图形文字

文字,在人类进化史上,是发蒙启昧的锁钥,是人类文明与野蛮的分野。文字出现后,人类便从野蛮走向文明了。

在早期王国以前,埃及人就发明了图形文字。

如画成三条波形的横纹,表示水流动的样子,就逐渐演变为"水"字。画两座山峰夹着河谷,表示"山"字。

有些图形文字逐渐演变成音节符号和指意符号,其后又有一音一符号的字母,共24个。所有字母都只标辅音,不标元音。各种符号组成词组,共有600多个词组。

不断演变的古代埃及文字,是用字母、音符、词组组成的一种复合文字。

由于长期书写习惯,第八王朝时期出现了一种草书体,到中王国时期草书体已广泛流行,只有正式文件和铭刻才用象形体。

随之又出现了纸草,纸草是下埃及的特产,把其茎干剖为长条,彼此排齐连结成片,然后压平晒干成纸。这种纸草后来成为古代地中海地区一种通用的纸,希腊人、罗马人以及后来的阿拉伯人都曾用它书写。古代埃及人的笔用芦管制成,墨汁是用菜汁加烟渣调和而成的。

由于文字的出现,文学、艺术便应运而生了。

埃及古王国时期的文学可分为两类:一类是刻在金字塔墓壁上的祷祝法老死后升天获福的诗歌,也就是我们今天能看见的金字塔咒文。另一类是大臣墓地上的碑传。

到中王国时期,文学作品中有起源于人民口头创作的故事。如《一个能说善道的农夫的故事》,叙述一个农夫到城里去买粮食,半路上被仗势欺人的大官仆从抢光了。后来农夫靠了自己的机智和辩才,控诉其罪行,使抢劫者受到了应有的惩罚。又如《西努海特的故事》,叙述西努海特逃亡叙利亚的奇遇,是奴隶主生活的一部自传体故事。《船舶遇难的故事》写一个官吏到矿山去旅行的经历,内中充满了奇迹和神话。

这时期的文学创作的主要形式和流行最广的是诗歌,它也像中国古代的《诗经》一样，大都是民间的创作。古埃及的诗歌包括宗教诗、对国王的赞美歌、世俗诗、宗教哲理诗等。其中不乏对神和统治者的歌颂，有的也反映了一些人生痛苦和死后幸福无凭的灰暗思想。

《绝望者和自己的灵魂的谈话》这首诗中，作者对死后世界及永久生命是否存在表示了怀疑，和传统的宗教观形成鲜明的对照。作者相信死亡对富人和穷人是一律平等的，富人在死后也享受不到那华美的花岗石建筑与巍峨的大厦，只能和穷人一样在灼热的太阳下面听水边鱼的对话。

最著名的是埃赫那吞宗教改革时所产生的对阿吞神的颂歌，这种颂歌热烈赞颂使大地产生生命的太阳的伟大力量，代表古代埃及宗教诗歌方面的成就。

写实的旅行记是新王国时期最突出的文学体裁。著名的《乌奴阿蒙旅行记》，描写了底比斯阿蒙神庙大祭司派乌奴阿蒙去毕布勒购买木材的故事。

富有史学意义的作品有《吐特摩斯三世远征记》。作者可能是参加远征的塔涅尼，所记最详为第一次远征，即美吉多之役，以后一直记到第十七次远征。这篇《远征记》是研究埃及军事史的重要材料。

古埃及浮雕

古埃及的浮雕最早出现在法老墓室的墙壁和甬道里。这些浮雕记录着法老生前的生活和事迹。

所有壁画的浮雕，风格高雅，线条优美，内容丰富，它们不仅表现富人的各种消遣，而且也描写了普通人的生产劳动，有剥麻、割谷、赶驴、脱粒、扬场等画面。有一幅浮雕画的是4500年前造船的场面，其中有伐树、割板，以及使用扁斧、手夯和凿铲的劳动，可以看到锯、斧、锥子等已经普遍使用。有一幅金匠熔金的浮雕表现了向炉内吹风以便提高炉温的场景。另外还有表现雕刻匠、石匠和皮匠进行日常劳动的作品。

还有一幅浮雕描绘了一群人被像羊一样赶到蒂的府里去结账，走得慢的就被侍卫揪着衣领向里拉。许多农妇排成长列向法老蒂献礼，一群群的仆人，有的牵着祭祀用的公牛，有的在宰牛。有的浮雕表现法老在进餐，或和妻子和全家人在一起，或在猎雉，或在尼罗河三角洲上旅行，或在纸莎草丛中行进的情景。

中王国时期贝尼·哈珊地方州长陵墓中所绘的藏在纸莎草丛中的野猫已十分出色。新王国时期壁画更有不少的写生题材出现，画出游泳的鱼、飞翔的鸟、奔跑的野牛等，都栩栩如生。

埃及的浮雕多为薄浮雕，即图像低于背景平面的凹雕。在新王国时期，这类浮雕有很大发展，遗留下来的作品很多。这些绘画和浮雕的题材不少是反映社会生活，包括农业、园艺、手工作坊的各种劳动场面以及畜牧、狩猎、统治者日常生活、市集、运输，等等。

这些雕刻中，尤以人物最为有特色。人像都是正面的、端庄的静止状态，其代表作如齐夫林像，体现出法老的凛然不可侵犯。巨大的狮身人面像也很著名。此外，如大官像、书吏雕像，风格皆极为质朴。中王国时期雕像有了进一步发展，有的试图刻画人物内心感受，如阿美涅姆黑特、谢努塞尔特三世等的雕像就是这类作品。十一王朝时的送祭品人木雕像，也十分成功。

新王国时期的雕刻艺术更加成熟。埃赫那吞宗教改革时期，艺术摆脱传统影响的束缚，使绘画、雕刻都向生动活泼的现实主义方向发展，打破了古王国时期那种平滞呆板的手法。著名的涅菲尔提提王后像是其中最优秀的作品。

与浮雕和绘画艺术相应的是建筑艺术的繁盛。当时的建筑材料多用石材,因此屹立至今者为数不少。第四王朝的大金字塔在19世纪巴黎铁塔建成以前是世界上最高的建筑,被誉为古代世界的奇观。其他如神庙、殿堂等建筑也十分雄伟。

完成于拉美西斯二世时的底比斯阿蒙神庙主殿,总面积为5 000平方米,有134根圆柱,中间最高的12根圆柱高达21米,每个柱顶上可以容纳100人,其规模之大可以想见。

另外,如路克索尔神庙、吐坦哈蒙墓、拉美西斯二世墓、埃尔—阿玛尔纳的宫殿,也都庄严宏大。古代埃及统治者兴建这些巨大的建筑,目的是为了体现法老神权的无上威力。

胡夫大金字塔

非洲大陆上,有一条美丽的、奔腾不息的大河——尼罗河。尼罗河畔有一座令世人瞩目、神奇而伟大的金字塔——胡夫大金字塔。

胡夫大金字塔,也叫奇阿普斯大金字塔,矗立在埃及首都开罗西面十英里布满岩石的吉萨高原上。它像一个魁伟、忠实的哨兵,俯瞰着脚下尼罗河的流水,守卫着埃及人民的家园。它不仅是人类有史以来最宏伟、最巨大的单个人工建筑物,同时也是隐藏着无穷无尽的远古奥秘的神奇的博物馆。

金字塔是法老的陵墓,它的底座呈四方形,每面均以三角形的形状向上砌筑,建成后则成为一个角锥体式的石塔。因为它的四面都形似汉字的"金"字,所以汉语译作"金字塔"。

古埃及的法老们不仅仅满足于生前统治着人世,而且幻想死后复活成神,并永远庇护着他的子孙后代。据古埃及的宗教和神话,只有保护好尸体,灵魂才有寄托的地方,才能复活。因此,他们把尸体挖去内脏,浸以盐水等防腐剂,填以香料,然后用麻布裹紧。这种可以保存很久的尸体叫作"木乃伊"。金字塔便是存放法老木乃伊的地方,是他死而"复活"的

"永世的城堡"。

金字塔的建筑群,散布在尼罗河下游西岸的基萨和萨卡拉一带,位于开罗西面10多公里。大大小小的金字塔共有70多座,其中以第四王朝的第二代法老胡夫的金字塔规模最大。其金字塔约用巨石230万块砌成,平均每块重约2.5吨。塔底占地约52 900平方米。原来塔高146.5米,由于数千年来风化剥落,现仅高138米;原来四边各长230米,现仅各长220米左右。绕大金字塔一周,约有1公里。这座大金字塔不仅外观雄伟,而且内有结构复杂的"地下宫殿",整个建筑设计严密,工程牢固,因此历时约5 000年还安然屹立于尼罗河畔。这是人类建筑史上的奇迹,是古代埃及劳动人民卓越智慧和辛勤劳动的不朽的纪念碑。

胡夫的儿子哈佛拉的金字塔,比胡夫的大金字塔约低8米。哈佛拉的金字塔旁,有一座巨大的狮身人面像("司芬克斯"),高22米,长57米,一只耳朵就有2米长。它是用一整块天然巨石雕成的,面部是哈佛拉的脸型。胡夫以后直到第六王朝的诸法老,虽都建有金字塔,但规模却越来越小,这表明法老的专制王权逐步削弱了。

建筑雄伟壮观的金字塔和威风凛凛的狮身人面像,其目的也在于使人们相信,法老凌驾于一切的威权是永世不可动摇的,妄图以此震慑人民的心灵,维护奴隶主专政。

建筑这些金字塔,耗费了大量的人力和物力。以建筑胡夫大金字塔为例,据说有10万人头顶烈日在监工的皮鞭之下劳动,用了10年时间修筑运石道路和地下墓室,又用了20年时间才砌成塔身,整个工程历时30年。金字塔是无数劳动人民血汗的结晶,给人民带来了无穷的苦难。

在古王国时期的末年爆发了人民起义。据古希腊史学家说:"虽然这两个国王(指胡夫和哈佛拉)建筑了金字塔作为他们的陵墓,但是他们谁也没有埋在里面。由于人民在建筑金字塔时受尽千辛万苦,由于这些国王做了许多残忍凶暴的事,人们满怀怒火地起来反对那些使自己受苦的人,并且要公开地撕碎他们的尸体,狠狠地把他们抛出陵墓之外。"古王国时期法老们的尸体都在人民起义的烈火里变成了灰烬,这是他们罪有应得的下场。

古王国终于崩溃了,埃及陷入了四分五裂的局面。

狮身人面像

在埃及金字塔中,因胡夫金字塔规模最大而鹤立鸡群。胡夫的儿子哈佛拉的金字塔虽比胡夫金字塔低8米,但因其塔身边多了一座狮身人面像也显得格外引人注目。

这座狮身人面像是用整块的天然石雕刻成的。古希腊人称之为“司芬克斯”。希腊神话把她描绘成一位带翼的狮身女妖,躯干是雄狮,背上生着两只老鹰的大翅膀,头和胸部是美女,能说人话,而尾巴却是一条长蛇。她给自己起名叫“司芬克斯”,意思就是“绞死者”。她的传说来自于一个有趣的希腊神话——俄狄浦斯的故事。

俄狄浦斯原是底比斯国王赖亚的儿子。根据神的预示,说他命中注定要犯杀父娶母的大罪。所以当他出生后,他的父母就用铁钉戳透了他的双脚,命令一个放羊人把他扔到山里去,让野兽把他吃掉,或者活活饿死。谁知那位放羊人抱着婴儿走来走去,却不忍心把他扔掉,最后只好把婴儿送给科林斯国王的牧羊人。科林斯国王的牧羊人后来又把这个弃儿送给了自己的主人。科林斯国王和他的妻子就把这个弃儿当作亲生儿子养了起来。

岁月像流水一样地过去了,俄狄浦斯终于长大成人。一天,他到神庙里去请问神灵,神谕告诉他:你将来要犯杀父娶母的大罪。可是,他非常敬爱自己的父母——科林斯国王和王后,决不忍心加害他们,于是就准备逃往底比斯城内去度过自己的一生。

在前往底比斯城的大路上,俄狄浦斯遇到了一位坐着车子的老人。老人和他的随从们要俄狄浦斯让路,而身为王子的他,却从来也没有向人让路的习惯,于是就和老人争吵起来。老人用马鞭去打俄狄浦斯。俄狄浦斯和他的随从们就蜂拥而上,把这位老人活活打死。而俄狄浦斯哪里知道他亲手打死的就是自己的生父——底比斯的国王赖亚!

当俄狄浦斯来到底比斯城的时候,这里正发生着一件奇怪的事。底比斯人不知为何惹怒了天后赫拉,赫拉就把女妖司芬克斯安排在底比斯城外的悬崖上,专门惩罚底比斯人。这位狮身人面的怪物虽然生着一颗美人的头颅,却天天刁难过路行人,要行人回答她从智慧女神那里学来的难于猜中的谜语。谁若猜中她的谜语，女妖立刻就得丧命，谁若猜不中她的谜语，女妖就立即把谁撕成碎块吞进肚里。时间一天天、一年年地过去了，可是没有一个人能够猜中司芬克斯的谜语。就这样，女妖把这一带弄得白骨累累，吃得路断人稀。最后，连新任国王克瑞翁的儿子也被吃掉了。因此，国王就向全国宣布：谁若猜中谜语——除掉女妖，就以王位相让，而且还把国王的姐姐也嫁给他。

恰好就在这时，俄狄浦斯路过这里，他自愿登上悬崖，解答“司芬克斯之谜”。女妖决心要吃掉他，就刁难他说：“什么动物早年用 4 只脚走路，中年用 2 只脚走路，晚年用 3 只脚走路；脚最多的时候，正是他走路最慢、体力最弱的时候？”俄狄浦斯考虑了一会儿，就回答说：“这是人呀！”因为人幼年时代用四肢爬行，中年时代用两脚行走，老年就得拄上一条拐杖，变成三只脚了。女妖看到谜被猜破，羞愧难当，只好跳崖自杀，摔得血肉横飞。

国王克瑞翁为了实践诺言，不但让了王位，而且把老国王赖亚的寡妻嫁给了俄狄浦斯。这个寡妇后来还为俄狄浦斯生了 4 个孩子。可是，俄狄浦斯哪里知道这位寡妇就是自己的生身母亲。

古希腊人借用古埃及的狮身人面像，编出了这则奇妙的神话，也许是借以讽刺埃及的法老，也许是借以告诫本国的人。但在今天看来，石像和神话都成了古代埃及文明的象征。

艳后克娄巴特拉拯救埃及

在古老的埃及，有位传奇色彩的女王，她名叫克娄巴特拉。在众多有关世界历史名人的传说中，克娄巴特拉与古代两位最为声名显赫的人物：朱利叶斯·恺撒和马克·安东尼并传，因为她与他们都私生过孩子。据说她用爱情俘虏了他们，因为她是一位倾城倾国的妖冶女王。

克娄巴特拉生于公元前 69 年，死于公元前 30 年。她不是埃及人，兼具马其顿、希腊和伊朗人的血统。她是托勒密的后裔。托勒密曾是亚历山大大帝手下的马其顿将军，亚历山大将其帝国的一部分——埃及赐给托勒密管辖。他建立起托勒密王朝，克娄巴特拉是这个王朝最后的一位统治者。

托勒密家族承袭了埃及人近亲婚配的制度，只在皇族内的兄弟姐妹之间联姻。这种乱伦的安排可能是为了保持王室的“纯净”，但它使托勒密家族产生一系列很不称职的统治者，大多数不是体弱多病，便是早年夭折。伟大的埃及时代早已成为过眼烟云，托勒密家族统治的是一个荒唐颓废的社会。

克娄巴特拉是托勒密·奥雷特国王最大的女儿。奥雷特在遗嘱里安排了克娄巴特拉和他最大的儿子托勒密十二世联合统治，并准备让他们结婚。

当克娄巴特拉和她的弟弟成为统治者时，她仅 18 岁，但她表现出对权力的强烈欲望。她需要权力，但面前横着许多难以逾越的障碍。两位朝廷重臣波希纽斯和奥克奇维安结盟与她为敌，他们希望除掉她，使政权置于托勒密十二世一人名下。

公元前 49 年，经过两年的艰难的角逐，克娄巴特拉被赶到了叙利亚。她在那里组建起一支军队，开始反攻埃及以求复辟。公元前 48 年，克娄巴特拉与托勒密在珀鲁修摆开了战场，准备为定夺埃及王位而战。战斗始终没有打响，因为一个著名的伟人朱利叶斯·恺撒来到了埃及。

历史上鲜有类似恺撒这样著名的人物。他诞生于公元前 102 年，比克娄巴特拉年长 33 岁，他到达埃及那年 54 岁。恺撒在罗马是个强有力的政治人物，是那个巨大帝国特有的政治混战中纵横捭阖的老手，更是历史上一位杰出的将军。他出身贵族，生活优裕舒适。当他 44 岁时，成为一名军人，他常常以少胜多，以寡敌众，赢得了一个又一个的胜利。他已经征服了高卢（今天的法国），指挥罗马军团开进今天的德国，甚至挺进到英国。当他从前的密友和义子庞培，为了攫取罗马统治权而背叛他时，他立即向庞培宣战。他率领部队从高卢进入意大利，越过卢比孔河，发动了一场国内战争。恺撒在意大利击溃了庞培，把他赶到了希腊，又在法尔萨路斯消灭了庞培的主力。在他的追赶下庞培逃到了埃及。

公元前 48 年庞培到达埃及，那个国家正忙着进行内战。根据托勒密十二世的旨意，波希纽斯先对庞培热情欢迎，然后，在他弃船登岸之际，将他处死。如此举动只是为了求宠于恺撒。当一支由 4 000 罗马人组成的部队到达埃及时，波希纽斯向恺撒献上了庞培的头颅。与其说恺撒是满心欢喜，不如说他是极不舒服。因为庞培毕竟是一位出色的将军和少有的英雄，更重要的他是一个罗马人，恺撒不愿意让任何罗马人被埃及人杀死。

波希纽斯的目的是想借助恺撒帮助托勒密十二世在眼前的这场内战中打败克娄巴特拉。

波希纽斯刚刚献完庞培的首级离开，有人抬着一卷巨大的地毯来到了恺撒的军营。

地毯在恺撒的面前铺开了，突然，克娄巴特拉从里面跳了出来。原来，这个女人乘船离开了她的指挥部，在亚历山大登陆，藏身在这卷巨大的地毯里。她决心面会恺撒并与他对话。这一举动吓了恺撒一跳。当时克娄巴特拉才 21 岁，是一个美貌绝伦、艳丽无比的女人。

她以自己超人的智慧、才干以及非征服恺撒不可的不屈不挠的意志，俘虏了已经 54 岁的恺撒。恺撒转而站到克娄巴特拉一边，下令恢复她父亲在遗嘱中的安排，由姐弟俩共掌政权。

这于波希纽斯极为不利，于是，波希纽斯发动了一场反对恺撒的叛乱。恺撒被迫应战，率领部队与人多势众的埃及军团艰苦作战达 3 个月之久。仅仅凭着他的骁勇善战和卓越的军事才能才避免了灭顶之灾，直到援军赶到。在这场战斗中埃及人败北，波希纽斯被杀，托勒密十二世企图乘一条大船顺尼罗河逃跑，因负荷过重，大船沉没，结果葬身水底。

恺撒征服了埃及。下一步顺理成章的应是宣布埃及为罗马的一个行省,留下某些人去管理控制,然后班师回朝,凯旋罗马。但是,有地毯的年轻女人克娄巴特拉存在着。她作为他的主妇同他公开地生活在一起,她为恺撒生了一个儿子恺撒利恩。恺撒在埃及逗留了不到一年,整日与她结伴作乐,共享快活。最终他也没有令埃及从属罗马。他恢复了克娄巴特拉的王位,命她最小的只有 10 岁的弟弟为托勒密十三世,与她共同执政。

传说克娄巴特拉随同恺撒返回罗马,她寓居在恺撒的别墅里,恺撒经常去那里探望她。公元前 44 年,恺撒被布鲁图斯和元老院的其他成员暗杀。

在恺撒遇刺事件后不久,克娄巴特拉从罗马逃到了埃及。在罗马,继承王位的是恺撒最忠实的朋友马克·安东尼和他的养子屋大维。是他们合力平定了内乱。于是,他们达成协议,以划分势力范围的办法来控制罗马:屋大维留守罗马;列庇都斯管辖西方(西班牙和法国);安东尼统治东方。

马克·安东尼行使行政权力的第一件事,就是传讯克娄巴特拉前来塔尔苏斯,追究她援助共和党阴谋家的责任。他的最终目的是要羞辱她,剥夺她的王位,宣布埃及为罗马的一个行省。

克娄巴特拉面临着威胁她王位和她的国家独立的新危机,这是对她更严峻的考验。她是经得起这个挑战的,她 28 岁了,正当青春盛年,美艳绝顶,并通晓各种政治手腕。年前,在她的弟弟托勒密十三世即将年满法定掌权的年龄 14 岁时,她使他即刻中毒身死。接着,她宣布她将同她与恺撒生的儿子联合执政,这样,她就成了位高权重的女王和腰缠万贯的巨富。她已经征服了朱利叶斯·恺撒,马克·安东尼能保证不上钩吗?

她让安东尼在塔尔苏斯坐等了几天,然后,以那种著名的风姿到达塔尔苏斯。她穿戴着爱神维纳斯一样的服饰,乘着一只装饰得金碧辉煌的大船。她沿着塞当斯河上溯至塔尔苏斯,靠岸时正遇上安东尼召集一次群众集会。人们丢下安东尼奔向河边,去观赏这位埃及女王创造的奇观胜景。当安东尼出现时,她盛情迎接,全无一丝乞怜或取悦之意,倒像是置身于豪华盛宴中的尼罗河皇后。在几天的欢宴之后,克娄巴特拉保住

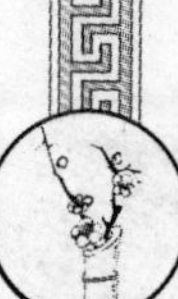

了她女王的宝座。

克娄巴特拉与安东尼在塔尔苏斯开始同居，这一私情持续了12年之久。

公元前36年，安东尼与克娄巴特拉举行婚礼，并宣布他们的3个孩子是合法而非私生的。

安东尼和克娄巴特拉统治着埃及和小亚细亚的绝大部分，他们对波斯人和部分帕提亚人的作战均以失败告终。但是，在公元前34年他们打败了亚美尼亚人，宣布叙利亚为罗马的一个行省。安东尼不是在罗马，而是在亚历山大欢庆胜利。他把克娄巴特拉称为“女王之王”，让她和她与恺撒的儿子统治塞浦路斯、利比亚和叙利亚。安东尼和克娄巴特拉的大儿子亚历山大管辖亚美尼亚、米堤亚，并当了帕提亚的国王。亚历山大的孪生姐妹克娄巴特拉成为昔兰尼的统治者。他们的小儿子托勒密·菲尼西为叙利亚的统治者。

安东尼和克娄巴特拉走得太远了。更严重的是，他们两人的私情对罗马人来说是极大的耻辱。尽管克娄巴特拉是具有魅力的，但她不是罗马人，是个野蛮人。她的服饰、举止、作派，她的一切都使罗马人感到陌生而不可思议。身为罗马三巨头之一的安东尼，他的许多思想观点、服饰和习俗，在罗马人看来埃及味太浓了。他犯有重婚罪的婚姻和他的那些私生子们，激起了人们的愤慨。

使罗马人不堪忍受的最后一击是安东尼把罗马的领土奉送给其情妇和他们的孩子。屋大维在元老院里痛斥了安东尼，并于公元前32年对克娄巴特拉宣战。公元前32－前31年的冬季，安东尼和克娄巴特拉是在萨摩斯岛上的盛宴和欢娱中度过的。这期间，屋大维正率领一支部队向东挺进，从安东尼手里夺走了大片土地。

终于，在公元前31年，为了裁决罗马的前途，或者说为了定夺安东尼和克娄巴特拉的前途，双方在希腊的阿克蒂姆附近摆开了战场。据历史记载，当时安东尼的陆地作战部队占优势，但克娄巴特拉却说服他从海上进攻，打击屋大维手下人阿吉帕的部队。她的理由是，如果安东尼在海战中能打败优势的阿吉帕，那么对付陆地上的屋大维就是轻而易举的事情了。

阿克蒂姆之战在历史上是十分著名的。安东尼夫妇船只虽然庞大,但阿吉帕的船队不但数量多,而且富于灵活性。战斗打响后双方对峙了很长时间,但最后,阿吉帕的船队冲过安东尼的阵线,直逼后面克娄巴特拉的66只船组成的船队。虽然阿吉帕这一举动也许只是为了在海上调整自己的阵势,但克娄巴特拉却因此扬帆逃离战场。一见她逃走,安东尼简直发狂了,他爬上一条小船,独自去追赶她,任凭自己的部队被打得落花流水。

安东尼加入了他在昔兰尼的军团,克娄巴特拉返回亚历山大征集更多的部队组建新的船队。她与为结束战斗而到达那里的屋大维不期而遇。她提出自己退位,让她跟恺撒的儿子恺撒利恩继位,但屋大维拒绝了,他提出,假如她能杀死安东尼的话,他可从宽发落她。

安东尼军团和屋大维又展开了一场恶战,这是最后的一线希望。安东尼败了,他的军队和舰队都丢给了屋大维。克娄巴特拉和她的情人被迫退到一座陵墓旁,这是她为自己升天而修建的。在那里她使安东尼相信她已经结束了自己的生命,从而哄骗他钻进去自杀。由于害怕打开陵墓,克娄巴特拉和她的随从把垂死的安东尼从陵墓的一个窗口拖了出来,安东尼死在她的怀里。

据说克娄巴特拉又想迷住屋大维。但她已经39岁了,已是夕阳晚照,人到暮年。屋大维或者是没有受她的骗,或者是一心一意地追逐他的权力。他和颜悦色地与她促膝谈心,但克娄巴特拉深知他的用心和企图。她知道自己的王位将被剥夺并被作为俘虏送往罗马。她将在他凯旋的游行中被拖在他战车的后面。然而她是高贵的、天生的女王,岂能忍受这样的耻辱。

她渴望自杀,但屋大维为了要拿她来炫耀自己的胜利,搜走了她能用来自杀的所有刀和工具。她试图绝食自裁,屋大维威胁说,如果她不吃东西就要伤害她的孩子们,她只好勉强接受了食物。传说她忠诚的女仆在一篮无花果中偷偷放进了一条毒蛇,送进她的屋子,她抓起毒蛇放在自己的胸膛上,结束了自己的生命。

克娄巴特拉死后,屋大维使埃及变成了罗马的一个行省,结束了它的独立。他凯旋罗马,不久便称帝,取名奥古斯都·恺撒。有500年历史的罗马共和国灭亡了。

历史上很少有像克娄巴特拉这样的统治者，她在对付无法抵御的巨大外来势力下统治了埃及 18 年，埃及是一个弱小国家，它可以在弹指之间便被罗马征服。但克娄巴特拉运用她的武器——美貌、魅力、才智挽救了埃及。她战胜了古代世界两位最具才能、最为杰出的男子，把他们融进了她的事业，一次又一次地拯救了她的国家和她的王位。

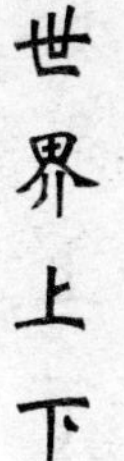

第三章　印度文明

哈拉帕文化遗址

印度，得名于印度河。自1922年以来，考古学者在印度河流域陆续发现了许多青铜文化遗址，包括城市和村落，大小共有200多处，这些青铜文化遗址分布在西近伊朗边境，东近德里，北起喜马拉雅山麓，南至纳巴达河的广阔区域里。在这些遗址中，最大的是哈拉帕和摩亨约·达罗两处。

哈拉帕文化的遗址表明，当时生产力已发展到相当高的水平。居民主要从事农业，使用青铜制的锄头、镰刀、武器和家庭用具。手工业除冶金外，还有纺棉、织布和制陶。陶器制造已使用陶轮，并饰以图案和动植物花纹。宝石和象牙等雕刻技术也很精巧。还发现一些石制印章，刻有图案和文字，但尚未能释读。

哈拉帕文化表明，当时印度农民主要种植小麦、大麦等农作物，而种植棉花在世界史上以此为最早。在家畜中有牛、羊、猪、鸡等。在晚期的哈拉帕遗址中还发现有马骨，但当时是否已开始役使马，无法确定。

哈拉帕和摩亨约·达罗两处的城市遗址，规模都相当大，摩亨约·达罗城占地达260公顷。街道布局整齐，纵横交错，主要街道宽达10公尺。城内有很大的公共浴池，可能与宗教仪式有关。房屋一般用砖建造，有的包括大厅和许多房间，还有两层建筑，并有良好的排水设备。而另外一些小房屋则根本没有排水设备。这些情况说明，社会上已有财产的不平等和阶级的对立，已有强迫人民从事劳役的国家机器和依靠剥削养尊处优的统治者。

哈拉帕文化的城市分布范围东西1 500多公里，南北1 100公里以内，但城市规划格式大体一致，各地发现类似的尺子和砝码等物品，说明哈拉帕文化已有统一的度量衡。各城市之间交通联系大约比较密切，甚至可能属于一个统一的政权。坎贝湾东岸面临阿拉伯海的哈拉帕城市有码头遗址，发现的陶器有做成大型帆船形状的。另外还发掘出与美索不达米亚相类似的印章等物。这些情况表明，哈拉帕时期的印度人，已有海外交通，并开始和西亚发生了联系。

梨俱吠陀时代

吠陀，是印度最古老的文献材料，主要文体是赞美诗、祈祷文和咒语，是印度人世代口口相传、常年累月结集而成的。

吠陀分为4部。《梨俱吠陀》最古，其大部内容在公元前2000年代中叶大概已经形成，全部编成大约不晚于公元前1000年代初。因此，这一段时期通常被称为梨俱吠陀时代或早期吠陀时代。

《沙摩吠陀》、《耶柔吠陀》和《阿闼婆吠陀》大体形成于公元前10世纪上半叶，这一段时期通常被称为后期吠陀时代。

《梨俱吠陀》，意即“智慧之诗”。这是一部由公元前1500－前900年间的1 000多首诗组成的总集，它们是献给雅利安诸神的。诗歌从敬畏与冥想的极致写到世俗的生活，表达了欣喜满足之情。用生动而富有色彩的语言描述了因陀罗惊天动地的事迹，他是位“劈开大山之腹”，让水流奔涌而出的“舞动雷霆的人”。一首优美而率真的圣诗祈求黑天女神的保佑，因为她的光辉能“驱走黑暗”。这些上佳的诗歌形象地展现了早期吠陀时代的生活情景。

这些诗篇中还有对雅利安人的描述。公元前2000年代中叶，许多操印欧语的部落出现在印度河中上游旁遮普，他们自称为雅利安人，意为“出身高贵的”。雅利安人说当地人是黑色的，“没有鼻子的”；并称他们为“蔑戾车”，意思是野蛮人，或称为“达萨”，意为敌人。

由于在吠陀文献中有许多描述雅利安人对达萨战争的片断，这样就产生了哈拉帕文化被雅利安人灭亡的假说。但是这种假说并没有充分的事实作为根据，因此现在还无法断定哈拉帕文化灭亡的真实原因。关于雅利安人本身，也有许多问题没有解决。一般认为他们在公元前2000年代中叶从中亚侵入印度，但这同样也还是一种假说。

早期吠陀时代的雅利安人与哈拉帕时期的居民不同，他们没有城市，以畜牧为生。向神祈祷的主要内容是愿神赐牛，把战争称为“瞿维什提”，意即“渴望得牛”。除牛以外，雅利安人已驯养绵羊、山羊、驴、马和狗。雅利安人杀牲畜吃肉的时候不多，养牲畜主要是为了取得乳汁并用它制成

乳酪。

雅利安人进入印度河流域以后，逐渐学会农业，用牛拉木犁耕地，收割谷物时使用镰刀，他们也学会了灌溉；狩猎在早期吠陀时代还起着相当大的作用；手工业也有一定的发展，已经有金属用具，如锅，金工所用的金属称“阿雅斯”，可能是铜或青铜；有了皮革工，用牛皮制成桶、弓弦和皮带；木工有细工匠、造房匠和造车匠；交换已经出现，不过还没有货币，牛、黄金和装饰品是交换媒介。

雅利安人生活简单。他们的衣服是用羊毛织成的，食物主要是乳酪、蔬菜和果实。只有在祭祀和宴客时才杀牛，在盛大的节日和家庭集会时可能也吃肉类。

《梨俱吠陀》已经提到丈量土地。父亲是一家之主，男子在社会上已占重要地位。女子管理家庭，地位不低。吠陀中的颂歌有些就是妇女编的。一夫一妻制是当时的主要婚姻形式。社会上已经出现不同行业，但是行业还未成为固定和世袭的，人们并未因行业不同而分成地位不平等的社会集团。在《梨俱吠陀》的末卷也是形成较晚的一卷里，第一次提到社会地位不同的4个等级，即婆罗门、刹帝利、吠舍和首陀罗。

雅利安人逐渐把一些被他们征服的达萨变成奴隶，因此“达萨”一词在印度语中又具有奴隶的意思。

雅利安人的氏族部落组织仍然存在。部落制度居于统治地位，部落以下有“格拉玛”，意即“村”。村可能由同氏族的若干家庭组成，以后逐渐变成农村公社。氏族部落组织中还存在民众会议，在部落遇到大事时召开。部落的首领由民众会议选举，不过实际上已经世袭。首领的职务主要是军事的，其权力在不断的战争中日益增长。部落中还有村长和正在萌芽中的专门祭司阶层，他们的地位也在逐渐提高。

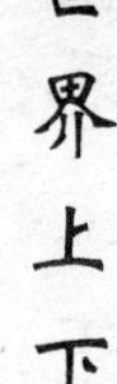

印度史诗

古代印度有两大著名史诗:《摩诃婆罗多》和《罗摩衍那》。《摩诃婆罗多》是著名的梵文叙事诗，也是世界上最长的史诗。它比荷马史诗《伊利亚特》、《奥德赛》的总和还多7倍。

印度—雅利安人的主要成就与其说是有形的，还不如说是无形的，这主要体现在语言技巧和诗歌想象力方面。雅利安人以赞美诗、祈祷文和咒语为文体，经长年累月结集而成的4部吠陀，世代口口相传。吠陀包含了印度—雅利安人的圣书和后来的印度宗教。与希伯来、基督教和伊斯兰教的经文一样，它们也被视为神启，但由于雅利安人没有文字，他们深信他们的神圣经文是“听来的”，而非受“启示”而得。由于没有与吠陀同时代的任何文字材料，因而数百年后才写出来的吠陀就成为印度历史上一个长时段的主要信息来源，其时间为基督教纪元前的最后2 000年。

古印度人已创作出令人激动的史诗，用以纪念他们早期的历史，描写“英雄时代”个人的勇武和血腥的搏斗。大约与古希腊荷马史诗的出现同时，雅利安的吟游诗人也在用两部伟大史诗歌颂印度的英雄时代，它们是《摩诃婆罗多》和《罗摩衍那》。它们的最后形成比吠陀晚了几个世纪，反映了同样广泛的社会和文化背景。它包含了一个罕见的一妻多夫制的例子(一位公主答应嫁给4位贵族武士兄弟，他们在一次新娘争夺战中赢得了她的芳心)，也包括一个在一次骰子赌博中一掷失去王国的例子。一场真实的战斗在约公元前1400年发生于德里附近，这给故事带来了高潮。据说从希腊、中国和全印各地来的国王加入了战斗，战斗持续了18天，所有参战者均阵亡。在克里希那神的帮助下,5位幸存的兄弟光复了自己的王国。在数年的和平统治后,他们弃世绝尘,带着他们的共同妻子,一同登上喜玛拉雅山巅,进入神的城池。

《罗摩衍那》故事的发生地在俱卢王国的东部,该诗反映了有关德干的一些知识。它讲述了罗摩王子和她美丽妻子悉达的历险故事。悉达由于苛毒的继母所设的圈套而遭放逐,被锡兰的魔王抓走,最后罗摩在忠实的盟友哈努曼将军的帮助下,救回悉达。一个阴谋使悉达陷入不平静的生活。由于被怀疑在遭监禁期间她的贞洁遭到玷污,她企图自焚,但火神阿耆尼拒绝伤害她,她的纯洁由此得到证明。

《摩诃婆罗多》最终定型于公元前400－前200年间,非常像一部早期印度神话和历史的百科全书。僧侣在皇家祭祀圣仪上的吟唱表演,使之获得了宗教意义。最终是史诗,而不是吠陀,成为普通民众的圣经,部分原因是婆罗门严格地将吠陀研究限于高级种姓内,历史诗的吟诵却是任何人都能聆听的。

婆罗门教

公元前1000年代初,南亚次大陆的战争较之早期吠陀时代更加频繁,规模也更大。例如,大史诗《摩诃婆罗多》中所描绘的居楼族与般度族的大战,几乎扩大到北印度的所有部落。这种情形,无疑会加速奴隶制和国家的形成过程。

根据史诗记载,当时奴隶的来源概括起来有以下几种:一是战争俘虏,凡未被杀的俘虏,被迫口衔草叶,声称“我是属于你的”,于是他们就成了战胜者的奴隶。二是家生奴隶,奴隶的子女照例仍是主人的奴隶。三是从市场上买来的,当时的具体贸易方式是以物品换来奴隶。四是赌博赢得的,赌输无钱偿付者往往以家属抵为奴隶。五是受赠的奴隶,国王们往往赠给婆罗门奴隶:《爱陀利亚梵书》曾说到一个国王赠予一个婆罗门一万名女奴(这样的数字显然被夸大了)。

当时的战争不仅在雅利安人与当地人之间,而且也在雅利安各部落之间进行。因此,达萨中既有当地人,也有雅利安人;“达萨”不再像早期吠陀那样具有种族的意义。奴隶处于主人的绝对支配之下。奴隶没有任何财产权,而是主人的财产(当时的妻、子也属于夫、父)。

种姓制度的成长,社会经济的发展,必然进一步加剧社会的分化。在早期吠陀时代之末开始萌芽的种姓制度,这时也成长为一种严格的等级制度,成为整个社会结构的一个重要组成部分。

第一等级是婆罗门种姓。婆罗门基本上是主管宗教祭祀的氏族贵族。这时,他们不仅垄断了宗教、文化方面的权力,而且其中一些人也参与掌握政权。例如,有的婆罗门充任国王的顾问,称为“普罗希塔”。他们以占卜、念咒等方术影响国王的行政,甚至随军出征,影响军事行动。有的婆罗门甚至同时兼作几个小国国王的顾问。国王还有一个咨询机关“巴里沙德”,它至少由10个婆罗门组成,这些人实际上也是国王在宗教、法律、文化等方面的顾问。

第二等级是刹帝利种姓。这是由从前的“罗阇尼亚”(王族)发展而来的军事行政贵族集团。刹帝利的基本职业是充当武士,国王通常也属于刹帝利种姓。

第三等级是吠舍种姓。吠舍是雅利安人的一般公社成员,主要是从事农、牧、商等职业的平民大众。其中也有一些人富有起来,有的人从事高利贷活动。吠舍在政治上没有特权,他们必须以布施(捐赠)和纳税的方式供养完全脱离生产劳动的婆罗门和刹帝利。

婆罗门教庙宇

第四等级是首陀罗种姓。首陀罗这时不仅来自被征服的非雅利安人,也来自被征服的雅利安人,而且还可能来自由于各种原因而失去公社成员身份的人。首陀罗与以上3个种姓明显的不同之处,就在于以上3个种姓的成员是有公社成员身份的(表现为所谓的"再生族"),而首陀罗却没有(表现为"非再生族")。因此首陀罗就在政治、法律和宗教上失去了受保护的权利。首陀罗从事农、牧、渔、猎以及种种当时被认为低贱的职业,其中许多人沦为佣工或奴隶。在首陀罗种姓中,少数人是奴隶,多数人是地位接近于奴隶的平民最下层。

在种姓制度下,一个人的社会地位取决于他的家庭出身,严格按照血统世代保持不变。各种姓之间原则上不通婚姻,不过,在实际上吠舍与首陀罗之间常相通婚,而且高级种姓的人也常娶低级种姓的女性为妻妾。这种种姓制度直接影响到印度原始宗教的形成。

早期吠陀时代雅利安人的宗教基本上还是自然崇拜。当时人们还相信一切自然的变化都受某种神的支配,因而产生了各种各样的神,如天神(梵伦那)、太阳神(弥陀罗)、雷电及战神(因陀罗)、火神(阿耆尼)、苏摩酒神,等等。当时虽有僧侣,但还没有形成真正固定不变的僧侣等级。

伴随雅利安人向奴隶社会转变和国家的形成,这时形成了专门的僧侣(祭司)等级和婆罗门教。婆罗门教保留和利用了原始宗教的多神崇拜,但神的性质有了改变。地上有法庭,天神梵伦那就成了天上的司法神;地上有国王,因陀罗也就成了国王和贵族的保护神,而且产生了宇宙的创造者、最高主宰的大神婆罗摩,即大梵天。

公元前6世纪,印度的宗教开始了改革和创新,它主要由上层阶级的代表发起,打破了婆罗门教的传统。

释迦牟尼创立佛教

作为世界四大文明古国之一的印度,其古代文明主要是指佛教的诞生。而佛教的创始人则是释迦牟尼佛。按照佛教的解释,佛不是神,是"觉者",即觉悟了的人。释迦牟尼佛本来就是人,他名悉达多。"悉达多"

的意思是“目的达到的人”。

悉达多，姓乔达摩，出生于古印度的迦毗罗卫城（约在今印度、尼泊尔边境地区），大约生活在公元前566－前486年。

乔达摩出身于刹帝利种姓，是迦毗罗卫国净饭王的太子，其母摩耶夫人早逝，由姨母抚养长大。少年时代接受婆罗门教的传统教育，学习吠陀经典和五明。后与觉善王的女儿耶输陀罗结婚生子。悉达多自幼过着锦衣玉食、无忧无虑的生活，他善射骑，博学多艺，也富于沉默思考。29岁离家，到处寻师访友，探索人生解脱之门。

为了达到解脱人生之苦的目的，悉达多离家之后，先到王舍城郊外漫游，跟随数论派先驱阿逻逻迦罗摩和郁陀迦罗摩子学习禅定。接着他尝试通过严格的苦行发现真理，寻求解脱。据说，他认为：摩擦湿木不能生火，摩擦干木才能取火；人身亦需经过苦行，清除体液，才能悟出真理。于是他逐渐减少饮食，直到每天只吃一粒米，后7天只进一餐。他穿鹿皮、树皮，睡在鹿粪牛粪上，有时卧于荆棘上。6年后，身体消瘦，形同枯木，却依然没有发现什么真理。

乔达摩认识到苦行并不能获得解脱，开始净身进食。他渡过尼连禅河，来到伽耶（今菩提伽耶），坐在毕钵罗树（后称菩提树）下，沉思默想。据说，经过七天七夜，终于悟出了“四谛”的真理。这标志他真正觉悟成道了，因而被称为“佛陀”，或简称“佛”，意思是“觉悟者”。这一年他35岁。

此后他就一心转向传教活动，历时49年说法。

他的活动地区主要在摩揭陀、拘萨罗、跋耆三国，东面最远到过瞻波，西到摩偷罗。当时这一带经济文化发达，沙门运动高涨，新的宗教团体和哲学派别大都在这里活动。

传说佛陀在成道后，首先赶往婆罗奈城郊的鹿野苑，寻找曾随他一道出家的5个侍从，并向他们讲说“四谛”之理。由于从不同角度讲了3遍，佛史称作“三转法轮”。

佛陀还主张要坚持“中道”原则，即既要避免极端苦行，又反对性情纵欲，只有“中道”才是解脱的“正道”。这是佛陀首次讲佛法，所以也称为“初转法轮”。憍陈如等5人信仰了佛陀教义，成为他的首批僧侣，号“五比丘”。

佛陀一天的活动似乎很有规律，他黎明起床，坐禅静思，近中午时，外出乞食。有时在午饭前访问某些沙门。午饭后，到聚落外的静寂处坐禅沉思。黄昏为弟子宣法，或到聚落里向俗人传教，一直到晚上。他一年中的大部分时间是漫游、布道，雨季停止旅行 3 个月，称为“伐沙”（坐夏）。

佛陀的这种生活方式，当是早期僧侣的生活缩影，后来就形成了佛教的某些生活规则、戒律的雏型。

佛陀传教所走的道路，基本上是商道。《长阿含 · 游行经》比较系统地记载了佛陀成道前由北向南所走的路，以及入灭前由南向北走的路，这两条路很少偏离当时的商道。佛陀常年来往于摩揭陀国的王舍城和拘萨罗国的舍卫城，这里沙门运动特别活跃，传说频毗沙罗王之弟迦留曾召集 96 种“外道”举行大斋。

当时的王室，是沙门运动的支持者。佛院的传教，就一直得到商人和王族的支持。他有两个最重要的经常说法的住处，一处在舍卫城南的园精舍，这是拘萨罗国富商须达多（给孤独长者）布施的；一处在王舍城的竹林精舍，竹林是迦兰陀长者所赠，精舍是频毗沙罗王出资建造。

佛陀在传教中经常与“外道”沙门辩论。据佛典记载，佛陀总是在辩论中取胜，使他们纷纷皈依佛教。有一次佛陀走在鹿野苑的路上，遇到一位“邪魔外道”沙门，佛陀对他说法，表示自己已经成道，这位“邪魔外道”摇头离去，走上另一条路。

佛陀80多岁时进入涅槃，寂灭于拘尸那迦城（印度北方邦境内）附近的希拉尼耶伐底河边的娑罗林中。

孔雀帝国

公元前324年，印度建立了统一的王朝。因新国王旃陀罗崛多出身于一个饲养孔雀的农民家族中，故称这个王朝为孔雀王朝，又称孔雀帝国。

公元前327年5月，马其顿亚历山大在灭亡波斯后越过兴都库什山，侵入次大陆的西北部。亚历山大将那里的许多小国各个击破，很快征服了五河流域。亚历山大还想继续东进，但由于士兵厌战和难陀王朝的强大，不得不于公元前325年顺印度河南下撤回巴比伦。

亚历山大退兵之后，次大陆北部人民起义到处发生，政局十分动荡。这时，一个名叫旃陀罗崛多的人成为驱逐马其顿驻军的领导者。他早年在难陀王朝廷供职，在亚历山大入侵时，企图借机推翻难陀王朝，未遂。旃陀罗崛多（约公元前324-前300年）领导的起义军成功地驱逐了侵略者，大约在公元前324年，旃陀罗崛多便独立为王。而后，他又东进攻下摩揭陀的首都华氏城，终于推翻了难陀王朝。从此，次大陆北部统一起来。

旃陀罗崛多依靠大批常备兵（据说人数达60万人），在次大陆进行扩张和征服，成功地抵御了塞琉古王国的入侵（公元前305年）。

孔雀王朝至阿育王时，又大举征服南印度的羯陵伽。此时，次大陆除南端以外，北起喜马拉雅山南麓，南至迈索尔，东抵阿萨姆西界，西达兴都库什山，都已并入孔雀王朝的版图，形成了一个空前庞大的统一帝国。

孔雀王朝基本上是一个统一的奴隶制帝国。国王是国家的最高主宰，集政治、军事、司法等方面大权于一身，并设有庞大的官僚机构维护统治。

国王之下有一个不大的统治阶层，这些人可以充当国王的顾问和参议，也可以被选拔为各种官员。

官员有3类。第一类是地方长官，他们主管修治河渠，丈量土地，监督灌溉用水之公平分配；他们也管猎户，有权酌情予以赏罚；他们还负责收税、监督与土地有关的行业（如伐木、采矿等），还负责修治道路。第二类是城市长官，他们分为6组，每组5人。各组分别主管手工业、外侨、生死登记、市场交易及度量衡、产品检查以及征收什一之税等事项。第三类是军事长官，他们也是分为6组，每组5人。各组分别主管海军、后勤辎重、步兵、马兵、车兵以及象兵。

孔雀帝国分若干省，靠近都城的东部和中部省份由国王直辖，边远省份往往由王子统治。帝国境内还有很多半独立的部落。例如美伽斯提尼曾说："印度凡有118部落。"国王对中央、地方和军队的官员都派密探进行侦察和监督。

孔雀王朝时期，生产力有进一步的提高。铁器的制造和使用已经很普遍，灌溉事业也发展起来，各地开凿了沟渠、水井和池塘。手工业也有发展，出现了一些以棉纺织品著称的地区。印度的棉纺织业有近2 000年的历史，直到英国资本主义入侵，才遭到破坏。

造船、建筑、雕刻等业也有进展。现在保存的刊刻诏令的石柱，重量有的达50吨，高15米以上。柱头往往雕有十分精美的动物形象，充分体现当时手工业的发达和劳动人民的聪明才智。

公元前185年前后，孔雀帝国的最后一个国王被部将普沙密多罗·巽伽推翻，在摩揭陀建立了新的王朝。自此，孔雀帝国结束了统治印度140年的历史。

第四章　希腊文明

克里特人创造线形文字

希腊文明最先产生于克里特岛。这里在新石器时代(约公元前4500-前3000年)已有人居住,居民可能来自小亚细亚。公元前3000年,克里特进入金石并用时代。埃及的影响也可以从这一时期的许多器物(如许多华美的石瓶等)上看得出来。公元前3000年代末,克里特原始社会逐渐解体。

约自公元前2000年开始,克里特进入青铜时代,同时也开始出现奴隶制国家。约公元前2000-前1700年间,在克诺索斯、法埃斯特、马里亚等城都有了王宫的建筑。它们大概是些小的城邦,相互之间可能有夺取霸权的斗争,在克诺索斯与法埃斯特两城间修筑的大道也许是克诺索斯取得霸权的结果。这一时期也出现了文字,先是图画式的,然后又发展为象形文字。这种文字还没有释读成功。

约公元前1700年和公元前1600年,克里特各城市宫殿两次被毁,是由于剧烈的人民暴动还是由于地震,现在不能断定。不过,克诺索斯、法埃斯特和马里亚的王宫在毁坏后都重新建筑起来,而且规模更加宏大。

这时文字从象形的发展为线形的,这就是线形文字A,现在还没有释读成功。约公元前1700-前1400年,是克里特文明最繁盛的时期。

这时手工业相当发达,各种陶器制造得十分精美。王宫,特别是克诺索斯王宫,规模巨大,结构复杂,墙上的壁画也可谓古代杰作。由于对当时文字尚未释读成功,现在对克里特文明的社会和政治的具体情况了解得还很少。古代希腊许多作家的作品中保留了一些关于克里特文明的传说。大体内容是:在克里特岛上称雄的是克诺索斯城邦,其王米诺斯曾经统治爱琴海的许多岛屿,甚至曾迫使雅典纳贡。古代希腊人还认为,米诺斯是远古的立法者,后来斯巴达的法制就是从他那里学来的。据说,后来米诺斯率兵远征西西里,当地人佯做欢迎、款待,而设计把他烫死在浴池里。他的部下也就流落在外,未能回到克里特。

约公元前1500年,克诺索斯等王宫被毁,大概是铁拉火山爆发引起地震的结果。约公元前1450年又发生了类似现象，随后就发生了外族的入侵。约公元前1450年，克诺索斯王宫中出现了新的线形文字文件。这种文字就是线形文字B，在20世纪50年代初已被释读成功，证明写的是希腊语。这一事实说明，希腊人开始成为克诺索斯的统治者。他们在克里特人线形文字A的基础上创造了自己的线形文字B。米诺斯不断在海外争夺霸权的结果是走向了自己的反面，他连自己本国的统治权都失去了。

约公元前1400年，克诺索斯的最后一个王宫被毁。可能是克里特人发动了反希腊统治者的起义，也可能是希腊半岛上的迈锡尼人发动了入侵，现在还无法断言。不过，克里特文明从此衰落。再经过以后多利亚的入侵，克里特文明逐渐被人遗忘，只是在古希腊留下了一些传说而已。

伊索与《伊索寓言》

你知道《农夫和蛇》的寓言吗？寓言中讲述：一个农夫在冬天看见一条蛇冻僵着。他很可怜它，便拿来放在自己的胸口上。那蛇受了暖气就苏醒了，等到回复了它的天性，便把它的恩人咬了一口，使他受了致命的伤。农夫临死的时候说，我怜惜恶人，应该受这个恶报！这则寓言就出自著名的《伊索寓言》。

伊索大约生活在2500多年前的古希腊，曾是一名家庭奴隶，因才智出众被主人解放为自由民。他获得自由民身份后，漫游希腊各地，并曾在吕底亚国王宫廷中为官，在他充当国王特使去德尔斐时被诬告亵渎神灵而被德尔斐人杀害。

在古希腊历史学家希罗多德、戏剧家阿里斯多芬、哲学家柏拉图和亚里斯多德的作品中，都曾提到过伊索。阿里斯多芬的喜剧中甚至把“没有研究过伊索”当作是“无知和孤陋寡闻”；柏拉图还记述苏格拉底在被宣判死刑后，在监牢里把伊索寓言改写成诗加以吟诵。《伊索寓言》中的许多名篇早已成为世界各国中小学校的教材，也是各国政治家、评论家和文学家加以引用的警世恒言。马克思、恩格斯、列宁的著作利用过《伊索寓言》的语言；大文学家莎士比亚、拉封丹、克雷洛夫也利用过该书的情节。

《伊索寓言》是古希腊口头流传的民间文学，通俗易懂，文字洗练，主题集中，容易记忆，它早已越出地区的界限而成为世界文学的瑰宝，并为世界各国人民所接受。比如在我国广为流传的《吃不着葡萄说葡萄酸》、《龟兔赛跑》、《农夫和蛇》等等都是源于《伊索寓言》。

十分有趣的是，《伊索寓言》中有许多故事同我国的民间寓言和谚语不谋而合，如《农夫的孩子们》和我国《魏书·吐谷浑传》中关于阿豺的故事一样，都是以一根树枝（箭）与一捆树枝（箭）来比喻团结就是力量。

还有一则《狮子和熊》："狮子和熊找到一只小鹿，为争夺他而打起来。他们打得很凶，经过长时间的搏斗，都头晕眼花，累得半死，倒在地上。一只狐狸在周围转来转去，看见他们两败俱伤，小鹿躺在他们中间，就从中间跑过去，把小鹿抢走了。狮子和熊眼睁睁地望着狐狸，却站不起来，同声说道：'我们真倒霉，替狐狸辛苦了一场！'"这则寓言与我国的《鹬蚌相争，渔翁得利》的寓言如出一辙。至于我国广为流传的《狼来了，狼来了》的故事，就直接是《伊索寓言》中《开玩笑的牧人》的翻版。《大鸦和蛇》这一篇说大鸦"看见一条蛇躺在太阳地里，便猛扑下来把他抓住。蛇回头咬了一口。大鸦临终时说：'我真不幸，我发现了这意外之财，却送了命。'"我国也有"人为财死，鸟为食亡"的谚语，类似的例子还有不少。

《伊索寓言》绝大部分是关于做人的道德准则方面的，有许多篇章宣扬诚实友谊之可贵，像《野山羊和牧人》、《行人和熊》、《鹿和狮子》、《狮子和海豚》都是这方面的代表作。对于叛卖者，寓言给予了严厉谴责，《穴鸟和大鸦》、《捕鸟人和山鸡》对出卖同胞、出卖祖国的行为做了辛辣的嘲讽。

寓言中对狐假虎威、狗仗人势者的丑态有十分生动的描写："有个人把神像放在驴背上，赶着驴进城，路上遇见的人都对神像顶礼膜拜。驴以为大家是拜它，就高兴得欢呼起来，再也不肯继续前进。赶驴人明白了怎么回事，就用棍子打它，骂道：'坏东西，人们拜倒在驴面前的时候还早着呢！'"（《驮神像的驴》）还有一篇反面角色也是驴，说驴披着狮子皮四处游逛，吓唬野兽。它看见狐狸，也想吓唬它。碰巧那只狐狸以前听见过它叫，便对它说："你要知道，假如没有听见过你叫，就是我也会怕你的。"我国成语《狐假虎威》（《战国策·楚策一》）也是以狐狸为反面角色，《伊索寓言》中狡猾的狐狸被赋予揭穿"驴假狮威"的作用，这也是很有趣的。

书中有几篇关于父母教育孩子的寓言，其一是《农夫和他的孩子们》：

农夫临终时，想让他的孩子们懂得怎样种地，就把他们叫到跟前，说道："孩子们，葡萄园里有个地方埋藏着财宝。"农夫死后，孩子们用犁头和鹤嘴锄把土地都翻了一遍。他们没有找到财宝，可是却给葡萄带来几倍的收成（我国许多儿童读物中也收有这个故事）。

另一篇是《两只狗》：一个人养了两只狗，一只看家，一只打猎，猎狗对看家狗不劳动而享受同样一份猎物很生气，看家狗说："去责备主人吧！是他让我不劳而获的。"第三篇《小偷和他的母亲》，说一个小偷在母亲的纵容下从小偷发展到大偷，最后落网被判死刑，临刑前，小偷说他想和母亲贴耳说几句话，小偷一下子咬住母亲的耳朵使劲咬了下来。母亲骂他不孝，犯罪还不够，还使母亲致残。小偷回答说："当初我偷写字板交给你时，你如果教训我一顿，我现在就不会落到被处死的地步了！"

《伊索寓言》文字简练，常用最少的文字，表现出十分深刻的含意，真用得上"力透纸背"这样的评语。如《狮子和狐狸》篇写道：狐狸讥笑母狮每胎只生一子。母狮回答说："然而是狮子！"寥寥 20 余字，把本质刻画得多么深透。这不禁令人想起列宁针对攻击德国女革命家罗莎·卢森堡的鼓噪而发表的著名评论："卢森堡虽然犯了一些错误，但她不是一只鸡，始终是一只鹰。"不知列宁的比喻是不是从《伊索寓言》中得到的启发。

荷马史诗

荷马是一位传说性的人物，大约生活在公元前 9 – 前 8 世纪之间，很可能是小亚细亚地方爱琴海一带的人。据说他是一个双目失明的职业乐师，同时又是一位大诗人。

他背着希腊古代的七弦竖琴，四处漂泊，把自己的诗吟唱给人们听。他的诗在七弦琴的伴奏下，美妙动听，情节精彩，深受人们的欢迎。

古希腊流传最久的两部史诗《伊里昂记》和《奥德修纪》就是他的作品，因此，历史上称为"荷马史诗"。古希腊历史从公元前 11 – 前 8 世纪称为"荷马时代"，就是由荷马史诗而得名的。

荷马史诗是以说唱形式流传下来的希腊远古时代关于人与神的传说。其内容包括生产、天文、地理、历史、哲学和艺术等方面的知识。

伊索寓言
伊索

吟唱诗人
荷马

荷马史诗又是战争的产物。

公元前12世纪末，在希腊半岛南部地区的阿凯亚人和小亚细亚西北部的特洛伊人之间发生了一次为时10年的战争，最后希腊人毁灭了特洛伊城。

在希腊神话传说中，特洛伊战争是这样引起的：阿基琉斯的父母举行盛大婚礼时，邀请了所有的神，单把争吵女神厄里斯遗漏了。厄里斯来到席间扔下一个“不和的金苹果”，上写着“给最美的女人”。赫拉、雅典娜和阿佛洛狄忒三位女神果然争夺起来，争持不下就去找宙斯，宙斯要她们找特洛伊王子帕里斯评判。

三位女神找到帕里斯，都答应给他好处。赫拉许他成为最伟大的君王，雅典娜许他成为最伟大的英雄，阿佛洛狄忒许他以最美貌的妻子。帕里斯把金苹果判给了阿佛洛狄忒。

后来阿佛洛狄忒帮助帕里斯去斯巴达拐走了美丽的海伦，并抢走了大批财物。希腊各部落公推迈锡尼王阿伽门农为联军统帅，攻打特洛伊。战争进行了10年，众神各助一方。

最后，希腊联军将领、伊塔克岛之王奥德修斯设计，假装撤兵，而把一具内藏兵将的巨大木马丢在城外；木马被特洛伊人拖进城内。晚上，希腊人从木马中出来，打开城门，里应外合攻下了特洛伊城。战后，希腊人各携财宝、奴隶还乡。有的一帆风顺回到家园，有的则10年在海上漂泊，充满了冒险和神奇。

战争结束后，在小亚细亚一带便流传着许多歌颂这次战争中的氏族部落首领的英雄事迹的短歌。在传诵过程中，英雄传说又同神话故事交织在一起，由民间歌人口头传授，代代相传；每逢盛宴或节日，在氏族贵族的宫邸中咏唱。大约公元前8世纪或9世纪时，盲诗人荷马以短歌为基础，予以加工整理，最后形成了具有完整的情节和统一的风格的两部史诗——《伊利昂记》和《奥德修记》。

这两部史诗是公元前12－前8世纪的人民口头创作的。它反映了广泛而又丰富的社会生活、社会斗争，以及政治、军事、道德观念，等等，具有极高的认识价值。两部史诗如百科全书一样教育了古希腊人。

恩格斯说：“荷马的史诗以及全部神话——这就是希腊人由野蛮时代带入文明时代的主要遗产。”

《伊利昂记》

《伊利昂记》是著名的荷马史诗中的一部,又译为《伊利亚特》。

《伊利昂记》是一部描写部落战争的英雄史诗。当时希腊各部落在地中海东部和小亚细亚一带活动。社会的组织细胞是父系氏族,由氏族结成胞族、部落以致部落联盟。阿基琉斯、奥德修斯都是部落的首领。最高权力属于民众大会,讨论战争与和平问题,另外还经常召开长老会议。希腊军队就是一支部落联盟的联军,阿伽门农是联军的最高统帅。

《伊利昂记》描写最后一年中 51 天内发生的事。史诗一开始就点出,“阿基琉斯的愤怒是我的主题”。阿伽门农和阿凯亚部族中最勇猛的首领阿基琉斯共同争夺一个女俘,阿基琉斯失败受辱后,愤而退出战场。

希腊军方面因阿基琉斯的退出而连连失利,一直退到海岸边,再也抵挡不住特洛伊主将赫克托耳的猛烈攻势,情况万分紧急。阿伽门农请求和解,遭到了阿基琉斯的拒绝。阿基琉斯的朋友帕特罗克洛斯借了他的盔甲,杀上战场,挡住了特洛伊人的进攻。但赫克托耳却把他杀死,并夺走了他的盔甲。阿基琉斯悔恨自己的过失,愤而重新参战,为亡友复仇。他终于杀死了赫克托耳,并把他的尸体拖在马后奔驰。

赫克托耳的父亲、伊里昂的老王普里阿摩斯前来赎回儿子的尸首,全诗在为赫克托耳举行的盛大葬礼中结束。

英雄阿基琉斯是古代英勇战士的理想形象，带有神话色彩。他是神与人之子，是一个非常骁勇又重视个人荣誉的将领。他与联军统帅阿伽门农的争吵是出于正义，为了避免全军在瘟疫中毁灭，他请求阿伽门农送还日神祭师的女儿。阿伽门农当时火冒三丈，当众辱骂阿基琉斯，并声言将抢走他的女俘——布里塞易斯作为报复。阿基琉斯忿怒地拔出刀来想杀阿伽门农，但他克制了自己。

为了部落利益，他把自己的女俘交给了阿伽门农。他一怒之下，退出战场。但他仍忘不了自己的部落，时时关心希腊军的胜败；在希腊军战船着火的万分紧急的时刻，他亲自催送他的好友帕特罗克洛斯去参战。

当他得知亲密的战友被赫克托耳杀死时，战争已到了希腊人生死存亡的关头，他悲痛欲绝，并深切悔恨自己的愤怒。他毅然抛弃旧怨，坚决出战，战局终于转败为胜。

他从发怒到息怒，从退出战场到重新参战，始终以部落的集体利益为重，并没有经过严重的思想障碍和不可克制的复杂的内心冲突。他是那样自然而又自觉地遵从部落集体利益，他体现了部落集体的英雄主义和集体主义精神，这正是部落英雄的特色。

通过阿基琉斯愤怒的情节，诗人还给我们显示了在氏族集体的英雄身上开始萌芽的个人意识，这是不利于集体，需要加以谴责的东西。阿伽门农凭借个人权势，无理夺去阿基琉斯的战俘，是使得希腊联军节节败退的根源，而阿基琉斯急躁任性，固执己见，不接受阿伽门农赔礼谢罪，继续拒绝参战，则又是希腊联军遭受更大伤亡的原因。因此，在诗人看来，阿伽门农的滥用权势和阿基琉斯的任性自负，都是有害于氏族集体利益的。

《奥德修记》

《奥德修记》是荷马史诗中的第二部，它的形成较《伊利昂记》为晚，又译为《奥德赛》。

《奥德修记》描写木马计的设计者奥德修斯在特洛伊战争后，在海上10年历险和他归家后夫妻团聚的故事。这部史诗采用中途倒叙法。奥德修斯在海上漂流期间，家中已发生了意外的事。由于他多年不归，儿子忒勒马科斯出外寻父。许多贵族都向奥德修斯的妻子佩涅洛佩求婚，企图夺取王位和财产。

奥德修斯归乡途中，海上遇险，最后来到菲埃克斯人的国土，向国王重述了9年间海上惊心动魄的经历。他用计战胜了吃人的海神之子、独目巨人波吕菲摩斯，把人变成猪的神女喀尔刻，以歌声迷人的人首鸟身的女妖塞壬和海中巨怪卡律布狄斯、斯库拉；他还游历了冥土，看到了特洛伊战争中阵亡英雄的鬼魂；同伴们都已死去，他独自一人，被仙女卡吕浦索挽留了7年；最后神女服从宙斯的意旨，放奥德修斯返乡。

国王和长老们都为他的故事所感动，送了他许多礼物，并派快船送他回乡。回国后，他乔装乞丐和儿子共谋除奸之计，把求婚者全部杀死。史诗在夫妻团圆的喜剧气氛中结束。

《奥德修记》中的主人公奥德修斯是伊大卡岛的王。他聪明、勇敢、坚强而又善用计谋。在特洛伊战争中，他是一个足智多谋的政治家和领袖。他曾多次献计，屡建奇功。

在《奥德修记》中，在与惊涛骇浪和妖魔鬼怪的搏斗中，他巧用智谋，勇敢地战胜了无数次艰险。困难吓不倒他，任何的荣华富贵，甚至爱情的诱惑也动摇不了他。鼓舞他战胜困难的是他对部落集体和对妻子的深厚感情。

他曾对卡吕浦索仙女说："……聪明的佩涅洛佩在身材和容貌上都比不过你，她不过是个凡人，你却长生不老。可是我还是天天怀念，想要回家，想看到还乡那一天，哪怕天神在葡萄紫的大海上打击我，我也有忍受苦难的决心，可以坚持下去。"仙境的生活，娇艳的神女，长生不老的法术，他都不留恋，什么也打消不了他对家乡的眷恋之情。当他经过10年漂泊，终于踏上伊大卡岛的土地时，他狂吻着土地，心中的喜悦难以形容。

接着，摆在他面前的又是一场恢复王位和向求婚者复仇的斗争，一场争夺和维护私有财产的斗争。奥德修斯在这场斗争中机智、多谋、狡猾而又多疑。他对妻子也采用欺诈、试探的手段，甚至对天神也如此。史诗对这些当作正面的品质加以歌颂，这在当时条件下并不算是不正当的行为。他在斗争中，私心很重，财产观念很重。他杀死了众多的求婚子弟后，又处死了许多与仇人合作的奴隶，奥德修斯的形象，带有早期奴隶主的特点。

《奥德修记》对文艺复兴及18世纪浪漫主义小说都具有深远的影响。2 000多年来,西方人一直认为它是古代最伟大的史诗。马克思说它具有“永久的魅力”,是“一种规范和高不可及的范本”,直到今天,它“仍然能够给我们以艺术享受”。

苏格拉底

古希腊是西方哲学的故乡,又称为“西方哲学家的摇篮”。在希腊哲学家中,众星捧月的代表人物是苏格拉底、柏拉图和亚里斯多德。这3个人被誉为“希腊哲学三圣”。

这里首先介绍苏格拉底的事迹,后两位在以下章节中介绍。

苏格拉底,古代希腊著名的哲学家。“认识你自己!”是他的中心命题。

公元前469年,苏格拉底生于离雅典城不远的阿洛佩凯。据第欧根尼·拉尔修记载:他生于第77届奥林匹亚赛会的第四年,死于第95届奥林匹亚赛会的第一年,享年70岁。他的父亲索弗罗尼斯科斯是一个石匠出身的雕刻匠,母亲法伊纳列特是助产医生。

子承父业是当时希腊的习俗,所以,苏格拉底青少年时代跟父亲学习雕刻,据说陈放在雅典卫城上的一组美神雕像是苏格拉底的作品。与此同时,他还读过荷马的史诗以及一些其他著名诗人的作品。

苏格拉底青年时期同当时雅典的学者名流交往甚密,同时又师从著名哲学家阿那克萨哥拉斯的弟子阿尔赫拉于斯,学习关于自然的知识。他靠自学成了一名有学问的人,他以传授知识为生。30多岁的时候,他转而探讨与现实生活密切相关的伦理道德问题,成了一名不取报酬也不设馆的社会道德教师。许多有钱人家和穷人家的子弟常常聚集在他周围,自愿做他的学生,向他请教,而苏格拉底却常说:“我只知道自己一无所知。”

他喜欢在市场、运动场、街头同各方面的人谈论各种各样的问题,例如战争、政治、友谊、艺术,特别是伦理道德问题。所以,40岁时他就展露出了杰出的才华,声誉渐起,成为雅典闻名的人物。

伯罗奔尼撒战争爆发后,苏格拉底的后半生几乎都是在长达27年的

战争中度过的，他曾和当时还是青年军人的阿尔基比德斯一起当过重装步兵，曾3次参战。在波特伊达伊亚附近的一次战斗中，阿尔基比德斯身负重伤，苏格拉底奋力保护，终于击退敌人，救了他的性命。在另一次战斗中，朋友色诺芬身受重伤，不能行动，也是赖于他的援救，才得幸免一死。

公元前404年，雅典在伯罗奔尼撒战争中惨遭失败，民主政体被斯巴达支持的“三十僭主”的统治所取代。“三十僭主”的头目就是苏格拉底的学生克利提阿斯。一次，克利提阿斯把苏格拉底召去，要他带领4个人去逮捕一个名叫列昂的富人，欲杀之以夺其财产。其余4人欣然从命，苏格拉底却拒绝合作，拂袖而去。他不但敢于抵制克利提阿斯的非法命令，而且公开谴责他的暴行。克利提阿斯把他叫去，不准他再接触青年，但他威武不屈，不予理睬。

公元前403年，“三十僭主”被推翻，克利提阿斯一命呜呼，民主派重掌政权。

当时一位并不著名的悲剧作家米列托斯和其他两个人对苏格拉底提出指控，罪名是“不敬国家所奉的神，并且宣传其他的新神，败坏青年”。公元前399年苏格拉底被交付法庭审判。

法庭上苏格拉底发表了激昂慷慨的演说。按照雅典的法律，在法庭对被告进行判决之前，被告有权提出一种不同于原告所要求的刑罚，以便法庭二者选一。但苏格拉底理直气壮地自称无罪，认为他的言行绝不属于犯罪，而是有利于社会。他觉得只有让他终生在卫城的圆顶厅享受国家提供的免费餐，才算合理。在朋友们的规劝下，他才提议对他罚款30明那。结果他还是被判了死刑。

雅典的宗教习俗，每年5月，雅典都要派圣船“帕拉洛斯”号满载祭品去提洛岛的阿波罗神庙朝圣，往返时间是30天。在这个特定时期内，不得处决犯人，苏格拉底判决之日适逢圣船启航之时，所以未被立即执行。

收监期间，他的朋友克利托等人已经买通狱卒，制定了越狱计划，力劝他逃走。但他坚不从命，认为自己应该服从国家的法律。在就要处决他的那天晚上，他打发妻子和亲属离开牢房，与克利托等人侃侃而谈地讲了一番灵魂不死的问题，然后镇定自若地从狱卒手中接过毒药，一饮而尽。就这样，苏格拉底在70岁的时候离开了人世。

据说苏格拉底长得很丑：脸面扁平，嘴唇肥厚，大狮鼻，挺一个大肚子，着一件褴褛外衣，光着脚板到处走。和人谈话时，偏低着头，像条壮实的公牛；然而他炯炯的目光仍能贯透一切，使人感到一种超人的才智和内在的精神美。

还有的记叙说，苏格拉底不仅是一个最能控制激情嗜欲的人，而且也是最能经得起冷热和各种艰苦劳动，非常惯于勤俭生活的人；尽管他资财微薄，但他却能应付自如。

苏格拉底的哲学不是研究自然，而是研究人，研究人的道德、伦理，让人们去信仰宗教，信仰神学。因为他认为自然界的一切都是由神按一定目的安排的，不需要人去认识和研究，研究自然就是对神的干涉和不敬。而研究人也主要是探讨什么样的道德、伦理才符合于贵族奴隶主的利益，完全排除了手工业者和农民，认为他们是低贱的，不通情达理，不懂得美。他有许多关于美和艺术的见解，都是从这种反民主的思想出发的，但是从中也流露出一些值得重视的观点。

关于美，在他以前的哲学家都是从自然科学的观点来研究，而他却是从社会科学的观点来研究。他的哲学是宣扬神学的，认为人的各个部分都是根据神的意志，或者说是神根据有用的目的来创造的。断言美的东西都是有用的，把美的标准规定为有用，有用的就美，有害的就丑，认为人愈是认识到什么是美，也就愈有道德，从而将美和善紧紧联系在一起。可是，有用的东西也不是绝对的，对这个有用，对那个可能就有害，所以，他认为美具有相对属性，他说："盾从防御看是美的，矛则从射击的敏捷和力量看是美的"，同一件东西对这个有用是美的，对另一个有害就是丑的。美是有用的，是相对的，这是他美学思想的核心。

对艺术的本质，他承认早年流传的"艺术摹仿自然"的说法，肯定艺术活动的实质是摹仿、再现。但是，他认为艺术再现的对象是精神上和肉体上美的人。但肉体要服从精神，不仅要摹仿外形，更要摹仿心灵。他反对把"摹仿"看作"抄袭"，主张画家画像、雕刻家雕像，都不应只满足于外貌细节，要表现出"活人的形象"，"现出生命"，把心理活动、心灵状态表现在活的形象上，显出生命感。他强调形式为内容服务，达到形象的逼真和生动。认为要塑造出这样的形象，就应该有选择，有提炼，构成一个美的整体。他说："在塑造优美形象的时候，由于不易找到一个各方面都完美无瑕的人,你们就从许多人身上选取,把每个人最美的部分集中起来,从而创造出一个整个显得优美的形体。”主张艺术高于现实,画出的人,雕出的像,要比原来的真人更美。他对塑造艺术形象的论述,在古希腊算是第一个。

可是,当他谈到创作灵感时,却充满了神秘色彩。他把灵感视为天赋,轻视理智,认为“诗人并不是凭理智,而是凭一种天才和灵感;他们就像那种占卦或卜课的人似的,说了许多很好的东西,但并不懂得究竟是什么意思”。他的文艺思想到柏拉图那里,得到了继承,并给予了充分发挥。

柏 拉 图

公元前 4000 年,古希腊哲学进入系统化阶段,其代表人物有柏拉图和亚里士多德。

公元前 427 年,柏拉图生于雅典的一个名门望族。他的父亲名叫阿里斯东,母亲叫柏里克蒂娥尼,是改革家梭伦的后裔。

柏拉图本名阿里斯托克利,据说因为他生有一个阔额头,所以得了个诨号“柏拉图”,后来这个名字也就叫出了名。

柏拉图青年时代,正当伯罗奔尼撒战争,18 岁时他应征入伍。他青年时期像其他贵族子弟一样受过良好的教育,富于文字兴趣和才能。20 岁时成为苏格拉底的学生。

公元前 399 年苏格拉底被已经腐败的雅典民主派处死,柏拉图因此受到沉重的打击。

苏格拉底被处死后,柏拉图不得不暂离雅典,大约从 28 岁到 40 岁之间,他做了一次海外游历。

他先到邻邦墨加拉,从那里渡海去北非。他先后到过希腊殖民城市昔伦尼和金字塔之乡埃及。然后来到南意大利,在那里接触到毕达哥拉斯派门徒如阿基达等,这些人对哲学有着坚定的信念,知识渊博,又执掌着政权,给他留下了深刻的印象。

柏位图曾经有 3 次西西里之行,他试图把政治理想付诸现实,但都以失败而告终。第一次是公元前 387 年柏拉图到达西西里岛,在叙拉古宫廷会见僭主狄奥尼修一世,宾主交谈并不投机;僭主信奉军事实力,柏拉图谈论唯心论哲学,结果不欢而散。

第二次是公元前367年,柏拉图应戴昂邀请去叙拉古担任新即位的狄奥尼修二世的教师。

第三次是公元前361年,狄奥尼修二世再邀柏拉图前往叙拉古,结果仍不顺利,败兴而归。

据说柏拉图在返国途中被人卖为奴隶,幸得熟人慷慨解囊,以20明那替他赎身。

公元前386年,柏拉图在雅典近郊凯菲索区的阿卡德米体育场开办了一所学校,他一边教学,一边著作,做了一名教师。他在阿卡德米的入口处写了“不懂几何学者勿入”的字样,告诉人们,没有几何学的知识休想登上柏拉图的哲学殿堂。

柏拉图主持学园约40载,学园的建立是他生命史上的转折点,在某些方面还是西欧科学史上最值得纪念的事件。对于柏拉图来说,这意味着在长期等待之后,已经找到了他一生真正的工作。

柏拉图的著作大都是以对话体裁写成的。主要有:《辨诉篇》、《克利托篇》、《普罗塔戈拉篇》、《高吉亚篇》、《曼诺篇》、《共和国篇》(即《理想国》)、《菲多篇》、《宴话篇》、《菲德罗篇》、《智者篇》、《法律篇》等。

公元前347年,柏拉图以80岁卒其天年。柏拉图死后,他所创立的学园由门徒主持代代相传,继续存在了数世纪之久。

《理想国》

凡是知道柏拉图名字的人几乎都知道,《理想国》是他最著名的代表作,西方哲学家几乎都认为这篇对话是一部"哲学大全"。

柏拉图生活在雅典民主制度由盛而衰的时代,他从青年时代起就决心献身于政治,认为只有在正确的哲学指导下才能分清正义与不正义从而公正地治理城邦。

雅典的现实使他感到失望,3 次试图把他的政治理想付诸现实的西西里之行亦以失败告终,在理想和现实的深刻矛盾中他不得不退而著作,探讨治理国家的学问,建立理想的政治蓝图。《理想国》就是在这样的历史背景下写成的。

《理想国》又译作《国家篇》、《共和国篇》等,与柏拉图大多数著作一样以苏格拉底为主角用对话体写成,共分 10 卷,其篇幅之长仅次于《法律篇》,一般认为属于柏拉图中期的作品。这部"哲学大全"不仅是柏拉图对自己前期哲学思想的概括和总结,而且是当时各门学科的综合,它探讨了哲学、政治、伦理道德、教育、文艺等各方面的问题,以理念论为基础,建立了一个系统的理想国家方案。

《理想国》讨论的主题是正义问题,首先讨论国家的正义。柏拉图认为一个好的国家应该具备智慧、勇敢、自制、正义这 4 种德性。

国家的智慧要求它有治理整个国家的知识,只有少数人才具有这样的智慧;国家的勇敢属于保卫它的卫士;国家的自制是一种和谐,当统治者与被统治者能够和谐一致时,这个国家就达到了自制。若一个国家有了这 3 种德性,也就有了正义。

哲学家是爱智慧的人,不过那种对任何事情都好奇的人还不是真正的哲学家,只有热忱于寻求真理的人才是哲学家,这就涉及到了真理问题。

柏拉图把世界划分为可感世界与理念,那些只爱好具体事物如美的声调或形象的人只有意见而无知识,只有那些认识美自身即美的理念,而且将其与具体事物区分开,而不互相混淆的人才是有知识的人。

柏拉图通过"太阳"的比喻说明,正如太阳是可见世界之所以可见的原因,善乃是理念世界中一切理念的存在原因,它是最高的理念。他又通过“线”的比喻进一步将两个世界划分为4个部分：

第一，影像。

第二，影像所像的实物。

第三，数理对像。灵魂将影像的实物作为影像来研究，它只能从假设出发下降到结论。

第四，理念。灵魂从假设出发上推到第一原理，它不再使用影像而是使用理念来作系统研究。

前两个部分属于可见世界，后两个部分组成了可知世界。

与此相应，灵魂的状态也可以分为4个阶段，这就是想象或猜测、信念、理智和理性。

柏拉图通过“洞穴”的比喻指出，认识的4个阶段并不是后天学习的发展过程，而是“灵魂的转向”。因为灵魂本身具有一种认识能力，教育只是使这种能力掌握正确的方向，使它从黑暗转向光明，从现象的世界走向真实的世界，因此教育也是《理想国》的重要主题之一。

柏拉图设计了一套理想的教育课程，除了体育和音乐这两门初等课程之外，必须学习算术、平面几何、立体几何、天文学和谐音学5门课程，按照这个次序将灵魂从可见世界逐步引向哲学，其目的是为了培养国家统治人才，促成他们的灵魂转向。

《理想国》一书在哲学史乃至人类思想史上产生了广泛深远的影响，凡是知道柏拉图的人几乎都知道这部著作。柏拉图的《理想国》不仅对他前期的唯心主义哲学思想作了最为完整系统的表述，而且在人类思想史上第一次提出了一个完整系统的理想国家方案，构成了以后各种作为社会政治理想而提出的乌托邦方案的开端。

亚里斯多德

亚里斯多德，古希腊著名哲学家、自然科学家，西方文艺理论的真正奠基者。公元前384年生于爱琴海北岸的哈尔基迪凯半岛上的达吉罗斯，其父是马其顿国王阿明塔斯二世的御医。母亲法伊斯提来自优卑亚岛的哈尔基斯。亚里斯多德早年丧父，由监护人“抚养”。17岁赴雅典就读于柏拉图的“学园”，受教20年。为学员中出类拔萃者。

柏拉图去世后，亚里斯多德曾受马其顿王之聘，教育太子亚历山大。回雅典后，亚里斯多德在吕刻翁自立学园，专心教育和著述，经常在走廊边走边讲授，后世称他的弟派为“逍遥学派”。恩格斯称他是古代“最博学的人”。

公元前335年，亚里斯多德返回雅典，在雅典东郊的一所名叫吕凯伊昂的体育场开办了自己的学校。13个年头里，他一边教学，一边写作。这是他最为成熟也最有成就的时期，他遗存的大部分作品完成于此时。弟子分两班。他每天上午教高级班，人数有限，课程包括哲学、物理学、辩证术等；下午教普通班，讲授修辞学、政治学等课目。因他经常率领一群弟子在校园的林阴道上踱着方步授课，所以他的学派得名“逍遥学派”。

亚里斯多德的研究工作得到亚历山大的赞助。据说这位跃马东方的“大王”派了成千的人员供他支配，有打猎的、捕鱼的、养蜂的、喂鸟的，等等，分布在希腊和亚洲的各个地区。这样便帮助他建成了一座规模可观的生物实验室。亚历山大还下令为亚里斯多德搜集各邦各城的法律政治资料，为他提供800塔兰特的研究费用。

公元前323年，亚历山大的死讯从巴比伦传来，雅典人一时间将自己对马其顿人的怒气发泄到亚里斯多德的头上。他被控犯了“渎神罪”。他眼见祸之将至，匆匆避居于哈尔基斯。次年辞世，享年63岁。

他的著作相传有400余卷，但大多散失，传者也残缺不全。他的著述可分为形而上学、物理学、伦理学、政治学和美学5个部分，批判地继承了柏拉图的全部学说。

柏拉图破坏多于建树，亚里斯多德批判多于继承，建树多于破坏，两人处处针锋相对。

亚里斯多德实践了自己的名言：“我爱我的老师，我更爱真理。”他专论文艺和美学的著作，今传有《诗学》和《修辞学》，是古希腊文艺辉煌成就的总结。

《诗学》是讲课提纲，是所谓“秘传本”，现存仅有26章，主要论述了悲剧和史诗，对喜剧所论甚简，对抒情诗根本没提，这是第一部。

据传还有系统论述艺术一般问题的第二部，可惜已遗失。《修辞学》

是发表的作品，即“外传本”。此外相传还有《论修辞》、《论诗人》、《戏剧研究》和《荷马问题》4 部著作，都已散失。

车尔尼雪夫斯基评价亚里斯多德是“第一个以独立体系阐明美学概念的人，他的概念竟雄霸了 2 000 余年”。称他的《诗学》“是第一篇最重要的美学论文，也是迄至前世纪末叶一切美学概念的根据”。他的文艺理论在欧洲文艺史上具有“法典”的权威，影响极为深远。

亚里斯多德还是逻辑科学的创立者，有名的逻辑推理“三段论”就是他提出来的。亚里斯多德的形式逻辑为传统逻辑打下了坚实的基础。

阿基米德

阿基米德是古希腊著名的数学家、物理学家和天文学家。他创造了“阿基米德原理”，创立了微积分学，发明了“阿基米德螺旋”，同时还为战争发明了几项战术武器。

阿基米德公元前 287 年生于西西里岛希腊移民的叙拉古。他的家庭属于贵族，是叙拉古僭主希耶隆二世的亲戚，但据说并不富裕。父亲费狄阿斯是一位天文学家和数学家。阿基米德在其父的影响下，从小热爱学习，善于思考，喜欢辩论，并且酷爱数学，学习过欧几里得的几何学。他在家乡受了教育后，11 岁时便飘洋过海，到亚历山大里亚去求学深造。

亚历山大里亚是著名学者云集的地方，不但有当时世界上最大的图书馆，藏书达 50 多万卷，而且有十分优越的学术研究环境。

亚历山大里亚的研究工作主要分为文学、数学、天文和医学 4 项，而数学在科学研究中占有主要地位，因此逐步形成了一个以几何学研究为中心的亚历山大里亚数学学派，从而进入了希腊几何学的黄金时代。

阿基米德在这里结识了许多学者，特别是以欧氏几何学名垂千古的欧几里得。欧几里得于公元前 300 年前后活跃在亚历山大里亚，他的《原本》集希腊古典时期几何学之大成，归纳成一个严谨的逻辑演绎系统，至今仍是世界各民族中几何学教科书的蓝本。

欧几里得为亚历山大里亚培养了一大批数学家，而阿基米德的到来，使这个文化中心群星灿烂的上空升起了一颗新的明星。

他受业于欧几里得的门徒柯农,学习了哲学、数学、天文学、物理学等科学知识,通今博古,掌握了丰富的希腊文化遗产。他的同学阿波罗尼、埃拉托色尼、多西费、色夫柯西等也都是有名的数学家。

他回到叙拉古后,在宫廷中专心从事科学研究。据说,他整天都像被他所钟情的妖魔迷住了一样,废寝忘食。他常常被人逼着才去洗澡,擦香膏。就在这个时候,他还要在炭灰地上画几何图形,甚至用手指在涂了油膏的肚皮上画那些条条杠杠。

据说有一个青年问欧几里得学习几何有什么用处,欧几里得听了随即吩咐仆人:"给他点钱,让他走吧,他想靠几何学发财呢!"

在数学方面,阿基米德著有《沙的计算》一书,他努力探求用最少的符号表示极大数目的方法,提出了一个具有重大意义的计算方法,即按级计算法。

同时他还大大发展和加深了著名的穷竭法。所谓穷竭法,就是把要求面积(或体积)的曲线形分割成若干直线形,无限加多这些直线形的数目,则这些直线形面积(或体积)总和,就是所求的曲线形的面积(或体积)。

在亚历山大里亚求学期间,他经常到尼罗河畔散步。在久旱不雨的季节,他看到农人一桶一桶地把水从尼罗河里提上来浇地,非常吃力,便创造了一种螺旋提水器,通过螺杆的旋转把水从河里取上来,省了许多气力。它不仅在埃及一直沿用到2200年后的今天,而且也是当代用于水中和空中的一切螺旋推进器的原始雏型。这种提水器实际上运用了杠杆原理。阿基米德在《论杠杆》(已失传)中详细论述了这个原理。

有一次,国王要阿基米德移动载满重物和乘客的一艘新三桅船,阿基米德接受了挑战。他设计并制造了一组复杂的滑轮装置。表演那天,观者如堵,只见阿其米德摇着手柄,船慢慢地进入水中,群众发出了欢呼声,国王也心服口服。

据说,希耶隆二世请人造了一顶金王冠,他怀疑金匠欺骗了他,在王冠中掺有银,便请阿基米德鉴定,但不许弄坏王冠。那时,人们还不知道不同的物体有不同的比重,阿基米德冥思苦想,无计可施。

有一天,他去洗澡,当他躺进盛满温水的浴盆中的时候,浴盆中的水漫溢出来,而他则感到身体微微上浮。一道灵感的闪光掠过他的脑际:相同重量的物体，由于其体积不同，排出的水量也不同……他猛地从浴盆中跳出来，一丝不挂，高兴地喊着："攸勒卡！攸勒卡！"（古希腊语：找到了）跑上了大街，跑回了家。他的仆人气喘吁吁地追上大街，追到家，看到阿基米德正在做试验：他把王冠放在盛满水的盆中，量了溢出的水，又把同样重量的纯金放在盛满水的盆中，发现溢出的水比刚才溢出的少，问题解决了：王冠中掺有银子。他发现了各种物体有不同的比重，发现了流体静力学的基本原理——物体在液体中减轻的重量，等于它所排出液体的重量。他的名著《论浮体》记载了这个原理，今天被称为阿基米德原理。

公元前214年，罗马的执政官马赛拉斯率领军队攻打叙拉古。当罗马的舰队和陆军逼近叙拉古城时，许多又大又重的石头以飞快的速度投向罗马人的陆军。而一些粗梁则撞沉了罗马人的军舰，有的军舰还被一种起重机式的机械抓吊到空中，掀翻过来，或摔在岩石上，掉入海里，连人带船粉身碎骨。原来，阿基米德多年前造的机械在叙拉古城保卫战中发挥了作用。

马赛拉斯遭到惨重损失，便佯装退却，而在当天夜里迅速逼近城墙。他以为阿基米德的机器无法发挥作用了。可是阿基米德早就准备了投石机之类的短距离器械，再次打退了罗马人的进攻。

罗马人一筹莫展，望城兴叹，甚至谈城色变，草木皆兵，一看到城墙上出现绳子或木梁，就以为又是阿基米德开动机器了，惊叫着"阿基米德来了！"抱头鼠窜。

马赛拉斯不能取胜，只好采用长期围困的办法，这样整整过了两年，到公元前212年才占领了叙拉古。

马赛拉斯十分敬佩使他屡次败北的阿基米德，下令不准伤害他，还派了一个士兵去请他。谁知阿基米德还不知道城池已破，此时正全神贯注地凝视着几何图形沉思呢。他要求把问题论证完再去，激怒了这个鲁莽而无知的士兵，拔出剑来刺死了这位75岁的老科学家。

马赛拉斯对阿基米德的死十分痛心，严惩了那个士兵，抚恤了阿基米德的亲属，隆重地追悼了阿基米德，为他建了陵墓。根据他生前的愿望，在他的墓碑上刻下了标明其体积比为3：2的一个圆柱体和内切球。

阿基米德被后世的数学界尊称为"数学之神"，在人类有史以来最重要的3位数学家中，阿基米德占首位，另两位是牛顿和高斯。

奥林匹克运动会

今天的奥林匹克运动会已经举办过 29 届了，它是全世界各国运动健儿展示自己实力的盛会。那么，奥林匹克运动会是从什么时候开始的呢？这还得从古希腊的奥林匹亚竞技运动会说起。

据古代希腊神话传说：居住在奥林匹斯山上的天神宙斯主宰着天地万物、整个世界。为了表达对宙斯的崇敬祈求，希腊人在伯罗奔尼撒半岛西部的奥林匹亚举行盛大的祭祀。他们进献上整牛整羊作为祭品，载歌载舞，欢庆宴饮，同时还要进行短跑竞赛活动。

赛跑开始时，满身涂着橄榄油的运动员经过抽签，分 5 组进行短跑比赛，接着又由分组的优胜者进行决赛，最后决出冠、亚军。

到公元前 766 年时，希腊规定每隔 4 年在奥林匹亚举行一次竞技大会，也就是运动会。这就是最初的奥林匹克运动会。

最早的竞赛项目只是 200 码（大约 182 米）短跑，后来逐渐增多，有摔跤、掷铁饼、投标枪、赛马和赛车等。

赛车和赛马是竞技运动会的高潮。由 4 匹马拉着的战车，要 12 次绕经起点的标杆。转弯时，骑手们把缰绳拉得像弓一般紧。当临近终点时，骑手必须从马上跳下来，握着缰绳，跟着飞驰的马一起飞奔到终点。

比赛场上，众马奔腾，车轮滚滚，尘雾飞扬；观众的欢呼声伴着隆隆的车声和骏马的嘶鸣，方圆数十里都能感受到那热烈的气氛。因为这种比赛，需要自己有马，又要接受专门训练，所以参加的往往是贵族的代表。

赛车和赛马结束后，在宙斯神庙附近举行隆重的授奖仪式，庄严地宣读各项比赛优胜者的姓名、他父亲的姓名、所属的城邦和出生地名。裁判们隆重地把花环分别戴到优胜者们的头上，这就是人们常说的桂冠。戴着桂冠的优胜者比国王还要受人们的崇敬和爱戴，有人甚至把他们当作神一样来崇拜。竞技大会的闭幕式上，还要举行“国宴”招待他们。最著名的诗人向他们奉献赞美诗，第一流的艺术家为他们在奥林匹亚建造纪念雕像。他们的名字很快就能传遍整个希腊，有的时候还要通过各种方式向国外传扬。优胜者的家乡把他们当作出征凯旋的英雄来欢迎。有的城市还故意把城墙打开一个缺口，让他们像征服者那样进城。如果优胜者是雅典人，还可以得到500银币的奖励。

授奖完了以后，就开始游行。裁判员走在最前面，接着是本届竞技会的优胜者。他们身穿色泽鲜艳的衣服，头戴橄榄树枝编的花环，手里拿着棕榈树枝。在他们的左右簇拥着僧侣、使节和竞技工作人员。在笛声的伴奏下，他们唱着庆典的歌缓缓前进。人们欣喜若狂地向优胜者欢呼，并把鲜花抛洒到他们身上。

古老的运动会还树立了一种优良的运动作风，优胜者得到最高的荣誉，受到普遍的尊敬；而那些在运动会上使用不正当手段进行作弊的人，要被立即赶出竞技场，遭受大家的耻笑。

奥林匹克运动会是古代希腊生活中一项极为重要的事件。甚至战争也要为运动会让路，交战的双方会暂停攻击，等到5天运动会结束以后再继续开火。后来，休战期延长到1个月，最后延长到3个月。最令人难以理解的是，即使在外敌入侵的时候，希腊人仍把运动会放在第一位。竞赛期间是希腊全国性的节日，每个希腊人都把能看到奥运会当作一生中幸福的大事。

奥运会对希腊生活的许多方面产生了巨大影响。希腊的各个城邦，因为这一全国性的运动会，就有了共同的社会活动，有利于彼此接近，也增加了各城邦之间的文化交流和贸易往来。很多城邦之间的紧张的关系在一定程度上得到了缓解。此外，运动会还促进了希腊文化艺术，特别是雕刻艺术的发展。希腊著名雕刻家米隆雕塑的掷铁饼者，肌肉健壮，线条流畅，准确生动地表现出一个青年运动员在掷出铁饼前一刹那间的紧张状态，被誉为不朽的艺术珍品。希腊人中曾流行着这样一句话：没有奥林匹克，就没有希腊雕刻。

古代的奥林匹克运动会一共举行了293次。到公元394年，侵入希腊的罗马皇帝狄奥多西下令禁止举行比赛，奥林匹克运动会从此中断了1500多年。后来，经过法国人顾拜旦的倡议和努力，公元1896年，奥运会又在雅典恢复了。以后仍然是4年一次，分别在不同的国家举行，而且参加者也不再限定为希腊人。如今，奥运会已经成为全世界瞩目的体育盛会，比赛项目更多，参赛的选手更多。每隔4年，来自世界各国的运动员们汇集在赛场上，向着"更高、更快、更强"的目标竞争拼搏，传递着人类大家庭的和平和友谊。奥运会又成为了人类和平友谊的盛会。

雅典改革

雅典是希腊的政治、经济和文化中心，也是古希腊的主要城邦之一。约在公元前8世纪时，爱奥尼亚人在这里建立起城邦式的独立王国。从此，雅典便成了"希腊的眼睛，艺术雄辩的母亲"。

雅典位于希腊中部的阿提卡半岛，全境多山，平地较少。

历史上的雅典地区，从未受过武装入侵，也不是对立民族间激烈冲突的舞台。所以，雅典的繁荣和发展也就一帆风顺了。

从公元前6世纪后，雅典工商业发达，城市人口食粮便有相当部分依靠外地输入。雅典富有银矿、大理石和优质陶土，城西南有皮里优斯等优良海港，其地理位置又恰好处在中希腊各邦和东方联系的前缘地带，因而具有发展工商业的良好条件。

雅典国家约产生于公元前8世纪左右，人民按地域区分，并已分化为三等，即贵族、农民和手工匠，只有贵族才能担任国家官职。这样，就出现了国家的雏型，有了在一定疆域范围内高居于普通人民之上的公共权力。

雅典在公元前6世纪以前还没有进入希腊各先进城邦之列，工商业发展较晚，氏族贵族专权。当时在雅典一方面是氏族贵族对农民和奴隶的压迫与剥削,另一方面则是被压迫的平民反抗贵族的斗争。

亚里斯多德叙述当时的情况说:“以后就发生贵族和民众之间的党争,继续了一个很长时期。因为这时的雅典政治完全是贵族寡头的统治,贫民本身以及他们的妻子儿女事实上都成为富人的奴隶;他们称为被保护民和六一汉(因为他们为富人耕田,按此比率纳租,而全国土地都集中在少数人手里),如果他们交不起地租,那末他们自身和他们的子女便要被捕……所以在民众眼中,宪法上最残酷和苛虐的部分就是他们的奴隶地位……”

平民和贵族的斗争引起雅典一系列改革和变动。公元前630年,发生基伦暴动。基伦是贵族,企图通过暴动建立个人独裁,因没有取得农民的支持,终于失败。

公元前621年,德拉古制订成文法。这个成文法对贵族解释传统法律的权力虽有限制作用,但其主要目的是维护私有财产,对盗窃蔬果都处死刑。德拉古法典远不能满足平民的改革要求,平民的不满日益加甚,终于在德拉古立法20多年后促成了梭伦的改革。

梭伦出身于一家道式微的贵族,年轻时曾从事工商业,因此和一般新兴工商业奴隶主的政治观点很接近,也比较了解自由民下层的疾苦。在平民群众心目中,他是一个受欢迎的革新人物。公元前7世纪末和前6世纪初年,自由民下层酝酿武装起义,贵族阶层大为恐惧。

公元前594年,贵族被迫同意由倾向平民的梭伦执掌政权,施行改革。

梭伦改革的内容包括很多方面。他颁布解负令,取消债务,特别是农民由于欠债而负担的义务,同时废除债务奴隶制,由国家赎回因欠债而被卖到外邦为奴的人,并永远禁止以自由民人身作债务抵押。他鼓励工商业和对外贸易,规定手工业者必须世代传习技艺,奖励外地工匠移居雅典,发展橄榄油输出,禁止谷物外销,并推行货币改革,用优卑亚制代替原来的厄齐那制,借以扩展雅典对外贸易。他又试图限制土地过分集中,颁布“土地最大限度法令”,还承认私有财产继承自由,消除所有制关系上的氏族制残余。

此后,雅典又发生了几次小的改革,使雅典国家的形成逐渐成熟起来。

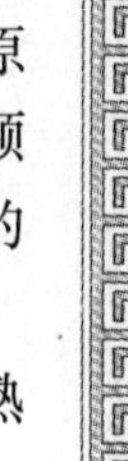

木马屠城记

古代希腊和西亚的特洛伊为了一个美丽的女人发动了一场历经 10 年的战争。

特洛伊城是小亚细亚西北部的一座古城。木马计的故事就发生在这次战争中。

据说斯巴达有一家生了个女儿,取名海伦。后来,海伦成了全希腊最美的姑娘,各国的王孙公子都来追求她,即使得不到她也以一睹她的芳容为一生的最大愿望。

一天,斯巴达王宫里来了一位尊贵的客人,他就是特洛伊国王的儿子——帕里斯。在欢迎贵客的仪式上,帕里斯和海伦一见钟情。帕里斯为海伦的绝代姿色而心动,海伦为这位英俊的王子而欢喜。当晚,帕里斯竟然拐走了海伦,连夜逃回了特洛伊。

斯巴达王闻之大怒,发誓要渡海攻打特洛伊,夺回海伦。他同他的哥哥——迈锡尼国王阿伽门农商定,调集 10 万人马、1 000 多条战船攻打特洛伊,由阿伽门农担任希腊联军的统帅。但是特洛伊是一座很坚固的城市,希腊人围攻了 9 年也没有打下来。

这时,希腊有位足智多谋的将领奥德修斯想出一条妙计,斯巴达王决定依计行事。第二天,希腊联军突然扬帆离开了特洛伊附近的海面,只在海滩上留下一匹巨大的木马。

特洛伊人以为希腊人已经无心打仗,撤军回国了,就跑到城外看热闹。他们惊讶地围在大木马周围,搞不清这是干什么用的。有人主张把它当作战利品拉进城去,有人建议把它烧掉或者推到海里。

这时,几个牧人押来一个刚抓到的希腊人。这个希腊人对特洛伊人说:“这匹木马是希腊人献给雅典娜女神的。他们故意把它留下来,估计你们会毁掉它。这样一来,就会引起天神的愤怒。可是如果把木马拉进城,特洛伊就将受到神的保护。希腊人为了防备这点,就把马造得非常巨大,使你们无法拉进城去。”

特洛伊王对这一番话深信不疑,立即下令把木马弄进城去。

“慢着!你们发疯了吗?你们为什么要相信这个骗子的话?”祭司拉

奥孔从山上飞跑下来，边跑边喊，“快去搬干树枝来，把木马烧掉，烧掉！”拉奥孔跑到木马跟前，举起长矛对准木马投了过去，只听见木马里发出可怕的声音。这时候，惊慌的人们忽然看见大海里窜出两条巨蛇，直扑拉奥孔的两个儿子。父亲奔过去援救他们，两条蛇却把父子三人都缠住了。拉奥孔和他的儿子拼命和巨蛇搏斗，但是很快就被缠得窒息死去。巨蛇从容地钻到雅典娜女神雕像脚下，不见了。

特洛伊人吓得魂飞魄散，那个希腊俘虏却在暗自冷笑。原来他是希腊人留下的间谍，这时候，他乘机煽动说：“谁想毁掉献给女神的礼物，谁就将得到应有的惩罚。”有人也附和说：“可不是，神惩罚了污辱神的拉奥孔。”

特洛伊人不再犹豫了，赶紧把木马使劲往城里拉。木马太大了，城门口进不去，只好推倒一段城墙。特洛伊人恭恭敬敬地把木马安置在雅典娜神庙附近。

特洛伊城解了围，又得到献神的宝物，当天晚上，满城的人都以为从此太平无事了。他们欢天喜地，庆祝胜利，唱着跳着，喝光了一桶又一桶的酒，直到深夜才踉踉跄跄地回家休息，只留下几个人守卫拆毁的那段城墙缺口。

夜深人静，大海的夜雾中闪现着灯光，这是希腊人的战舰。原来他们匆匆离开只是迷惑人的诡计，现在正向特洛伊驶回来了。

那个希腊人的间谍看到灯光，就偷偷地溜到了木马旁边，在木马身上轻轻敲了3下。这是约好的暗号。躲藏在木马中的全副武装的战士一个接一个地跳了出来。虽然在木马肚子里藏了大半天，但是，成功的喜悦战胜了饥渴。他们悄悄地摸到城门边，消灭了睡梦中的守军，迅速打开城门。从战舰上登陆的希腊人潮水般地冲了进来，10 年没有攻下的特洛伊城就这样轻而易举地被占领了。全城被掠夺一空，烧成了一片灰烬，海伦也被带回了希腊。

希腊人满怀着胜利喜悦，欢呼雀跃，在举办了庆功宴会之后，便将所有战利品和俘虏都运上了船，启航凯旋。

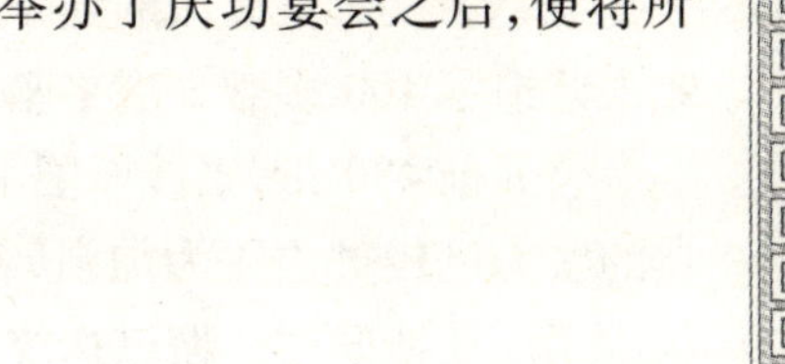

希波战争

波斯帝国为了西侵掠地，一开始便以雅典为主战场，与希腊城邦之间展开了一场旷日持久的战争。

公元前492年波斯开始进攻希腊本土，战争绵延了43年。直到公元前449年，雅典才和波斯缔结和约。

从公元前6世纪后半期兴起后，波斯帝国就一意西侵，于公元前546年灭了小亚细亚的强国吕底亚。在此之前，包括米利都在内的小亚细亚沿岸爱奥尼亚城邦已受吕底亚的控制。

吕底亚灭亡之后，这些希腊城邦也被波斯帝国征服。约公元前514年，波斯国王大流士一世渡过博斯普鲁斯海峡，侵略多瑙河以北的斯基泰人。此役虽然失败，却控制了色雷斯和黑海海峡，直接威胁到希腊半岛的各城邦。

黑海沿岸是希腊各邦、特别是雅典的重要粮食供给基地和商品市场。波斯控制黑海通道后，不仅希腊和黑海交通发生困难，而且已归附波斯的腓尼基人也将乘机侵夺希腊人的海外商业利益。

希波战争的第一阶段是公元前492－前479年。

这时波斯侵入希腊，希腊各城邦的应战带有自卫和反侵略的性质。爱奥尼亚希腊城邦的反抗被扑灭以后，波斯便借口雅典和爱勒特里亚曾出兵援助米利都，要对之进行“惩罚”。

大流士一世于公元前492年和前490年两次大举西侵。第一次西侵因海军在阿陀斯海角遭飓风覆没，半途而退。第二次西侵则于毁灭爱勒特里亚后进入阿提卡。雅典军奋勇应战，在城东北60里马拉松平原以少胜多，打败了波斯军。波斯想从雅典正面登陆的企图也未能实现。

马拉松战役后，雅典发生党争，奴隶主民主派得势。民主派领袖泰米斯托克利斯反对贵族派的陆军政策，力主扩充雅典海军，用劳里昂银矿的收入建造了100多艘3层桨座的大舰，征集第四级公民充当海军水手。

公元前480年，当波斯国王薛西斯亲率海陆大军再度侵入希腊时，雅典的实力已较过去更为加强，希腊各城邦也比较团结，共有30多个城邦组成了反波斯同盟。斯巴达统率希腊联军，雅典则是联军的实际组织者。

虽然帖撒利亚、底比斯等城邦对波斯妥协归附，但由于雅典、斯巴达、科林斯等主要城邦皆已参战，仍可说这是希腊人空前未有的抗拒外侮的大联合行动。

薛西斯统率的陆军进入中部希腊时，在温泉关（德摩比勒）一役遭到由斯巴达王李奥尼达率领的少数守军殊死抵抗。波斯军靠奸细的帮助抄小路包围了李奥尼达，守军300人力战至死，温泉关战役便成为希腊历史上爱国主义战斗的范例。

波斯陆军由温泉关南下，很快攻入雅典，雅典居民已事先全部撤离。这时斯巴达主张退保科林斯海峡，泰米斯托克利斯则竭力反对，并设计引诱波斯海军进入海面狭窄的萨拉米湾，选择有利地点进行决战。此役雅典几乎全歼波斯海军，从而扭转了整个战局，奠定了希腊人胜利的基础。

萨拉米一役之后，薛西斯即率主力退回亚洲，但在希腊半岛上还留有一支陆军。次年，即公元前479年，这支陆军又在比奥提亚的布拉底为希腊联军击溃，残余部分被迫退出希腊。与此同时，在小亚细亚的米卡尔海角，雅典海军又歼灭波斯海军的残余，小亚细亚和附近岛屿的希腊城邦陆续获得独立。战争的第一阶段终以波斯侵略的彻底失败而结束。

在希腊世界的西部，也发生了和萨拉米之役遥相呼应的战斗。大希腊的移民城邦，以西西里岛的叙拉古为首，抗击与波斯同盟的迦太基人的进攻。传说波斯和迦太基曾相约同时攻击希腊世界的东西两面，使其首尾不能相顾。

公元前480年希墨拉之役，叙拉古击败迦太基，得到8 000塔兰特白银的赔款。自此以后，叙拉古便成为西部希腊世界的一大霸国。它在僭主革革隆（公元前485－前478年）和希伦（公元前478－前466年）时期，其奴隶制的经济文化都很繁盛。

希波战争第一阶段的胜利结束，对雅典等希腊城邦具有重大意义。由于雅典等城邦击退波斯的侵略，控制了整个爱琴海，其工商和航海事业得到充分发展的条件，促成公元前5世纪希腊各主要城邦的强盛。

公元前479年之后，希腊人的胜利已成定局，战争便进入第二阶段（公元前479－前449年）。这时雅典大肆扩张，对波斯采取攻势，战争都在海外进行。雅典不但迫使波斯不得染指爱琴海，并且乘机加强对爱琴海区大部分希腊城邦的控制，建立了海上霸权。希波战争的第二阶段同时是雅典大举对外扩张的阶段。

公元前478年，以雅典海军为首的希腊舰队进攻黑海海峡，占领了赫勒斯滂左岸的要塞塞斯托斯。约当此时，没有海外利益的斯巴达已退出联军，战争的全部领导权落在雅典人手中。

公元前449年，雅典又在塞浦路斯岛大败波斯军，随后双方缔结和约，波斯放弃对爱琴海的霸权，承认小亚西亚海岸希腊城市独立，希波战争正式宣告结束。

马拉松战役

马拉松这项体育赛事，早已被世人所熟悉，但是它的起缘是希波战争引起的，却鲜为人知。

公元前492年的春天，位于现在伊朗高原的波斯帝国，派出大批战舰入侵希腊，历史上著名的希波战争开始了。不料波斯舰队在途中突然遭到了飓风的袭击，300艘战舰全部沉入海底，2万多士兵葬身鱼腹。波斯舰队未经交战就这样覆没了。

波斯国王非常恼怒。第二年春天，又派出使者到希腊各城邦要求“土和水”，意思是要他们投降称臣。有些城邦害怕波斯帝国，立即献了“土和水”表示屈服。但是希腊的两个最大城邦——雅典和斯巴达却坚决反抗。雅典人把波斯的使者从高山上抛入深渊。斯巴达人则把使者押到井边，指着水井说：“这里面有土又有水，你要多少就拿吧！”说罢就把他扔到井里。这大大激怒了波斯王，他决定派最有战斗经验的老将率领大军，第二次远征希腊。

公元前490年，波斯的强大舰队横渡爱琴海，在雅典城东北60公里的马拉松平原登陆。

亡国的危险笼罩着雅典上空。雅典人立即派出快跑能手斐力庇第斯，向邻邦斯巴达求援。这位使者以惊人的速度，在两天之内跑了150公里路程，来到斯巴达。不料，斯巴达统治者以古来的风俗为借口，说：“现在不行，只有等到月亮圆了，才能出兵相助。”原来他们根本不想出兵。

快跑能手把这个不愉快的消息带回雅典。雅典的将领们立即把全体公民组织起来，甚至把奴隶也编入了军队。他们在著名统帅米太亚得的率领下，到马拉松平原和波斯军决战。雅典军队只有1万人，而波斯军据说有10万人。面对强大的敌军，米太亚得对战士们说：“雅典是戴上奴隶的枷锁，还是永保自由，关键就在你们身上！”极大地鼓舞了士兵们的战斗勇气。

激战开始了，雅典军队占领了马拉松山坡高地。这是一个三面环山的河谷，向下是一个大斜坡，可以一眼望到驻扎在平原上的波斯军大营。这天清晨，米太亚得命令全军飞奔下坡，直冲敌营。这突然的袭击使波斯军感到非常意外。但不一会，波斯军很快突破了雅典军的中央阵线。雅典军边战边退，波斯军步步进逼。在这千钧一发之际，雅典军突然喊声震天，从两侧夹攻波斯军。波斯军由于追击雅典军拉长了战线，弄得几面受敌，首尾不能相顾，纷纷跳上舰船逃跑。

米太亚得为了把胜利的消息迅速告诉雅典人，又选中斐力庇第斯。这位长跑能手虽然已经受了伤，但还是毅然接受了任务。他以飞快的速度从马拉松跑到雅典中央广场，对着盼望的人群激动地说了一声“大家欢乐吧，我们胜利了”之后，就倒在地上牺牲了。

马拉松战役的胜利，使整个希腊免受波斯帝国的奴役，并且促进了希腊半岛经济文化的繁荣。为了纪念这次战争的胜利和表彰英雄斐力庇第斯的功绩,1896 年在雅典举行的第一届奥林匹克运动会上,规定了一个新的竞赛项目——马拉松赛跑。运动员从马拉松起跑,大致沿着当年斐力庇第斯经过的路线,到达雅典,全程 40.2 公里。1920 年,对这段距离又作了仔细测量,确定为 42.195 公里。

马其顿控制希腊

马其顿位于希腊之北,地域较广,兼有平野(下马其顿)山林(上马其顿)之利。居民成分比较复杂,文明的起步较其他希腊人晚。

当各希腊城邦已经形成时,马其顿还处在原始部落时代。

马其顿人同其他希腊人的最初接触,大致是在波希战争期间。公元前 5 世纪初,波斯入侵希腊,马其顿一度落入波斯的统治之下。在伯罗奔尼撒战争以后,马其顿同希腊各邦的往来日益增多起来。

同时,马其顿逐渐发展壮大起来。国王阿奇拉注意吸收希腊文化,曾经邀请雅典悲剧家欧里庇得斯到他的宫廷,欧里庇得斯还写了一部名为《阿奇拉》的悲剧献给他。这说明马其顿已从希腊世界之外的"蛮国"发展为希腊世界中的一个组成部分。由于马其顿地广兵强,它在北部希腊开始具有举足轻重的地位。

马其顿王权的加强,是在腓力二世时期。腓力年轻时曾在底比斯做人质,住在伊帕密南达家里,深受希腊文化的影响,也熟知希腊各城邦的矛盾。

所以,腓力二世执政后,首先削除各部落首领的武装力量,限制贵族会议的权力,把军权政权集中到自己手里。腓力还进行币制改革,兼用金币和银币。当时希腊用银币,波斯用金币,腓力使金币与银币并行,这就便于和雅典、波斯间的商业发展。

最重要的是他实行了军事改革,不仅加强国王对军队的统率权,而且扩充军队,改良军备,建立了一套新的战斗体系。原来马其顿军队还具有民军性质,战时从各总部落中召集,现在则改为常备军,所有壮丁都要在步兵或骑兵中服役,并招募一部分雇佣兵。

腓力仿效底比斯军队方阵的编制，加以改进，组成更为密集、纵深的作战队形，号称马其顿方阵。方阵中的重装步兵主要由富裕农民组成，以长矛为武器，作战时向敌方逼进，威力很大。

由贵族组成的重装骑兵，作为方阵兵的前锋和护翼。这种装备和战斗体系在希腊还是少见的，其战斗力超过任何希腊城邦的军队。腓力还建立了一支强大的舰队。

经过腓力的各项改革，马其顿发展为一军事强国。腓力曾追随底比斯领袖伊帕密南达，熟悉希腊情况，即位后便处心积虑计划征服希腊，积极推行对外扩张政策。

公元前 348 年，腓力利用这种马其顿方阵，一举占领了奥林托斯，他们洗劫了城市，奴役了居民，把那里的人和财产都当作战利品卖了。同时，给作战勇敢的士兵以适当的奖励，并送钱给各城邦有势力的人物，从而稳固马其顿人的王权统治。

面对马其顿的强大压力，希腊许多城邦中出现了亲马派和反马派，两派的斗争越来越激烈。腓力二世在公元前 338 年的喀罗尼亚战役中击败反马其顿派的联盟军，从而奠定了马其顿对全希腊的控制。

亚历山大东征

亚历山大是亚历山大帝国的创立者，号称“大帝”。公元前 336 年，继其父腓力二世的王位为马其顿国王，时年 20 岁。

亚历山大年少时兴趣广泛，聪明勇敢，12 岁时曾驯服过别的骑手不能驾驭的烈马。13 岁至 16 岁时，他父亲为他聘请了当时希腊“最博学的人”亚里斯多德做家庭教师，让他学习哲学、医学、科学等知识。他非常喜爱《荷马史诗》，崇拜诗中的英雄，并在自己的事业中努力模仿他们。

从 16 岁起，亚历山大就随父亲南征北战。儿童时代，他就好大喜功，专横霸道，有一种妄图统治世界的性格和志向。据说，每当他得悉父亲胜利的消息就发愁，唯恐自己会因此而不能享到征服世界的光荣。他具有狂暴的热情、坚强的意志和出众的智力，有敏锐的判断和随机应变的才能。

在著名的喀罗尼亚战役中,亚历山大指挥马其顿军队的右翼,取得辉煌战果。他经常参预政务,习染统治阶级的各种思想观点和道德习惯。

公元前336年夏天,腓力二世在女儿的婚宴上被刺身亡,亚历山大继承了王位。当时,国内环境十分复杂,宫廷骚乱,北方各部落暴动,希腊、马其顿起义,此伏彼起。亚历山大果决地击败了各地掀起的暴动。在占领忒拜以后,将其居民全部出卖为奴,只有神庙和诗人品达一家幸免。当希腊再度屈从于马其顿的统治之后,亚历山大又继承父位,以马其顿、希腊联军最高统帅的身份,发动了对东方的侵略性远征。

公元前334年春,亚历山大宣布对波斯帝国作战,率军渡过赫勒斯滂海峡,在马尔马拉海南岸的格拉尼库河附近首次打败波斯军队,占领了小亚细亚。

在马尔马拉海南岸格拉尼科斯河附近,亚历山大和波斯军队首次交锋。波斯军占据格拉尼科斯河右岸高地,严阵以待。亚历山大不顾军队长途跋涉的困难,亲自率领一支骁勇善战的骑兵,强行渡河,发动进攻。波斯军队很快溃败,死伤累累,2 000多人成为俘虏。

公元前333年夏,亚历山大的军队在伊索斯城附近和波斯军队发生了第一次激战。波斯国王大流士三世亲领大军迂回到亚历山大的后方,利用优越地形摆开阵势,准备以逸待劳。亚历山大集中优势兵力,以神速行动,直捣波斯军的中锋。大流士三世首先害怕起来,弃车上马,仓惶而逃,甚至把自己的弓、盾和王袍都扔掉了。主帅临阵脱逃,一下子使中军动摇,全军迅速崩溃。亚历山大占据了大流士的军营,掳获了大批武器、财宝。大流士的母亲、妻子和两个女儿都成了俘虏。当亚历山大见到大流士的豪华营帐时,赞不绝口,惊叹:“这样才像个国王!”

公元前332年,亚历山大继续向南进军攻占腓尼基和埃及。许多腓尼基城市不战而降,只有推罗进行了坚决的抵抗。亚历山大经过7个月的围攻,使用了撞槌、攻城塔、穿城螺旋锥等当时所有攻城武器,才攻陷这座城市。结果,推罗居民惨遭残杀,8 000人阵亡,30 000人被卖为奴隶。

战争后期,大流士曾向亚历山大提议媾和,表示愿意割让幼发拉底河以西的领土,赔款10 000塔兰特,并将自己的一个女儿嫁给亚历山大。在讨论议和问题的军事会议上，亚历山大的部将帕尔麦尼昂说，如果他是亚历山大，他就同意媾和条件。亚历山大回答说："如果我是帕尔麦尼昂，那么我也就这样做了。"会后，他给大流士一封十分傲慢的复信，内称，当他有可能取得波斯帝国的全部领土时，他不希望只得到它的一部分。他并且自称为"全亚洲的统治者"。

公元前 332 年 11 月，亚历山大以阿顿神的形象出现在埃及，驱逐了波斯人，把埃及人从暴政统治下解放出来。马其顿军队享受到了王师之尊，被恭恭敬敬迎进了埃及。

为了表示对埃及神的尊崇，他特地对西瓦绿州的阿蒙神庙做了一次极其隆重的拜谒。埃及的祭司认他为太阳神阿蒙的儿子、埃及法老的合法继承人。据说，阿蒙神曾谕示他将战胜一切敌人，成为全世界的统治者。

在尼罗河两端的河口，由于地中海海流的冲击，没有泥沙的淤塞，亚历山大选定这里建立了一座城市，并用自己的名字命名为亚历山大里亚。并建起一座高 400 英尺的灯塔守护着这个港口。

公元前 331 年春，亚历山大在埃及补充了自己的军队以后，率军向东进发，经过巴勒斯坦、叙利亚，来到美索不达米亚。在尼尼微附近的加于加麦拉村，与波斯的军队发生一场决定性的战斗。

10 月 1 日清晨，战斗开始了。波斯军队首先发动了攻势。大流士命令绑着锋利刀剑的战车全力冲扑过去，指望以数目众多、装备精良的战车一举击溃马其顿的方阵，结果扑了个空。

亚历山大跨上战马，左手持长矛，右手举起祈祷诸神。他头顶金冠，似飞翔的雄鹰，这情景使马其顿军队勇气倍增，当波斯战车进攻时他们让开一条通道，听任其穿越而过。疾驰而过的波斯战车没能给马其顿的密集方阵以多大危害，反而遭到预先埋伏好的马其顿弓箭手的迎头射击。主力战车兵的扑空使波斯军队形混乱，失去自制。这时，亚历山大率领轻快的骑兵，向波斯军队的左翼猛冲过去。波斯军顿时阵势大乱，溃不成军。国王大流士重演了在伊索斯的丑剧，带领一支不大的残军逃往米底。

亚历山大继续向东推进，深入波斯的腹地，直逼古都巴比伦。公元前330年2月，亚历山大的马其顿军队洗劫了巴比伦、苏萨和波斯波利斯的王宫，夺得无数金银和财宝。仅在波斯波利斯国王的金库中便掠得12万塔兰特的财宝。巨额的金银财宝被源源不断地送往马其顿或赏赐给将士。亚历山大借口报复波斯人过去对希腊圣地的“侮辱”，下令焚烧了波斯国王的王宫。熊熊大火延续了几个昼夜。宏伟壮丽的建筑物成了废墟，无数财宝和文物化为灰烬。当王宫在熊熊大火中即将倾倒时，亚历山大又下令救火。这种戏剧性的举动表明了他得胜后的狂妄心态。亚历山大向世人宣告：人类未来的命运将像这场大火一样，掌握在我亚历山大之手。

第五章　罗马文明

拉丁字母

拉丁字母是意大利半岛最早的岛民拉丁人创造的，拉丁文后来也成了罗马文字，所以，又称为“罗马字母”。

拉丁字母是世界上最广泛使用的字母文字体系，是大部分英语世界和欧洲人聚居区语言的标准字母。

它是在公元前6世纪由埃特鲁斯坎字母发展而来的，它的源头还可溯至约公元前1100年叙利亚和巴勒斯坦通用的北闪米特字母。

最早使用拉丁字母刻写的铭文见于普雷内斯大饰针上，这是一枚公元前7世纪的斗篷别针，文字从左到右读作 MANIOS MED FHEFHAKED NUMASIOI，意思是：马尼乌斯为努梅利乌斯制作此别针。另外一段早期铭文，即公元前6世纪的杜埃诺斯铭文，却与拉丁字母的远祖一样，是从右到左读的。

古典拉丁语有23个字母，其中21个是从埃特鲁斯坎字母派生而来的，罗马人从中取了21个；到中世纪，字母i分化为i和j，v分化为u、v和w，这样就产生了26个罗马字母，与现代英语字母相同。

古罗马时代拉丁字母分大写体和草写体。15世纪的意大利出现圆形的“人文主义体”，用于抄写书卷，即大写体；另一种有棱角的草写体，用于法律和商业。这两种手写体分别衍生出现在印刷用的楷体和斜体字母。

意大利语包括拉丁语、意大利半岛其他地区的语言以及从拉丁语派生出的罗曼语。在罗曼语中，最重要的是法语、葡萄牙语、西班牙语和罗马尼亚语。

拉丁字母继承并发展了希腊字母形体上的优点：简单、匀称、美观，便于阅读和连写。由于拉丁字母本身的优点，法国、西班牙、葡萄牙人继承了它，形成了“拉丁文民族”。

《圣经》是拉丁文字写的，由于基督教的传播和殖民扩张，现在整个西欧、美洲、澳洲及非洲的大部分地区都使用了拉丁字母。中国的汉语拼音方案也是用拉丁字母制订的。

拉丁文与拉丁语是古代世界的国际文字和语言。拉丁语还是现代医药科学和生物学的重要工具语。医学界以正规的拉丁处方进行国际交流,中国于1963年、1977年、1985年版的《药典》所载药物(含中草药及其制品)都注明了拉丁药名。现在世界上使用拉丁语的约4亿人,世界语字母也是参照拉丁字母制订的。

在21世纪的今天,拉丁字母这一古老的文字与语言仍然显示出它特有的生命力和价值,可见古代的罗马字母的历史价值。

诺亚方舟

基督教的经典是《圣经》。《圣经》中的《创世记》有段传说:自从人类的始祖亚当和夏娃违反天规,被逐出伊甸乐园后,他们来到地面,一代又一代的人布满大地,但罪恶也充斥人间。

上帝愤怒了:"我要将所造之人和兽、飞鸟和昆虫都从地上除灭,因为我造他们后悔了。"那时,惟有一个叫诺亚的人,心地善良正直、特别受宠于上帝,所以上帝告诉他:"在这块土地上,恶行太过了,我决心毁掉所有的人。不过只有你心地和善,我决定救助你和你的妻子以及你的孩子和他们的妻子。我要使洪水泛滥地上,毁灭天下。你要为自己用柏木建造一只方舟,里面要有舱房,而且,内外都要涂上沥青。你建造的舟要长360米,宽23米,高13.6米。船顶要有透光的窗,门开在船的侧面,全船要分为上、中、下3层。

"看吧,我要使洪水在地上泛滥,淹没地上的一切生物,毁灭他们。但我要跟你立约,你和你的妻儿媳妇都可以一同走进方舟。在每一种动物之中,你要把雌雄的一对带进方舟,保存它们的生命。还有,各种飞鸟、牲畜和爬行的生物,都要按种类、每样一对地带进方舟去,保存它们的生命。你还要为自己准备各种食物,贮存起来做粮食。"

诺亚就照着上帝所吩咐的,把事情全都办好了。

上帝对诺亚说:"你和你一家都进方舟去吧!因为在这世代当中,只有你在我眼中是正直的。你要同带洁净的动物每样7对,不洁净的动物每样1对,空中的飞鸟也各带7对,这样是叫它们将来可以在地上繁殖。

因为7天之后，我就要40昼夜不停地往地上降雨，毁灭我亲手所造的一切生物。”

凡上帝所吩咐的，诺亚都依言办好了。

这样过了7天，洪水就开始泛滥在地面了。在诺亚600岁那一年的2月17日那天，所有地下的水泉和洪流涌溢开来，天上的水源也敞开了。雨倾盆般地倒在地上，有40昼夜之久。在那天，诺亚和他儿子闪、含、雅弗，还有诺亚的妻子和3个媳妇，都进了方舟。所有的野兽、牲畜和各种地上爬行的生物、飞鸟都按着种类，一对一对地走进了诺亚的方舟。之后，上帝就为他们关上了门。

洪水在地上泛滥了40天，水不断地往上涨，把方舟漂了起来。洪水来势汹汹，淹盖了大地，方舟却安稳地漂浮在水面上。水势愈来愈大，把地面各处的高山都淹没了。最后，水面比山岭还要高出27米。世界上所有的生物，包括飞鸟、牲畜、野兽、爬行的动物，以及人类都死了。在陆地上所有用鼻孔呼吸的生灵全都死了。上帝就这样毁灭了地上所有的生物，包括人、动物、地上的爬虫，以及空中的飞鸟，只剩下诺亚和那些跟他同舟的人和动物了。洪水淹盖大地共达150天之久。

上帝顾念诺亚和舟里的人和动物，就使强风吹扫大地，水便逐渐消退了。地上的洪流和天上的水源都关闭，雨也停了。于是，这样过了150天，水势慢慢退下去了。到了7月17日，方舟终于停搁在亚拉腊山上。水继续消退，直到10月。在10月1日那天，高山的顶端都露出来了。

又过了40天，诺亚打开方舟的窗子，放出一只乌鸦，它一直在空中盘旋，等候地面的水干了才好停。后来，诺亚再放出一只鸽子，用它来试一试水退的情形，可惜遍地仍然是水，鸽子找不到歇足的地方，就只有飞回方舟来了，诺亚伸手把鸽子接过来，把它带进方舟去了。

又过了7天，诺亚再把鸽子放出去，到了黄昏，鸽子飞回来，嘴里衔着一片刚扯下来的橄榄叶，诺亚便知道水已经退了。再过7天，他又放出鸽子，这次鸽子不再回来了。

诺亚601岁的那年1月1日那天，地上的水都退干了。诺亚开门观望，地上的水退净了。到2月27日，大地全干了。于是，上帝对诺亚说：“你和妻儿媳妇可以出舟来了。你要把和你同在舟里的所有飞鸟、动物和一切爬行生物都带出来，让它们在地上繁殖滋长吧。”于是，诺亚全家和方舟里的其他所有生物，都按着种类出舟来了。

诺亚筑了一座坛，把各种主认为洁净的动物和雀鸟焚烧献给上帝。上帝嗅到这燔祭的香气，心里就说："我再不会因为人的缘故诅咒大地，虽然人从小就心存恶念，但我再也不会像先前一样毁灭一切生物了。大地一息尚存，春播秋收，夏热冬寒，白昼黑夜，必定循序不息。"

诺亚大洪水的故事是距今6 000年左右的传说，不仅在《旧约全书》里有清楚记载，而且在被称为世界最古老的图书馆——古代亚述首都尼尼微的文库中发掘出来的泥板文书上，也有着类似的洪水故事的记载。后世人们也不断寻找当年的"方舟"遗迹和遗址。

亚拉腊山位于土耳其东端，靠近伊朗国境的地方，是座海拔5 065米的活火山，山顶自古就被冰川覆盖着。传说山顶留着诺亚方舟，不过，住在这个地方的阿尔尼亚人把这座山尊崇为神圣的山，相信人若登上山顶会被上帝惩罚。

长期以来，谁也没有爬过它。但这个谜最终还是得到了证明。1792年，一个叫弗利德里希·帕罗德的爱沙尼亚登山家，初次在亚拉腊山登顶成功。随后，在1850年，盖尔奇科上校率领土耳其测量队也登上了顶峰。1876年，英国贵族詹姆斯·伯拉伊斯在圣山高约4 500米的岩石地带，捡到了方舟的木片，并发表了他找到方舟残迹的消息。

最令人震惊的消息还是近年的事。美国学者戴维在亚拉腊山以南的乌兹恩吉利村附近的穆萨山顶发现了艘大船，这个村庄与史书上所说的尼塞村位于同一地点。该船船头呈洋葱状，船身长164米，长度基本上和《圣经》上记载的诺亚方舟相符。1989年9月15日，两名美国人乘直升飞机飞越亚拉腊山西南麓上空时，发现了诺亚方舟，并拍摄了照片。驾驶员查克·阿伦说，在亚拉腊山的一处通常由冰川覆盖的、海拔4 400米的地方发现了一只方舟形物体，而那处地方的冰川今年夏天因该地区高温天气而水退了。阿伦说："我百分之百地确信，这是方舟。"他和同伴计划1990年6月攀登这个地段，届时将派出一个由包括地质学家和考古学家共20人组成的考察队。目前，至少有3个美国小队在搜寻这艘诺亚方舟，重点放在亚拉腊山的西南麓。然而土耳其地质学家们说，那只是一块经过数千年风化侵蚀而形成的顽石而已。不管怎样，帷幕已经拉开，确凿的答案总有一天会出现的，那时就可以解释《圣经》故事的真相。

耶稣和《耶稣传》

在历代编年史中都使用“公元”或“公元前”字样，那么，“公元”是什么意思呢？“公元”又叫基督纪元，就是把传说中耶稣基督诞生的那一年作为计算历史年代的第一年。

古罗马晚期的主要文化趋向是基督教在整个罗马的传播与胜利。起初基督教只是众多末世纪派中的一个，但在罗马帝国后期却吸引了越来越多的人，4 世纪时被接纳为罗马的国教。

基督教发端于君士坦丁之前几百年的耶稣时代，它最初是由耶稣和圣保罗创建的。

传说中记载：耶稣基督是上帝的儿子，出生在犹太伯利恒村一个木匠的家庭里。母亲玛利亚没有结婚，因为受“圣灵感应”，生了耶稣。在耶稣长大成人之际，犹太民族正处于罗马的君临统治之下。该地区到处弥漫着一种宗教狂热情绪。耶稣从 30 岁起，在巴勒斯坦一带宣传神的旨意（福音）。他劝告穷苦人们忍受苦难，说能忍受现实世界一切苦难而安分守己的人，死后会升入天堂。有钱的人和剥削别人的人要想进天堂，却比“骆驼穿过针孔”还要难。耶稣在传教的同时，还给人驱魔治病，显示奇迹。比如，使瞎子复明、跛子行走、死人复活等。

耶稣的传教活动显然与犹太人的和平倾向更为接近，但又引起了罗马统治阶级和犹太教祭司的仇视和反对。后来，罗马派驻犹太的总督彼拉多逮捕了耶稣，判处他死刑。执行死刑的那天，罗马士兵押送耶稣到耶路撒冷郊外一座小山的山顶上，把他钉死在十字架上。同时，他们还把两个小偷钉死在耶稣左右两边的十字架上。临死的时候，耶稣失望地叹息道：“我的上帝！我的上帝！你为什么抛弃我？”

耶稣之死在起初被其追随者视为他们希望的破灭。不过几天后，他们的绝望情绪便消逝了，到处都在传说他们的主依然活着，信徒们纷纷相信了这传说。这样，一传十，十传百，死去的耶稣比活着的耶稣得到更多的群众的信仰，他们恢复了勇气。

德国的著名作家施特劳斯在长期研究耶稣后，写下《耶稣传》，被西方公认为是 19 世纪影响最大的著作。

《耶稣传》主要说明了在福音书中,即那些关于耶稣的神奇故事以及基督教义的起源中,神话起了巨大的作用。施特劳斯认为耶稣的神话有两个来源:一个是在犹太人中间存在的由“救世主”来挽救世人的希望。而这个神话早就存在,耶稣死后,这个神话便附会在耶稣身上;另一个来源是耶稣这个历史人物在当时所产生的深刻影响,使人们把这些神话与他的政治活动结合起来。由于这两个来源就产生了神话传说中的耶稣,所以,施氏认为,耶稣只是一个历史人物、一个政治活动家,而这些神话都是后来附会上去的。

施特劳斯还认为,耶稣实有其人,但《圣经》是一本神话创作,它并不是一个目睹这些事情的人的记录,而是基督教社团长期加工的结果,它同福音书既有雷同之处,也因其加工的痕迹而与福音书有不同之处。在千本福音书中,他认为《马太福音》成书年代最早,其他 3 本是在《马太福音》的影响下写成的。

《耶稣传》于 1835 年初版问世,以后又多次改版发行,直到今天,仍为西方图书市场重点再版书之一。恩格斯曾经指出,《耶稣传》再现了历史的耶稣其人。

斯巴达克起义

在古罗马历史上,爆发了一次由角斗士发动的大起义。

古罗马统治者们最喜欢的娱乐方式是观看角斗,也就是经过训练的角斗士要么和同胞、要么和饥饿的野兽进行搏斗。这些角斗士最终的下场,不是死在同胞的刀剑之下,就是葬身于野兽的尖牙利爪之下。

在众多的角斗士中,有一个战争俘虏,名叫斯巴达克。他在多次的角斗中,凭借自己强壮的身体和敏捷的身手,侥幸活了下来。斯巴达克深知,和角斗士、野兽搏斗的结局,只有死路一条,为了生存,为了不再过这种仆人的生活,斯巴达克决定带头起义,反抗奴隶主们惨无人道的统治。

公元前73 年的一个清晨,斯巴达克率领着70 多名奴隶从所在的卡普亚城的巴提亚角斗学校逃了出来,直奔城南的维苏威火山。这些人沿着一条小路,翻过几道峭壁,来到一个平坦的山冈上。斯巴达克望着山冈,对一起逃出来的角斗士们说:“我们现在有了自由! 从今天开始,我要和大家一起向奴隶主们宣战!”斯巴达克稍作休息后便带领他的队伍袭击附近奴隶主的庄园。而对于和他们同样命运的奴隶,却表现出极大的同情心。这样,斯巴达克受到了奴隶们的欢迎,许多人前来投奔他,起义队伍越来越壮大。

随着斯巴达克势力的壮大,以及地方上角斗士们的起义越来越频繁,终于引起了奴隶主们的恐慌。第二年春天,古罗马元老院派遣行政长官克劳狄率3 000 人前往维苏威火山镇压斯巴达克的队伍。克劳狄来到维苏威火山脚下,并没有急着进攻,而是派人将下山的路口封死,企图将起义军困死在山上。可是,斯巴达克没有坐以待毙,他有他的作战方略。第三天深夜,斯巴达克带领大家从悬崖上下来了。原来,起义军花了一整天的时间,用树藤编了一条条非常结实的绳子。他们把绳子的一头系在悬崖边的大树上,然后,每个人就沿着绳子滑下来。如此一来,所有的战士就到了敌人后方。而敌人此时正蒙头大睡,一点都不知道,这一仗,斯巴达克大获全胜,一下子就把士气调动了起来,来投奔他的人更多了。不久,队伍就发展到 7 万人。罗马城的那些元老们听到这个消息,经过商量,他们派出了最精锐的部队,由两个新上任的执政官兵分两路,前后堵截斯巴达克。

斯巴达克的队伍并没有受过良好的教育，在短暂的胜利后，有人就被喜悦冲昏了头脑。面对敌人强大的攻势，起义军内部有人要求北上，有人要求去围攻罗马城。一天，在争吵了一通之后，有3万人脱离了斯巴达克开始独立行动，这支单独行动的队伍，很快就被罗马军队盯上，一场激战下来，全军覆没。斯巴达克面对兄弟们的惨死，决定和统治者决战到底。

第二天，斯巴达克带领队伍直奔罗马。统治者大为恐慌，元老院立即任命大奴隶主克拉苏为独裁官，募集大军，全力镇压起义军。斯巴达克虽在一些战役中取得了胜利，但由于前方的抵抗太顽固，所以部队一直无法靠近罗马。斯巴达克并没有因此气馁，他决定率队伍北上。公元前71年秋天，斯巴达克指挥的起义军和克拉苏统率的政府军相遇，双方进行了一场殊死决斗。几天几夜的奋战后，起义军遭到惨败，斯巴达克壮烈牺牲。几万名起义军当中，除了活着的近6 000名士兵被克拉苏钉死在通往罗马城的柱子上外，其余的在这次战斗中都献出了生命。

斯巴达克起义以起义军失败而宣告结束。

战神恺撒

恺撒出身于罗马古老而著名的尤利乌斯家庭，父亲曾任行政长官，在他15岁时去世。恺撒少年时期就渴望取得最高权力。一次，他和几个朋友经过一个贫穷的小村，有人开玩笑说："难道在这个小角落里会有人想争居首位吗？"恺撒听了认真地说："我宁可在这里当老大，也不愿在罗马当老二！"他从小受过良好的教育，曾师从于古罗马演说家毛路，到过罗得斯岛，学习修辞学和演说术。

18岁时他娶了著名的民主派人物秦纳的女儿科尔涅利娅为妻。

公元前77年，恺撒又回到罗马，对曾任马其顿总督的格涅乌斯·科尔涅利乌斯·多拉伯拉提出控告，指责他贪赃枉法。虽然多拉伯拉被宣告无罪，但恺撒却因此而得到巨大名声。

公元前73年，他在军队中担任参将的职务。公元前68年，他任财务官。公元前65年，恺撒出任市政官。他为了笼络人心，慷慨捐资，以致于不仅耗尽了自己的财产，还欠下了大笔债务。

在西班牙任职期间，恺撒征服了一些部落，扩大了罗马人统治的地域。不仅他自己发了财，还使他的部下也发了财。因此，士兵们对他更加拥戴，宣布他为“英白拉多”。同时，他在元老院、骑士和罗马平民中也得到了众多的支持。

公元前60年，他载誉回到罗马。当他到达罗马时，正逢选举下一年度的执政官。他立即投身于竞选之中。

由于他雄辩的口才、改革派的形象、慷慨大度的品德以及在西班牙等地的战功，在平民和一部分上层人士中间很快赢得了威望。但他心里很清楚，在当时的情况下，他要保证竞选成功，必须取得两位在当时最有影响的人物的支持。因此，他首先争取到了庞培，继而调解了庞培和克拉苏之间的不和。

公元前60年的夏天，罗马3位有巨大影响力的政治家之间达成了相互支持的秘密协议。近代学者称这一协议为“前三头同盟”。这是庞培、克拉苏和恺撒3人暂时结成的同盟，因为任何一方都不能单独掌权，只有联合起来，才能与元老院相抗衡。

公元前59年，由于庞培和克拉苏的支持，恺撒当选为执政官。他一上任立即提出了几项提案：一是批准庞培在东方的所有决定；二是规定分给2万名公民以土地，其中首先是庞培的老兵，其次是有3个以上子女的贫苦公民，并设立由庞培和克拉苏领导的20人委员会负责执行这项法律；三是把在亚细亚的包税金额减少1/3，这有利于以克拉苏为代表的骑士阶层中的一批包税商；四是新的反勒索法，加强了对在行省滥行勒索的官员的惩罚，进一步明确了行省总督的职权。

根据恺撒的命令，在罗马开始公布元老院和公民大会的决议，这是历史上最早的官方报纸。他企图通过这种文件影响社会舆论。

然而，随着时局的变化，“三头同盟”的内部矛盾终于显露出来。公元前49年1月1日的元老院会议上，敌视恺撒的势力在庞培的支持下占了上风，决定要恺撒立即卸任，并且指定了接替他的人。恺撒的亲信、保民官安东尼和克文杜斯·卡西乌斯对这一决定行使了否决权，但是贵族派元老对他们的意见不予理睬，并对他们加以侮辱。1月7日，他们化装成奴隶逃到恺撒所在的山南高卢，向恺撒报告罗马城内的情况。元老院宣布了紧急状态，并且授权庞培在意大利招募军队。

此时,恺撒的军队绝大部分驻在山北高卢,身边只有一个军团和一些辅助部队。他经过一番周密策划,于公元前49年1月10日,即他在高卢的总督任满日,率领身边仅有的军队越过了意大利和高卢诸行省之间的界河卢比孔,充分利用了庞培的动作迟缓、没有准备,以迅雷不及掩耳之势向罗马突进。庞培与元老院联合,劝说恺撒解散军队回国,被恺撒拒绝。

庞培于1月28日率领一批元老和两名执政官逃离罗马,前往希腊。恺撒兵不血刃,占领了罗马。

恺撒夺得罗马政权后,对政敌实行宽大怀柔的政策,赢得了一部分元老贵族和骑士的好感。这年秋天,他出兵西班牙,经过40天的战斗,终于迫使庞培的两员部将的军队投降,巩固了自己的后方。

公元前48年6月,恺撒与庞培又大战于法萨罗,庞培战败,逃到埃及,被国王派人杀害。恺撒借口追击庞培,进兵埃及,把依附于他但当时被逐出埃及的女王克娄巴特拉七世扶上台。

接着,他又转战小亚细亚,在北非和西班牙击溃了同庞培结盟的本都国王法尔纳凯撒。公元前46年,恺撒平定了非洲支持庞培的势力,次年又镇压了庞培的两个儿子在西班牙的反抗。

恺撒回师罗马,受到空前隆重的欢迎。他被推举为终身独裁官——狄克维多,还拥有众多的其他头衔,享有保民官、监察官大权,并被冠以“大元帅”和“祖国之父”的称号。当时,元老院、公民大会和各种职官形式上虽然保存,但实际上一切听命于恺撒。他的出身被神化,他已经成为罗马世界至高无上的主宰者。

在恺撒独裁统治期间,为了加强中央集权制,巩固统治基础,采取了一系列改革措施。通过这些改革措施,恺撒一方面加强了罗马帝国与其他帝国的联合;另一方面,提高了各行省的地位,而削弱了元老贵族的势力。所以,恺撒的独裁和改革遭到一部分元老贵族的坚决反对,其代表人物是布鲁图和卡西乌斯。布鲁图是恺撒的主要政敌庞培的部下,现在被恺撒宽恕,并继续信任和重用。

有些人看出,恺撒的权力愈来愈大,总有一天会戴上皇冠的。因此,他们组织了阴谋集团,决心除掉他。这些阴谋者当中,有一个就是那位受到恺撒信任的布鲁图。

公元前44年3月15日，元老院举行会议。恺撒单身一人来到会议厅。虽然他事先已经得到警告，说有人这天要谋刺他，但是他仍然拒绝带卫队。他说："要卫队来保护，那是胆小鬼干的事。"恺撒大步走进大厅，坐到黄金宝座上，笑着说："现在不就是3月15日吗?"这时候，阴谋者都身藏短剑，像朋友一样围在他身边。其中的一个人跑到他面前，抓住他的紫袍，像是有什么事要请求他似的。原来这就是动手的暗号。众人一拥而上，用短剑刺向恺撒。恺撒没带任何武器，他奋力脱下紫袍，进行反抗。他的腰部中了一剑。接着，一剑又刺进了他的大腿。他看见这一剑正是他最信任的布鲁图刺的，不由得惊呼："啊，还有你，布鲁图!"他放弃了抵抗，颓然倒下，用紫袍蒙面，听任他的仇敌乱刺、乱砍。他一共被刺23处，其中3处是致命的，恰巧死在庞培雕像的脚下。

在出席元老会的前一天，恺撒和他的骑兵长雷必达一起用餐时，突然提出一个问题，"怎样一种死法是最好的?"大家纷纷发表意见，最后，恺撒表示，他愿意突然而死。谁料想，第二天他的预言就应验了。

恺撒被杀死以后，布鲁图说："我爱恺撒，但我更爱罗马!"可是罗马的平民没有一个人对恺撒之死表示高兴。当凶手们手提着血淋淋的短剑走出元老院的时候，和他们所预料的欢呼场面相反，看到的只是表情冷漠、充满怀疑目光的人群。

屋大维与安东尼的权力之争

古代罗马有一位千古一帝的大帝，被元老院赐封为"奥古斯都"名誉称号。奥古斯都的原名是盖乌斯·屋大维。盖乌斯是名，屋大维是姓。

公元前63年9月23日，屋大维出生于一个罗马骑士家庭。骑士是罗马平民中较富裕的阶层，不是贵族，多从事工商业。屋大维的祖父是磨坊主，做过货币兑换商，也当过地方官吏。他父亲是个小城镇的高利贷者，很有钱，是元老院元老。

屋大维的母亲叫阿提娅，是恺撒的姐姐优利娅的女儿。恺撒家族据说是爱神阿芙洛狄特之子埃涅阿斯的后裔，家系十分显赫。恺撒是屋大维的外舅祖父，很疼爱屋大维。后来，恺撒收他为养子。

屋大维身材矮小，自小就体弱多病，面容苍白，但双目有神，脸部表情既平静而又温和，却不乏帝王的威严。屋大维 4 岁时，他的生父就去世了。

他的母亲改嫁给马尔库斯·腓力普斯。屋大维也就随母到继父家，由继父抚养。继父很喜欢他，让他接受了很好的教育。

屋大维 15 岁时由于恺撒的关照，被选入大祭司团，大祭司团只有 16 名成员，是罗马国家宗教的重要教职，对于还是孩子的屋大维来说，这是不同寻常的荣誉，也是他步入罗马社会的一个良好开端。

这以后，屋大维就经常陪伴在恺撒左右。恺撒的各种仪式都有屋大维在场，恺撒看戏也有屋大维陪同。恺撒的凯旋式上，屋大维和恺撒同乘一辆战车。屋大维与恺撒的亲密关系，尽人皆知。为了培养屋大维的军事才干，恺撒让他担任自己的骑兵长官，并在公元前 45 年秋，把他送到伊利里亚的阿波罗尼亚去学习军事。

公元前 44 年 3 月 15 日，恺撒被贵族共和派阴谋刺死。屋大维的母亲阿提娅立即写了一封短信给正在阿波罗尼亚学习的屋大维。屋大维这时只有 18 岁，知道这一消息后，悲愤交加，心灵受到极大的震撼。这不仅因为恺撒对他关怀备至，而且因为恺撒生前已决定把他收为养子。养子的地位是很高的，一般地说，就是法定的继承人。这样一位亲人遭人刺杀，对屋大维的打击太大了。他决心去罗马为恺撒报仇。

当屋大维从国外赶回罗马时，当时执政的安东尼以蔑视的态度对待屋大维，并傲慢地说："年轻人，除了恺撒的名字以外，你还想得到什么呢？钱，已经没有。难道你还想得到恺撒的政权吗？"屋大维转身离开，他想：和安东尼将有一场争夺权力的斗争，要想取胜，先得谨慎从事，摸清情况，再采取进一步行动。

屋大维找到恺撒的一些老部下秘密商议，决定带少数人悄悄地从希腊渡海回意大利。他没有直奔罗马，而在离布隆迪西不远的小镇卢比伊上岸。他在这里住了 7 天，收集有关情报，密切注意罗马形势的发展。

这时，从罗马传来的消息中，有一个令人振奋的消息是恺撒的遗嘱指定屋大维为继承人，谋杀恺撒的共和贵族派人士在罗马已经失去民心。但令人不安的是恺撒的部将、执政官安东尼已掌握罗马局势，并以恺撒的继承人自居，有取代屋大维作为恺撒继承人的意图。

罗马的平民对恺撒一直抱有好感。元老院迫于罗马平民的压力，在恺撒被刺杀后，不敢宣布恺撒为暴君，也不敢没收他的财产和废除他的一切法令，只是宣布大赦杀死恺撒的凶手。

安东尼当时是恺撒的副手，是当年的执政官。恺撒遇刺时，他幸免于难。他在主持恺撒的葬礼上，向群众公布了恺撒的遗嘱，遗嘱除指定屋大维为继承人，授予他恺撒称号和遗产的3/4外，还有将他在罗马台伯河对岸的私人花园赠给罗马人民，并分给每个罗马公民75块银币，甚至还有把刺杀他的元凶布鲁图列为第二继承人的内容。

罗马的民众感激恺撒的慷慨，憎恨布鲁图的忘恩负义，群情激愤。安东尼乘机用恺撒的功绩和他对罗马人民的关照来激发群众对恺撒的感激怀念，又用恺撒的被刺了23个洞孔的血衣来煽动人们对凶手的仇恨。在安东尼的鼓动下，群众发出了怒吼："为恺撒报仇！"愤怒的群众冲向元老院，冲向那些参与刺杀恺撒者的家庭，吓得他们东躲西藏，纷纷逃出罗马。安东尼很快就控制了局势。同时，为了笼络人心，壮大自己的力量，安东尼又宣布赦免一批谋杀恺撒的阴谋分子，俨然以恺撒继承人的身份行事。

屋大维搞清了罗马的局势和安东尼的所作所为后，认为是去罗马和安东尼较量，维护自己的恺撒养子和继承人地位的时候了。于是下定决心，立即行动。

他的母亲阿提娅得知消息后苦苦相劝，阻止他去罗马冒险。因为安东尼既是执政官，又是手握重兵的统帅。此时的屋大维既无兵又无权，怎能和安东尼抗衡。

但年轻气盛的屋大维却以初生牛犊不怕虎的气概对他母亲说："我有长矛和盾牌，那就是义父恺撒的名字。"

恺撒在士兵和公民中仍有巨大影响，他的名字仍有巨大号召力。为了更好地利用这支长矛和盾牌，按照恺撒遗嘱的意思，屋大维把自己的名字改为盖乌斯·尤里乌斯·恺撒·屋大维，把恺撒的名字放在自己的名字里，表示自己是尤里乌斯·恺撒家庭的人，要继承恺撒留给他的一切。

屋大维带领很多追随者来到罗马，找到安东尼，要求安东尼把恺撒的遗产还给他。他告诉安东尼，他要按照义父的遗愿，把金钱散发给平民。他还指责安东尼不为恺撒报仇，包庇杀害恺撒的主要凶手布鲁图。

安东尼面对胆敢指责他的这个瘦削的青年人，先是吃了一惊，然后傲然地以居高临下的口气对屋大维说:“假如我允许表决给予凶手们以杀戮暴君的荣誉,那么恺撒就会被宣布为暴君,他就不能有合法的儿子,也不能有财产,他的财产会被没收。全靠我冒着危险同元老院斗争,你才能够享受你目前的显赫地位。你,年轻人,在和长辈说话时,最好为了这些事向我表示感激。除了恺撒的名字,你还想得到什么呢?钱,你的父亲早已使国库空虚了,我的钱也没有多少了。难道你还要恺撒的权力吗?”

屋大维在这场权力争斗中,不仅表现了年轻人的勇气,也不乏政治家的机智权谋。他利用元老院和安东尼的矛盾,拜会了元老院贵族的首领西塞罗,取得了西塞罗的好感和同情,赢得了他的支持,使他在元老院得到安东尼不可能得到的信任和期待。

屋大维毅然变卖了恺撒的地产,用所得的钱和恺撒养子的身份招募、吸引恺撒过去的部下,很快就组成了一支 3 000 人的装备相当精良的军队,组成了两个军团。有了军队,屋大维成了罗马不可忽视的人物。

元老院不仅赞同屋大维招募军队,而且还对归附于他的两个马其顿军团支付饷银。元老院的目的是要借屋大维的力量对抗安东尼,屋大维在自己羽毛未丰时,也必须借助元老院的支持。

经过精心的准备,屋大维逐步掌握了大权,并用武力迫使元老院承认了他的继承权,并对刺杀恺撒的敌人进行镇压。年轻的屋大维凭着自己的杰出才能和勇气,成为罗马的绝对统治者。

庞培古城葬身火山

著名的古罗马城市庞培，位于意大利那不勒斯湾附近的维苏威火山脚下，它始建于公元前8世纪，人口一度多达2.5万，是古罗马帝国的重要行政中心。

维苏威火山海拔1 300米，是世界上最活跃的火山之一，它使庞培这座古老的城市最后葬身于维苏威火山之下。它位于庞培城西北25公里。公元63年，维苏威火山开始喷发出灼热的岩浆。公元79年，终于爆发了一场大灾难。8月24日下午1时左右，随着一声巨响，火山熔岩夹杂着碎石、烟灰和水蒸气一齐喷上天空，遮天蔽日。庞培城顿时变得漆黑一片。城内的居民纷纷逃离家园。两天以后，天空晴朗起来，人们以为火山喷发结束了，于是纷纷返回城中。就在这时，第二次更大规模的喷发开始了。伴随着轰隆隆的巨响，熔化的岩浆呼啸着滚落下来。待到一切恢复平静以后，整个庞培城连同城内的所有生灵都被埋葬于20多米厚的熔岩浆和火山灰下面了。在一刹那间，这座古城就在地球上消失得无影无踪。据统计，在这次维苏威火山喷发中，包括庞培古城在内的3座城市至少有15 000人死亡，许多村庄被毁，损失惨重。

1600年左右，一位研究历史的学者在查阅罗马古书时知道了历史上还有个庞培古城，但史书上对它的遗址没有记载。1713年，维苏威山麓的居民掘井时，在一个6米深的地方挖到古城中赫库兰尼姆剧院的圆屋顶。1748年，又有人在离剧院不远的地方挖出一块刻有“庞培”字样的石块。这时，消失日久的古城终于重见天日。1860年，当地政府对古城进行大规模挖掘行动，这样，庞培古城最终展现在世人面前。

被火山灰埋于地下的庞培城已经变成一座“化石城”。经过史学家和建筑学家的演绎，一幅庞培古城图出来了：它建筑在一个面积约65公顷的椭圆形台地上，东西长1 200米，南北宽700米，周长3.8公里。城墙用石头砌成，有7座城门、14座城塔。城内有4条交叉成“井”字形的主要街道，将全城分成9个区。街道用石板铺筑，主街宽约8米，两旁建有人行道。在每个较大街道的十字路口，都安装着一个石制水池，它们连接着一条长砖石渡槽，把城外的泉水引进城来，供居民日常饮用。古城中有3座公共浴池。浴池中使用统一集中的锅炉烧水，男女浴室的天花板砌成圆拱形。令人惊奇的是，浴室的石砌拱顶居然承受住了当年熔岩的巨大压力而没有坍塌，这充分显示了当时罗马人民高超的建筑设计水平。

古罗马竞技场

今天，位于意大利首都罗马市中心威尼斯广场南面的科洛塞奥大竞技场也是古罗马帝国时代的永恒象征。这座古代巨型建筑始建于公元72年。当年，古罗马帝国韦斯帕西亚诺国王为了纪念自己征服耶路撒冷的丰功伟绩，强迫8万名犹太俘虏耗时8年，共使用10万立方米石材和300吨勾联条石的铁条建成这座大竞技场。大竞技场是贵族、奴隶主观看犯人、奴隶与野兽搏斗的娱乐场所。这种人兽的搏斗活动残酷恐怖而又充满着血腥。相传大竞技场的设计师登齐奥在他的工作结束时，就作为第一个试验品被韦斯帕西亚诺国王投入场中，活活地喂了野兽。

科洛塞奥竞技场占地面积约2万平方米，平面呈椭圆形，它的长轴长约190米，短轴长约160米，周长约530米，场地最高处达57米。整个竞技场由沙场、看台和地下室3部分组成。沙场位于整座建筑的正中央，它是专供角斗士与野兽搏斗的场地。沙场上铺着一层厚木板，木板上又铺撒着起防滑和吸血作用的沙土。每当一场比赛结束后，场地杂役工就用铁钩将死者的尸体拖出场外，再在沙场上撒上一层新沙继续比赛。

大竞技场内的看台里低外高，呈阶梯状分布，最多可容纳11万名观众。观众席由低到高分为4个区域：底层第一区是皇帝、主教、市长和其他各级官吏的特别席位；第二层为第二区，是地位较尊贵的市民的席位；第三层为第三区，是平民百姓的席位；第三区上面的一层，是专门为妇女们保留的。观众席再往上还有一个较大的平台，那里供没有座位的观众观看竞技表演。

大竞技场的沙场与看台间的围墙用淡黄色大理石砌成。它分为上下4层，其中一、二、三层均有半裸露的圆柱装饰，每两个圆柱之间都有一个长方形的拱门，拱门中的白色大理石雕像神态各异。第四层是廊柱，廊内也建有座位。每当散场或突遇险情时，场内的76扇大门可以同时打开，

10 分钟内全部观众便可安全离开。

大竞技场内沙场和看台的下面是地下室，那里有角斗士决斗前的准备室、囚兽室和排水沟。

科洛塞奥竞技场是古罗马帝国王权的象征，它满足了统治者的观赏欲，损害了作为角斗士的最底层人民的生存权利。公元 80 年，大竞技场落成，在揭幕式上，包括狮子、老虎、大象、豹子在内共 5 000 头野兽和 3 000 名角斗士，连续在场内表演了 3 个月。2000 年好莱坞大片《角斗士》再现了当年惊心动魄的血腥场面。

古罗马竞技场，这座用无数个奴隶的生命和鲜血修筑起来的巨大古典建筑，在人类建筑史上是一大奇迹。

罗马帝国的灭亡

罗马帝国历经 200 年的“和平时期”后，国力开始衰落。帝国的大规模扩张活动从公元 1 世纪开始停止，地中海成为罗马帝国的内海，因此地中海海盗掳掠人口的活动也平息了。大规模扩张的停止导致俘虏的减少，奴隶来源不足，奴隶价格上涨，奴隶主要付出更多的钱才能补充奴隶，为了弥补损失，他们只有加重奴隶的负担，奴隶们不堪重负，不断地起来反抗。奴隶不只是采取怠工、破坏工具、逃亡这些反抗方式，还公开举行起义。虽然这时候的奴隶起义不像斯巴达克起义那样声势浩大，但是参加的人更加广泛，有很多隶农和贫苦农民也参加进来了。

隶农和贫苦农民为什么要参加奴隶起义呢？原来，一些拥有大农场的奴隶主，逐渐感到大农场的经营无利可图，便改变方式，把一部分土地改成小块，交给奴隶和破产农民去耕种。他们只收取收获物的一部分作为地租，其余都归耕种的人。这些租种一小块土地、又有一点人身自由的人，被称为“隶农”。但是，隶农的日子也不好过。大奴隶主要是遇到歉收或者急需，仍然随时可以任意提高地租、加重隶农负担。这样，隶农的命运和奴隶也连在一起了。

罗马帝国的社会矛盾日益尖锐。生产力不断下降，但是帝国为了保住它的统治，还维持着庞大的官僚机构，供养了几十万军队，这就更加重了人民的负担。带兵的为了增加军饷，纵容军队去抢劫；当官的争权夺利，贪污成风；奴隶主穷奢极欲，过着荒淫无度的生活。以奴隶主平时沐浴为例，罗马的浴室往往是一座华丽的建筑。其中，有供洗澡前进行运动的回廊，还有许多相互连接、温度不一的暖气房。每过一间暖气房，温度就加高一次。洗澡的人在暖气房里，等全身的汗出透了，才用温水冲洗。洗了温水，再洗凉水。最后，还要遍身涂擦软膏，以防受寒。罗马皇帝为了炫耀帝国的豪华富强，经常假借各种节日和纪念日的名义，举行盛大的游艺活动。公元106年，罗马皇帝图拉真为纪念他在达西亚的胜利，曾经连续举行123天的节日娱乐活动。公元4世纪，有个叫席马克的大官僚，为他儿子举行游艺庆典，7天当中，竟花费了2 000磅金子。帝国的根基已经从根本上开始动摇了。

帝国的统治者们只知争权夺利，而帝国的命运却无人关心。那些掌握重兵的将领，常常互相残杀，皇帝的废立都操纵在他们手里。今天立一个皇帝，明天又杀掉，成了家常便饭。公元235年以后的50年中，竟换了10个皇帝。直到公元284年戴克里先出来当皇帝，对官僚体制和军队作了一些改革和整顿，这种混乱的局面才稳定了一些。戴克里先退位以后，继承帝位的是君士坦丁。

公元330年，君士坦丁把首都迁到拜占廷(后改名为君士坦丁堡)，号称“新罗马”。这就为帝国东西分治创造了一个条件。公元395年，狄奥多西皇帝去世。他留下遗嘱，把帝国版图划分为东西两部，让他的两个儿子分别统治东西两个帝国。东罗马帝国拥有从黑海到亚得里亚海之间的广大地区，包括巴尔干半岛、小亚细亚、叙利亚、巴勒斯坦、埃及、美索不达米亚以及外高加索的一部分。首都设在君士坦丁堡(现在土耳其的伊斯坦布尔)。这个国家后来又叫做拜占廷帝国，它一直存在到公元1453年。

西罗马帝国的领土比东罗马帝国要大一些，包括现在的意大利、法国、西班牙、比利时、英国的大不列颠、奥地利、匈牙利、南斯拉夫的西北、地中海的整个西部，以及阿尔及利亚、摩洛哥、突尼斯、利比亚的北部，首都仍设在罗马。

当罗马帝国的内部动荡混乱之际，许多被称为“蛮族”的日耳曼人开始乘机入侵帝国。广大的奴隶、隶农和贫苦农民把“蛮族”当作解放者，他们走到哪里，都受到热烈的欢迎。

公元408年,日耳曼人的一支——哥特人在他们的首领阿拉列的率领下,侵入意大利北部,向罗马挺进。罗马统治者惊惶万状,赶忙商议对策。罗马城外传来了得得的马蹄声,哥特人已经占领了罗马的港口奥斯提亚,断绝了罗马的粮食来源。饥饿、瘟疫,很快使罗马成了一座死城。

元老院派人去向阿拉列求和。阿拉列要求罗马交出全部金银。罗马代表惊恐地问:“那么你打算把什么留给罗马人呢?”

“生命!”阿拉列吼叫道。

“不能欺人太甚。罗马有不少的人,还可一战。”罗马代表壮着胆子回答。

“还有不少人?那好。草越密,越好割!”阿拉列逼视着罗马代表。

代表不禁打了一个寒战。

和平的代价是:罗马人交付黄金5 000磅,白银3万磅,绸料4 000块,皮革3 000张,东方胡椒3 000磅。罗马人为了凑足5 000磅黄金,甚至把金制的神像也熔化了。

哥特人收到这些贡品,才允许罗马人出城买粮食。

和平是短暂的。公元410年,哥特人首领阿拉列决定打进罗马城。他率领的是匈奴人和哥特人的联军。这些被称为“蛮族”的人,都是些勇猛彪悍的战士。罗马城下,战马的嘶鸣声、军器的碰撞声和攻城的呐喊声响成一片,城里却是死一般的寂静。罗马人在默默地等待死神的来临。

阿拉列向士兵们宣布:攻进罗马,可以任意抢劫3天。

在一个雷电交加的晚上,奴隶们从城内接应哥特人,为他们打开城门。哥特人吹着牛角号,杀进了罗马城,他们把罗马城洗劫一空,放火烧毁罗马皇帝的宫殿。战利品装满了一车又一车,金质神像和黄金器皿都被哥特人拉走了。曾经不可一世的征服者这时尝到了苦果,受到了严厉的惩罚。

第六章　玛雅文明

科潘古城遗址

玛雅人在中美洲的密林中创造了光辉灿烂的古代文明,玛雅文明的象征,就是尤卡坦半岛南端的科潘。

在印第安人中流传着一个关于科潘城的动人的神话。很久很久以前,有一个王子。有一天王子遇到一个玩童,玩童告诉他,在森林中有一座城堡,需要他去拯救那里的臣民。于是王子克服艰难险阻,深入到可怕的森林,终于找到这座城堡。他发现城堡的臣民们被女巫的咒语迷住,不省人事。王子见城堡公主非常美丽,却不幸遭此厄运,产生了怜悯爱慕之心,上前吻了公主的前额。公主经这一吻便苏醒过来,随后宫女和臣民也都慢慢地苏醒过来。从此,这座城堡又"活"了过来,充满了生机。后来王子和公主结成了美满的婚姻,幸福地生活在这个密林深处的城堡里。

科潘城规模较大,城市的中心由广场、神庙、殿堂、宫堂、祭坛和球场等建筑群组成,还有进行天文观测的建筑设施。在科潘古城遗址,有一座纪念性神庙建筑,它的台阶上有两个狮头人身像,嘴里衔着一条蛇,一只手攥着象征神的火炬,另一只手握着几条蛇,艺术特色非常鲜明。在一座神庙前的石阶上,站立着一个代表太阳神的巨大人头石像,威武庄严,石像上雕有金星图案,令人惊讶。广场中心两座寺庙的墙上、门上雕刻着生动多姿的人像、面目可憎的魔鬼以及其他各种图案。庙下有一条地下通道将两座庙连在一起,两座神庙之间的地面上有一个用石块铺成的球场,面积有180多平方米。

科潘是玛雅最发达的地区之一,它的纪念碑和建筑物上的象形文字符号书写最美、刻制最精、字数最多。在科潘遗址中,有一条六七十级的梯道,用2 500多块加工过的方石砌成,这是一座纪念性的建筑物,梯道建在山坡上,直通山顶的祭坛,宽10米,两侧各刻着一条花斑巨蟒,蟒尾在山丘顶部。梯道的每块方砖上都刻着象形文字,每个象形文字的四周均雕有花纹,梯道刻了2 000多个象形文字符号,它是玛雅象形文字最长的铭刻,也是世界题铭学上少见的一种名贵文物,由此被称为"象形文字梯道”。

不仅如此,科潘的经济与政治实力仅次于蒂卡尔而远远超过其他城邦,在文化上则完全可以和蒂卡尔并肩而立,甚至还大有超越。有学者认为科潘的重要意义决不在蒂卡尔之下,它们如双峰并立,是玛雅文明两座最伟大的灯塔。从考古发掘的城市遗址看,科潘在规模上可能略逊于蒂卡尔,但美丽却有过之而无不及。

公元805年以后,玛雅人不知什么原因突然放弃科潘城北迁,科潘城随即变成一片废墟。

科潘遗址就在洪都拉斯和危地马拉一带。这里东临加勒比海,南濒浩瀚的太平洋,北接墨西哥湾,西面与中美洲大陆联为一体。在这片美丽的土地上,南部是盛产松树、橡树和龙舌兰的高原,中部是鸟兽出没、植物茂盛的热带雨林,北部是广阔的热带草原区。

玛雅文化

玛雅人在公元前4000－前3000年就开始定居,从而进入农业社会。他们主要居住在墨西哥南部、尤卡坦半岛和危地马拉、洪都拉斯一带。玛雅文化的全盛时期在公元3－9世纪,乌希玛尔和奇钦·伊查是玛雅宗教、政治和文化中心。玛雅文化在古代美洲大陆水平最高,发展最早,并

创造了象形文字，所以玛雅人被称为"美洲的希腊人"。玛雅文化的成就表现在物质文化和精神文化两个方面。

远在前古典时期的奥尔梅克文明阶段，玛雅社会经济已具有明显的综合性质，既有农业、渔业和狩猎，又有对外贸易活动等。近些年的考古研究发现，玛雅农民在古代并不只是从事刀耕火种式的农业，而是采用集约性更强的耕作方式。古代玛雅人在山区开挖了梯田，在低洼地带开挖了密如蛛网的人工渠，修造了大量的水中垫田和浮田，种植玉米、可可和其他农作物。中美地区一年分为两季，11 月 -5 月为旱季，6 月 -10 月为雨季，玉米的种类最多，有需要 6 -7 个月成熟的大穗玉米（老妇玉米），也有 3 个月成熟的小穗玉米（女孩玉米），更有 60 天可收获的特别玉米（鸣啼玉米）。此外玛雅地区的棉花、番茄、豆类、甘薯、可可、烟草等，后来都传播到全世界。玛雅人创造了高度的物质文明。

玛雅地区的精神文化表现在以下几个方面：

文字：玛雅人是美洲唯一留下文字记录的民族。公元 1 世纪，玛雅人已有了象形文字，它与埃及、中国的象形文字体系相似。1949 年，在伯利兹的流英纳大牧场发现了一件璧形玉饰，带有前古典时期的玛雅文字。这件玉璧直径 18 厘米，是戴在头冠上的耳饰。从字符可以看出，所有的符号是按顺时针方向阅读的。从左方开始，依次有太阳神、黑暗神和守护神等图案。这件璧形玉饰上的图像据瓦萨学院 John S. Justeson 和图兰大学的 Will Norman 解释是尤卡特克方言的专门符号。

天文学：玛雅人的天文学家算出了太阳历一年的时间为 365.2420 日，精确率远超过当时的世界水平。他们将一年分为 18 个月，每月 20 天，再加上 5 天禁忌日，共 365 天。每年度从冬至那天开始，第一个月叫亚什。玛雅的历法与农业季节联系相当紧，有"播种月"、"收割月"、"举火月"（即烧荒地）等。他们可以算出日蚀时间，知道月亮和行星运转的周期。他们测量出金星运转周期为 584 天，比现代科学测定的 583.92 天只多了 1 个小时 65 分钟。墨西哥东海岸委拉克路斯的华斯台克文化遗址，在太阳金字塔内有 365 个神像，代表一年的 365 天，每个神像都有一个壁龛。

当我们的祖先还仅仅满足于记录天文资料并用来进行占卜的时候，玛雅人已经开始认真观测、研究天体的运行规律了；当古希腊人还只能借助于美丽的神话传说描述天空和星体的时候，古玛雅人的天文学已经十分接近现代的水平了。

古代玛雅人的天文观测台修建得相当普遍,也相当科学。在中美洲的丛林中发现的古代玛雅人遗留下来的著名的“奇钦·伊查”天文观测台,就是具有代表性的古玛雅天文观测台。这座雄伟的观测台是一座圆顶建筑,位于两层高大的台基之上。观测台的内部构造十分精巧,建筑工艺也十分高超。观测台内建有螺旋形的梯道和回廊,从上层窗口通过厚达3米的墙壁形成的对角线望出去,恰好可以看到春分和秋分落日的景观;从南面的窗口对角线望出去,正是地球南极所在的方向。

玛雅人认为文字是由“日眼大神”创造的,因此,文字被祭司所垄断,他们用头发制成小毛笔,用无花果树皮做纸,记录下玛雅神话、传说、礼仪、历法、编年史、祈祷文字以及叙事诗和戏剧等内容。西班牙殖民者侵入后,这些宝贵的玛雅文字基本上都被当作“魔鬼的作品”付之一炬。现只留存3部玛雅文抄本。

一部是关于天文学方面的,成书于公元11世纪;另外两部关于占卜、祭祀和预言的作品,写于公元15世纪。这些抄本现在分藏在德累斯顿、马德里和巴黎图书馆,迄今尚未完全译读出来,在古城废墟中考古学家们还发现了许多石碑文,它们多刻在城墙、宫殿、庙宇墙上。

玛雅文字的语言和词汇都相当丰富,大约有词汇3 000多个,已经是十分成熟的文字了。古代的玛雅人就使用这种象形文字记载他们的历史、科学、神话和生活习俗。由于文字的发明,古代玛雅的科学文化取得了空前的进步,玛雅人的天文学和数学都曾达到过世界最领先的地位。

数学:玛雅人制定了原始计算法。他们根据手脚指头产生了20进位法,用三个符号来表示:“点”表示1;“横”表示5;画一贝壳圆形表示“0”。“0”的概念的形成比印度晚些,但比欧洲人早800年。当愚昧的欧洲人还在使用笨拙的记数法把168写成“100、加50、加10、加5,再加三次1”的时候,玛雅人已经开始使用168这三个符号表示这个数了。

建筑:玛雅人很重视历史,他们每隔20年就在一些城邦里建一座石柱碑,在石柱上刻上象形文字,记载重大事件的内容和年代。现已发现石柱数百个,最早的瓦迈城石柱记事年代约于公元292年。在公元800年前后,石柱中断,玛雅文化衰落了。后来在尤卡坦又恢复了石柱,但时间不长。都鲁姆建立的最后一块石柱,刻的年代是1516年。所以玛雅文化是美洲古代历史上唯一有明确纪年的文化。

金字塔是古典时期重要的建筑。埃及的金字塔是法老的坟墓,玛雅

的金字塔是祭塔，它用磨平的巨大石头筑成，雄伟壮观。塔四周有阶梯，塔顶是祭神的庙坛，通往金字塔的阶梯，装饰有浮雕。金字塔神庙祭坛，成为墨西哥的国宝。

米拉多尔有两座大金字塔：虎塔（Tigre）和猴塔（Monos），是玛雅人最大的建筑物。两座金字塔都是在公元前150年前后兴建的，所用建筑材料都超过25万立方米。虎塔高55米，相当于一座18层高的大楼。它顶部的三座神像聚成一群，呈三角形。

红黑相配是玛雅古典时期艺术的特征之一。这种配法具有礼仪意义，因为红色与东方相关，黑色与西方相关，太阳每天由红变黑。鲁特赫斯教授认为，红与黑是玛雅人在观察陶器烧制过程中意识到的，陶器在氧化焰中烧成红色，在还原的条件下再烧便变成黑色，再氧化又变成红色。

玛雅人建的虎塔金字塔，反映玛雅人对虎的崇拜。后来的阿兹特克文化亦崇拜虎神。美国学者认为，玛雅人为玉米繁殖而举行的隆重宗教仪式中，有崇拜“龙虎形象”仪式。古代的印第安人有“老虎神庙”，玛雅或阿兹特克一些画家还在神庙中画上虎。

玛雅人把唱歌、舞蹈与乐器紧紧结合在一起。他们有着各式各样的打击乐器和吹奏乐器，特别流行5度音阶的4孔笛。

玛雅人的雕刻艺术

玛雅人在继承苏美尔加人巨型石雕传统后，把雕刻艺术发扬光大，有了自己的艺术特色。玛雅人的高大的纪念碑是玛雅雕刻艺术达到顶峰的明证。他们雕刻的纪念碑基本上都是长方形的，高与宽的比例一般在3:1以上，最高的甚至达到了7:1。

作为雕刻艺术品的玛雅纪念碑，实际上是把立体的雕刻与图画般的浮雕手法合二为一的特殊作品，这种艺术特色在世界古代文明的雕刻作品中是比较罕见的。

以科潘1号碑为例说明，其正面雕成披挂齐全、盛装华服的国王形象。整个纪念碑高达3.5米，国王的头部、手足都要比常人大一倍多。而礼仪的要求又使得他的姿式有点呆板，脸上的表情也不免僵硬，但庞大的体形和凝重的表情仍能令人感到他的威严和千钧之重的力量。人物的身形体态在玛雅雕刻的复杂头饰、衣着覆盖下显得若隐若现，而且胸腹部位的尺寸大大压缩，使得头脚之间很不成比例。这些都是玛雅雕刻造型在宗教礼仪下不得不作的“牺牲”，这确实大大损害了形象的生动与完整。事实上，这是在神权政治控制下造型艺术所犯的通病。当然，这不等于说玛雅匠师们未能掌握正确的人体比例和表现行动灵活的姿态，实际上，这些衣着头饰虽然繁杂，但它们的线条与变化多端的图样却很优美，而且那些夹杂其间的羽毛蛇、小神灵的雕像更不乏鲜活跃动的自由自在，所以整个纪念碑的雕刻看起来在宏伟精美之余不失其生动与丰富。

在其他一些独立的雕像和用做神庙建筑装饰的雕像上，玛雅艺术家们受到的约束与限制不像纪念碑雕刻那样强烈。通过这些作品我们可以看到玛雅匠师们的惊人技巧。科潘神庙中的玉米神像就是著名的例子，在神像的头上只简洁地刻了一束玉米作为标记，神像本身却是近乎裸体的人像，但感情的表现非常丰富、深沉。玛雅匠师即使在神权政治的高压下也能利用各种机会创造令人喜爱、情趣隽永的作品。

玛雅人的浮雕作品在他们的雕刻艺术中造诣是最高的。这些浮雕除了石刻外还有木刻，它把绘画的丰富细致与雕刻的立体感集于一身。玛雅的浮雕作品在塑造和加强形象的立体感上成就也是极高的，它达到了古希腊古典雕刻的水平。

玛雅人的商贸活动

玛雅人很早就开始了贸易活动。他们经常到相当远的地方去获取原材料和成品。他们建立了一个广泛的贸易网络。16世纪时其贸易范围向北达到墨西哥中央地区，向南到达巴拿马。玛雅虽然是一个农业社会，但它活跃的商业贸易活动促进了玛雅文明的发展。农业和商业活动的相互配合支持，是玛雅文明发展的两大支柱。

在奥尔美加文明影响下，于中美洲前古典期就已形成了一个贸易圈，这个贸易圈促进了各地文化的交流与政治合作，同时，在很大程度上影响着玛雅对外贸易及各邦之间各种交流的发展。

玛雅前古典期商道的主要干线在太平洋沿岸，至古典期已定位于中央低地一带，并使玛雅城邦在这一带发展起来。生活、生产所需的各种物品，多是从东西向的这条商道而来。较大宗的商品有燧石、黑曜石、香权地脂、染料、烟草等，陶器、纺织品、磨具、盐、糖、蜂蜜等因具有地方特色而成为远销异域的抢手货，它们或由墨西哥运到玛雅，或由玛雅运到墨西哥和巴拿马。到了古典后期，有了金属器的交易后，又从东（巴拿马）、西（墨西哥）两边同时向玛雅输入。在古典期，奴隶是玛雅的又一种特殊商品。

长途贸易主要是奇珍异宝的交易，如只产于玛雅东边的翡翠碧玉，它从奥尔美加时期开始就是中美洲各地最受欢迎的宝物；产于玛雅山区的奎特查尔凤鸟羽毛，不仅被玛雅人当作天地奇珍，而且在墨西哥各地的价值都很高，由于这种鸟在玛雅古典期已是濒危物种，所以奇货可居的情况超过了碧玉；居第三位的是可可豆，它原来只产于玛雅山区，古典时期已在中央低地东部沿海地带移植成功，可可豆在玛雅、墨西哥乃至整个中美洲都是最抢手的餐饮珍品，无论贵族还是贱民都离不了它，甚至还在交易中充当了货币的角色，可可豆使玛雅商业如虎添翼，玛雅商人凭此深入异国他乡，且立于长久不败之地。此外，玛雅还有琥珀、珊瑚、珠贝、鲛牙、钠长石、鳐鱼刺、牛砂纹岩等特产，它们随三大宝货或东或西融入国际贸易的洪流，而外地的珍奇货物如墨西哥的孔雀石、高岭土鹿肉、高级工艺品等也流入玛雅或由此转销更远的东方。

长途贸易的兴旺发达促使玛雅的城市迅速发展起来，蒂卡尔城因地处生产可可豆的中央低地东部，是南部奎特查尔凤鸟羽毛集运的中转地，在它的东南是碧玉的产地，玉石西运之路在古典时期已经过这里，地理位置的重要，使蒂卡尔成为玛雅的第一个城市；帕伦克是玛雅世界最西边的一个商业枢纽，玛雅运往墨西哥的货物在此最后集结，而墨西哥和西方其他地方的商品也由此而进入玛雅世界；东边科潘城的强盛也同样得益于它优越的地理位置。

玛雅的商人分为两类：一类是掌握特权的商人，但他们人数较少；另一类是没有特权，不属于统治集团的专业商人。专业商人是玛雅市场上最活跃的一群，他们行业齐全，人数也多，是商人的中坚。另外还有一些小商小贩和半商半农的买卖人，他们主要是为了谋生，处于商人阶层的最下层。

频繁而活跃的商业活动使玛雅人获益颇丰，极大地推动了玛雅文明向前发展。

中世纪篇

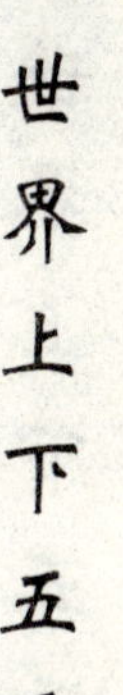

第七章　伊斯兰教的兴起

穆罕默德创立伊斯兰教

穆罕默德是中世纪最有影响的历史人物,他创立伊斯兰教是世界历史上的一件大事。穆罕默德生于公元569年,是麦加一位商人的遗腹子。6岁时母亲去世,先由祖母,后由伯父抚养长大。穆罕默德25岁时和一位富孀结婚,富孀为他生了几个女儿和两个儿子,儿子们不幸早年夭折。

40来岁时穆罕默德经历了一段精神极度紧张的时期。这段时间后,他开始相信上帝选他做先知,选他当亚伯拉罕、摩西和耶稣的继承人。他对人说,《古兰经》的全部经文在天国里,每次他所得到的只是一部分,通常由天使加百列传授给他,并让他一字一句地重复。然而这时在他身边的其他人,既看不到这位天使,也听不见他讲的话。可是无论如何,穆罕默德这时认为,他自己已经接受了神的感召,要去证实安拉的唯一性和超然存在,去警告人们"末日审判"终将来临,去告诫他们忠实的报答是上天堂,邪恶的惩罚是下地狱。穆罕默德的教诲,在他死后不久被记录成书,成为伊斯兰教这一新教的圣典。

"伊斯兰"是"顺服上帝的旨意"的意思。穆罕默德虽没有建立教派,也没有确定专为拯救灵魂的具体圣事,但却要求信徒们履行一定的仪式,即伊斯兰教"五功"。它们是:

1. 念功:信徒一生必须完全理解、绝对接受地背诵"除安拉外,再无神灵;穆罕默德是安拉的使者"。

2. 拜功:信徒应每天礼拜5次,分别在晨、晌、晡、昏、宵5个时间内举行。礼拜时需脱掉鞋子,跪在一张地毯上,头叩地,面朝麦加方向祈祷。

3. 课功:穆斯林应慷慨施舍,作为献给安拉的贡品和虔诚的行为。

4. 斋功:穆斯林必须在赖买丹月,每天自日升前到日落,斋戒禁食。

5. 朝功:穆斯林一生如条件允许应朝觐麦加一次。

伊斯兰教"五功"极大地加强了信徒们的社会结合。他们一起祈祷、斋戒,一起为不幸的兄弟们承担责任;他们一起去麦加朝觐。而且,《古兰经》还对信徒生活的各个方面,对风俗和卫生、结婚和离婚、商业和政治、犯罪及惩罚、和平与战争等予以指导。因此,在伊斯兰教信徒眼里,他们信奉的伊斯兰教既是一种宗教信仰,又是一种社会法规和政治体系。它不仅为信徒们提供宗教戒律,而且为个人和公众生活提供了明确的教训。

为了让人们信仰皈依伊斯兰教,穆罕默德称他的直系亲属和私人朋友是“先知的同伴”,享有崇高的威望。随着这一小股皈依者的发展,麦加的富商开始感到恐慌,害怕穆罕默德的教义将削弱过去的宗教信仰和阻止朝拜者对麦加圣物“黑石”的礼拜。由于反对势力的增长,穆罕默德应邀前往麦地那。麦地那是麦加以北约300英里处的商路上的一座绿洲城市,这里杂居着阿拉伯部落和犹太部落的居民,因此,穆罕默德来到时被当作仲裁者受到热烈的欢迎。公元622年,穆罕默德移居麦地那,阿拉伯人称这一事件为“希吉拉”,伊斯兰教历则以事件发生的这一年为纪元。

因为穆罕默德的教义以犹太教的教义、传说和经典为基础,穆罕默德希望他能作为麦地那犹太人的先知的继承者受到他们的欢迎,但麦地那犹太人不肯接受这个要求。穆罕默德一怒之下转而反对他们,最终将他们驱逐出城,并把这些人留下的财产分给了他的信徒。从此,伊斯兰教具有更加鲜明的阿拉伯民族的色彩,麦加取代耶路撒冷成为穆斯林必须朝拜的地方。穆罕默德渐渐说服了麦地那的阿拉伯人接受他的宗教信仰,并以他的教义为基础,建立了一个神权政治国家。

在以后的几年当中,穆罕默德以麦地那为基地,组织了对麦加商队的袭击。这种袭击行为是阿拉伯游牧民普遍接受的经济活动。如今,他们聚集在“先知”的旗帜下,希望获得战利品,并顺便得到灵魂的拯救。到公元630年时,穆斯林变得十分强大,完全可以占领麦加;在麦加,穆罕默德使收藏在天房克尔白中的黑石成为伊斯兰教的朝拜圣物。于是,他实现和解,以此维护伊斯兰教的基本信条,并使其扎根于传统的阿拉伯习俗之中。到公元632年穆罕默德去世时,大多数阿拉伯部落已承认他的神圣不可侵犯的地位,并向他进贡。

从前,穆罕默德在本国内见过一些崇拜偶像的仪式。如今,他带来了一个宗教和一部经典,带来了一个具有良好的组织和武装、统治了整个半岛的社会和国家。一个世纪内,他的信徒们建立了一个横跨欧亚大陆的强大帝国,并传播了他的教义。

麦加朝觐

麦加位于沙特阿拉伯西北部汉志境内,它是伊斯兰教圣地。那里有一座建筑,叫克尔白,又称天房。据说"天房"是由先知伊卜拉欣和他儿子伊斯玛仪修建的一座古庙。在它的东南角镶嵌着一块黑色的陨石,相传也是这位先知的遗物。这座古庙与其说是古庙,不如说是一座方形石殿,它长12米,宽10米,高15米,看起来虽和普通建筑并没什么两样,但它却是亿万穆斯林心目中的圣殿。

自从公元623年克尔白被定为穆斯林的礼拜方向后,麦加城就成了世界穆斯林的朝拜中心。每到伊斯兰历12月,全世界的穆斯林或徒步,或骑骆驼,或乘车船,跋山涉水,纷纷奔赴麦加朝觐克尔白。一到这里,不同国家的伊斯兰教徒就用不同的语言高呼"安拉!安拉!"然后吻拜黑石,祈求安拉赐福。

在伊斯兰教还未创立之前,天房就已经存在了。《古兰经》中记载:"为世人而创设的第一座房子是在麦加的那所吉祥的克尔白,这是全世界的向导。"传说真主安拉命先知伊卜拉欣及其儿子伊斯玛仪修建天房克尔白。当工程即将竣工时还差一块石头,伊卜拉欣便叫儿子去寻找。当伊斯玛仪找来石头时,看见父亲已经在那里砌上了一块黑色石头,于是他奇怪地问父亲:"这块石头是谁搬来的?"伊卜拉欣答道:"是天使从天上带下来的。"这块石头就是天房中那块著名的黑石,它本是从空中坠落下来的陨石。穆斯林把它视为神物,每当朝觐时,都要吻它一下,以此来表示对神的尊敬。天房建成后,安拉再次命令伊卜拉欣说:"你应当在众人中宣告朝觐,他们必须从远道步行或乘瘦驼到你这里来。"伊卜拉欣于是大声宣告:"大家都来此古屋朝觐吧!这对你们来说,已经成为必须遵守的制度。"从此,天房便成为穆斯林朝拜的圣地。

在历史上,天房克尔白多次毁于战火和水灾,但每次重建都一次比一次修复得好。今天人们所看到的克尔白是1630年奥斯曼帝国时期所修复的。克尔白是一座圣洁无比的神殿。为了保持它的洁净,人们每年在伊斯兰历的7月和12月对它进行大规模的洗刷。平时,天房克尔白用黑色锦缎幔帐罩盖,幔帐上面用金线绣着《古兰经》的经文。幔帐每年都要更换一次。凡是参加朝觐的穆斯林，在朝觐时都要遵守一定的仪规，比如不穿平时的衣服，全身只缠两块白布，以示不分贫富一律平等。在朝觐时期，不准争吵、不准结婚、不准打猎、不准宰牲，等等，以示虔诚。今天，全世界的穆斯林共有10亿人左右，每年到麦加朝觐的人数有100多万，最多的一次有200万人。

阿拉伯帝国

阿拉伯半岛面积约300万平方公里，是世界上最大的半岛，三面环海，东濒波斯湾，西临红海，南为阿拉伯海。地势由西向东倾斜，大部为沙漠和草原，气候炎热，雨量稀少，属热带沙漠气候，只有西南部也门地区及其他少数绿洲，可供农耕。

由于受自然条件限制，半岛上的居民大都从事游牧，出产有椰枣、骆驼、山羊等。半岛西部沿红海岸汉志地区，上古时期已是东西方通商要道。从印度把货物沿海路运到也门，卸下后用骆驼驮载，沿红海岸转运到地中海东岸，再运往西欧各地。也门地区有发达的灌溉农业，商业和手工业也很兴盛，公元前即已形成奴隶国家，和波斯、东罗马等都有往来。

半岛上的居民大都为阿拉伯人。7世纪初，在穆罕默德带领下，他们在较短时间内统一起来，占领了西亚、北非等广大地区，在这些地区原有生产水平和文化发展的基础上，建立了阿拉伯帝国。以后经过长期融合，西亚、北非地区的人民形成阿拉伯民族，有统一的宗教（伊斯兰教）和语言（阿拉伯语）。

阿拉伯人民掀起过多次的反对封建贵族的起义，其时间之长、规模之大，可与中国历史上的农民战争相媲美。阿拉伯人民又是勤劳智慧的人民，他们保存和传播了希腊、罗马古典文化，促进了东西方文化交流。现代的阿拉伯数字就是通过阿拉伯人而流传到全世界的。他们还吸收了当时世界上的先进文化，加以发展，创造出辉煌的阿拉伯文化。

公元六七世纪之交，半岛上阿拉伯人还是一支游牧民族，称为贝督因人。他们逐水草而居，迁徙无定，食驼肉，饮驼乳，生活困难，夏天经常挨饿。贝督因人组成氏族和部落，各氏族、部落都有自己的势力范围，有自己特定的牧场,有自己崇拜的神。在氏族内部,成员基本上平等,但已分化出较富有的氏族贵族,拥有较多财富和奴隶。部落首领虽然在形式上由选举产生,但多为富有家族中人充任。他平时领导游牧,解决内部纠纷,战时则指挥作战。部落显贵议事会是部落最高权力机构,由部落首领主持,处理日常事务。整个氏族有义务保护自己的成员,如某人遭到外族杀害,全族都要向对方氏族进行报复,直至获得一定赔偿为止。由此引起各氏族、部落之间世代混战,加之争夺水源、牧场,部落间战争更是绵延不绝,招致生命财产很大损失。

在少数适于农业的地方,有转为定居的农业部落,种植大小麦,栽培椰枣等。制陶、纺织、冶金、武器制造等手工业也发展了起来。在汉志地区,有城市麦加和麦地那。麦加城住着古莱西部落的各氏族,有些人经营队商贸易,贫富分化明显,已处于国家形成前夕。氏族贵族拥有大量财富,役使奴隶,为其耕作放牧。他们还经营商业,兼放高利贷,利息高达100%。古莱西的氏族贵族组成议事会,经常在天房克尔白神殿内集会,商讨队商贸易等事。同时也就在麦加城内举行集市贸易,交换手工业品、武器等,麦加贵族从这种贸易中得到不少好处。麦加城北面的麦地那,主要是一个农业中心,工商业并不很发达。

公元6世纪时,伊朗和拜占廷帝国为争夺也门,控制商路,发生了战争。公元525年,埃塞俄比亚在拜占廷帝国支持下占领了也门。公元572年,伊朗又赶走埃塞俄比亚人,在也门建立起自己的统治,而且另辟由波斯湾经两河流域到地中海的商路,禁止商品通过也门。由于战争的破坏,灌溉工程年久失修,再加上商路改变,也门于是逐渐荒废。

由于商路的改变,麦加等地的商人不能再从事商业贸易,便放高利贷;原来依靠商队为生的保镖、脚夫等也失去了工作,生活极为贫苦。由于经济的衰落,致使社会矛盾激化,社会动荡,处于社会下层的人民的反抗活动日益增加。阿拉伯贵族为了维护自己的利益,镇压反抗,进而向外掠夺财富和土地,需要组织一支军队。在这种情况下,国家便诞生了。

阿拔斯王朝时期的帝国首都巴格达,就是当时世界上最繁华的城市之一,可以和我国唐朝的长安相比。这个城市的中心名叫“园城”,是王宫、政府所在地。

“园城”里的宫殿美丽无比,还有水泉和花园,周围一道高高的圆形城

墙把王宫和外界隔绝。“园城”之外,是商市和手工业区。店铺作坊满布街头,人来人往,非常热闹。百货齐全的商场里,既有各种本地的产品,也有专做海外贸易的大商贩运来的稀世珍宝。中国的丝绸和珠宝,印度的钻石和香料,非洲的黄金和象牙,欧洲的琥珀和玛瑙,都可以在这里找到。在这琳琅满目的巴格达市场中,做买卖的不仅有阿拉伯人和波斯人,也有印度人、欧洲人和非洲人,甚至还可以碰见一些中国商人(那里有一座专卖中国货物的商店)。

阿拉伯手工艺人有着了不起的技巧。他们善于制作玻璃、珐琅(金属制品表面的玻璃质材料)和金银工艺品,也精于纺织锦缎、刺绣和编织地毯。他们调配的香水世界闻名,他们打出的刀剑也非常锐利。

除了巴格达这个手工艺生产的中心外,在叙利亚、埃及和北非各地也还有许多有名的手工业城镇。他们的精美产品随着阿拉伯商人的足迹流传到世界各地,即使在万里之外的中国,也可以发现它们的踪影。当然,这些巧夺天工的阿拉伯手工艺品,都是给国王和贵族享用的,一般群众根本买不起。然而它们却反映了阿拉伯劳动人民的才华。

阿拉伯人民还创造了很有特色的建筑艺术。他们吸收了东西方建筑传统的优秀遗产,修造起许多雄伟富丽的建筑物。他们的寺庙——清真寺,面积广阔,有高耸的尖塔和圆顶的经堂,牢固的砖石结构,外面装饰着五颜六色的玻璃瓦。他们的宫殿玲珑秀美,有彩色大理石的圆柱和小巧的拱门,墙上和天花板上刻满五彩的图案,地板上铺着花纹瓷砖。每一个殿堂和庭院都有喷泉和流水,过道旁种着奇花异草,还有鸟语花香、四季常青的园苑。

阿拉伯建筑的卓越成就,不仅使阿拉伯文化在世界历史上放出异彩,也对周围地区的建筑产生了重大影响。印度最美丽的古建筑——泰姬·玛哈尔陵,就是一个著名的例子。

阿拉伯的科学技术也相当发达。中国的造纸术、指南针、火药,印度的数字和十进位法,都是先传到这里,再传到西方的。他们的天文、化学、医学比当时的欧洲先进得多。世界上第一部代数著作,是阿拉伯人穆萨写成的。

阿拉伯名著《一千零一夜》

《一千零一夜》是古代阿拉伯民间故事集。在西方它被称为《阿拉伯之夜》,在我国它被称为《天方夜谭》。

《一千零一夜》是世界上拥有最多读者和影响最大的作品之一,被列为世界古典名著。

《一千零一夜》的故事,很早就在阿拉伯地区的民间口头流传,约在公元 8 世纪左右出现了早期的手抄本,到 12 世纪,埃及人首先使用了《一千零一夜》的书名,15 世纪末、16 世纪初该书结构基本定型。《一千零一夜》的故事一经产生,便广为流传。在十字军东侵时期就传到了欧洲。18 世纪初,法国人加朗第一次把它译成法文出版,以后在欧洲出现了各种文字的转译本和新译本,一时掀起了"东方热"。

《一千零一夜》里讲述了 134 个小故事,传说这些故事是由一个叫山鲁佐德的女孩子口述的。当时有一个萨桑国,国王山鲁亚尔外出时无意中发现他的王后和人私通,山鲁亚尔觉得这有损他的脸面,便将王后杀死了。或许是受到这件事的刺激,山鲁亚尔变得残暴起来,他声称要对全国所有的妇女进行报复,决不放过一个。他下旨说,他会每天娶一个新娘,但在第二天早上就要杀死她,再娶,如此类推,以致杀完全国最后一位妇女。听到这个消息,萨桑国百姓纷纷携带妻女逃离家园,一时间城中十室

阿里巴巴和四十大盗的故事

一千零一夜

九空。可就是这样,山鲁亚尔还是命令宰相每天上交一名女子,第二天把她杀掉。有一天,宰相找遍了全城的每一个角落,也没有发现一个女人,回到家后,怕国王怪罪下来,不禁长叹一声。他的女儿山鲁佐德知道事情的经过后,自告奋勇地愿意嫁给山鲁亚尔。

进宫的当天晚上,山鲁佐德给国王讲了一个有趣的故事,这引起了国王的兴致,天亮了,故事正讲到精彩之处,山鲁亚尔想知道后来的故事情节,于是决定故事讲完后再杀掉山鲁佐德。但是到了第二天天亮时,故事又在精彩之处停住了,山鲁亚尔无奈又决定不杀山鲁佐德。就这样日复一日,年复一年,山鲁佐德讲了一个又一个故事,大故事里套着小故事,经过一千零一夜之后,这些精彩的故事终于打动了山鲁亚尔,他后悔自己的所作所为,表示不再伤害无辜的少女,并与山鲁佐德结为夫妻,白头偕老。后来,人们把山鲁佐德在这一千零一夜里所讲的故事汇编成册,书名就叫做《一千零一夜》。

《一千零一夜》对后世文学产生了深远的影响。文艺复兴时期,意大利作家薄伽丘、英国作家乔叟和西班牙作家塞万提斯都从这种结构中得到启发。薄伽丘的《十日谈》用佛罗伦萨 10 个躲避瘟疫的青年男女每人每天讲一个故事,作为全书 100 个故事的楔子,这种巧妙的结构很明显地借鉴于《一千零一夜》。

《一千零一夜》描绘了中古时期阿拉伯地区的生活画面,为后世作家的创作提供了充分养料,戏剧大师莎士比亚的喜剧《终成眷属》中的“戒指认亲”、“进宫治病”的故事显然来源于《一千零一夜》中的《夏梅禄太子和白都伦公主的故事》。

《一千零一夜》中浓郁的浪漫主义色彩、大胆的夸张、丰富的想象,构成了扑朔迷离的艺术境界。但丁《神曲》中的形形色色的精灵,我们可以在《一千零一夜》中找到影子;1982 年诺贝尔文学奖得主、哥伦比亚作家马尔克斯的魔幻现实主义代表作《百年孤独》中出现的“飞毯”、“会飞的床单”、“神灯”等都明显来自于《一千零一夜》。

《一千零一夜》的故事情节离奇曲折,规模宏大,包含着寓言、传说、童话、神话以及有关爱情、婚姻、宫廷、航海等故事,主人公形象生动,既有王臣、庶民,也有神魔、鬼怪。这些故事充分表现了阿拉伯人民的美德、智慧、斗争精神和对美好生活的追求,真实、客观地反映了中世纪时阿拉伯人民的理想和情感。

第八章　十字军东侵

西欧骑士

骑士制度是西欧封建制度的产物。西欧封建主为了进行战争和镇压人民的需要而豢养了许多骑士。最早的骑士主要来自于中小地主，后来领主的家臣和富裕农民也有成为骑士的。他们替大封建主打仗，得到大封建主赏赐的土地和金钱，成为小封建主。11 世纪和 12 世纪时在西欧形成了骑士制度。骑士是封建主阶层最低一层的等级。

为了掠夺金银珠宝等财富，西欧封建主和教士多次组织十字军东征。因为战争，骑士的社会地位大大提高了，并逐渐形成了骑士精神。

12 世纪时，西欧出现了骑士团组织。封建主的子弟从小就接受严格的军事训练，以便长大当一名合格的骑士。当他们已训练合格、具备骑士的条件时，还要举行庄严的仪式，然后才能正式成为骑士。

作为骑士必须遵守的信条是“忠君、护教、行侠”。在骑士制度的发展过程中，还为骑士制定了一系列的道德标准。除“忠君、护教、行侠”的信条外，还要求骑士“文雅知礼”，甚至要求他们学习音乐和作诗。

骑士把自己的“荣誉”看得甚至比自己的生命还重要。他不仅要忠实地为自己的主人服务，还要效忠和保护女主人。女主人在骑士心目中像圣母一样神圣，这一点后来发展为对贵妇人的爱慕和崇拜。能为自己“心爱的贵妇人”去冒险和取得胜利，博得贵妇人的欢心，是一名骑士最大的荣誉。所有这一切就构成了所谓“骑士精神”。

西欧骑士虽然是封建主统治活动的工具，但他们处于封建统治集团的最下层，所以他们中间一些人的锄强扶弱、保护妇女、尊敬老人的道德信条，也是符合社会需要的。

随着中央集权的加强、战争的减少和雇佣兵制度的兴起，骑士制度在西欧开始趋于衰弱，他们的尚武精神也逐渐消失，从而趋于消亡。

十字军

中世纪的欧洲处在"黑暗时代",那时的欧洲城市稀少,商旅断绝,文化落后。而此时的东方却是那么富庶。对欧洲的骑士们而言,不仅是遥远的中国和印度,即使是欧洲的近邻阿拉伯,也令骑士们眼红。埃及、叙利亚、巴勒斯坦地区有着繁荣的城市、兴旺发达的商业和大量的财富,骑士们总是梦想着哪一天能把那里的财富抢过来据为己有。庄园里的出产已经不能满足骑士们的胃口。那些非长子的青年骑士因为不能继承祖产更是想从远征的劫掠中发财致富。有地的领主和无地的骑士都对富庶的东方垂涎三尺。现在他们需要的是一个头,一个组织者,这样成千上万的带着梦想的亡命之徒就会奔向东方。

在这种情况下,欧洲十字军东侵也就极其自然地发生了。而带头组织十字军的,正是罗马教皇。教皇也想向东方掠夺财富,而且他还有一个借机扩大教会势力的打算:让信奉基督教的骑士占领东方,使罗马教皇成为东西方共同的最高统治者,那样,教皇和教会就真是天下无敌了。

1095 年冬天,罗马教皇乌尔班二世在法国的克勒芒城召开宗教会议,第一次发出东侵的"号召"。他对前来听他演说的各国骑士声嘶力竭地叫喊说:"上帝的孩子们呵,我们东方的圣地耶路撒冷(传说耶稣就葬在那里)给异教徒占领了。这是何等的奇耻大辱呵!上帝要你们赶快去夺回我们的圣地。要知道,东方国家遍地是蜜和乳,简直是第二个天堂,你们还不赶快响应上帝的号召么?"他说:"倘任何人专为虔诚而不为虚荣和私利去到耶路撒冷,以救出上帝的教堂者,即此种跋涉便足以代替一切的忏悔。"意思是说,参加东征者完全免罪。经过教皇这一番煽动,骑士们立刻疯狂地大喊起来:"神意如此!神意如此!让我们奔向东方吧!"

东侵的军队打出了"收复圣地"的大旗,总算师出有名了。骑士们争先恐后地把红十字(十字架是基督教的标志)缝在自己胸前。第一批十字军就这样拼凑起来了。

1096 年秋天,由法国、意大利、德国西部的骑士领主组成的十字军大约三四万人,分别由各地出发,经过小亚细亚半岛,向耶路撒冷进军。当时小亚细亚和巴勒斯坦等地处在塞尔柱土耳其人的统治下,实际上已经分裂成一些各自独立的小国。十字军一下子打过来,这些小国难以组成统一的反抗力量。十字军捡了便宜,在1099年7月攻下了耶路撒冷。

尽管长途跋涉带来的劳累,激烈交锋遭到的伤亡,已经使十字军疲惫不堪,可是,一进入耶路撒冷这个"圣地",他们便立刻精神振奋。什么"拯救圣地",什么"宣扬圣教",全顾不得了。一个个疯狂地杀呀,贪婪地抢呀……他们冲进伊斯兰教在耶路撒冷城里最著名的阿克萨清真寺,把里面的珠宝财物一抢而光,然后把它当作刑场,在那里杀害了1万多无辜的伊斯兰教徒。居住在耶路撒冷的所有居民,就连基督教徒都不能幸免,全都遭到了这些欧洲强盗的抢掠。十字军事先立下了这样一条规矩:谁先闯进某家宅院,谁就是这座宅院的主人。结果,进入耶路撒冷的十字军人人都发了大财,许多穷光蛋骑士一夜之间就变成了富翁。

十字军在他们占领的地区建立了耶路撒冷王国。可是到了1187年,东方人民在能征善战的领袖撒拉丁领导下,消灭了十字军主力,收复了耶路撒冷。德国皇帝、英国和法国的国王于是又组织第二次和第三次十字军东侵,结果都被打败,只好灰溜溜地退了回去。

进军东方的失败,迫使十字军改变侵略方向,把目光瞄准了拜占廷。按理,拜占廷也信奉基督教,根本不应成为十字军进攻的目标。但是,这些欧洲骑士,仍然毫不留情地进攻和抢劫了这个信奉同一个十字的国家。这就暴露了他们所谓的征讨异教徒不过是借口而已。十字军占领了君士坦丁堡,并建立了拉丁帝国,拜占廷帝国将近千年的文化艺术珍品遭到了彻底的破坏。

十字军远征使欧洲的骑士和教会大发横财,却没有给下层劳动人民带来任何好处。当时欧洲正发生空前未有的大灾荒,而教会则把罪恶的远征称之为"走上主的道路"。克勒芒大会后,欧洲更是疯狂,全欧洲都在大串联,互相劝说参加远征。农民们为筹集路费,变卖了田地、房舍、葡萄园,财产较多的人则把它送给了教会,委托僧侣代为庇护。教会僧侣乘机大发横财。许多农民被骗加入十字军以后,无钱置备马匹粮草,甚至连武器都没有,也不能和贵族骑士一起走,只好跟着几个教士盲目地向东方移动。他们既不知道路径,也没有任何目标,看到一个城市,就问:"这是不是耶路撒冷?"结果一路上,许多人饿死、病死,还有不少人被抓去卖为奴隶。少数人总算捱到了东方的边缘,但一碰上土耳其人就被打得七零八落——成千上万的农民就这样悲惨地客死他乡。只有少数人逃回君士坦丁堡,后来参加了封建主的十字军。

最悲惨的要算“儿童十字军”了。1212 年,教皇和封建主宣传“无罪”儿童更能得到上帝保佑,儿童十字军可以创造奇迹的鬼话,哄骗 3 万名儿童参了军。他们大多数是农家孩子,年龄不超过 12 岁。在法国南部海港马赛集合以后,他们就挤在木船上渡海“东征”。结果,有的船遇到风暴,沉入海底,船上儿童全部遇难;有的船到了埃及后,船上儿童却全被船主卖为奴隶。在德国,也有 2 万儿童受骗参军。他们好不容易翻越了阿尔卑斯山,但在途中却饿死了一大半;剩下几千人到了意大利,又被拐卖不少。“儿童十字军”坑害了五六万天真无辜的孩子。

1291 年,十字军丧失了其在东方的最后据点阿克,十字军东侵终于以失败告终。

十字军东侵所带来的后果是复杂的,它给西欧和东方人民带来了浩劫。长达两个世纪的战争,使西欧死伤上百万人,耗资巨大,仅法国支付第七次十字军东侵花费折合货币就达 7 000 万美元。然而在客观上,也带来了发动者料想不到的后果。

十字军到东方,加强了与东方拜占廷、叙利亚和埃及的接触,一些先进技术逐渐传入西方。如,中国制造火药的方法、拜占廷制造玻璃的方法等,都是这个时期传入西方的。

十字军所提供的运输对造船技术的发展有重要意义,意大利的银行业也使欧洲各地获利。从此确立了威尼斯、热那亚、法国马赛等在地中海区域的商业优势,从而促进了意大利资本主义萌芽的出现,并发展了东方的贸易。

商业贸易方面,十字军东侵后,欧洲人学习了阿拉伯人的商业技术,例如支票、提货单、股份公司等。此外,欧洲商人还借用许多阿拉伯人的商业航运用语。现在英文中的贸易(Traffic)、关税(Tariff)、风险(Risk)、支票(Check)、仓库(Magazine)、零(Zero)、薄棉布(Muslin)、商品陈列所(Bazar)、平面战舰(Corvette)等词,都是那时从阿拉伯字脱胎而来的。

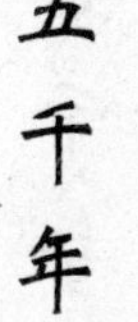

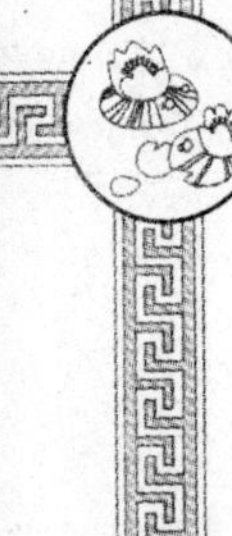

第一次十字军东侵

1096年8月,真正意义上的第一次十字军东侵开始了。

十字军分四路向东方进发。第一路是由德国西部封建主骑士组成,由布雍的高弗黎率领,从布雍出发,沿着农民东征路线前进。他们经过纽伦堡、维也那、贝尔格莱德、斯烈第茨(索非亚)、阿德里亚那堡到达君士坦丁堡。

第二路十字军是由法国西部诺曼底和弗兰德尔骑士组成,由诺曼底公爵罗伯特率领,在里昂会师后从里昂出发,经热那亚、佛罗伦萨、罗马,在意大利的巴利港渡过亚得里亚海,在德拉齐登陆到达巴尔干半岛。

第三路十字军,由法国南部的骑士组成,由土鲁斯的雷门率领,从土鲁斯出发,经里昂、日内瓦、米兰、维罗那、斯克德拉、帖撒罗尼加到达君士坦丁堡。

第四路十字军,以意大利南部诺曼底领地的骑士为主组成,由大兰多的波孟率领。从大兰多出发,经布林地西渡过亚得里亚海峡,抵达巴尔干半岛的奥赫利德。

1097年春天,四路十字军在君士坦丁堡会合,组成了十字军联军,约有3~4万人。他们在这里目空一切,傲气十足。拜占廷皇帝阿列克塞一世对此非常担心,预感到他们可能会把矛头指向同是信仰上帝的拜占廷;而且拜占廷此时国力已经恢复,不再需要十字军的"援助"了。为预防不测,阿列克塞一世极其迅速地调集了大批船只,把十字军送往小亚细亚。

十字军联军渡过海峡后,受到了塞尔柱土耳其人十分剽悍的轻骑兵的猛烈袭击。疲惫不堪的十字军匪徒们死于伊斯兰教徒马刀下的已不计其数,再加上欧洲人很不适应小亚细亚的炎热天气,伤亡特别惨重。

1097年,十字军联军费了很大力气才攻占了尼西亚。经过一段休整之后,十字军联军进抵多里列,在这里与土耳其人展开了一场大战,土耳其人的主力被打败,损失惨重。同年在小亚美尼亚王国的援助下,十字军攻占了具有战略意义的厄德撒及其附近地区。在这里建立了十字军的第一个厄德撒伯国(1097-1144年),由布雍高弗黎的弟弟鲍尔文驻城防守。

1098年十字军攻打安条克。由于安条克城防坚固,高大的城墙十分敦实、宽厚,墙顶上可并排通过4辆战车。十字军攻打数月不下,最后因守城军叛变,十字军才得攻入城内。

十字军入城后,对伊斯兰教居民进行了骇人听闻的大屠杀,全城财物被抢掠一空。同年,十字军在这里建立了安条克公国(1098－1268年),由波孟驻城防守。

1099年,十字军联军终于进入巴勒斯坦,包围了他们所说的圣城耶路撒冷。

十字军的军旗是一面基督教的十字旗,而驻守耶路撒冷的土耳其人的军旗是一面嵌有一弯月牙的伊斯兰教的新月旗。十字军与新月军在这里展开了一场举世闻名的决战。

耶路撒冷城堡十分坚固,用巨石砌成的城墙高大雄伟,固若金汤。因此,十字军匪徒在用木梯攻城时,未能得胜。

在长期围困耶路撒冷过程中,十字军虽未断绝粮食供应,但因气候干燥,人和战马的饮水发生了很大问题,他们不得不到很远的地方去寻找水源,然后,再把水装在皮革制的口袋里,运回耶路撒冷城外供人和战马饮用。

十字军的指挥官命令部下骑士,从当地居民中找来最著名的木匠,并派骑士到各地去抢劫大量的木材,开始制造攻城器械。他们制造的攻城器械除木梯外,显然是仿造了古罗马奴隶主们使用过的攻城槌和攻城塔。

攻城塔形似一塔，分多层建筑，塔上盖以牛皮，塔中埋伏攻城敢死队，塔下设有攻城槌，它是用一条巨型大树的树干做成，前部制成羊头形的尖锐器，用杠杆和骑士们勇猛的力量使槌头猛击城墙，迅即可将最坚硬的城墙打出一个窟窿。在这一切都准备就绪之后，十字军在1099年9月的一个星期五的拂晓发起了对耶路撒冷的总攻。

在发起进攻之前，欧洲人偷偷地把许多这种攻城塔拆成几个部件运至城垣脚下，并偷偷地装配起来。当发起进攻的军号声响起时，敢死队一拥而上，钻进塔内，用最快速度接近城墙，凶猛地进行破墙战。

土耳其伊斯兰教徒十分坚定勇猛，他们在墙上用沸腾的热油泼向攻城塔。并用火炬投向攻城塔，使十字军骑士们一批批地被活活烫死。但是，经过长时间攻打，城墙终于被突破一个缺口，十字军骑士们用点燃的木材放起火来，伊斯兰教徒的前沿阵地上一个塔楼被点燃了，趁着大火的蔓延，十字军骑士们在中午时分攻进了耶路撒冷。

十字军在“上帝保佑”的呼嚎声中登上城头，竖起十字军的旗帜。伊斯兰教徒们开始溃逃，但他们仍以百倍的勇猛与十字军匪徒们展开了空前激烈的巷战。最后伊斯兰教徒们（其中有土耳其人、埃塞俄比亚人）扼守在所罗门神庙等几个据点里。在这些神庙里伊斯兰教徒们同十字军展开了十分残酷的白刃战。

十字军骑士们用灭绝人性的罪恶手段屠杀了伊斯兰教徒。在所罗门神庙一处就杀死了1万人。剩下的土耳其人在极端愤恨之下，放火烧毁了这座神庙。

当十字军占领了耶路撒冷后，基督教徒的骑兵在所罗门神庙前排成纵队，他们的马蹄在战鼓声中踏着伊斯兰教徒的尸体奔驰而过。司令官就是这样检阅了部队，以庆祝胜利。

大洗劫开始了。他们用带血的剑把被杀死的伊斯兰教徒尸体的肚皮剖开，取出被杀者在生前吞下去的金币。由于被杀死的伊斯兰教徒人数过多，一个一个地剖开肚皮显然耗时太长，于是，十字军们就把尸体堆积起来，然后烧成灰烬，这样能很容易地从骨灰中把金币、黄金找出来。这种行为持续了许多天。

与此同时，大批十字军骑士去抢劫城市居民。十字军首领命令他的部下，谁首先抢占居民住宅或宫殿，这座住宅和宫殿的一切财产就归谁所有。这样,耶路撒冷很快就被洗劫一空,十字军骑士们都变成了富翁。

同年十字军在这里建立了耶路撒冷王国(1099－1187年)。耶路撒冷王国包括巴勒斯坦和叙利亚南部广大地区,布雍的高弗黎被立为国王,号称“圣墓保卫者”。十字架取代了新月,第一次十字军东侵宣告结束。

第二次十字军东侵

十字军虽然在东方建立了几个封建王国,但却根基不稳。这些王国的各大城市内的意大利和法国商人也都独霸一方,王国对他们根本没有约束力。再加上十字军极端凶残的烧杀抢掠,激起了当地人民的强烈反抗,他们采用各种不同方式与占领军进行着殊死斗争,并不断举行起义,组织强大武装打击十字军。

经过长达48年的艰苦斗争,1144年,突厥人苏摩尔总督赞吉率领部队终于打败了十字军后嗣们的反抗,收复了厄德撒和周围的一些据点。十字军在东方建立的厄德撒国自此灭亡。消息传到欧洲,罗马教皇尤金三世惊慌异常,急急忙忙向基督教徒们和法兰西、德意志的国王发出号召,极力鼓吹再一次组织十字军“远征”。

他蛊惑人心的煽动本领实在不亚于他的先辈乌尔班,并在1146年12月1日颁发了给予参加十字军者之特权书。在煽动鼓噪之后,他便命令基督教徒们迅速行动起来,去拯救已经被打败了的厄德撒地方的十字军。他说:“我现在以上帝的名义劝告、要求,而且命令你们,为了赎免自己的罪孽,一切属于上帝的人,特别是那些有地位的贵族们,都应当英勇地行动起来,去奋力抵抗那些数量广大的,正在为他们对我们所获得的胜利而欢乐的异教徒,以保卫东方的教会……从他们手中,将你们的数以千计的兄弟们抢救出来,使基督教名字的尊严在你们的时代得到增加,而你们那向来受到举世赞扬的英勇也能维持于不堕。”

远征的命令下达之后,罗马教皇尤金三世以上帝的名义对参加十字军的骑士们许诺了若干特权。因为自第一次十字军东侵之后,人们对十字军已不甚感兴趣,故而,罗马教皇只有许诺一些摸不到的空话,如赎罪之类的谎言和赐给一些微不足道的特权来加以刺激。

罗马教皇同时对那些参加十字军的穷人们也许下了再狡猾不过的诺言,他一边答应免除欠债的利息,同时又号召信徒们把财产抵押给教会。

欧洲的十字军东侵时,各级教会都以上帝的名义骗得大量财产成了暴发户。

在罗马教皇的鼓吹之下,由法兰西国王路易七世和德意志皇帝康拉德三世为首组成第二次十字军"远征"队。他们于1147年,从法国和德国出发,经维也纳、贝尔格莱德、索非亚到达君士坦丁堡。从这里他们兵分两路。

路易七世率法国骑士东渡海峡,兵驱小亚细亚,之后挥兵西进,经伯加摩斯、士麦那到阿塔利亚,由这里渡海到达叙利亚的安条克。

另一路十字军骑士由康拉德皇帝统率,由君士坦丁堡乘船西渡海峡,过爱琴海绕小亚细亚南岸,由克里特岛的东侧转东行,直抵巴勒斯坦,到达安克拉。

由路易七世和康拉德皇帝统率的的十字军,在两年的时间里,到处疯狂地烧杀抢掠。他们的行为激起各地人民的强烈反抗,1149年,他们在巴勒斯坦和叙利亚地区遭到失败,第二次东侵结束了。

第三次十字军东侵

十字军第二次东侵失败40年后,罗马教皇又发动了第三次"远征"。这次"远征"是由于十字军建立的耶路撒冷王国被英勇的穆斯林夺了回去的缘故。

12世纪后半期,东方发生了巨大变化,埃及苏丹撒拉丁用武力征服了相互攻战的各个伊斯兰小国,结束了长期分裂的状态,以埃及为中心建立起一个统一的强大的苏丹国家。

撒拉丁是亚美尼亚库尔德人,青年时代在大马士革受教育,是一个笃信伊斯兰教的最虔诚的穆斯林,是一个富有韬略的天才的政治家、勇敢的穆斯林战士和伟大的统帅。埃及法蒂玛王朝时曾担任过总督。1171年撒拉丁推翻法蒂玛王朝。1174年自称苏丹。在他统一了埃及和叙利亚之后,即在穆斯林们的支持下,宣布对十字军进行"圣战"。

1187年,撒拉丁率领穆斯林联军于加利利海(今戈兰高地以西的太巴列湖)附近的提庇里亚地区与十字军决战,撒拉丁大获全胜,消灭了十字军主力,俘虏了耶路撒冷国王和神庙骑士团团长。

撒拉丁乘胜追击,不失时机地收复了沿海许多城市,如西顿、贝鲁特等。

同年撒拉丁发动了对耶路撒冷的总攻击战,并迅速地获得了胜利,收复了耶路撒冷。撒拉丁收复耶路撒冷后,重新恢复了对先知穆罕默德的崇拜。

撒拉丁对被俘的基督教徒和十字军骑士采取了较为宽容的政策,而不像十字军对待俘虏那样对待他们。撒拉丁允许他们缴纳人头税来换取自由。

撒拉丁命令十字军的俘虏,男的交出10个金底那尔,女的交出5个金底那尔,小孩交出1个金底那尔方得获释。如不交者即卖为奴隶。数以千计的十字军俘虏因拒绝缴纳人头税而被卖为奴隶。

坚持88年的耶路撒冷王国终于灭亡了。这一消息传到欧洲,使罗马教皇以下各级主教和德、法、英等国的基督教徒们大为震惊,整个欧洲陷入一片混乱。为了恢复耶路撒冷王国,教皇又发出了组织第三次十字军"远征"的号召。1189年十字军组成,同年兵发东方。第三次十字军东侵又开始了。

十字军兵分三路。第一路由德意志皇帝红胡子腓特烈一世率领,从纽伦堡出发,途经维也纳,到达贝尔格莱德,经索非亚到达阿德里亚那堡,从这里南下渡过大海,在小亚细亚登陆,自雷俄提西亚东征伊科尼翁后南下,他们到处遭到伊斯兰教徒的坚决抵抗,损失惨重,费尽力气最后到达赛流西亚。在一次强渡一条河流时红胡子腓特烈被淹死,他的军队同时被击溃,第一路十字军覆没。

第二路十字军由法王奥占斯都教·腓力二世率领,从维兹列出发,经里昂到达热那亚,在这里得到热那亚商人的支持,配备了强大的舰队,沿意大利西侧海岸向东南航行,在麦西拿渡过西西里岛海峡,绕克里特岛南端海域向东航行,直抵巴勒斯坦,到达安克拉。在这里他们受到了撒拉丁的严重打击,同时腓力二世与英王狮心理查不和,互相争斗起来,一气之下,腓力二世率军返回法国。第二路十字军自行退却。

第三路十字军，由英国金雀花王朝国王理查一世，绰号狮心理查率领。从英吉利首都伦敦出发下海，乘舰船绕行欧洲西部海域抵达葡萄牙西岸，在里斯本休整后，从丹吉尔渡海峡，北向航行直抵法国马赛。在这里会合由法国维兹列开来的陆路部队，之后，经过撒拉丁岛向东南前进。横渡第勒尼安海在麦西拿渡过海峡，东下克里特岛，于干地亚登陆后，稍事休整，又东渡至罗得斯岛。之后继续东进，到塞浦路斯岛的利马索尔，由这里直趋安克拉。狮心理查王与伊斯兰教领袖撒拉丁展开了十分激烈的斗争。尽管狮心理查王非常英勇，也非常能干，但最终未能战胜撒拉丁，也未能重新夺回耶路撒冷。

1192 年，狮心理查被迫与撒拉丁签订了一个条约，规定十字军基督教徒只可拥有靠近耶路撒冷沿海的狭长地带。至此，十字军势力范围只剩下一个黎波里与安条克合并后的安条克公国以及推罗等几个城市，再加上早些时候十字军建立的塞浦路斯王国。在东方的十字军基本上被清除了，但伊斯兰教徒允许基督教徒到耶路撒冷朝拜。

第三次十字军东侵也以失败告终。1192 年，狮心理查王在归国途中被奥地利公爵俘虏，后来他又被转交给了神圣罗马帝国皇帝亨利六世。直到 1194 年才被英国贵族用重金赎回，并于 1199 年死去。

第四次十字军东侵

十字军在侵略战争中的又一次失败，使得罗马教皇内心十分不安。当英诺森三世当选为教皇之后，立即开展了广泛的宣传运动积极鼓动组织第四次十字军东侵。

前三次十字军东侵，罗马教廷提出的一个冠冕堂皇的口号是解救“主的坟墓”，因此，前三次东侵的直接目标都是指向耶路撒冷。

实际上，罗马教皇真正的野心，并不在于耶路撒冷，而在于抢夺巴勒斯坦的珍宝。因此第四次十字军东侵则发生了根本性改变，它彻底撕下了对“异教徒”作战的外衣，他们根本就忘记了收复耶路撒冷的使命，而是把掠夺矛头转向了信奉同一个基督教的君士坦丁堡。

拜占廷帝国皇帝对欧洲十字军的行为也早有察觉，预感到十字军的打击方向迟早会指向自己。故而前几次十字军降临时，皇帝们总是想方设法把瘟神及早送往小亚细亚，并且多次乘十字军衰败之机收复了许多属于拜占廷的领地。

富有古老的文化，藏有数不尽人间奇宝的君士坦丁堡，始终使西方强盗们垂涎三尺，罗马教皇也绞尽脑汁企图把它置于自己的教权之下，因此，君士坦丁堡成为十字军掠夺的重要目标也就成为必然的了。况且，12世纪末，拜占廷帝国十分衰弱，宫廷斗争十分剧烈，致使力量被削弱，内部的分崩离析也给敌人的入侵创造了有利条件。这时的威尼斯商人，经过前几次十字军运动，在巴勒斯坦获得了东西方贸易的垄断权，对耶路撒冷再采取军事行动对他们的既得权益是很不利的。

所以，现在十字军的目标，显然已不再是耶路撒冷而是君士坦丁堡了。由此看来，十字军的打击矛头必然指向君士坦丁堡是早已注定的。

在英诺森三世的号召下，法兰西、德意志、意大利的封建主和骑士们积极行动起来，于1202年组成了第四次东侵十字军的联军，推举孟菲拉侯爵卜尼法斯为此次东侵的统帅。

十字军联军准备从威尼斯出发，由海上向埃及进发，因为走水路要比陆路行进得快而且节省军费。

于是十字军派人同威尼斯城邦总督亨利科·邓多罗举行谈判。邓多罗是一位狡猾的长者，他坚定自信，明智勇敢，尽管已80高龄，仍要为威尼斯谋取一场惊人的胜利。于是他答应了要为十字军派出海军舰队，护送他们去东方。经过一番讨价还价，双方约定，威尼斯用平底战船为十字军运送4 500匹马和9 000名骑士侍从，用大船运送4 500名骑士和2万名步兵，并负责供应一切人马9个月的粮草，为期1年。十字军方面答应付给威尼斯商人8.5万银马克和沿途掠夺物的一半。

就这样，双方达成了肮脏的交易，签订了协议书。

协议签订后，威尼斯商人开始把十字军陆续运往属于威尼斯的一个海岛上。8.5万马克的巨额款项，十字军一时是拿不出来的，只能先从城内借到5 000银马克，剩余部分十字军答应用东侵途中的抢劫所得来支付。

这时，威尼斯商人又提出了要求，它要求十字军可用“战斗服务”的办法偿还欠款。于是，十字军完全改变了去埃及和夺回主的坟墓的虚假目标，与邓多罗勾结起来，把战争的矛头直接指向君士坦丁堡。

第一步，十字军攻占了威尼斯商人的商业劲敌萨台尔城，并在这里暂时休整。正在这时，十字军本部接待了一个从君士坦丁堡逃出来的王子。他们抓住这一癞皮狗为他们进军君士坦丁堡展开了惊人的宣传攻势。他们说，君士坦丁堡的皇帝伊萨克二世有个御弟叫阿历克塞的被土耳其人俘虏，伊萨克从敌人手中把他用重金赎回。

但阿历克塞回国不久就发动了宫廷政变，逮捕了他的兄长——恩人伊萨克，并凶残地把他的双眼剜掉，同他的儿子一起关在监牢里。阿历克塞当上了皇帝。伊萨克的儿子成功地越狱潜逃，费尽千辛万苦来到萨台尔城，在这里求见十字军统帅，恳求十字军能为他夺回王位，并且答应，如果他一旦继位，则把拜占廷帝国归服罗马教皇管辖之下。这个小王子还答应，付给十字军 20 万银马克作为军费，并负责供应一切人马的粮食。同时还答应派 1 万军士配合十字军作战。

在这之后，十字军高举惩办叛逆行为，维护基督教的尊严和威信的旗帜，理直气壮地兵发拜占廷。

十字军从萨台尔出发，沿亚得里亚海东岸，经斯浦利特到德拉齐，绕过雅典进入爱琴海，向东北方向急进，穿过海峡直抵君士坦丁堡。此时的拜占廷帝国因政变不久，政权未能稳定，因此，没费多大力气即被十字军于 1203 年攻占，处罚了忘恩负义的阿历克塞皇帝。

与此同时，十字军占领了拜占廷的广大地区。伊萨克复位不久就死掉了，由小王子阿历克塞四世继位。

小王子即位后，为偿还许诺给十字军的20万银马克巨款，在拜占廷境内开始增加赋税，横征暴敛。贫苦的下层人民不堪忍受重负，纷纷揭竿起义，反抗阿历克塞四世的残暴统治，小王子王座眼看就要不保了。

在这种情况下，十字军看到时机已到，以不能偿还欠款为借口，于1204年4月一举攻占了君士坦丁堡。

十字军占领君士坦丁堡后，对这个与他们信奉一个上帝的基督教城市进行了骇人听闻的烧杀抢掠。强盗们身佩红十字证章，当他们看到金碧辉煌的圣索非亚教堂的耀眼珍宝时，就忘记了自己是基督教徒，动起手来。匪徒们把教堂大门上的金银装饰剥下来，把镶有金银珠宝的圣坛砸碎，把价值连城的艺术珍品以及数不清的豪华物品抢掠一空，就连修女神甫的住屋也被洗劫荡尽。接着，又对君士坦丁堡全市进行了血洗，住宅、宫殿都被踏为平地。无数的基督教徒和无辜居民被屠杀，历史悠久的古代文物、雕刻、抄本、艺术品大部分被捣毁。他们还挖坟掘墓，盗取死人的随葬品，把古代的铜像熔毁改铸成钱币。这种野蛮烧杀抢掠进行了一个星期之久。

十字军使君士坦丁堡遭到彻底毁灭，它再也不可能恢复起来了。十字军在征服了拜占廷的大部分领土之后，收复圣地的目标早已被抛到脑后，按着罗马教皇和西欧封建主们原来的意愿，于1204年在巴尔干半岛的拜占廷的废墟上建立起一个拉丁帝国。

因为十字军的参加国如法国、德国、英国、意大利等都是操拉丁语，罗马教会系统的教会皆使用拉丁语，故而该国也称拉丁帝国。至此第四次十字军东侵告一段落。

第四次十字军东侵，受益最大的是威尼斯商人。他们占有君士坦丁堡的最主要的市街并在这里建立了威尼斯特别区，他们还抢占了拜占廷帝国3/8的领土。爱琴海和亚得里亚海沿海的许多商港都被狡猾的威尼斯商人所占有，在这些领域内威尼斯商人把热那亚商人彻底排挤出去。

罗马教皇在此次十字军东侵中达到了他们多年来的夙愿，野心勃勃的神权扩张业已实现。在拉丁帝国建立后，教皇立即委任了新的君士坦丁堡大主教为拜占廷宗教领袖。

拉丁帝国虽然建立起来了，但它的统治基础非常脆弱，经受不住考验。保加利亚人和阿尔巴尼亚人对十字军的侵犯十分愤慨，他们从北部对拉丁帝国发动了进攻。而拜占廷人在撤出君士坦丁堡后，于小亚细亚地区重整旗鼓，并从东部对拉丁帝国发动不停的攻击。

为了夺回被威尼斯商人排挤掉的权利，热那亚商人下死力气支持拜占廷人。由于多种原因，拉丁帝国在维持了 50 多年后终于在 1261 年灭亡。拜占廷帝国重新恢复。这次的十字军东侵也以最后的失败而结束。

第五、六、七、八次十字军东侵

从第一次十字军东侵开始，东方的阿拉伯民族就展开了英勇的抵抗。面对野蛮凶残的十字军，阿拉伯人民毫无惧色，经常在十字军经过的地方设下伏兵，以突然袭击的办法消灭入侵的十字军。

当十字军的铁蹄刚刚踏入东方国土时，阿拉伯人经常采用坚壁清野的办法，使敌人得不到任何人力、物力的供给。当阿拉伯人与十字军作战失利，他们从某一个城市和据点撤退时，往往放起大火把该城市和据点烧成灰烬，使敌人一无所得。在十字军占领区内，阿拉伯人采取各种方式同十字军进行不懈的斗争，为了断绝敌人的粮食供应，他们宁可自己饿死，也不去为敌人耕耘。抗缴赋税，拒绝为十字军服务的情形屡屡发生，甚至有的地方采取武力，杀死十字军领主。沦为农奴的伊斯兰教徒和当地居民常常逃跑，集合起来打击侵略者。甚至许多地方举行起义，与敌人展开大规模的武装斗争。

拜占廷帝国被十字军侵占后，东方的基督教徒和伊斯兰教徒携起手来共同作战，反对他们共同的西方敌人。十字军在东方人民的协力打击下，势力日趋衰败。在西方，人们对十字军的看法和热情此时也发生了很大的变化。封建主们的侵略矛头已不再是主的坟墓圣地耶路撒冷，而是更富裕的地方。骑士们大多数都被各国的国王招募为亲兵，生活有了着落，对“远征”已不那么热心。

各国最富有的商人，尤其是意大利的城市商人，由于与东方已建立了贸易关系，他们关心的利润来源已得到满足，故而，对再去为教皇航海作战已不感兴趣。以上种种原因，使罗马教皇发动以后几次的十字军东侵已十分困难。

为了第五次十字军东侵能够顺利进行，罗马教皇英诺森三世于1215年在罗马教廷的拉特兰宫召开了宗教大会。参加大会的有皇帝代表、公爵、伯爵和教会的高级教士等共1 500人，其中有大主教和主教412人，是历次宗教大会中规模最大的一次大会。

会上宣布组织以埃及为目标的第五次十字军，并发布了教皇给予参加十字军者之特权的命令。

教皇采取各种措施强化支持十字军的力度。首先，罗马教皇采取强制的摊派手段，命令各地封建贵族按财产状况出人出钱支持十字军，命令说："务使那些没有亲自参加解放圣地的诸国王、公爵、亲王、侯爵、伯爵及其他有地位的贵族和城邑、市镇等地的公社，都要按自己的财富为标准，奉献适当数目的战士，并负责3年的必要开支，藉以赎除自己的罪愆。"

其次，罗马教皇甚至不惜慷慨解囊，自动捐献纹银3万磅，同时，还在其他基督教徒捐款中拿出3 000马克纹银，充作十字军军费。

再次，罗马教皇还命令红衣主教和全体教士都要积极捐助十字军。教皇命令红衣主教要拿出自己收入的1/10，全体教士不分职位高低皆须拿出自己收入的1/20，以资助十字军，为期3年。

罗马教皇还采取了收买政策，对参加十字军的军士，允诺免除其一切捐税和人头税以及所欠下的债务。并对参加十字军的军士的家属、财产给予保护。罗马教皇还号召所有欧洲人不得以武器、船只和其他财物支援阿拉伯人，并在4年之内，不得在海上、陆上与阿拉伯人进行贸易。

在采取上述措施的同时，号召封建主内部停止争权夺利的武斗，甚至命令封建主骑士们在3年之内不许进行马上比武的竞技活动。

经过罗马教皇的种种努力，第五次十字军东侵于1217年，就是罗马教皇英诺森三世死后的第一年终于发动起来。他们从意大利出发到达埃及，但在这里遭到惨重的打击。1221年，第五次十字军东侵也以阿拉伯人的胜利而告终。

此后，罗马教皇又以法国人为主力，发动了第六次、第七次、第八次十字军东侵，都遭到了同样下场。13世纪下半叶，十字军的几次东侵和十字军驻军都得到了蒙古人的援助。这一时期，在被侵略的东方阿拉伯世界，主力部队是埃及，因此，这几次十字军东侵都把矛头集中指向埃及。

这几次十字军曾在蒙古人的合作下攻占大马士革，并对它进行了十字军式的蒙古式的野蛮掠夺,按照惯例对伊斯兰教徒进行了残酷的屠杀。在蒙古人的支持下十字军虽然暂时得到一点利益,但以埃及为首的阿拉伯联军经过多次征战后最终打败了蒙古军队。

蒙古军队的惨败对十字军的影响是致命的,十字军不可避免地走向最终的彻底灭亡。1268 年埃及军队攻占了安条克,1289 年攻占了的黎波里,之后连续攻占了贝鲁特、西顿。第八次十字军东侵的 21 年后,西方基督教徒在叙利亚的最后一个据点——阿克城于 1291 年被埃及军队攻克,十字军宣告彻底失败,历时近 200 年的十字军东侵结束了。

近代篇

第九章　文艺复兴

文艺复兴运动

15世纪后,资本主义开始在欧洲萌芽并获得初步发展。它始于意大利佛罗伦萨、威尼斯、米兰等城市,以后扩展到以西欧为主的许多国家。当时欧洲新兴的资产阶级,他们反对天主教会的神学统治和封建观念,开展了争取思想解放的新文化运动。意大利的学者认为,中古神学和经院哲学歪曲和扼杀了古典文化,他们打着“回到希腊去”的旗号,要把淹没的古典文化“复兴”起来。“文艺复兴”的意思就是“再生”或“复活”。

刚刚来到世间的资产阶级需要文化科学知识来发展资本主义经济,而新文化的发展,必须突破天主教会的桎梏,冲击经院哲学的统治,摆脱来世主义、禁欲主义和蒙昧主义的束缚。

文艺复兴的思想家们继承和改造希腊罗马文化,汲取城市文化、民间文化的优秀成果与唯名论的斗争传统,打着复兴古典文化的旗号,宣扬人文主义思想,为发展资本主义鸣锣开道。

文艺复兴时期,欧洲人才辈出,硕果累累。

文学方面,出了许多不朽的名篇,有意大利的但丁所著的《神曲》、彼特拉克的十四行抒情诗、薄伽丘的《十日谈》,德意志鹿特丹的伊拉斯谟所著的《愚人颂》,西班牙塞万提斯的《堂·吉诃德》,法国拉伯雷的《巨人传》和英国剧作家莎士比亚的37部戏剧(最突出的是悲剧:《哈姆雷特》、《奥赛罗》、《李尔王》和《麦克白》)等。

艺术方面,也出了许多杰出的艺术家,如意大利“文艺三杰”:达·芬奇、米开朗基罗和拉斐尔。达·芬奇是一个多才多艺、学识渊博的时代巨人,所作《最后的晚餐》和《蒙娜丽莎》的艺术成就达到了当时艺术的顶峰。

除了文学和艺术方面的成果外,近代自然科学技术和新哲学思想的产生是文艺复兴时期最重要的成就。

水力和风力发动机、冶金、纺织、造船、航海等技术都有很大进步。近代自然科学主要成就有:波兰天文学家哥白尼提出了“太阳中心说”,否定了教会所支持的古希腊托勒密的“地球中心说”。接着,意大利人布鲁诺进一步提出宇宙是无限的,是一个统一的物质世界的论断。这种唯物论的世界观给教会的神学宇宙观以很大冲击。

意大利人伽利略是近代实验科学的奠基者,著名的天文学家、数学家和物理学家。

比利时医生维塞留斯通过解剖,科学地阐明了人体结构,成为近代解剖学的奠基人。

英国哲学家弗兰西斯·培根、法国哲学家笛卡儿和荷兰的斯宾诺莎,都是以自然科学成果为依据,力图从世界本身去说明世界的进步哲学家。

近代资产阶级政治思想领域的著名代表是佛罗伦萨的马基雅维里,他主张建立中央集权的国家来防止混战,发展经济。

文艺复兴时期还出现了一些早期的空想社会主义者,代表人物是英国的托马斯·莫尔,著有《乌托邦》一书;意大利的康帕内拉,著有《太阳城》。

文艺复兴运动解放了人们的思想,冲破了封建神学的桎梏,促进了资本主义在欧洲的发展,人文主义思想深入人心。文艺复兴运动对社会的发展起了催化作用。正如法国诗人罗沙尔所说的那样:"我们研究了古人,为自己开辟了道路。"

达·芬奇创作《蒙娜丽莎》

1452 年 4 月 15 日,列奥纳多·达·芬奇出生在离佛罗伦萨不远的芬奇镇上。达·芬奇生活的时代是文艺复兴时代。他在总结前人零散经验的基础上,有了创造性的发展,作品朴实、明快而和谐。这些标志着意大利"文艺复兴盛期"的开始。

达·芬奇 14 岁时进入著名的佛罗伦萨雕刻家、画家和有许多卓越作品的大师安德列·委罗基奥的工作室,在那儿度过了 6 个年头。在这些年里造就了他未来大师级的创作方法,这一方法是建立在细致研究大自然、大胆实践并认真钻研精密科学基础之上的。他对数学比对其他科学更感兴趣,因为"在哪怕一门数学科学都不能应用的地方,是没有可靠性可言的"。

达·芬奇总是把他的笔记本系在腰带上随身携带。本子上画满了人们的面孔和躯体、动植物的速写,写满了寓言、格言、哲学和科学结论的文学札记,图画、公式、建筑的速记。这些笔记证明了天才的达·芬奇学识的渊博,他的超人的工作能力,他探讨宇宙的规律并使它们服务于人类的志趣。他的鲜明、准确的智慧是不可能与无知妥协的。他甚至向教会提出了直接的挑战:"如果我们怀疑通过我们的感觉感知的东西,那么,非感知的东西的存在就更值得怀疑了,比如上帝和神……"

达·芬奇工作起来比较慢,并且总在无休止地进行实验。而且,对科学的兴趣经常把他从绘画上吸引开去。他创作的不多作品中留传下来的只有大概 15 幅彩画,分散在各国博物馆里。

达·芬奇最早的画是佛罗伦萨郊区风景,角落上有他的亲笔题字:"写于 1473 年 8 月 5 日圣玛利亚·斯涅日娜复活节。"题字是用反写的笔法写的。达·芬奇的所有题字都是用这种方式书写。20 岁的达·芬奇的第一幅创作是在他老师委罗基奥的《洗礼》一画中画了一个跪着的天使像。据说,委罗基奥对自己学生的技艺如此惊讶,以致他永远地放下了画笔,并在后来仅仅从事雕刻工作。达·芬奇离开委罗基奥的工作室后独立完成的第一批画作中,有一幅叫作《拈花圣母》,也就是《贝努瓦圣母》。这幅作品以立意的新颖和表现形式的完善而令人叹服。他选择了当时艺术中最流行的题目之后,摈弃了那种把圣母的形象描绘成威严的、感伤的或者沉思的样子的传统处理方式,而是塑造成欢乐的、充满纯粹尘世间美感的形象。达·芬奇曾断言:"如果灵魂是杂乱无绪的,那么,具有这个灵魂的人体本身也必定是杂乱无绪的。"这样就形成了文艺复兴大师们作品中正面人物的高尚的美。

由于达·芬奇在佛罗伦萨找不到用武之地,1482 年他离开了故乡,出走到米兰。在他未到达之前,他的大名就早已风靡米兰。所有的米兰人都没有料到会见到这位如此多才多艺的人。他漂亮、文雅、和蔼可亲,显示出卓越的口才,信手即可编出寓言和十四行诗,喜欢即兴作曲,并在自造的银诗琴上弹奏出来。在米兰度过的 17 年(1482 – 1499 年),是达·芬奇发挥各方面才华的时期。在米兰的罗多维科·莫罗公爵处供职时,被人视为"……从佛罗伦萨来的芬奇——工程师和画家"。他在技术,首先是军事技术方面做过许多工作。米兰是意大利北方的前哨,经常遭到敌人的进犯。达·芬奇设计并改建了米兰城堡的工事，构筑了攻城炮和炸弹。他制定过改建米兰市的计划(《理想的城市》)，搞过米兰会议厅的设计蓝图，领导过宫廷庆祝会的装饰工作，制作过服装图案，并且设计过旋床，领导过建筑水渠，等等。

差不多刚一到来，达·芬奇就立刻开始搞“巨型塑像”——弗兰契斯科·斯福查(罗多维科公爵的父亲)的骑马全身塑像。泥塑模型于 1493 年完成，并在公爵城堡的广场上公开展出。

1499 年 10 月，法国国王路易率领部队攻进了米兰，莫罗公爵被迫出逃。12 月，达·芬奇也离开了被敌人占领的城市。

到处漂泊的岁月过去了，1503 - 1506 年达·芬奇又回到了佛罗伦萨。在这里他创作了《蒙娜丽莎》——西欧艺术史上第一幅心理肖像画。佛罗伦萨市民乔孔达的妻子莫娜丽萨被画得朴素而简洁。平静的姿态和普通的装束把观者的注意力集中到她的脸上。这张脸既不漂亮，也不年轻，然而它像一面镜子反映出思想、感情和心绪的细微差别。这就是达·芬奇作品的艺术魅力。

达·芬奇在佛罗伦萨还从事过技术发明工作，其中包括设计飞行器。从关于飞鸟合同的秘密契约可以推测，他距离自己理想的实现已经很近了。达·芬奇实在是多才多艺。

1506 - 1513 年，画家又到了米兰。在那里，他为法军元帅特利乌尔乔制作纪念碑(未完成)，并创作自己最后的几幅画《圣安娜》和《施洗者约翰》。

1513 年他出走到罗马，那里当时正在进行大规模的建设，看来可以为自己的创造性的想法找到用场了。在接到教皇莱奥十世的定单之后，他立刻动手为未来的画作准备一种特殊配方的清漆，这招致了教皇的厉声训斥：“呜呼，谁要还没开始工作，就开始想到工作的结束，那他永远做不成任何事情。”

衰老的画家准备到米兰去，并且接受了去为法国国王弗朗西斯一世服务的邀请。

1516 年，达·芬奇由自己心爱的学生麦尔奇和忠实的仆人巴蒂斯塔·维兰尼斯陪同，离开意大利，踏上了去法国的迢迢征途。1517 年 5 月，他们来到法国皇帝的官邸之一——阿姆布斯附近的克鲁堡。法国的同仁们举行隆重的仪式欢迎这位杰出的美术家的到来。他取得了国王首席画师的称号,在那里人们效仿他的举止穿戴、在社交场合的活动,期待着他的杰作。但是,他离开故土之后,生理上早衰,而且内心空虚,再也找不到创作的力量了。"铁找不到用场就要生锈,水不流就会腐臭,遇到寒天还会结冰,而人的智慧若找不到用场就会凋萎。""即使失去了活动能力,也比感到疲倦更有用些","虽死也比疲倦强"——他曾这样写道。1519 年 4 月 19 日,他在重病中写下遗嘱,里面规定了殡葬的宗教仪式的所有细节,并把自己的财产分给了亲近的人。1519 年 5 月 2 日达·芬奇在克鲁堡去世,文艺复兴时代的一颗巨星就这样陨落了。

米开朗基罗的雕塑作品

在达·芬奇和波提切利之后,佛罗伦萨又出了一位文艺复兴时期的艺术家,他就是伟大的雕刻家、画家和建筑师米开朗基罗·波纳罗蒂。

1475 年 3 月 6 日,米开朗基罗·波纳罗蒂出生于佛罗伦萨附近的卡普莱斯。他的父亲路德科·列奥纳多·波纳罗蒂是奎奇市和卡普莱斯市的自治市长。17 岁那年,米开朗基罗进入了佛罗伦萨画家基尔兰达约的工作室,在那里画了许多写生,并临摹了许多老画师们的作品,他画得如此之好,甚至辨别不出哪是原作。1489 年他转到贝尔托里多·迪·乔瓦尼处,后者在佛罗伦萨执政人罗仑佐·维利科列普那里做事,教一帮孩子雕刻手艺。贝托里多作为多那太罗的学生,文艺复兴早期现实主义传统的继承者,对米开朗基罗天才的形成产生了很大影响。他帮助他理解古代艺术的实质,并指导他研究意大利现实主义大师们的作品。罗仑佐·维利科列普发现了这个天才的少年,便叫他待在自己身边。在聚集了佛罗伦萨知识界优秀分子的梅第奇官邸度过的 14 个年头,极大地补充了年轻画家的普通教育。然而,梅第奇官邸的精美艺术并没把米开朗基罗诱惑住,吸引他的是强劲有力的和含意深刻的形象,他青年时临摹并保存下来的乔托和马萨乔的壁画,还有 1490 - 1492 年间完成的第一批雕塑作品——两个大理石浮雕《梯旁圣母》和《半人半马者的搏斗》(均在佛罗伦萨波纳罗蒂博物馆)便是明证。从这些少年时期的作品中,已经让人感到大师的身手不凡、关于解剖学的知识的完备无瑕(他是在搞尸体解剖的那些年里学的解剖学)和表现形式的丰富多彩;英雄人物的主题发出清晰的声响,这个主题在整个一生中统率了他的创作活动。

除了1494－1495年曾到波伦亚和威尼斯做短期旅行外,米开朗基罗一直都未离开过佛罗伦萨,直到1496年他才去了罗马,在这里创作出他的第一批大型雕塑《酒神》和《哀悼基督》。

《哀悼基督》从质量上来说是幅新的作品。充满了对复兴理想毫不动摇的信念的米开朗基罗,在这一时期创作了笼罩着忧郁感的作品,不过并没有在他晚年创作的这类主题的图画中表现出的那种悲剧成分。母亲把儿子的尸体架在膝盖上,以究询的眼光注视着他的脸;镇定自若的手势、逐渐消融的伤心的疑问,细致入微地表达了母亲伤感的整个深度。

1503年教皇朱理二世夺取了圣彼得王位,他想着总有一天意大利会被统一到教皇治下,于是把罗马当作自己大国未来的首都,加紧展开改建工作。建筑学家布拉曼特对梵蒂冈进行了改建,把老的柱廊形大厅拆毁,在那里开始兴建圣彼得大教堂,其装饰的豪华和规模要超过世界上所有的教堂。1508年教皇把米开朗基罗从佛罗伦萨召来,指示他画西克斯廷小教堂的天花板。4年时间内,在没有任何人帮助的情况下,米开朗基罗独自一人用壁画覆盖了500多平方米的面积!在彩色天花板的中间部分,他安排了9幅以《圣经》上的神话为题材的构图——《明暗之分》、《创造太阳和月亮》,等等。周围安排的是坐在宝座上的男女先知者们的画像,其余空地也都画满了人物图像。

天花板上的图画是对人类的颂歌。无论是在上帝的形象中,还是在男女先知者们抑或是在其他《圣经》故事的人物形象中,丝毫没有神秘主义的东西,在这里人们建树着,活动着,受着折磨,遐想连篇,不过他们都是有着宏伟规划的人。

此时,战争的乌云笼罩着意大利上空。1527年5月7日,查理五世大帝的军队进入罗马,城市被洗劫一空,成千上万的人被杀害。为纪念意大利人,1527年5月7日被定为最大的国难日,佛罗伦萨人赶走了梅第奇,并恢复了共和国。出身于梅第奇家族的教皇克里门特七世与查理五世大帝结成联盟,以便把权力弄回到梅第奇家族手中。为了保卫佛罗伦萨,画家和爱国者米基朗基罗领导了修建城市碉堡的工作。佛罗伦萨经受了历时11个月的深重的围困,最终未能抵抗住帝国和教皇军队的联军。1530年8月12日城市沦陷。这就是米开朗基罗完成生平最伟大的作品——梅第奇小教堂这个佛罗伦萨的安魂曲时的政治形势。

1534年,米开朗基罗永远地离开了佛罗伦萨,再未回来,他后来的活动是在罗马进行的。在这儿他完成了朱理二世的墓碑上的纪念物——画《末日审判》;为梵蒂冈的包林教堂绘制壁画;在自己生命的最后20年里,他领导了大型综合的建筑工作。1546年他着手改建位于罗马市中心的卡皮托利亚小丘,建了一个阅兵场,由3座楼正面环抱,中央竖起一座古希腊罗马式的马莱克·阿夫莱利的骑马塑像,并把入口处修饰成宽阔的大理石台阶的样子。即使在今天,卡皮托利亚仍属于罗马最漂亮的建筑格局之列。同时,米开朗基罗还领导了圣彼得大教堂的建设工程,架起了圆顶,而这圆顶竣工已经是在他死之后了:平稳地高耸到132.5米的教堂圆顶,几乎从城市的每一个地方都可以看到。

古稀之年的米开朗基罗,创作出3组《哀悼基督》(《哀悼基督》现存于佛罗伦萨的圣玛利亚德尔菲奥莱大教堂;《巴勒斯特林的哀悼》现存于佛罗伦萨学院;《隆丹妮的哀悼》现存于米兰的城堡博物馆)。在这些作品里

可以看出米开朗基罗世界观的危机，这个危机是与复兴文化的总危机联系在一起的，它表现在对主题的无限悲惨的处理与和谐形式的破坏上。雕刻家直到生命的最后一天，还在一刀一划地创作《隆丹妮的哀悼》，作品刻画了一位扶着咽了气的儿子的身体的父亲。

年轻画家马萨乔

文艺复兴时期，意大利佛罗伦萨出了许多知名画家，马萨乔（原名：托马索·迪乔瓦尼·迪西莫内·圭迪）就是其中一位。1401 年 12 月 21 日，马萨乔出生在距佛罗伦萨不远的圣乔瓦尼迪瓦利达尔诺镇。

马萨乔的父亲是一位年轻的公证人，不幸的是在马萨乔 5 岁那年就去世了。马萨乔的母亲不久就改嫁给一个上了年纪的殷实的药剂师，不过马萨乔没有随母亲过去，他和他的弟弟乔瓦尼（后来也成为画家）坚持住在自己家里。

马萨乔是一个对艺术着了迷的人，对一切都漠不关心，无忧无虑，松松散散，为此人们给他起了个绰号叫马萨乔（意大利文的意思是不高明的画家）。不过他受到同行们的尊敬。

保存下来的最早的马萨乔的创作遗产，是 1420 年前后为圣阿姆布罗基奥教堂画的一幅画——《圣母同圣婴与圣安娜在一起》（佛罗伦萨乌菲齐绘画陈列馆）。

马萨乔一生的主要作品是布兰卡奇小教堂的壁画。在阿尔诺河左岸有一个圣玛利亚德尔卡明教堂，1424 年马索利诺开始在这里画位于袖廊右边部分的教堂壁画，后来马萨乔继续了这件工作，而在他死后又过了好多年，才由菲利比诺·利比完成。

《失乐园》和《迪纳里的奇迹》这两幅画，无疑是 1427 年左右由马萨乔亲手所画。他还部分地完成了其他一些以圣彼得的生活轶事为主要内容的壁画。

在《失乐园》这幅画中，马萨乔解决了对自己时代来说比较难的裸体正确造型和姿势的任务。那时候，其他国家按中世纪的习惯塑造的人体，都是“脚板不沾地，也不收缩，而是踮着脚站着”，马萨乔却赋予他们以稳定感。亚当和夏娃的裸体从解剖学上来讲是正确无误的，而且动作自然，姿势富有表现力。他们跌跌撞撞地来回徘徊，被找不到出路的失望心情所笼罩，听从着命运的摆布，受到手持宝剑在他们头上飞翔的天使的捉拿。

马萨乔的主人公是严肃而勇敢的人。其面部是肖像式的：有一个弟子（圣徒福玛）画的是费里切·布兰卡奇，在另一幅壁画《彼得在讲坛上的布道》中，那个没有胡子的红衣少年是画家自己。

现在这两幅壁画已经褪色了，色彩似乎已被磨掉，不过在当年曾经是开创绘画新时代的杰作。布兰卡奇的小教堂成了托斯卡尼许多代画家的学校，到这里求学的有达·芬奇，有波提切利，有拉斐尔，有彼得罗·托利扎诺，还有米开朗基罗。

1428 年马萨乔离开佛罗伦萨前往罗马，不久就传来他死去的消息，这位年轻的画家当时年仅 27 岁。

马萨乔的现实主义的艺术创作，表达了佛罗伦萨社会广大民主阶层的情趣。他的创作保证了佛罗伦萨在 15 世纪意大利名画派中的领先地位。列奥纳多·达·芬奇这样评价："外号叫马萨乔的佛罗伦萨人托马佐，以其完美的作品表明，那些不是被大自然（老师的教师）所感悟的人是徒劳的。"

罗马画派首领拉斐尔

1483 年 5 月 28 日，拉斐尔·桑蒂出生在意大利的乌尔比诺镇。其父乔瓦尼·桑蒂是乌尔比诺大公的御用画师，同时也是拉斐尔的第一个老师。拉斐尔 7 岁那年母亲去世，11 岁时父亲又去世了，拉斐尔成了孤儿。这时大公的妻子艾丽萨维塔·贡萨戈收养了他。

1500 年拉斐尔来到彼鲁其，并进了乌姆布尔美术学校的主任画师皮埃特罗·彼鲁其诺的画室。彼鲁其诺的抒情性艺术给拉斐尔的早期创作以相当大的影响。

1504 年拉斐尔前往佛罗伦萨，这在他面前展示了研究佛罗伦萨文艺复兴时期的优秀范画的广泛可能性。达·芬奇的《蒙娜丽莎》已经问世；

米开朗基罗的《大卫》已经立在辛奥利广场；圣玛丽亚德尔菲奥莱大教堂的圆顶耸立在城市的上空，这是布鲁奈列斯奇的作品，就连严肃苛刻的米开朗基罗都说这个作品“难能可贵，不能再好了”。在这里，拉斐尔的天赋初露锋芒——轻而易举地就掌握了绘画艺术的优秀成果，并在把得到的印象创造性地加工之后，丰富达·芬奇的艺术。

佛罗伦萨的15世纪大师们的现实主义风格吸引了拉斐尔，但他作为新风格的创造者，摈弃了这些大师们借以追求说服力的繁琐规定，走着一条综合的路、典型概括之路。

他在佛罗伦萨时期的画大部分是表现圣母的。这些画富有诗意，并以形象生动的表现力和结构的明快博得好评。

文艺复兴时代的许多大师都画过圣母。但是，他们中任何人也没有达到拉斐尔那样的多才多艺，那种在处理妇女——母亲形象时的细腻的色彩。把《格兰杜卡圣母》和《德拉·塞吉娅圣母》这两幅杰作一比较，这一点就变得很明显了。在第一幅画里，年轻的玛利亚被画成一个沉沦于自己内心世界的样子，这个世界与周围的一切都隔得无限地遥远，而她的母性情感的有分寸的表现是通过她那小心地抓着孩子的手的温柔的姿势表述出来的。与之并列的《德拉·塞吉娅圣母》完全像个世俗的人，而且甚或稍显平凡。然而，她的整个面貌却充满了真正的人的尊严和恬静的优雅。圣母有着一副意大利农妇的漂亮的面庞，她把儿子搂在怀里，奋力庇护他免遭痛苦。年轻的母亲穿的不是圣母的传统服装，而是画家的同代人们穿的布拉吉，她头上蒙着一条花格头巾。

1508年，拉斐尔与自己的同乡同时也是建筑学家的布拉曼特一块儿来到梵蒂冈宫廷，他们按照朱理二世教皇的定单，开始搞一大套宫廷壁画。

在这套壁画中，拉斐尔表现出的是一位天才的构图大师和大型巨作的杰出画家。

在文艺复兴时代的富丽堂皇的建筑术的沉静庄严的背景下，安排着人体和人群；这种建筑术把实际上并不大的房间的墙壁分隔开来，给人以非常宽阔的印象。

第二次世界大战时期，根据希特勒政府的特殊命令，陈列馆的艺术珍品被运出并藏到几个根本不适宜保存绘画的密室里。

1945年5月,《西斯廷圣母》和与它在一起的许多杰出作品,经过查找,被苏联士兵在离德累斯顿不远的已经停止经营的采石场的落满灰尘的坑道里找了出来。法西斯分子把隧道的入口砌死了,而其周围为了伪装种上了草。得救的《西斯廷圣母》被运到莫斯科,1956年又送回德累斯顿。在这幅作品中,艺术语言极端的明晰,庄严的纯洁,是与思想意图的深度连在一起的:帷幕突然拉开,观众眼前站着一位手上抱着婴儿的母亲;圣母那安详的、像是"熔铸"出来一样的剪影,在辉耀的天空的明亮背景下清晰地显现出来,她迈着轻盈坚定的步伐向前移动着;扑面而来的风吹散了衣服的皱褶,使她的身躯显得更加鲜明;光着的两只脚稳稳地踩在柔软的云彩上;西克斯特和瓦尔瓦拉跪着的身子沉入白色的云朵之中,身着沉重法衣的拙笨的老头儿西克斯特用手指着圣母要去的大地,具有上流社会风度的圣瓦尔瓦拉在极虔诚的沉默中一动不动。这些人物都负有思想上和结构上的任务:他们在突出圣母形象的崇高性的同时,使结构匀称起来。

少妇那美丽的面庞表现出巨大的内在力量。在她的脸上既有对幼婴的亲爱,又有对他命运的担忧;既有不屈不挠的坚强性,又有对所创功绩的伟大的感知——幼婴以圆睁的双眼注视着他面前的世界。

拉斐尔的作品完满地再现了文艺复兴鼎盛时期的艺术风格。他被公认为罗马画派的首领,而此时的罗马画派占据了意大利文化生活的领先地位。

马丁·路德改革宗教

马丁·路德(1483-1546年)是德意志宗教改革家,出生于埃斯勒本城。他早年曾受过律师的训练,后来在埃尔福特进入奥古斯丁修道会学习神学,学成后当了威腾贝格大学的教授。

路德是一个虔诚的基督徒,他常常废寝忘食,无休无止地祈祷。他相信上帝爱每一个人,除了他自己之外,他将永远不能得救。他经常承受着信仰里的上帝对他的仲裁谴责,他对使徒保罗的《致罗马人书》怀有一个特殊的疑问,见该书第一章第十七节:

所以在这部福音书里，揭示了来自上帝的公正，这公正有赖于从始至终的虔诚。

正如书上所写："公正靠信仰而生。"

路德写下了心理困扰的时刻：

我尽可能厉行清规戒律；我习惯于蜗居在乡下，清算着我的罪孽；我一遍又一遍地忏悔；我一丝不苟地照规矩苦行，而且我的意识保持着自省……我尝试着用人类的药方——人的传统治愈良心的疑虑和困惑，越使用这些药方，我的良心里滋生的不安和忧虑就越多。

路德在研究了奥古斯丁的著作后，改变了自己的观点，接受了一个更为简单的神学教义，并在 1513－1518 年间找到了心境的平和。路德对《致罗马人书》有了新的看法，他的信仰驻足于保罗与奥古斯丁之间，路德把"正义因了信仰而有了生命"看作是他的解脱。信仰意味着一个人可以接受上帝仁慈的拯救，拯救是一份恩宠，而不是一种努力。信仰意味着上帝自主地拯救世人，而不是因为世人卖力的趋奉。卖力的趋奉（建造教堂、烦冗的礼拜、刻意的苦行，等等）并非得救之道，热爱上帝才会有得救的自然结果。路德的信仰终于形成了，并成为指导宗教改革的一部分。

大主教阿尔贝特向教皇抱怨路德的行为，但是教皇只把这件事看作是一场局部的纠纷。路德进而质疑教皇的权威，导致争论在更广的范围内发生。与此同时，路德贴到教堂大门上的"九十五条论纲"，被印刷成书并一版再版。他的观点赢得了公众的支持，他本人几乎一夜之间变成了英雄。现在，台彻尔这样的赎罪券推销员走到大街上有了危险。萨克森的腓特烈，决定在他的王国里庇护路德，使其不受教廷的伤害。腓特烈厌倦了意大利教皇对德意志事务的干涉，乐得看到地区大主教吃瘪。

如此，路德的宗教改革就变成了宗教与政治力量的混合物。路德的目的是净化罗马天主教廷，保持教会的纯正。很快，他就被事变所裹挟，他的新看法变成基督教世界的精神与道德重整。即便如此，他和他的同党梅兰希顿仍不认为他们创建了一个新的教会。而这是姗姗来迟的，直到《教义条款》在 1577 年才最终由路德宗教会确立。

在 1518 年的奥格斯堡会议上，路德拒绝收回他的观点，他被迫在服从或背叛教皇的权威两者之间做出选择。他最终选择了背叛。路德的朋友出于对他安全的担忧，连夜把他偷渡出奥格斯堡。1519 年他到莱比锡参加一场辩论,对手是一位名叫约翰·艾克的善辩的人物。艾克把路德辩到图穷匕见的地步,必须做出选择,要么《圣经》,要么罗马教廷,路德选择了《圣经》。从那时起,路德就没有退路了。1520年,路德声名大噪,他的小册子用德文和拉丁文出版,通俗易懂,很多人阅读。1520年他写的作品有:

《致德意志基督教贵族书》:路德把这个作品比做吹倒杰里科城墙的号角。他号召日耳曼的统治者改革教会,他疾呼要在日耳曼实行改革,就不能不破坏教皇的权力。路德号召日耳曼的国王和诸侯们起来推翻教皇的权力,他给世俗的权力赋予了一个神圣的任务。

《教会的巴比伦之囚》:抨击罗马教廷7种宗教仪式,路德把宗教仪式简化为两种(基督徒可以自己举行的)仪式——婴儿和新皈依教徒的洗礼和教徒集体领圣餐,以及忏悔告解仪式。

《论基督徒的自由》:提出"因信称义"。路德阐述他的主张:上帝自由地依据信仰,而不是仪式、宗教功课或苦行功夫去拯救信徒。

在路德看来,罗马教皇已经变成了非基督徒,所作所为犹如魔鬼。他写道:"不必奇怪,如果上帝从天上降下一场怒火或者硫磺火,把罗马打入地狱,就像上帝曾经这样对待撒旦和罪恶之城格莫拉似的。"

1520年6月15日,罗马发布了教皇通谕令,谴责路德是异教徒,要求正统的基督徒烧掉路德的著作。路德派教众的回答是当众烧掉教皇的通谕。

神圣罗马帝国的皇帝查尔斯五世,想要协调罗马教廷与路德派教众之间的冲突。他知道不能容忍整个民族的日耳曼教会割裂他的帝国版图。他传唤路德到1521年召开的沃尔姆斯议会上。那里路德当面对皇帝申明:"除非《圣经》或令人信服的说理证明我错了,否则我宁可做一个称义上帝问心无愧的囚徒。我不能反对我所不情愿反对的事情,与良心作对既不安全又不正确,愿上帝保佑我,阿门!"

一个月之后,路德被罗马教庭革除教职并宣布不受法律保护。他只得躲入一个名叫瓦尔德古堡地方的教堂里,在这里他开始把《圣经》翻译成德语。他于1534年完成了这个艰巨的任务,他的翻译工作帮助了现代德语的形成。路德的《圣经》和赞美诗在宗教改革运动中起了重要的作用,他认为每个人都应该能够阅读《圣经》,从最高阶层到最低阶层,而在此之前,《圣经》都是拉丁文的版本,只有教士和学者才能阅读。把《圣经》翻译成德文,并且刊行于世,这样每一位基督徒都可以阅读《圣经》了。

在改革某些核心信仰的同时,路德希望改革教会的清规戒律。他不赞成修士、修女和神甫独身,不赞成禁止牧师结婚。他自己就与一位叫做凯瑟琳的还俗修女结了婚,他们共同养育了几个孩子。

路德强烈地支持1524-1525年的农民起义,这场起义加强了世俗王公的势力,德意志因此四分五裂。1524年以后,只要罗马教廷对沉默的路德采取任何措施,都会引起内战。

1529年在施佩耶尔议会上,日耳曼同意接受路德派宗教改革的诸侯们,共同提出“抗议宗”,反对罗马帝国和信奉天主教的诸侯。1531年,缔结“抗议宗”的诸侯和城市形成了一个政治实体,叫做施马尔卡尔登联盟。这个联盟是欧洲的一股新兴力量,比较成功地实现了自己的目标。与此同时,宗教改革一步又一步地传播到欧洲所有国家。在马丁·路德的有生之年,他终于看到整个欧洲大陆都实行了宗教改革。

培根开创现代实验科学

弗兰西斯·培根,出身贵族,英国经验主义哲学创始人、散文作家和美学家,毕业于英国著名的剑桥大学,留学过法国,回国后还当过律师。

詹姆斯一世在位时培根担任过国王顾问、检查长、枢密顾问官、掌玺大臣和大法官等职务，获得过威尔兰男爵和圣亚尔本子爵头衔。后来培根以渎职罪被交由法庭审判，由于国王的庇护而免罪降为平民。培根一生都在从事学术研究，其主要著作有《论文集》、《学术的促进》、《新工具论》和《新大西洋》等，这些著作奠定了英国经验主义的哲学基础。他的美学观点主要见于《学术的促进》和《论美》。

培根指出感觉是一切知识的源泉，严厉地批判了宗教的愚昧。他首先肯定人的认识和实践有着密切关系，认为认识源于实践，为着实践。培根有句名言："知识就是力量，要借服从自然去征服自然。"意思是要借掌握的知识去征服自然。他把感性认识看作是知识的基础，强调认识的实践功用，这是他哲学思想的核心。因此他是英国唯物主义和整个现代实验科学的始祖。

他从这一哲学思想出发，在《学术的促进》一书中，把人类学术分为历史、诗和哲学3个部分，把人类理解力分为记忆、想象和理智三种活动，认为"历史涉及记忆，诗涉及想象，哲学涉及理智"。把诗归入想象的范围，给后来对想象研究的重视开了先例。他把想象分为复现的想象（即记忆）和创造的想象。认为创造的想象的特征在于"放纵自由"，"不受物质规律的拘束，可以把自然已分开的东西合在一起，也可以把自然已结合在一起的东西分开"。由于他把诗作为想象的产品，所以，认为诗是一种"虚构的历史"，和真实的历史不同，他说："因为真实历史的行动和事迹见不出能使人满足的那种宏伟，诗就虚构出一些较伟大、较富于英雄气概的行动和事迹……这样，诗就显得有助于胸怀的宏敞和道德，也有助于欣赏。"实际上，他认为诗有娱乐和教育双重作用，比真实的历史更能引起人的美感，可以净化人的心灵。又因诗可以虚构，对自然可以理想化，所以他说："在不文明的时代与野蛮的地区，别的学问都被拒绝，惟有诗可以进门并得到尊重。"对诗的社会教育作用给予了很高的评价。此外，也因为诗是虚构的故事，所以，他认为后代的读者对诗，特别是对寓言诗的涵义，往往给以重新解释和创造性的发挥，解释出各种道德教训。他在举荷马为例时，便提出了作品内容与欣赏者对它认识的关系问题。

在对"美"的看法上，培根反对流行的美在于形状的比例和颜色的看法，不赞成从许多面孔中选择最好的部分去构成一个顶美的面孔的办法。

他认为艺术不能机械地拼凑，而要凭艺术家的灵心妙运；美不在部分而在整体。他指出："秀雅合度的动作的美才是美的精神。"培根强调想象虚构，强调宏伟和理想化、动态美及艺术家的灵心妙用。培根的美学思想含有浪漫主义的色彩。

拉伯雷

文艺复兴时期，法国文学最重要的代表作家是弗朗索瓦·拉伯雷。他还通晓医学、天文、地理、数学、哲学、神学、音乐、建筑、法律和教育等各种学科，通晓希腊文、拉丁文、希伯来文等各种文字，是文艺复兴时期的人文主义"巨人"。

拉伯雷出生在法国中部图尔省希农市，他的父亲安东尼·拉伯雷是当地著名的律师。和名门的联姻，增加了他家庭的财富，也使他的社会地位更加显赫，他曾担任希农的首席律师，并代理过地方上的司法总管等职务。

拉伯雷在家中排行最小，他在希农郊区的庄园里度过了愉快的童年，秀丽的故乡风光和纯朴的农村生活给他留下了美好的记忆。少年时代，拉伯雷像当时的许多富家子弟一样，被送进邻近的修道院学习拉丁文和经院哲学。1520 年左右，他成了一名圣芳济修道院的修道士。

尽管身处保守的修道院里，拉伯雷并不安分守己。在严格的教规的禁锢下，他寻找着自己的发展道路。他一方面设法和著名的人文主义学者比代建立通讯联系，并结交了当地的一些思想家，以求得他们的指点；另一方面，他和他的朋友阿密以极大的热忱偷偷攻读希腊文。当时的教会把希腊文视为恶魔的语言，希腊文化被视为异端邪说的根源。因而，希腊文读物在法国十分罕见，以致一些热衷于研究希腊的人士不得不高价到意大利去购买。1523 年，作为封建精神堡垒的巴黎神学院明令禁止学习希腊文，就连远离首都的这座修道院也粗暴地查抄了这两个年轻修士的希腊文书籍。这一事件，对已具有初步人文主义思想的拉伯雷震动很大。他愤然离开了圣芳济修道院，担任了人文主义者、彼埃尔修道院院长德斯狄沙克的私人秘书和他侄子的家庭教师。

1523－1527年，拉伯雷随德斯狄沙克在布瓦杜教会巡视。这次巡视使他大开眼界，广泛地接触到社会的各个阶层，结识了宗教界、司法界和知识界的许多知名人物，同时也看到了底层人民群众的贫困状况。1527年，为了更加开阔视野，丰富知识，他离开布瓦杜地区游历全国，特别是一些学府聚集的城市，最后来到巴黎。这两次漫游，都为他日后的创作奠定了生活基础，同时也使他更看清了法国所处的愚昧状态。在一封信中，他曾引用柏拉图的话慨叹道："各行各业中多的是蠢才和庸才，满腔热情而又有真才实学的人物微乎其微。"

1530年，拉伯雷进入蒙彼利埃医学院学习。由于他熟练地掌握了希腊文，并熟知希腊大医学家希波克拉特等人的著作，因而仅仅用了6个多星期就通过了会考。从此，他踏上了从医的道路，并取得了杰出的成就。他翻译了希波克拉特的《格言录》和意大利名医玛纳尔蒂的《拉丁通讯集》等著作，获得过医学硕士、博士的头衔。他是法国最早研究解剖学的医生之一，曾勇敢地冲破教会的法规，亲自动手解剖过一具尸体。

与此同时，拉伯雷开始了他的文学创作生涯。1532年，他在一本名为《伟大而高大的巨人高康大的伟大而珍贵的大事记》的民间故事的启发下，写出了《巨人传》的第二部分，书名同样具有民间故事的闹剧色彩：《伟大的巨人高康大之子狄波索德王、大名鼎鼎的庞大固埃的恐怖而骇人听闻的事实和业迹》。作品于1532年11月1日正式出版，署名是以弗朗索瓦·拉伯雷的16个字母打乱后重新排列而成的化名：阿尔戈弗里巴·纳齐埃。作品刚一问世，就以其犀利的思想锋芒和大胆的讽刺风格赢得了广大读者的喜爱，很快被抢购一空。然而作品却引起了以巴黎神学院为代表的宗教势力的愤怒，很快这部作品就被宣判为"淫书"而遭到查禁。两年后发表的第一部小说《高康大》(1534年)，几乎经历了同样的命运。

1534年，1535－1536年，1540－1543年，1548－1549年，拉伯雷多次跟随他昔日的同窗、当时的巴黎主教(后成为红衣主教)约翰·杜·贝莱或其弟纪耀姆·杜·贝莱出访意大利。意大利是欧洲人文主义者十分向往的圣地，拉伯雷几次漫游罗马等名城，不仅有机会对古罗马的优秀遗产作了深入的考察，而且亲身感受了文艺复兴的时代气息，多方面涉猎了意大利人文主义的文学艺术，从中汲取了丰富的思想养料。这是拉伯雷能够成为法国人文主义作家最杰出代表的一个重要因素。

1535 年左右，法王弗朗索瓦一世改弦易辙，倒向反动的天主教，公开镇压代表进步势力的新教，使文艺复兴运动受挫。受此牵连，拉伯雷也屡遭厄运。在后半生中，他经济拮据，有几次为躲避风险而不得不隐居，甚至还被投入狱中。他的一位好友，也因再版他遭禁的作品而惨遭极刑，陈尸示众。

尽管身遭厄运，却未能磨灭他的斗志，折损他的勇气。拉伯雷仍孜孜不倦地继续创作他的《巨人传》。1546 年，他经过多方努力得到国王的特许而发表了第三部《善良的庞大固埃英勇言行录》，卷首还特地加写了给纳瓦尔王后的献诗。这次，他有恃无恐地署上了真名实姓：医学博士弗朗索瓦·拉伯雷。然而当时的宗教势力极为猖獗，尽管有国王的庇护，他的作品还是被查禁了。他的第四部作品初版于 1549 年，经过补充后，再版于 1552 年。而他的第五部作品则是在他去世 10 多年后才于 1564 年出版。

拉伯雷的晚年生活非常贫困，处境艰难。1553 年元月，他辞去了两处教堂本堂神甫的职务。3 个月后在巴黎去世。

《巨人传》

欧洲文艺复兴时期，各国都有长篇巨著问世，《巨人传》是其中一部杰作，同时它也开创了法国长篇小说的先河。

《巨人传》这部长篇巨著，以神话般的人物形象，荒诞不经的故事情节，妙趣横生、有时不免流于油滑粗俗的独特风格，表现了反封建、反教会的严肃主题，歌颂了新兴资产阶级“巨人”般的力量，描绘了人文主义的乌托邦理想，具有鲜明的时代特点和丰富的思想内容。正如作家所言，这部作品表面看来“无非是笑谈，游戏文学，胡说八道”，但它在有关“宗教”、“政治形势和经济生活”方面，却“显示出极其高深的哲理和惊人的奥妙”。

小说总共分为 5 卷。第一卷写高康大的出生、受教育、抵御外敌侵略和建立特来美修道院的故事；第二卷写庞大固埃的出生、巴黎求学和结识巴奴日的经过；第三卷就巴奴日是否应该结婚的问题引出了各种奇谈妙论；四、五两卷描写了为探求婚姻问题的答案，庞大固埃和巴奴日、约翰修士一道外出寻找“神瓶”的旅历。

这是一部百科全书式的作品。与中世纪敌视科学、摧残学术的愚民政策和宗教偏见相对立，拉伯雷在小说中融入了天文、地理、气象、航海、生物、人体生理、医药、法律、哲学、语言等大量自然科学和社会科学方面的知识，显示了作家学识的渊博，更体现了作品的贯穿思想——“使人的灵魂充满真理、知识和学问”。从开卷高康大降生时的喊声：“喝啊，喝啊，喝啊！”到篇末“神瓶”发出的“喝”的谕示，首尾呼应，强烈地表达了新兴资产阶级冲破精神奴役，追求新思想、新知识的热切愿望。

小说主人公——父子两代巨人高康大和庞大固埃都具有超乎寻常的体魄力量、公正善良的品德和乐观主义的天性，体现了人文主义者对“人”、“人性”和人的创造力的充分肯定。通过他们，拉伯雷不仅表现了人的价值、人的伟力，更着重强调了人文主义教育的重要作用。小说安排高康大两次受教育，其寓意是非常明显的。高康大原本聪慧过人，几十年繁琐的经院教育却使他变得“呆头呆脑”、“糊里糊涂”，只是在改为接受全知全能、全面发展、在实践中求真知的人文主义教育后才真正变成了名副其实的“巨人”。在高康大给庞大固埃的“劝学信”中，作家进一步系统地阐明了他的教育思想，明确提出应当造就“十全十美、毫无缺陷的人，不管在品行、道德、才智方面，还是在丰富的实践知识方面”。

“教皇派岛”上的居民对从未见过的教皇的盲目崇拜被描写得十分可笑，由此可见作者对宗教愚民作用的态度。塞色修道院在遭受外乱侵扰时乱作一团，只有约翰修士一人用十字架当武器打败敌人的故事，不仅嘲弄了教士们的怯懦无能、教规的迂腐，更重要的是，人们从中可以引出深刻的启示：真正要解决人世间的现实问题，不能依靠对上天念念有词的祈祷。崇尚科学、崇尚理性的思想倾向贯穿了小说始终。

拉伯雷谙熟法律知识，又深知法院内幕，所以他毫不留情地把批判的锋芒指向腐败的封建司法制度。在庞大固埃断案的故事里，拉伯雷不仅痛斥了法国乃至外国的所谓法学权威们的无知无能，也揭露诉讼手续复杂、文牍繁多、拖延时日等弊端。针对当时法国司法界徇私舞弊、贪赃枉法成风的严重问题，作家把诉讼国里的执法吏描写成只要给钱什么事都肯干的无耻之徒，把法官形容为“靠赂贿为生”的极端凶残的“穿皮袍的猫”，表现了他对司法界各色人等的切齿痛恨。不仅如此，作家继续深入，进一步把批判的矛头指向了封建制度本身，把它比做是一张只会捕捉小苍蝇小蝴蝶，而不敢干涉“牛虻”的“蜘蛛网”，这就触到封建法律制度的某些本质问题。“巧取豪夺，弱肉强食，无恶不作……颠倒是非，把弊病叫做道德，把邪恶叫做善良，把叛逆名为忠贞，把偷窃称为慷慨；劫夺是它们的座右铭，所作所为，谁都得赞同称善；蛮横专制，权力无边，谁也不敢反抗。”这就是拉伯雷给封建法律制度本质所作的结论。

有了民间传说做基础，拉伯雷凭借他本身所具有的深厚的生活功底和渊博的科学知识，再加上丰富驰骋的想象力，使《巨人传》这部小说色彩斑驳，变幻无穷。小说全面地反映了16世纪上半叶法国社会的大千世界，折射出新时代的信息。

塞万提斯

文艺复兴时期，西班牙也出了一位人文主义的文学巨匠，著名作家塞万提斯。1547年塞万提斯出生了。他的祖上曾是西班牙贵族，到他出生时已经没落。他父亲是个医生，但家境贫寒，所以塞万提斯才读了9年书。1569年，他参军曾到过意大利，接触到意大利的文学和艺术，受到了人文主义的影响。

1571年，塞万提斯作为一名士兵参加了对土耳其的著名的勒邦德海战，他身负重伤，左臂残废。1575年回国途中他被土耳其海盗掳去，在阿尔及利亚服苦役，度过5年的俘囚生活。1580年，由于一次偶然的机会被赎回国。塞万提斯回国后，便开始从事创作活动。因生活穷困，他当过军需员和收税员。1587年他按规定征收了厄西哈大教堂讲经师囤积的麦子，教会因此将他革出教门。他因得罪权贵和教会，数次被诬入狱，但这使他看到了社会的黑暗和人民的不幸。他的著名代表作《堂·吉诃德》(1605－1616年)，就是在狱中酝酿成熟的。他还创作了历史剧《奴曼西亚》(1584年)、短篇小说《惩恶扬善故事集》(1613年)、长诗《巴尔纳斯游记》(1614年)以及《八出喜剧和八出幕间短剧集》(1615年)等。

历史剧《奴曼西亚》根据西班牙人民争取独立、反抗罗马侵略者斗争的史实，用中世纪道德剧的形式写成。奴曼西亚城被斯齐皮翁统率的罗马军队围困，全体居民坚持抗战14年，艰苦卓绝，英勇不屈，最后他们烧掉了城里的全部财物，集体自杀殉国。《奴曼西亚》是当时最成功的历史剧之一，该剧充分体现了西班牙人民的爱国主义精神和坚贞不屈的性格。在后来的1808年西班牙独立战争时，以及在1936－1939年马德里被法西斯匪军围困时，西班牙舞台上都曾以演出这出悲壮动人的爱国主义戏剧来砥砺士气、振奋人心。

《惩恶扬善故事集》共收入13篇短篇小说，贯穿着作者对压迫、奴役、欺骗的憎恨。第一篇《吉卜赛姑娘》，向读者展示了马德里贵族、上流社会的生活方式和吉卜赛人自由放纵的生活情景，提出了严肃的道德和社会问题。《玻璃学士》写法学士托马斯·洛达哈得重病后，成为"疯子"。他认为自己是玻璃做成的，不许任何人靠近，怕被碰碎，可是他能机智地回答任何疑难问题。作者借疯子之口对当时各种社会现象和人物进行讽刺。流浪汉小说《林科涅德和科尔达迪略》描绘了受到当局保护的盗贼世界，揭露了贪赃枉法的司法机构。《忌妒的埃斯特雷马杜腊人》写一个大富翁费利贝·德·卡里萨莱斯，年近70，娶了一位十三四岁家境贫寒的姑娘莲奥诺拉，因怕出事和出于嫉妒，处处上锁，严加防范，将她监禁，但终于未能遂愿。作者通过这个故事，严厉谴责不以真正的爱情为基础的婚姻，批判伪道德的维护者。最后一篇《两狗对话》，写西比翁和贝尔冈萨这两条狗，一天晚上忽然像人一样会说话，而且具有理智，畅谈了一宵。贝尔冈萨叙述它一生的遭遇，西比翁针对它朋友的谈话，随时发表一些通情达理的议论，充满哲理和道德格言。作品通过它们的对话，揭露当时社会

的阴暗面和形形色色人物的丑恶行为，情节十分引人入胜，这篇作品像是对各篇小说的内容做了一个总结。《惩恶扬善故事集》这部短篇小说集是西班牙文学中第一部完全摆脱意大利短篇小说影响而富有独创性的杰作。

长诗《巴尔纳斯游记》共 9 章，以浪漫主义笔调叙述作者的一次“梦游”。巴尔纳斯山被称为“诗人之府”，相传是阿波罗神和 9 位缪斯女神所居住的地方。长诗叙述这座神山为一些庸劣的诗人所占，因此阿波罗神召集真正的诗人来保卫这座神山，塞万提斯也在应召之列。于是塞万提斯召集了西班牙诗人一同前来参战，以诗词为武器，与庸劣诗人展开战斗，战争结束后，他们返回西班牙。作者通过长诗介绍了当时西班牙的重要诗人及其作品，介绍了自己的身世，也介绍了自己的作品以及自己对这些作品的评价。《巴尔纳斯游记》是研究塞万提斯本人和其他诗人的宝贵材料。

《幕间短剧》收集了《怪戏》、《萨拉曼卡山洞》、《爱吃醋的老头儿》、《两个饶舌者》等短小精悍的社会剧。《幕间短剧》继承了民间喜剧的传统，用诙谐的笔调和生动的语言，描绘了农民、手工业者和大学生的生活，同时揭露了法官的欺诈、僧侣的腐化堕落，嘲笑了人们盲从、空谈的恶习。因此它有着高度的现实主义特点。

《堂·吉诃德》

16 世纪时，荒诞不经的骑士传奇在西欧各国早已销声匿迹，但在西班牙却风行一时。塞万提斯对这种现象深恶痛绝，他认为要把西班牙从封建主义的锁链里解放出来就必须消灭荒诞的骑士文学。虽然塞万提斯已五十余岁，但他决定创作《堂·吉诃德》来达此目的。他说：“我的愿望无非要世人厌恶荒诞的骑士小说。堂·吉诃德的真人真事，已经使骑士小说立脚不住，注定要一扫而空了。”

果然，《堂·吉诃德》出版以后，社会上迷恋骑士小说的狂热大为减退，西班牙从此果真再未出版一部骑士小说。

1605 年《堂·吉诃德》第一部问世，倍受读者欢迎，不到一个月就出了 3 个盗印的版本，封建贵族和教会对此异常惊恐。

《堂·吉诃德》是一部讽刺灭亡了的骑士制度的长篇小说。小说主人公堂·吉诃德是蛰居在拉曼却村的一穷乡绅,由于读骑士小说入了迷,决心恢复骑士道,模仿古代骑士去周游天下,打抱不平。

一天,他终于身穿其曾祖留下来的破烂不全的盔甲,提着长矛,骑上一匹可怜的瘦马,悄悄离家去冒险了。

他选中邻村的一位姑娘做他的理想的“夫人”,终身为她服务,立志“冒大险,成大业,立奇功”,帮助被侮辱者与被压迫者。

然而他第一次出师就极为不利,被人打得“像干尸一样”,横在马身上被邻居送回。

家人看到他被骑士小说害到如此可怜地步,便把满屋子的骑士小说一烧而光。

不久他又出马了,这次他还说服了一个农民桑丘·潘沙做他的侍从,答应有朝一日让他做岛上的总督。他又干出许多荒唐可笑的事来。

第三次出马,桑丘终于在公爵的一个镇上当了“总督”。堂·吉诃德迫不及待地要实现他的改革社会的理想,结果,主仆二人受尽折磨,还险些丧命。

最后,堂·吉诃德败于白月骑士手下,从此卧床不起。临终时,他醒悟了,“我从前是疯子,现在头脑灵清了”,“现在知道那些书上都是胡说八道,只恨悔悟已迟”。他嘱咐他的外甥女,千万不要嫁给读过骑士小说的人,否则就不能继承他的遗产。

公爵夫妇是上层统治集团的代表。表面豪华的公爵府第,内囊早已空虚。为了寻开心,他们不惜指挥上百的奴仆扮演妖魔鬼怪,残酷地折磨堂·吉诃德主仆。作者借堂·吉诃德之口大骂巡逻队(即“神圣友爱团”):“你们是结队的强盗! 借神圣友爱团的特权拦路打劫的。”好大喜功的国王疯狂地进行军事侵略,7 000 名西班牙士兵为保住在突尼斯的果雷塔这座殖民城堡而全部牺牲,无辜士兵,尽成炮灰。在国王的残暴统治下,国内外面临重重危机,统治集团往往以挑起宗教冲突或民族矛盾来摆脱困境。被驱逐的摩尔人李果德父女的悲惨遭遇就是对这种反动政策的血泪控诉。人民活不下去了,只好铤而走险。堂·吉诃德不止一次诅咒他的时代是“多灾多难的时世”,是“可恶的时代”。

在小说第一部中,作者着重揭示了堂·吉诃德性格中的喜剧因素。他带着幻想中的骑士狂热,把风车当成了巨人,把穷客店看成了豪华的城堡，把理发师的铜盆当作魔法师的头盔，把羊群当作军队，把苦役犯当作受害的骑士。

他像骑士一样冲杀过去，然而非但没能帮助别人解除苦难，反而给人们带来灾难；他虽然有善良的动机，得到的却是危害人的恶果。

堂·吉诃德曾把牧童安德瑞斯从地主的皮鞭下救了出来，自以为做了好事，扬长而去，可是他一走，牧童却遭到更加残酷的鞭打。

后来，安德瑞斯气愤地指责他："凭我多么倒霉，总不如受您帮忙倒霉得厉害。但愿上帝诅咒您！诅咒世界上所有的游侠骑士！"堂·吉诃德就这样单枪匹马地向社会冲杀过去，他"挨够了打，走尽背运，他遍尝道途艰辛"。

塞万提斯的《堂·吉诃德》在欧洲长篇小说的发展史上具有重要意义，它表明欧洲的长篇小说已发展到一个新阶段。作者非常注意塑造人物的性格和编织故事的情节，通过情节的变换交替和发展来表现人物的复杂性格，用夸张和喜剧性的表现手法突出人物的性格特征。

莎士比亚

英国大戏剧家威廉·莎士比亚是欧洲文艺复兴时期最杰出的代表人物，他的戏剧在欧洲戏剧发展史或文学发展史上占据重要地位。他的作品广泛地反映了英国当时的政治、经济、思想、文化、风俗、习惯，甚至可以作为这个时代的形象化历史。

1564 年 4 月 23 日，莎士比亚出生在英国中部艾汶河上的斯特拉福镇。他祖辈务农，父亲经营手套生意兼营农业，家境富裕，其父还曾任当地的议员和镇长。

在莎士比亚的幼年时期，伦敦城里一些著名的剧团每年都要从首都来到斯特拉福镇做巡回演出，这引起了幼年的莎士比亚对于戏剧的爱好。他进过文法学校，接触到古代罗马的诗歌和戏剧；后因家庭破产，被迫辍学谋生。1585 年前后，莎士比亚来到伦敦。据说，他起初在剧院里打杂，为看戏的绅士们看管马匹，后来才有机会当上一名雇佣演员。这些职务给了他接触各阶层人士的机会，增加了他的生活经验。后来，他参加编剧的工作，并且成了剧团的股东。他又结识了一些青年新贵族和大学生，这扩大了他的生活经验，使他进一步接触到古代文化、意大利文艺复兴时期文化和人文主义思想。这些，为他杰出的剧作打下了基础。由于他戏剧活动的成功，他的收入日趋丰富，后来还在故乡买地置产，并为他的家庭取得了世袭绅士的身份。1608 年前后，他回到斯特拉福镇并定居在那里，直到 1616 年 4 月 23 日在故乡逝世。

莎士比亚的编剧工作从改编旧剧开始。自 1590 年起到 1612 年为止的 20 多年中，一共完成叙事长诗两部、十四行诗一卷共 154 首、戏剧 37 部（其中有一两部很可能是与人合作的）。他的主要成就是戏剧。

莎士比亚创作的初期正当英国伊丽莎白女王统治的极盛时期，此时的英国完成了国家的统一。

在他的优秀历史剧中，莎士比亚通过丰富生动的情节、众多的人物和广阔的场面，再现出 14、15 世纪的英国历史和当时各种社会力量之间的冲突。他塑造出许多人物，从国王、贵族到士兵、农民，其中不少具有鲜明的个性，有的还成为文学史上有名的典型形象。

《理查三世》是他早期历史剧中的一部杰作，创作于 1592 年。全剧集中描写 15 世纪末英国国王理查三世的暴行，通过对他一生事迹的介绍，指出暴虐灭道、失去人心是查理三世灭亡的原因。

《亨利四世》上、下篇是莎士比亚历史剧的代表作，创作于 1597 年，描写亨利四世在位时期，青年王子亨利（即位后叫亨利五世）的活动。剧本一方面通过描写亨利王子平定北方大贵族的叛乱，来表现统一王权对封建割据势力的胜利；另一方面描写王子同福斯塔夫一伙人始于交往，终于断绝关系的过程，来表示一个英明君主的成长。这两部戏加上《亨利五世》，集中表现亨利五世一生中的两件大事：即位前平定国内叛乱和即位后对德作战。

《仲夏夜之梦》是一部充满幻想和浪漫色彩的抒情喜剧，创作于 1595 年。剧情虽然发生在古希腊神话传说中威修斯统治雅典的时期，实际上反映的却是当时英国的现实。喜剧描写了青年男女之间相互恋爱的故事，他们反对家长的干涉，得到仙人的帮助，最后争取到婚姻自由的胜利。

《威尼斯商人》是莎士比亚喜剧中最富于社会讽刺意义的一部，创作于 1596 年。剧中包含两个平行的情节。主要情节是威尼斯商人安东尼奥和犹太人高利贷者夏洛克之间围绕割一磅肉的诉讼而展开的激烈冲突;次要情节是富家小姐鲍西娅遵父命三匣选亲的故事。此外还穿插进夏洛克的女儿杰西卡同罗伦佐卷款私奔的故事。

《罗密欧与朱丽叶》是莎士比亚早期创作的一部悲剧,叙述一对青年恋人,由于双方家族是世仇,无法结合,终于牺牲。悲剧以两家的械斗开场,以主人公之死换来的两家和好为结束。

《奥赛罗》创作于1604年,叙述了摩尔人贵族奥赛罗由于听信手下旗官伊阿古的谗言,被嫉妒所压倒,掐死了无辜妻子苔丝狄蒙娜,随后自己也悔恨自杀的故事。奥赛罗是一个襟怀坦荡、英勇豪爽的战士,苔丝狄蒙娜天真痴情,毅然爱上了他,不顾家庭的反对和社会的歧视,同他结了婚。他们的爱情虽然战胜了种族歧视,却没有逃脱伊阿古的阴谋陷害。伊阿古伪装忠诚,心地奸诈,由于升不上副将,就对奥赛罗怀恨在心,绞尽脑汁要害死奥赛罗夫妇,最后自己也得到了应有的惩罚。

《李尔王》创作于1605年,李尔王的转变是全剧的中心。李尔本是一个盲目自信专制独裁的暴君,由于自身不幸的遭遇,开始对周围世界有了比较清醒的认识。在暴风雨的袭击下,他开始感受到穷人的痛苦,并产生了自责的心情。在雷电交加中,李尔对穷苦的人们喊道:“衣不蔽体的不幸的人们,无论你们在什么地方,都得忍受着这样无情的暴风雨的袭击。你们的头上没有片瓦遮身,你们的腹中饥肠雷动,你们的衣服千疮百孔,怎么抵挡得了这样的气候呢?啊!我一向太没有想到这种事情了。安享荣华的人们呵,睁开你们的眼睛来,到外面来体味一下穷人所忍受的苦,分一些你们享用不了的福泽给他们,让上天知道你们不是全无心肝的人吧!”

《麦克白》创作于1606年,是莎士比亚悲剧中最阴沉可怕的一部,苏格兰大将麦克白从战场上立功凯旋,由于野心的驱使和妻子的怂恿,利用国王邓肯到自己家中做客的机会,弑君而自立。最后,这个血腥的篡位者被邓肯的儿子和贵族麦克德夫所打败而死去,他的妻子也因精神分裂而死。此剧是莎士比亚心理描写的杰作。

1607年,莎士比亚写成《雅典的泰门》。剧中的泰门面对黄金曾说过这样一段有名的独白:“金子!黄黄的、发光的、宝贵的金子!……这东西,只这一点点儿,就可以使黑的变成白的,丑的变成美的,错的变成对的，卑贱变成尊贵，老人变成少年，懦夫变成勇士。”马克思曾在《资本论》等辉煌著作里引用过这段独白来说明货币的本质。

《暴风雨》曾被评论家认为是莎士比亚的“诗的遗嘱”。该剧的主人公米兰公爵普洛斯彼罗被其弟安东尼奥夺走爵位，被迫带着自己的独生女米兰达和一本魔术书到一座荒岛，在那里使用精灵，呼风唤雨。一天，他唤来风暴，把安东尼奥、那不勒斯国王和王子所乘的船刮到荒岛上来。他凭借魔法，让恶人们受到教育，待到安东尼奥表示痛改前非后，他饶恕了安东尼奥，兄弟和解。最后普洛斯彼罗恢复了爵位，米兰达也与王子结了婚，一同回到了意大利。

《哈姆雷特》

1601 年，莎士比亚创作了其最有代表性的悲剧《哈姆雷特》。当时的时代背景是正处在资产阶级革命前夜，伊丽沙白女王统治末年。圈地运动仍在农村进行，城市平民生活愈来愈艰难，资产阶级、新贵族与王室间的联盟渐趋瓦解，英国社会的各种矛盾冲突日益尖锐。12 世纪末莎克索·格拉马提卡斯编的《丹麦史》最早记载了哈姆雷特的故事。16 世纪末，英国作家以复仇为主题将它编为戏剧，一时极为流行。

莎士比亚把它重新改编，把一段中世纪的复仇故事，改写成一部深刻反映时代潮流、饱含强烈的反封建思想、具有鲜明热烈的人文主义精神的悲剧故事。

《哈姆雷特》的基本剧情是：

丹麦王子哈姆雷特在德国威登堡大学读书，接受教育，因父王突然死去，他返回丹麦。他的叔父克劳狄斯继承了王位，不久，母后同新王结了婚。老王的鬼魂告诉哈姆雷特，他是被克劳狄斯毒死的，哈姆雷特决定复仇，这不仅是他个人的问题，而是整个社会、国家的问题。为了掩护自己，他开始装疯卖傻。克劳狄斯怀疑他已知悉内情，利用他的两个老同学和他的情人去试探他。哈姆雷特则通过改编一出谋杀兄长的戏剧《贡札古之死》在宫中演出，试探他的叔父，克劳狄斯中途仓皇退席。宫内大臣波洛涅斯即哈姆雷特的情人奥菲利娅的父亲向新王献计，去帷幕后偷听母后同王子的谈话，哈姆雷特以为是新王，一剑将他刺死。克劳狄斯派哈姆雷特和他的两个同学去英国索讨贡赋，想请英王杀死哈姆雷特。哈姆雷特发现阴谋，调换密信，脱险回来。归来后才知道奥菲利娅因为父亲被情人杀死、情人又远走他国而发疯，落水而死。克劳狄斯挑拨波洛涅斯之子雷欧提斯同哈姆雷特比剑，并置下毒剑、毒酒两道杀机，结果，哈姆雷特、雷欧提斯都中了毒剑，王后饮了毒酒，克劳狄斯亦被刺死。哈姆雷特临死前嘱托他的好友霍拉旭传播他的心愿。

哈姆雷特对"人"抱有美好的看法，对友谊、对爱情、对政权、对国家都有一整套人文主义的观点，然而他的理想遭到残酷现实的嘲讽，叔父克劳狄斯弑兄自立，还娶了他的母后，他的同学和情人则成了克劳狄斯的帮凶，他最后也因中毒剑而死。这是人文主义者的悲剧。哈姆雷特的死，赢得了对专制统治的道义上的胜利，给予观众的是人文主义者奋斗的悲壮历程。

剧本中的其他人物也都是很有个性的，作者在刻画他们时注意描绘其心理的复杂结构。克劳狄斯是个凶残狠毒的专制统治者，然而他的"脸上堆着笑"，对人很是和气；波洛涅斯昏庸老朽，自以为是；奥菲利娅天真柔弱，她既真心爱恋哈姆雷特，又甘愿做父亲的工具，去试探心上人，她的死是宫廷阴谋斗争的结果。

莎士比亚戏剧的语言是最富有个性化的。在这部剧作中，不同人物不同处境下使用的语言都不相同，文雅与粗俗，哲理与抒情，嘲讽与深挚，都各如其人，恰如其分。

《哈姆雷特》在世界文学史上的地位是崇高的，它的成就是辉煌的，几百年来，它以那鲜明热烈的人文主义思想广传世界各地，它作为一部富有激情与思辨力的悲剧感动着一代又一代读者。莎士比亚的戏剧在我国也同样深受欢迎。一代名家朱生豪先生以毕生精力翻译了莎士比亚的大部分戏剧。

第十章 工业革命

英国工业革命

工业革命是以机器生产取代手工劳动、以工厂制替代家庭作坊和手工工场的过程，它是社会生产力的一次空前飞跃。工业革命最早发生在英国，从18世纪60年代开始，到19世纪中期基本结束。

工业革命是国家政治和社会经济发展的必然结果。17世纪中叶的资产阶级革命推翻了封建专制制度，扫清了资本主义发展道路的主要障碍，解放了社会生产力。资产阶级革命后，政府采取了促进工商业发展的对内对外政策。英国通过《航海法》，沉重地打击了英国航运和对外贸易的主要竞争对手荷兰。议会通过了促进生产和出口的税收法令，取消了农产品和一部分工业品的出口税，而且还对一些商品的出口实行补贴。与此同时，英国还通过征收高额关税，限制进口，保护本国工业的发展。

革命后，英国议会通过一系列圈地法，使圈地运动达到了空前的规模。圈地运动剥夺了农民的土地，使大批农民流入城市，为工业的发展提供了劳动力。同时，它还促进了资本主义大农业的发展，使农业适应了大工业发展的需要。它扩大了国内市场，对加速资本主义经济发展起了重要作用。

英国通过一系列对外战争，先后打败了在航运、海外贸易和殖民掠夺方面的主要竞争对手西班牙、荷兰和法国，夺取了广大的殖民地，扩大了势力范围，从殖民地掠夺了巨额财富，并为本国工业的发展开辟了广阔的原料产地和商品销售市场。

从18世纪初叶开始，英国成了最大的奴隶贸易国。英国奴隶贩子们从本国把廉价的纺织品、烟、酒、枪支和金属制品等运到非洲，用欺骗和暴力手段掠取黑人奴隶，然后运到西印度群岛和北美，卖给那里的种植园主，再从那里运回英国工业所急需的棉花、烟草和糖等原料。

因此可以认为，圈地运动、税收制度、殖民掠夺、奴隶贸易等在积累资本、形成雇佣劳动大军、扩大国内市场和提供工业原料方面都起了重要的作用，为工业革命准备了必要的前提条件。科学技术和手工工场的发展又为机器的发明和运用准备了必要的技术条件。这样,到 18 世纪中叶,工业革命所必须的政治、经济和技术前提都基本具备了。

工业革命是从棉纺织机械的发明和运用开始的,这是由于棉纺织机械比较简单,所需资金相对要少,发明和制造比较容易。而且棉织品是人民大众所需要的消费必需品,社会需求量大,用手工业生产已不能满足需要。1764 年,纺织工人哈格里夫斯发明了同时能纺 8 根纱的纺纱机,名叫"珍妮纺纱机"。这种机器经过改进后,同时能纺几十根纱,大大提高了功效。但这种纺纱机也有致命的缺点,即纺出的纱细而且易断,并且还要人力推动。1769 年,阿克莱特发明了水力纺纱机,用水力代替了人力,纺出的纱坚韧而结实,克服了珍妮机的两个主要缺点。不久,克伦普顿又在珍妮机和水力机的基础上发明了兼有两种机器优点的新型纺纱机"骡机"。

用机器纺纱需要较大的厂房,很多的资金,一家一户的生产方式显然已不能适应了,于是出现了专门的纺纱厂。从此开始了以工厂制代替手工工场和家庭作坊的过程。

生产上的各个部门和各个环节都是相互联系的,一个部门的技术进步必然推动其他部门的技术改造,纺纱过程的机械化使织布技术的革新成了当务之急。1785 年,卡特莱特在木工和铁工的协助下,制成了自动织布机,提高织布工效 40 倍。在纺纱和织布过程机械化的同时,棉纺织工业中的净棉、梳棉、漂白、染整等一系列工序也采用了新技术。毛、麻、丝等纺织部门亦逐渐走上了机械化的道路。

要实现生产过程机械化,还必须解决动力问题。这个问题由詹姆斯·瓦特1769年在前人的基础上发明的蒸汽机解决了。后来他又经过多年的努力,改进了他的机器,于1782年发明了有广泛用途的复式蒸汽机。瓦特蒸汽机的发明是科学技术史上划时代的成就,它结束了机器对畜力、风力和水力的依赖,为机器的广泛运用和工厂制度的发展创造了必要条件。

18世纪下半叶和19世纪上半叶,几乎各个产业部门都发生了深刻的技术变革。在钢铁方面,发明了用焦炭代替木炭炼铁的方法,炼钢技术也取得了重大进步。在交通运输方面,英国掀起了疏浚河道和开凿运河的热潮,到1830年,英国开凿运河4 000余公里,形成了水路网。在这个时期,英国发明了用石块和碎石修筑硬路面的新筑路技术,从根本上改进了公路的质量。人们还发明了把蒸汽机用于推动船舶和陆上运输工具的方法。1802年,威廉·赛明顿制造的第一艘实用汽船试航成功。1804年,特里维西克发明了火车头。10年以后,史蒂芬逊又发明了更完善的机车,他还负责修建了从斯托克顿到达林顿的铁路,于1825年建成通车,这是世界上第一条铁路。1830年,史蒂芬逊又负责修建了从曼彻斯特到利物浦的铁路,他设计的“火箭号”机车以31公里的时速驶完了全程,这是第一条完全用机车牵引的铁路。从此,英国掀起了修建铁路的热潮,到1850年,全国已建成铁路9 600多公里。交通运输业的这些重大发展加快了客货运输的速度,降低了运费,为经济的高速发展创造了重要条件。

各工业部门的机械化有赖于机器制造过程本身的机械化。18世纪下半叶,已开始出现简单的工作母机。1825年,克莱门特发明了刨床和镟床,以后又有人发明了汽锤、镗床和其他专用工作母机。到19世纪30－40年代,机器制造已作为一个独立的工业部门出现在英国。到这时为止,历时近1个世纪之久的英国工业革命基本完成。

工业革命所起的作用是非常巨大的,恩格斯在《英国工人阶级的状况》一文中说:“分工、水力,特别是蒸汽力的利用,机器的应用,这就是从18世纪中叶起工业用来摇撼旧世界的三个伟大杠杆。”

工业革命是在生产资料私有制的条件下发生的,因此,它在巩固资本主义的经济基础和上层建筑的同时,也造成了人民大众的贫困、失业和周期性的经济危机,产生了新的社会矛盾。

英国工业革命对世界各国经济的发展产生了巨大的影响。英国先进的科学技术迅速地传到欧洲大陆、北美和其他国家，极大地推动了这些国家的工业革命。而且，新的生产方式还促进了奥地利、俄国等国的社会革命，加速了封建主义在欧洲的彻底崩溃。欧洲率先实现工业革命的国家国力大增，它们为扩大商品销售市场和寻找原料产地，加紧进行殖民扩张，在19世纪基本上把世界瓜分完毕。工业国家的殖民扩张，给殖民地人民带来了巨大的苦难。

第一部火车的问世

1769年，瓦特改进了蒸汽机。这种动力较大的机器被用于采矿、冶金、纺织等行业，也为交通运输工具的更新提供了动力基础。威廉·默多克是瓦特的得力助手，他想起瓦特曾说过蒸汽机可以用作交通运输的动力，就朝这个方向设想，并开始动手研制。默多克花了5年时间设计制作出一个蒸汽机车的模型，他用酒精加热钢制锅炉里的水，产生蒸汽，使之进入汽缸带动活塞，从而带动车轮转动，这样蒸汽机车就可以行走了。默多克先在家中试车。他刚一点上火，蒸汽机车就向前飞奔，速度之快出乎他的预料。

一天晚上，默多克在野外试车。蒸汽机车喷着火焰，还发出“呼哧呼哧”的声音飞驰而过。一名牧师撞见，以为是魔鬼，惊呼：“妖怪，妖怪！”从此人们谈“车”色变。瓦特对此事也表示不满，他认为默多克不可能发明出蒸汽机车，搞这种注定会失败的发明研究，将会影响默多克的蒸汽机安装和维修工作。瓦特严令默多克停止研制，否则他将把默多克开除出商会。默多克屈服了。

这时，一位叫理查德·特里维西克的人决定从事蒸汽机车研制工作。

1801年12月，特里维西克研制成一部能在公路上行驶的载人蒸汽机车，然而因水被烧干之后失火，机车被烧毁。1803年，特里维西克制造了他的第二部蒸汽机车，并在伦敦公开展出，引起很大轰动。这是一部单汽缸的蒸汽机车，时速达5~8公里，令人可惜的是，由于操作时出现失误，机车被撞坏了。特里维西克在1804年和1808年又制造了2部蒸汽机车，但都在行驶时失败了。4部蒸汽机车接连失败，使特里维西克心灰意冷，他认为自己不可能制造出蒸汽机车，因此放弃了研制工作。

继默多克、特里维西克二人之后，一个叫乔治·史蒂芬逊的工程师开始了蒸汽机车的研制工作。1814年，史蒂芬逊的研究有了成果——世界上第一部具有实用价值的蒸汽机车问世了，史蒂芬逊称它为"半统靴号"，它装有4只轮子，车顶竖了一根不长的烟囱，烟囱里不断地飞出火星，车速每小时4英里。火车行驶时上下颠簸，车轮与铁轨发出巨大响声，蒸汽还不时发出又尖又响的声音。

尽管"半统靴号"的试车成功了，但它没有派上用场，而是停在路边，原因是当地居民纷纷抗议机车发出的巨大响声对人和牲畜的伤害，而机车烟囱里冒出的火星可能引起火灾，机车的颠簸可能导致路基被毁乃至于翻车发生事故。在以后的10年中，史蒂芬逊潜心于蒸汽机车的改造，同时也改造了轨道。他加大炉中火力，提高了蒸汽机的功率；把蒸汽机的出汽管用小管子引入烟囱，减少了噪音；在机车底部，加装减震弹簧，增加了机车的抗震性和稳定性；采用了凸边式车轮；加快了烟囱的排烟速度。

史蒂芬逊以总工程师的身份主持修建斯托克顿到达林顿的商用铁路时，建议采用他发明的具德林顿铁厂轧出的长15英尺、设有导向凸缘的熟铁轨，并在枕木下加铺小石子。为此，史蒂芬逊于1825年制成了世界上第一部具有实际意义的客货两用蒸汽机车——旅行者号。1825年9月27日，"旅行者号"身挂32节车厢，载货重100吨，载员450人，开始试车。此时的机车速度已达每小时15英里（1英里≈1.6公里），令与之进行速度比赛的马车望尘莫及。经过更进一步的改造，史蒂芬逊于1829年造出"火箭号"，载重量超过以往，最高时速达每小时29英里，终于使火车成为人们外出旅行所选择的交通工具。

莫尔斯电码、电报的诞生

18世纪末，法国人夏普发明了横木通信机，这种机器是在一根立柱上装一个横杆，在横杆两端，各接有一根小短棍，通过控制牵线滑轮，从而改变立柱上横杆的位置以及横杆上小短棍的位置，这样就能通过用不同的开头代表不同的字母来传递简捷的信息。但这种通信机传递信息的速度太慢，两台通信机之间的最大距离为15公里，很不实用。

1837年9月4日，美国人莫尔斯制造出世界上第一台电磁式电报机，它能在500米距离内进行有效工作。7年后，人类第一次使用具有实用价值的电报传递信息。

1791年莫尔斯出生在美国马萨诸塞州的查尔斯顿镇，19岁时毕业于耶鲁大学艺术系，次年留学英国。

1832年秋，莫尔斯在访问法国、意大利之后的回国途中，遇到了一件神奇的事。在船上餐厅用完了晚餐，莫尔斯正打算离开，却被一个名叫查尔斯·杰克逊的医生玩的“游戏”吸引住了。杰克逊医生在桌子上放了一块马蹄铁，上面密密地缠着绝缘铜丝，旁边放着电池和铁钉。铜丝一通上电，铁钉就被马蹄铁吸牢。而电源一切断，铁钉又立即从马蹄铁上掉了下来。杰克逊医生介绍说这是电流的磁效应，吸引铁钉的那股力量来源于由电流转化而来的磁性，他兴奋地说：“电的应用时代已经来到，我们可以用电来传递信息……”

莫尔斯不禁问道：“请问现在是否有人在使用电流来传递信息呢？”

“听说有人在研究这个问题，但具有实用价值的发明还没有。”

莫尔斯当即决定自己去试一试。在后来的5年中，莫尔斯全力以赴地投入到电报的发明研究工作中。他自学电学知识，并向电学专家亨利和化学教授盖勒虚心请教。在电报的发报、传送和收报方面，得到了亨利的大力支持。莫尔斯还学会了制作电报机的手工工艺，并和其他电报研究者积极交流。

有一天，莫尔斯由噼啪作响的电火花突然想到：有电火花是一种信号，没有电火花也是一种信号，时间间隔长短又是一种信号。用这三种信号组成不同的信号组合，代表不同的数字或字母，不是就可以在电线的这一端，用接通和切断的方法，通过电流把信息传到另一端去了吗？莫尔斯这个设想最终解决了用电信号表示数字和字母这一技术性问题。他很快以此为依据，编成了世界上第一本电报电码，后世称之为“莫尔斯电码”，直到今天，这种电码还在使用。而这一年，正是公元1837年。

发明电报电码后，莫尔斯又制成了根据这个编码设计和制作的电报机。为了解决长距离通讯问题,莫尔斯四处筹集实验经费。这时,新泽西州的威尔技师,利用他父亲工厂的设备和资金,竭尽全力帮助莫尔斯。他们共同改进发报和收报装置,在传播线路上添加继电器,解决了电流逐渐减弱的问题。

1841 年,可供实用的有线电报机终于问世。莫尔斯与威尔向美国国会提出架设实验电报线路的议案,1843 年 3 月,美国国会讨论后以微弱多数票通过了莫尔斯的议案。1844 年初,华盛顿 – 巴尔迪摩的电报线路修建完工。1844 年 5 月 24 日,莫尔斯坐在华盛顿国会大厦联邦最高法庭会议厅里,当众向 40 英里(约 64 公里)外的巴尔迪摩拍发了世界上第一份长途电报:"上帝创造了怎样的奇迹!"

电报终于诞生了,它是人类通信史上的一大革命。

贝尔发明电话

1847 年,贝尔生于英国,他 17 岁进入爱西堡大学,主攻语音学。后迁居美国,在波士顿大学教语言学。莫尔斯发明电报后,身为波士顿大学语音学家的贝尔教授也怀着浓厚的兴趣在业余时间进行研究,他心想,既然电流能够传递电波信号,为什么不能传递音波信号呢? 贝尔认为,这是一个值得研究的课题。他当时就决定辞去工作,全身心地投入到电话的研制中去。

贝尔感到自己的能力有限,要解决这个问题,只有请教专家。贝尔来到华盛顿,向老科学家亨利求教,亨利给了贝尔极大的鼓励。不久,18 岁的技师沃森成了他的搭档。在沃森的帮助下,贝尔成功研制出电磁铁片的振动膜。同时,螺旋线圈的振动簧片已达到设计要求,而讯号共鸣箱也宣告完成了。贝尔和沃森还在波士顿柯特大街租下两间马车棚,把它们改造成了隔音效果十分理想的"听音室"和"喊话室"。经过两年的研究,以及无数次的拆装实验,1875 年 6 月 2 日,贝尔和沃森像往常一样重复着讯音共鸣试验,坐在听音室里的贝尔突然听见了放在桌上的模型里传来微弱不清的声响。贝尔一下子蹦了起来,他依靠自己语音学家的敏锐听觉,判断出它不是脉冲电流产生的声音,而是从喊话室里传来的声音。贝尔跑到沃森的房间大声说:“我在那个房间里听见了机器的响声。”“是吗?我在修理机器。”沃森用自己的手在机器上碰了碰,果然有一种细微的响声。“就是这个声音,我们听见了!”贝尔兴奋地说。

多少个日日夜夜的艰苦奋斗,到今天才可以听见机器的响声,但不论怎样说,贝尔的电话研究毕竟取得了初步成果。他们继续实验,但在现有的仪器前,任凭他们怎样大声喊叫,始终听不清楚声音。经过研究后,两人认为毛病在金属振动板上,他们一点点试着磨金属板,一次次实验,声音也一次比一次清晰。

1876年,贝尔29岁,沃森22岁。他们终于制成了第一套传话器和听筒,贝尔还获得了美国专利局的专利证书。

1878年,贝尔和沃森在相距300公里的波士顿、纽约之间首次进行长途电话实验,实验取得了圆满成功。当然,这一成功还得益于爱迪生的发明,为了使电话跨越长距离,爱迪生改进了电话的送话器,在其中加大了感应线圈,使电话达到了实用化。发明电话后,贝尔正式成立了“贝尔电话公司”。

爱迪生发明电灯

爱迪生1847年2月21日出生于美国俄亥俄州一个农民家庭,从小时候起,他就对什么事情都感兴趣,尤其爱做试验。8岁时,爱迪生入校读书,由于考试成绩太差,3个月后,老师勒令其退学,从此以后,爱迪生再也没走进过学校大门。

12岁时,爱迪生就到火车上去卖报纸和食品,挣的钱用来补贴家里为自己进行实验而增加的开支。他一边工作,一边读书,同时也进行实验。在实验的过程中,由于意外的事故,使他的耳膜震破,几乎丧失了听力,从此这个毛病伴随了他一生。残酷的现实并没有使爱迪生灰心丧气,在16岁到21岁那5年间,由于生活所迫,他背井离乡,到处流浪,过着饥寒交迫的生活,但是爱迪生始终没有停止过读书和实验。

有一次,爱迪生奋不顾身地从车轮下抢救了一个小孩。原来这个孩子是车站站长的儿子,为了感谢爱迪生,站长决定亲自教他发报技术。爱迪生勤奋好学,只用3个月,他的收发报技术已经非常熟练了。这次意外的学习机会为爱迪生以后的多项伟大发明打下了良好基础。

1868年冬天,爱迪生经朋友介绍到波士顿的西方联合电报公司当报务员。这里的报务工作十分繁忙,经常积压着许多电报不能及时发出去。他想:要是在一条线路上同时发送两份电报,效率不就可以提高一倍吗?幻想总是发明的前奏。他把自己关在房间里夜以继日地进行试验,每天只睡几个小时,有时甚至忘了吃饭。朋友们都十分担心爱迪生累坏了身体,可他却说:“人生太短促了,要干的事情那么多,我怎么能不争分夺秒呢?”

双重发报机终于试制成功了,爱迪生为电报史的发展做出了卓越的贡献,报纸以醒目的位置刊登了这则消息。从此,这个名不见经传的小人物开始崭露头角。

爱迪生在波士顿实验发报机期间常常有机会到制造电气机械的查尔斯·威廉斯的工厂去。后来他被允许到工厂里做实验。

爱迪生就在这家工厂里完成了他取得的第一项专利——“电动投票记录器”,这一年他22岁。他在华盛顿的政治家们面前作了表演,但是并没有引起他们的重视。理由是为了阻碍对问题的讨论,投票方法越慢越好。爱迪生从这一体验中汲取了非常珍贵的教训,这就是:“重要的是,不管遇到怎样的困难,都必须坚定不移地决定自己的研究课题,专心正确地从技术上解决这个课题。另外,更重要的是要发明社会所需要的东西。”

“只是发明家个人脑子里想出来的东西是没有用处的。”

爱迪生一生共有 2 000 多项发明,其中 1 300 多项获专利权。

在爱迪生的所有发明中,数电灯的发明对人类的贡献最大。在爱迪生以前还没有人发明出一种很实用的电灯。1878 年,爱迪生在发明了自动电报机、打字机、留声机后,决心研究出造价低廉、经久耐用,而且安全方便的照明电灯。

开始,爱迪生想到了电流把一小截电线烧到白热化的程度时,可以把它装到玻璃泡里照明。但用普通导体一烧到白热化就断了,于是,他又想到了耐高温的炭丝。他把一小截炭丝放进玻璃泡里,一通电炭丝很快也断了。“应该选择更耐高温的材料。”爱迪生说。他和助手们又用焙点白金试了几次,可是这种材料虽然使发光的时间延长,但不时要自动熄灭,然后再自动发光,并且价钱昂贵,效果很不理想。

虽然面临多次的失败,但爱迪生并不气馁,他依然痴心不改地继续着自己的试验。他把已知的耐热材料列了一个单子,总共有 1 600 种之多,然后,他和助手们一一试验,但没有一种材料适用。1879 年末的一天,爱迪生在火炉旁闲坐,看着炉中炽热的炭火,口中不禁叫道:“炭!炭!”他用木炭做了个炭条,经过试验后还是不行,因为木炭太脆,没有韧性。这时他看到手边有条用棉纱织成的围巾,心里想:“棉纱的纤维比木材好,能不能用这种材料呢?”想罢,他从围巾上扯下一根棉纱放在炉火上烧成焦炭,然后,小心地把这根棉纱炭丝装进玻璃泡里,通电一试验,效果果然很好。经过几次更换棉纱炭丝,点燃的时间从 13 个小时一下子延长到 45 小时。

爱迪生发明的电灯能点 45 个小时的消息一传开,英国伦敦的煤气股票价格暴跌,人们预感到,煤气照明必将被电力照明所淘汰。当人们纷纷向爱迪生祝贺时,他却一个劲地摇头,爱迪生希望他的灯泡点燃 1 000 个小时以上!在以后不知多少个日日夜夜里,爱迪生把各种植物都拿去做了实验,甚至连马鬃,包括人体的头发和胡须,都成了试验品。1906 年,爱迪生终于找到了理想的电灯材料——钨丝。这种方法一直沿用到现在。

特斯拉发明交流电

在工业发展史上，曾经有过一场关于使用“交流电”还是使用“直流电”的激烈的争论。提倡使用“直流电”的代表人物是大名鼎鼎的发明家爱迪生；主张改用“交流电”的代表人物则是比爱迪生小9岁的后起之秀特斯拉。

发电机发明以后，电能就在工农业生产和日常生活的各个方面得到了广泛的应用。起初是采用“直流电”的方式输电和供电，由于输电的电压较低，所以在输电线路上的热损失就较大，因此每一平方英里的地区就需要一个单独的直流发电机供电，而且还要用大量较粗的铜线。为了解决上述缺点，特斯拉发明了以交流发电机供电的“交流多相电力传输系统”，由于使用变压器以高电压、低电流的方式输电，就大大地降低了输电线路上的热损失，实现了远距离输电，从而不需要大量分散的单机供电，输电导线的截面也大大地减小了。

从科学和实用的角度来看，使用“交流电”显然比使用“直流电”优越，可以大幅度地降低供电的成本。因此，特斯拉的发明得到了一位富有的发明家兼金融家威斯丁豪斯的支持，付给了特斯拉100万美元的专利费，为研制开发提供了资金，开设了“特斯拉电气公司”。但是多年来爱迪生的公司一直是投资开发直流供电系统的，不甘心就此让位给交流供电系统，于是与特斯拉展开了一场激烈的竞争。但是，爱迪生所采用的竞争方式是不科学的，他和他的支持者们诬蔑说：“使用交流电比直流电危险得多。”为了证明使用交流电的安全性，特斯拉专门举行了记者招待会，他让交流电从“特斯拉线圈”通过他的身体点亮了灯，记者们看得入了迷，纷纷承认交流供电的优越性。这场竞争最终以特斯拉的胜利而结束，从此“交流供电系统”广为社会采用。

尼古拉·特斯拉于1856年7月10日出生在克罗地亚的斯米良，他的父亲是教堂的牧师，母亲热衷于心理学的研究。

童年时代的特斯拉就喜欢科学实验和制作一些小器械。他曾用竹管做过喷水枪，用木板制造过水轮，当他看到这个木制小水轮被河水冲击而成为动力装置时，十分高兴。

1880 年特斯拉毕业于布拉格大学。1884 年迁居到美国纽约,并于 1889 年取得美国国籍,因此后来人们称他为美国的发明家。

特斯拉的一生,从事过多方面的研究和发明,除了上述的“交流多相电力传输系统”以外,主要还有以下一些:

贝尔发明了电话以后,引起了特斯拉的兴趣,他曾负责同布达佩斯的第一次通话。在此期间,他发明了“增音机”,就是现在人们使用的扬声器的前身。

特斯拉研究过无线电通讯问题,提出了天线、发射电路和接收电路是无线电技术的三项基本设备。

特斯拉还发明了供医疗用的高频电热疗法,制造了弧光灯,发明了感应电动机……

特斯拉一共获得过 112 项美国专利,本应生活富足,但是他一点也不关心财务问题,因此晚年生活非常贫困,1943 年 1 月 7 日特斯拉孤独地死在旅馆的一间房子里。

特斯拉逝世后,在前南斯拉夫的首都贝尔格莱德,人们为他修建了“特斯拉纪念馆”。1956 年是他诞生 100 周年,此时国际电气技术协会规定:以“特斯拉”作为“磁感应强度”(又称“磁通密度”)的单位,以纪念他对人类的贡献。

亨利·福特改良汽车装配线

1863 年,亨利·福特出生于美国密西根州狄堡农场,他的父亲是爱尔兰人,母亲是荷兰人。从童年时起,福特便充分展露出他那发明的天分,他能制造机械器具来帮助农事生产。16 岁时,福特离开父母,来到底特律这个工业城市当起了机械学徒工。24 岁时,福特与妹妹的朋友布赖恩特结婚。4 年后,他成为爱迪生照明公司主任工程师。

福特一边在爱迪生公司工作,一边埋头研究汽车制造。1891 年,福特向妻子出示了一张由他亲自设计的内燃机草图。1893 年 12 月 25 日,福特在家中厨房的水槽里成功测试出一台引擎。引擎只是福特汽车设计中的心脏,至于汽车的其他部分,他继续利用夜晚和周末的时间,在自家屋后的工作室里制造。福特对造车十分狂热,以致邻居戏称他为“疯子亨利”。1896 年6 月4 日凌晨两点,“疯子亨利”工作室的墙壁被什么东西撞出了个大洞,而“疯子亨利”就从那洞里开着一辆车出来,一部他自己做出来的车子! 接下来数周,福特经常开着他的小车在底特律的街道上兜风。几个月后,他以 200 美元的价格卖掉了这部车。

1899 年,新成立的底特律汽车公司聘请福特担任公司主管,并给予他部分股份,于是 36 岁的福特辞去爱迪生公司的工作,去底特律汽车公司上班。与此同时,底特律另一家车厂奥斯摩比车厂也宣告成立。由于经营管理上的原因,几年时间里,底特律汽车公司没能制造出任何汽车,福特被生气的老板赶了出来。

在美国汽车市场,早期汽车的促销工作大都在赛车场上进行,制造商为证明自己产品的性能,就让汽车参赛,接受公众检视。1901 年,福特倾力制造出两辆赛车,其中一辆参加一项 10 英里(约 16 公里)竞赛,对手的车是当时著名汽车制造者、来自俄亥俄州文顿的产品。这个竞赛在密西根州的格罗斯彭第举行,结果福特制造的汽车获胜。由于这次胜利,煤商莫肯森提出与福特合伙,二人于 1903 年创立了福特汽车公司,另外还有 12 位投资人。公司资本额为 10 万美元。福特汽车公司成立之初,主要零件都是外购,由一群机械工人在工厂里把汽车零件组装起来,直到完成一部汽车。1903 年,福特公司的 125 位工人制造出 1 700 部汽车,分属 3 种不同的款式。那些车子售价高昂,给股东带来了丰厚的利润。莫肯森于是又开张了一家汽车厂,不幸经营失败,被迫出售资产,包括他拥有的福特公司股票。福特立刻趁机购入相当数额的股票,取得了公司控制权。

福特在取得公司控制权后,决定减少高价车的生产,这一决定执行之时正逢 1907 年的金融恐慌,因此拯救了公司。福特认为高价位妨碍市场开拓,便于 1906 年决定生产较便宜、利润较低的新车型:N 型车。N 型车虽然没有取得预期的效果,但福特仍继续设计他想要生产的汽车,也就是后来为他带来财富和荣誉的 T 型车。

1906 年冬天,福特在底特律工厂中秘密腾出一间 20 平方米的房间,在那里,他率领几位职员以两年的时间设计和计划生产 T 型车。福特秘密设计室的最终产品日后永远改变了美国的汽车工业。T 型车的顾客能以 825 美元的价格,买到一部轻巧、有力、两段变速、容易驾驶的汽车,且具有以脚控制的“行星齿轮式”传动系统。这款简单、坚固、实用的小车推出后,极大刺激了消费者的购买力。

T型车在1908年10月1日卖给第一批客户。上市第一年销售量高达1万余辆,创下汽车销售新纪录。

作为一位汽车大王,亨利·福特并不满足于目前取得的成绩。T型车上市头几年,是在底特律皮奎特街老厂以当时一般制造汽车的方式制造的,但老方法已经无法应付剧增的市场需求。福特决定建造一座新厂,更新一套生产设备。

1910年,福特公司新厂在高地公园开始生产。新厂占地62英亩(约372亩),规模无与伦比,连石油大王洛克菲勒都称赞这座新厂是“当代工业奇迹”。新厂汽车装配作业从顶楼开始,先在四楼钣金,在三楼装上车轮并油漆车身,其他部分在二楼完成,然后新车降至一楼,穿过办公室区域出厂。开始3年的汽车产量几乎年年倍增,1910年是1.9万辆,1911年是3.45万辆,1912年是7.844万辆,而这只不过是刚开始而已。

1909年,福特雄心勃勃地说:“我要使汽车民主化,等我完成后,每一个人都买得起车,也都有一部车。”为了达到这个目标,T型车开始降价。当T型车1912年售价定为575美元时,车价首先低于美国人的平均年所得。福特并不理会传统的经商模式,他以持续降低毛利来增加销售量,每部车的利润由1909年的220美元降为1914年的99美元,但销售量在1913年则上升为24.8万辆。福特证明了有系统、有策略的降价可以增加利润,净收入由1909年的300万美元增加到1914年的2 500万美元。福特汽车在美国市场的占有率由1908年的9.4%上升为1914年的48%。T型车开始称霸世界最大的汽车市场。

1910年,福特开始在高地公园厂房实现工厂自动化,实验在以后的17年中持续进行。每天早上,福特都会率领一群经验丰富的专家,检测装配线上的每一个环节,试验提高生产效能的各种方法。而他最重要的突破就是移动式装配线。在厂房里福特设计的第一条移动式装配线用来组装飞轮式磁发电机,测试的结果比老方法快6分50秒。当其他装配线也全面更换为移动式时,一辆T型车的装配时间由原来的12小时30分缩短为5小时50分。

亨利·福特在改良汽车装配的过程中,直接受影响的是生产线上的工人。早在1914年1月,福特就研制出经链条带动永不停歇的输送带,在工作站之间运送半成品,工人留在原地不动。3个月后,公司又研制出与人同高的生产线,所有零件、输送带等都在人腰部高度,工人可以重复装配工作,连脚也不必动。

生产线经过改良后,福特汽车公司的效率大大提高。1914年,福特厂1.3万名工人生产了26.072万辆汽车,而其他同行6.635万名工人只生产了28.677万辆车。

1914年1月5日,福特又做出了一个惊人之举,他向社会公开宣布福特汽车公司新的劳工薪金方案:最低工资调高为每日5美元,每天工作8小时,外加利润分享计划。这立刻成为全美的话题,福特被说成是劳工之友、社会主义者、让公司破产的疯汉。许多企业界人士,这些人当中包括大多数福特公司股东,他们都认为福特的决定太轻率,但是福特不在乎任何批评,他这样说:"你得给员工好待遇,才能和他们坐下来谈。"福特了解大量生产模式中的人性因素:流动率低才能降低成本,快乐的员工才能提高生产力。之后的数字也证明这是一着妙棋。1914年到1916年间,福特公司的利润由3 000万美元变为6 000万美元。福特事后说:"一天8小时,工资5美元,是我们最成功的降低成本方案之一。"好事不只是这些,萌芽中的福特工会就此消失;更划算的是,新工资方案把许多工人变成顾客。工人通过购买公司汽车不但将部分工资又还给了公司,同时也有助于提高产量,降低单位成本。

20世纪初,美国有数百家汽车厂,到了1929年,只剩44家,度过经济危机的福特汽车是其中之一,它当时与通用汽车及新成立的克莱斯勒并称三大汽车公司,三家公司市场占有率总和为80%。

福特于1947年4月7日逝世,享年84岁,如今,从他开着第一辆作品上街以来已有100多年,这个世界仍是他所协助缔造的世界:一个人人能享用汽车的世界。如同美国幽默大师威尔·罗杰斯所说:"也许要等到百年后才能谈论福特的功过,但有一点可以确定,那就是福特改变了我们的生活。"

我们完全有理由相信,是福特创造了大众化汽车,而大众化汽车创造了世界性的汽车文化。

第十一章　科学革命

哥伦布发现新大陆

大航海家哥伦布生于1451年，他的父亲是热那亚的纺织工人。他从小就习惯于和父亲航海做生意。哥伦布未受过正式教育，却在悠闲的海上生活中利用余暇读了很多书，学会了拉丁文，吸收了正在欧洲普及的地理学知识。他还仔细研究了《圣经》中有关预言的部分。在新旧世界大交替和东西方文明碰撞的历史洪流面前，哥伦布充当了一名时代弄潮儿。他是勇敢非凡而又具有科学头脑的冒险家，是信奉上帝而又掠夺成性的拜金狂。

哥伦布从少年时代起就喜欢看《马可·波罗游记》，而且后来不只是精读，还做了研究。坐落在西班牙塞维尔的哥伦布纪念馆中，至今还保存着一部拉丁文的《马可·波罗游记》，书上有哥伦布做过的许多眉批。哥伦布之所以爱读此书，不只因为它像《天方夜谭》那样有趣，更主要的是它合乎一个拜金狂的理想。他看了《马可·波罗游记》，非常仰慕中国和印度的金银珠宝，尤其是关于日本的描写，更使他欣慕不已。

马可·波罗并没有到过日本，但在书中他根据传闻写了几章关于日本的情况。他说日本位于距中国海岸2 400公里的海上，国内的黄金极为丰富，是取之不尽的。但国王不让黄金输出，因此商人很少到那里做生意。日本国王宫殿的屋顶是用黄金盖成的，宫中的道路和房间的地板也全是用4厘米厚的金砖铺起来的，甚至连窗户框也是金子做的。在日本还到处都能采集到玫瑰色的珍珠，土葬时要在嘴里放一颗珍珠。书中还叙述了中国元朝皇帝忽必烈听信传闻而发起对日本的战争。

哥伦布以为他可以达到忽必烈没有达到的目的。他处心积虑地要闯出一条抢先到达东方世界的航路。在一封信中，他曾说自己日夜祈求上帝赐给他产金的土地，“黄金是一切商品中最宝贵的，黄金是财富，谁占有黄金，就能获得他在世上所需要的一切，同时也就取得了把灵魂从炼狱中拯救出来并使灵魂重享天堂之乐的手段”。

1476年哥伦布加入了一支法国的海盗船队。在攻击意大利船只的一次战斗中,因所乘船只起火,他跳海逃生,经长时间游泳登上了葡萄牙的土地。哥伦布以为他大难不死,是上帝特意安排他到葡萄牙来的。

哥伦布在这"探险者"的国度里,进一步学习了许多航海知识,参加过多次远洋航行,熟悉了罗盘、海图和各种新航海仪器的使用方法,掌握了利用太阳、星星的位置确定船位的方法。有一年他抓住一个机会航行到冰岛后,又继续航行了160公里。这对哥伦布后来立志西航有很大影响。

挪威的维京人做过许多探险,公元900年前后到达格陵兰,并在西海岸建立了居民点。公元1000年左右,冰岛人莱夫·艾列克逊率领一批人从格陵兰乘船到达北美海岸。因在那里发现了像葡萄样的藤科植物,就称这里为"酒的土地",音译为"汶兰",据估计可能是后来定名为圣劳伦斯河的河口一带。他们原打算在那里建立居民点,后因遭土著的袭击而未能实现。

对于艾列克逊探险到汶兰一事,许多人只是将它当故事听,而哥伦布却对此深信不疑。他认为横越大西洋可以到达陆地,"汶兰"就是东亚的某一个国家。他从船员的传闻中得知,在连续刮强西风的时候,海上有时飘来既不是欧洲人也不是非洲人的尸体。哥伦布认为那是大洋对面的亚洲人。

古希腊学者波昔多尼倡导关于大地的球形说，并推测从地中海向西航行可以到达东方的印度。中世纪思想家培根关于地球的概念对哥伦布有深刻影响，还有一些神秘的、妄自尊大的灵感也促使哥伦布去冒险。哥伦布以为自己是上帝选定的神舟——载运基督者，要去完成发现“新天新地”的使命。

早在1474年在意大利故乡的时候，哥伦布就曾写信给著名的天文学家兼地理学家托斯康内利，询问他关于从海上通往印度的最短路线。这位学者向他提出：“通过大西洋到黄金和香料王国，是一条比葡萄牙人所发现的沿非洲西海岸的道路更短的途径。”信中还画出了一幅示意图，推算了路程。不过，哥伦布对地球大小的估计，要比托斯康内利的估计还要小得多，因为据《旧约》经外书中的记载：“到了第三天，你应将水集合于大地的第七个部分，使其余的六个部分干涸。”哥伦布据此认为欧亚非三个大陆块占了地球表面的6/7，海洋只占1/7。哥伦布在研究了托勒密、马可·波罗和达伊（1350－1420年）的著作之后得出结论：整个地球经度为360度，从西非以东至亚洲的广阔陆地占了280度（按托勒密设想，非洲南端与亚洲大陆相连），从西非向西到东亚岸边的海洋占不到80度。

但是在进一步计算中，哥伦布又犯了错误。托勒密《地理学》译本中的“海里”是阿拉伯的计量单位，哥伦布未经换算就把它当作了欧洲的“海里”。如果从加纳利群岛朝正西航行，该地的经度比赤道经度的距离短，这样将每个经度的距离减至50海里（合80公里）。就是说，从加那利群岛向正西航行6 400公里，就可以到达中国、日本或印度。

正是基于上述推想，哥伦布认为亨利王子及其后继者们几十年来执行沿非洲海岸南航的计划是不可取的。但是，哥伦布本身并没有条件像亨利王子那样实施自己的计划，所以就寄希望于裘安王子，当时裘安王子在葡萄牙掌管航海事业。哥伦布由于出身低微，得不到求见王子的机会，然而，哥伦布却凭英俊潇洒的一表人材，在里斯本常到贵族女儿们住的修道院去做礼拜，大得一位贵家小姐的青睐，两人不久就结为夫妻。这一联姻赢得了接近王室的机会。1478年，他试图说服裘安王子，不过在兜售自己的计划时，可能是怕别人窃取他的计划而将关键部分隐瞒了。他爱说大话，因此很难取得别人的信任，而且要价也特别高：除了要三艘船、船员和一年用的粮食外，还要求获得骑士的封号，担任新发现地方的总督和分得该地所有财富的1/10。

1482年裘安王子继承王位之后，召开了一次学者评价会审查哥伦布的计划，最后将其否决。1485年，哥伦布的妻子去世，他就离开了葡萄牙，带着独生子来到刚刚成立的西班牙王国。裘安二世怕哥伦布的计划被别国采纳而抢先到达印度，于是又诏请哥伦布回葡萄牙，但哥伦布拒绝了。

哥伦布在西班牙的巴洛斯港，结交了一些有学识的修士和阔绰的水手，这些人对哥伦布的计划很感兴趣。教会的上层僧侣搞了些幕后活动，使哥伦布有机会向王室献出自己的计划。但是他去的时机不对，当时西班牙正忙于统一，对哥伦布无暇以顾，这又使他拖延了6年，在此期间他也曾上书英、法两国的君主，但也是无结果而终。

西班牙王国是伊比利亚半岛上的卡斯提尔和阿拉贡两个王国于1469年由联姻而联合起来的，由菲南多国王和伊萨伯拉女王做并肩王。这个新王国也像葡萄牙那样，是个中央集权的封建专制国家，远航探险、殖民扩张等都由封建王室直接控制。1492年1月，西班牙消灭了这个半岛上的最后一个穆斯林王国——格拉纳达。统一后的西班牙成为当时的欧洲强国之一，开始了向海外扩张的步伐。就在这时，哥伦布的计划重新被提上了议事日程。国内最大的银行家和王室的财政顾问说服了女王伊萨伯拉，又由女王去说服了国王。

西班牙王室出于对东方财富的向往，并且企望联合“对基督教徒曾表示过极大好感”的元朝大汗（他们还不知道元朝已经灭亡）来夹攻伊斯兰的奥斯曼帝国。在这种背景下，哥伦布的计划得到了王室支持。王室于1492年4月17日与哥伦布签订协议，封哥伦布为他所发现土地上的海军上将、总督和首席行政长官；在这些领土上出产或交换所得的一切金银、珠宝、香料等的1/10归哥伦布，9/10上交西班牙王室。

这一年的8月3日，星期五的清晨，由哥伦布指挥的三艘卡拉维尔船于巴罗士港顺风启航，国王交给哥伦布一封递交中国“元朝”大汗的信函。

三艘船的大小各不相同，都装有大炮和6个月的粮食以及准备与未开化地区土著们做交易的用品。哥伦布任船长的旗舰“圣玛利亚号”，重130吨，长约35米，甲板长18米，有3根桅杆，都备有角帆。第二艘为“平特号”，重90吨，速度快，船体只为旗舰的一半，船长是马丁·宾森。第三艘是“宁雅号”，重60吨，船长是马丁的兄弟维森特·宾森。宾森兄弟不仅是有经验的水手，而且是这次航海探险的投资者，探险能否成功与他们的切身利益紧密相关。

当时招募水手的工作是很困难的。探险队员中有不少是哥伦布的朋友、佣人，也有好奇的官员们，还有相当一部分船员则是以这次航海为条件而受到特赦的犯人。这样整个船队才凑足了88人。

9月6日，哥伦布的船队驶过加纳利群岛，进入了当时海图没有记载的大西洋海域。哥伦布根据《马可·波罗游记》的叙述，断定沿北纬29°航行就会到达离中国海岸约2 400公里的日本。值得庆幸的是，他的这个错误竟使船队得以一直在"贸易风带"中连续航行。

在从未经历过的大洋上航行，而且一直看不到陆地，这使得船员们个个提心吊胆。似乎只有哥伦布胸有成竹，但他不对船员许任何诺言。为了稳定人们的情绪，他记有两本航海日志，一本是自己看的，一丝不苟地记录实际航程；另一本是给船员们看的，所记航行距离比实际航程少许多。这样，在他到达预计目标之前，可以使船员们忍耐下去。

这时新的问题发生了，习惯于在欧洲的大西洋海岸使用罗盘的海员们，看到的罗盘指针是指着比北极略为偏东的方向。而这个船队离开加纳利群岛4天之后，发现指针指向北极偏西的方向了。由于当时人们并不了解地球磁场带来的磁偏角问题，所以都惊慌起来。罗盘失灵了，只有靠北极星定航向。

在这水天一色的苍茫世界中，哥伦布不断地做着鼓舞士气的工作。9月16日，在海员们的眼中出现了"万蓝丛中一点绿"，他们兴奋极了，以为马上就要到绿色如茵的亚洲大陆了，于是拼命地向绿色的地方驶去。等他们到近处一看，顿时大失所望，哪里有什么陆地，原来是浮游在水面上的大片海藻。用绳子测量海水的深度，几百米的长绳还碰不到底，说明附近不可能有陆地。后来人们才知道，这一海域位于北大西洋的环流中心，风浪小，水流平缓，马尾藻不能飘到远处，就在这里停积下来，繁衍后代，结果就出现了这大约450万平方公里的海上"大草原"，人称"巴尾藻海"或简称为"藻海"。哥伦布一行在这"大草原"中艰苦地航行了3个星期。

离开这讨厌的"草原"后，人们依然见不到陆地的影子。为了分散大家的恐惧和不满情绪，哥伦布让人们注意观察船四周的水草。宾森兄弟看到一些海草很像陆地上的草，不久之后发现有鸟飞翔，又赶上一次无风天下的小雨,这些都是附近有陆地的征兆。9 月 25 日黄昏,马丁·宾森自“平特号”船尾楼上报告说发现陆地了。于是船队就向那个方向驶去,但第二天曙光初照时,进入人们眼底的依然是大洋与天空。船员们的失望立即转化成对指挥官的不满,甚至一部分人开始酝酿叛乱计划。宾森兄弟获悉后,坚决主张将他们处以绞刑,哥伦布则表示,只要他们能再坚持几天,就可以原谅他们。同时,他也给船员们发一些钱,借以安顿大家的情绪。

10 月 7 日,哥伦布根据鸟群飞行的方向做出判断,将航向改为西南,几天之后发现船只周围漂着手杖和芦苇,夜里还发现远方似乎有微弱的亮光。11 月 12 日一大早,忽然听到“平特号”发出一声号炮巨响,按预先约定,这意味着已经发现了陆地。

哥伦布以为自己的梦想快要实现了,因为他终于横渡大西洋并发现了“亚洲”陆地。

实际上,他们到达的地方并不是亚洲,而是西半球的美洲。他们到达的第一站是佛罗里达东南 820 公里巴哈马群岛中的瓜那哈尼岛(后改名为“圣萨尔瓦多岛”)。

到达瓜那哈尼岛的这天早晨,“总督”哥伦布穿上石榴红的服装,另外两名船长分别扛着绿色的代表国王和女王的“F”和“Y”字旗,举行了仪式,把两面旗帜升在刚刚竖立的木杆上。哥伦布宣布这里是西班牙王国的领土,然后率众匍匐在大地上,感谢上帝给了他们好运气。红棕色皮肤的岛上居民们,好奇而困惑地观看着这群白皮肤的不速之客的“表演”。

就这样,哥伦布终于率领船队,横渡大西洋,到达美洲,发现了“新大陆”。

达·伽马发现印度

达·伽马,葡萄牙航海家,1450 年生于葡萄牙南方海港希尼斯。青年时代的达·伽马在艾瓦拉很努力地学习过数学和航海技术,后来他服务于舰队,擅长于指挥。

现在,这位年届 40 的指挥官,正面临着各种考验:航海时间比以前长，必须忍耐和克服可能遇到的种种困难，对付伊斯兰世界的海上挑战，处理与陌生的东方世界国家的关系，为葡萄牙的商人和传教士开路。

1497 年 7 月 8 日，星期天，达·伽马率领整齐的队伍从葡萄牙首都里斯本市内向码头走去，僧侣们手持点燃的蜡烛为他们祈祷。170 名船员登上 4 艘船，达·伽马乘坐旗舰“圣卡布列尔号”，重 200 吨；由达·伽马的弟弟保罗任船长的是同样大小的“圣拉斐尔号”；第三艘“巴利欧号”约 100 吨重，还有一艘是运粮船。“圣卡布列尔号”和“圣拉斐尔号”是由发现好望角的迪亚斯监造的。

船队在大西洋中驶向离加纳利群岛相当远的南方，在佛得角群岛补充新鲜的食物和饮水之后，于 8 月 3 日继续向东南航行。他们走了一条弧形航线，先向西南，后转东南，以避免进入几内亚湾的无风带和遭遇险恶的海流。这样连续航行了 96 天，由于缺乏新鲜水果和蔬菜，大部分船员都得了坏血病。11 月 4 日登上了一块陆地，冒险家们将这里命名为圣赫勒拿湾，用星盘作了测定之后，弄清了这里在好望角北方 190 公里处。他们在此修理船只船具，采集食品、淡水、木材。

在此停留期间，葡萄牙人曾与当地土著发生了激烈冲突。事情一开始是达·伽马为了了解当地情况，派人捉住了一名正在采蜜的黑人。达·伽马在船上送了他许多粮食和衣服，并护送他平安上岸。不出达·伽马的预料，这事很快就吸引来了许多人。在开始的一两天内，双方关系还很好，后来有一名性格粗暴的船员惹恼了土著人，双方发生了冲突，达·伽马脚上也受了轻伤。石头和掷枪不断投来，达·伽马只好命令船员急速启航。船队绕过好望角，来到了莫塞尔湾，他们在这里把粮食分装到各船上，把原来装粮的船毁掉，轻装前进。船队在绕过阿哥亚湾后，终于进入了印度洋。

他们首先停靠在克利马尼港，在此休息了整整一个月，使坏血病患者恢复了健康。接着船队沿海岸向东北航行到莫桑比克。这里是伊斯兰教徒的天下，停泊着许多阿拉伯商船，商品中有令人垂涎的金银、香料、宝石，等等。当地人从来没有见过阿拉伯世界之外的船只，所以也把达·伽马的船队当作阿拉伯商船来欢迎。当达·伽马通过翻译向他们说明自己是基督教徒之后，当地官员马上改变了态度，船员上岸取水时也受到了攻击。达·伽马只好下令用大炮轰击岸边城堡，杀伤了许多当地居民，最后才取到了水。到蒙巴萨(肯尼亚境内)时,他们也同样受到猛烈攻击。而东北方的马林狄,就是89年前即1408年郑和船队到过的“麻林国”,它们与蒙巴萨一向处于对立状态,所以达·伽马船队在此大受欢迎。当地国王穿着花缎长袍,热情地接待了达·伽马,并在王宫设宴款待,搞了9天的祭仪。达·伽马向国王请求派一名海上领航员帮助船队,国王欣然允诺,委派了精通航海技术的阿马得·佑恩·马吉特,他在船上亲自掌舵,只用23天时间就顺利地横渡了印度洋。

在5月18日清晨领航员告诉达·伽马:“印度就要到了!”果然,人们看到了远方的陆地。3天后,他们到达了印度西南海岸的中心港口——卡利库特(这就是郑和远航时到达的古里国)。一眼望去,马可·波罗笔下的富庶繁荣景象出现了。当居民们得知船队来自葡萄牙时,感到极其惊讶,他们问道:“你们为什么要远离故乡到这里来呢?”一句简单、集中地表达了葡萄牙人80年来努力争取的目标的答复是:“我们来找香料。”

阿拉伯商人长期垄断着东西方之间的贸易,印度商人如果得不到明显的好处,他们是不愿意让葡萄牙人占便宜而得罪于阿拉伯人的,而达·伽马船队能拿出来的无非是黄油、蜂蜜、红帽子、衬衫、铜铃和珊瑚做的念珠之类的东西,拿这些东西唬一唬非洲未开化的土著还可以,在繁华的印度就显得太寒酸了。无奈之下达·伽马只得谎称这些东西并不是葡萄牙国王准备的交易品,而只是他这个穷困的旅行者自己花钱买来的。

达·伽马在当地停留了3个月,5月28日会见了卡利库特国王。这一天,船上鸣炮,达·伽马乘上东方的轿子进入市区,先被安置在一座寺庙中。这里供着印度神及女神,墙上满是壁画,葡萄牙人误以为这里供奉的是圣母玛丽亚及诸圣者的雕像,还以为这里的宗教是属于原始基督教的一派。天黑时,达·伽马被引到王宫。

卡利库特国王懒洋洋地躺在绿天鹅绒卧椅上欢迎他。达·伽马看到国王嘴里嚼着槟榔,手持一个约4.5升的大金杯,旁边放着一个大型金盘,大得要用两只手才能围抱起来,盘中装满了香料。这一次见面唯一的成果是国王同意葡萄牙人在当地贩卖带来的货物。然而,没有上等的货物,就不可能有上等的生意。两个月过去了,货物还未脱手,条纹布堆放在货栈中,无人问津,他们只能用铜、水银和珊瑚等交换香料。

在酷热的夏天,一连几个月,达·伽马想方设法与卡利库特国王订立贸易协定，但阿拉伯商人从中作梗，说他们是海盗。性急的达·伽马实在不堪忍受，就野蛮地抓了6名当地贵族做人质，强迫国王改变态度。直到1498年8月29日船队即将回国之前，国王才请达·伽马交给曼努尔王一封信，同意与葡萄牙人进行商品贸易，要求他们带着金银、珊瑚和红呢绒来换取肉桂、丁香、胡椒等。不管怎么说，达·伽马总算是完成了使命。

在归国途中，达·伽马一行未能顺利归航，他们又经历了许多风险：风向不顺致使航期延长，有30名船员死于坏血病；因缺少人手，他们不得不把船员集中在两条船上，毁掉了“圣拉斐尔号”。达·伽马于1499年9月初返回葡萄牙，全程共花26个月的时间。船队出发时是170人，归来时只剩下55人，失掉的100多人中有达·伽马的弟弟。

达·伽马以其充沛的精力和坚强的意志完成了这一艰巨的任务，作为凯旋的英雄受到曼努尔王的隆重欢迎。探险队从印度运回的香料、丝绸、宝石、象牙等商品到国内高价脱手后，纯获利为整个航海费用的60倍。这旷古未闻的厚利，对葡萄牙人是多大的诱惑呀！同时，达·伽马的远航打破了阿拉伯帝国对海上贸易的垄断，达·伽马因此被葡萄牙国王授予爵位，并被任命为印度总督，还得到了巨额的年俸。

麦哲伦环球航行

麦哲伦是著名的葡萄牙航海家，第一次环球航行的倡导者和领导者。他出身于贵族，年轻时曾就职于葡萄牙宫廷，在国王若奥二世的宫廷充任侍从。

这个来自北部山区的贵族青年和南方海滨出生的前辈达·伽马一样对大海无比钟情。1505年，他跟随阿尔梅达来到印度，后来为阿布奎克效力，曾经准备远航香料群岛，可惜计划落空。后来，他收到朋友希兰从摩鹿加寄来的一封信，信中写道：“摩鹿加群岛确实是一块无价之宝，它拥有全世界的人永远也用不完的香料。你应该来此地探险，这可是一个人平生最大的幸运。”其实，去香料群岛探险的念头早就一直记挂在麦哲伦的心头。

1512年，麦哲伦奉命回到故国，后来又前往北非跟摩尔人作战，不幸负伤落下跛足的残疾。而且,国王曼努埃尔听信谗言,不再信任麦哲伦。麦哲伦是个倔汉子,竟然当众解除自己对国王的效忠,并于 1517 年和好友法莱罗投奔西班牙国王查理一世(即神圣罗马帝国皇帝查理五世)。

麦哲伦的独特经历促使他萌发了环球航行的想法,而他坚忍不拔的性格又促使他非把自己的想法变成现实不可。通过阅读大量的航海资料和地理书籍,麦哲伦坚信大西洋和太平洋之间必定有一条水道相通,而且他相信这条水道就在美洲大陆的南端,就如当时有些地图所标出的那样,也就是说,绕过南美洲就可进入巴尔博亚发现的“南海”。不过,麦哲伦以为这个把美洲和亚洲分隔开来的“南海”并不很宽,因此横渡它去香料群岛不会有很大的困难。

像当初哥伦布一样,麦哲伦在西班牙宫廷内外广泛游说,争取王室、贵族和商人的支持。他指出,如果把教皇子午线延伸到地球的另一边,摩鹿加就在西班牙势力范围之内,然后循达·伽马的航线前往香料群岛。假若向西航行,那么直至摩鹿加都完全属于西班牙的内部事务。这个说法经麦哲伦的岳父(他到西班牙以后才娶妻)、塞维利亚的长官,还有丰塞卡主教的大力宣扬,查理一世终于下了决心。1518 年 3 月 22 日,他宣布支持麦哲伦的航行计划,并许诺如果航行成功,麦哲伦可分享所得全部收入的 5%,还可出任新发现领地的行政长官。

当时,葡萄牙尚未完全控制摩鹿加,如果让麦哲伦捷足先登,那将彻底打破葡萄牙对东方香料贸易的垄断。所以,葡萄牙不顾一切地阻挠、破坏麦哲伦远航计划的实施,然而没有取得任何效果。经过1年多时间的准备,西班牙为麦哲伦装备5艘帆船,配备了265名全副武装的船员。航船满载食物和各种货物,其中玻璃镜、丝绒和水银等新颖物品是为了博得那些爱挑剔的亚洲王公们的欢心而准备的。

参加这次史无前例的航行的人员组成也是前所未有的。他们来自欧洲各地,有葡萄牙人、意大利人、法国人、希腊人乃至英国人,西班牙则只有几个船长和麦哲伦同行,而且他们还负有监视麦哲伦的责任。这是一群极难驾驭的冒险家,他们一开始就不打算服从麦哲伦,甚至认为必要时可以干掉他。然而事实上是麦哲伦后来多次平息了他们的对抗与反叛,因为多数船员知道,在未知的大海上航行,离开麦哲伦的高超航海技术和指挥才能,他们的生还希望就会极其渺茫。

临出发之前,麦哲伦的好友和合伙人法莱罗突然放弃出海的机会,他不愿去冒这个险。不过值得庆幸的是,一个难得的人才、意大利人安东尼奥·皮加费塔投奔到了麦哲伦麾下。多亏皮加费塔,他不仅能妥善排解纠纷,擅长同土著打交道,而且为这次历史性航行留下了详细而珍贵的记录。根据逐日记下的文字,皮加费塔后来写成了《首次环球航行记》的有名游记,使后世受益匪浅。

1519年8月9日,麦哲伦的船队从塞维利亚出发,沿瓜达尔基维尔河入海。9月20日,船队离开河口,驶入浩淼无际的大西洋,开始了人类有史以来的第一次环球航行。

在前往加那利群岛途中,船队遇到了长达一个月之久的大风暴,几个西班牙船长指责麦哲伦没有直接横渡大西洋,可是麦哲伦严令他们:“你们的职责是白天跟随我的旗帜,夜晚跟随我的航灯前进。”

经过两个多月的航行,麦哲伦的船队才从加那利西渡大西洋到达巴西东北海岸。随后沿海岸南下,仔细搜寻通向“大南海”的海峡。12月13日,船队进入里约热内卢湾,起初以为它是海峡入口,后来才查明是个海湾。在这天堂般舒适的地方,疲惫不堪的探险队员进行了一番休整,然后继续扬帆南航。

1520年1月中旬,麦哲伦见到一个西去的宽阔水道,以为是海峡,结果是一条大河的出口。他想起两年前索里斯到过这一带的一条大河，于是把它命名为索里斯河（今拉普拉塔河）就离开了。这时，南半球寒冬步步临近，越往南行，白昼也就越短，加上沿海强大寒流的影响，天空变得阴沉可怕，狂风挟着巨浪，不断冲打着西班牙航船。

3月31日，麦哲伦发现了一个风平浪静的港湾，他取名为“圣胡利安湾”，并且决定在此过冬。船员们登上海岸后，发现情况似乎更糟。那里无比荒凉，人迹罕见，只是在沙滩上发现一些非常宽大的脚印，船员们因此把此地叫做“巴塔哥尼亚”，意为“兽迹之地”，实际上这是身躯高大的土著用兽皮裹足走路时留下的。后来，他们遇见了巴塔哥尼亚“巨人”。皮加费塔对巨人的描述为：“我们这些人身高只及他的腰部。”并且说：“容貌不差，宽宽的脸膛上涂着红色的油彩。他的头发很短，染成白色，他以兽皮裹身。”后来，麦哲伦带走了这名巨人，可惜他在途中死于坏血症。

在圣胡利安湾，麦哲伦果断地平定了一次叛乱，两名西班牙船长被处死，一名被放逐到荒凉的海岸上。4个多月以后，春季才姗姗迟来。8月24日，船队刚刚启锚，就有一艘船触礁沉没。10月21日，前方出现了一个突入大洋怒涛之中的尖锐海角（即飓风角），绕过这个海角，一条不宽的水道向西伸展过去，它再一次燃起了麦哲伦的希望。

麦哲伦乘坐的船只很快进入水道航行，他发现两岸的山峰覆盖着皑皑白雪，低谷中草木也未复苏，一派荒凉萧索景象。更令人担心的是，这条水道相当狭窄，而且异常曲折，布满岛礁、浅滩、航道和数不清的峡湾，河口犬牙交错，纠缠不清。此外，这里总是雨雾弥漫，狂风巨浪没有片刻的停歇。船行其中，难以辨认哪是通道，时刻都有倾覆沉没的危险，麦哲伦多次派出船只先行探路，有一只船居然趁机溜回西班牙去了。最后，一只探路小船终于带来了令人振奋的好消息。“他们已看到了海角与大海，麦哲伦高兴得流下了泪水。”这就是沟通大西洋和大南海的海峡，一条“十分隐秘的海峡”。

经过38天神经高度紧张的航行，1520年11月28日，麦哲伦终于驶出了长达550公里的海峡。经过海峡之际，麦哲伦将其西端的海角取名为“狄齐亚多角”，即“希望之角”的意思，“因为我们希望已久了”。后来，为了纪念麦哲伦，这条狭窄而又曲折的海峡就叫做“麦哲伦海峡”。此外，由于夜间行船时，船员们望见南面陆地上火光闪烁，因而把那里叫做“火地”。他们以为这是未知的南方大陆的北端。

麦哲伦指挥剩下的3艘船驶进了他朝思暮想的南海，不由得松了一口气，因为像当时流行的地理观念一样，他心目中的南海水域并不宽，很容易渡过去。所以他没有做好应有的物资和精神准备，谁知结果在无边无垠的海面上连续航行了100余天才到达西岸，航程超过17 000公里，比大西洋宽得多。途中他们只见到过两个小岛，但是既无人烟，也无淡水。这段航程中，探险队经历了从未有过的饥饿、干渴和坏血病煎熬。对此，皮加费塔记下了一段惊心动魄的文字：“我们已经有3个月又20天未吃过任何新鲜食物。我们的主食饼干只剩下爬满虫子的粉末。我们喝的是储存多日的黄水，气味令人作呕。我们把干硬的牛皮放在海水里浸泡几天，再烤一烤咽下去。有时我们甚至以锯屑果腹。老鼠的价格是每只1个多金币，还往往买不到。许多船员牙龈肿大，不能咬食而活活饿死。”

1521年3月6日，麦哲伦一行在关岛土著那里得到淡水、粮食和蔬菜水果补充。从关岛出发，10天以后即3月16日他们发现前面有较大陆地，这是盛产热带水果的锡亚高岛，船员们登上了海岸，第二天，又发现附近的岛屿。因为3月17日是圣拉萨罗节，麦哲伦于是将他发现的土地命名为“圣拉萨罗群岛”。22年以后，才被改称为菲律宾。

3个多月的航行中，尽管吃尽了各种苦头，然而不幸中之万幸是天气异常得好，没有碰上任何风暴，因此麦哲伦把欧洲人最后发现的也是最大的海洋命名为“太平洋”。太平洋是麦哲伦此次航行最伟大的发现。

在麦哲伦以前，没有任何一位欧洲探险家到过菲律宾，欧洲出的世界地图上也找不到这个庞大的群岛。麦哲伦见到岛上的马来人，知道离摩鹿加不会很远了。麦哲伦在圣拉萨罗各岛之间航行考察，同时传播基督教。宿务岛的君主为了征服一水之隔的麦克坦岛，佯称信仰基督教，并请麦哲伦出兵相助，麦哲伦就这样卷进了当地人的冲突漩涡。1521年4月27日，麦哲伦在战斗中被麦克坦武士杀死在沙滩上。

群龙无首的欧洲水手驾驶仅存的“维多利亚号”和“特立尼达号”继续寻找摩鹿加。由于不谙航线，他们在棉兰姥、巴拉望、文莱之间来回航行。直到1521年10月，他们才找到一个马来人向导。11月8日，向导把麦哲伦的残部带到了摩鹿加，他们在一个小岛上收购了大量贵重香料。“特立尼达号”由于损坏严重，只好留下来进行修理。“维多利亚号”在一贯反对麦哲伦的船长胡安·德尔卡诺的带领下,11 月 21 日匆匆离开摩鹿加,取道回国。

1522 年 1 月底,"维多利亚号"航至帝汶岛。2 月 13 日,自帝汶朝好望角驶去,这时离麦哲伦抵达锡亚高岛已有 11 个月之久。幸存的船员绕过好望角,但是在佛得角群岛又有不少人被葡萄牙当局逮捕,最后剩下 18 名衣衫褴褛、面目全非的船员回到当年的出发地塞维利亚。那一天是 9 月 8 日,但皮加费塔的日记上是 9 月 7 日,原来地球自西向东自转,所以从东向西环球航行一周就会减少一天。现在,解决这个问题的办法是沿 180 度经线划一条国际日期变更线,凡从东向西越过此线就应向前跳跃一天,相反,从西向东越过此线就应往后推延一天。

"特立尼达号"修好以后,1522 年 4 月离开摩鹿加,企图去巴拿马,结果被风暴逼回摩鹿加,成为葡萄牙人的囚徒,后来仅有 4 人生还西班牙。

麦哲伦的环球航行既是一次无人可比的海上大探险,而且在科学史上也有着极其重要的意义,它证明,人类居住的地球的确是一个圆球体,从而最终结束了有关地球形状的无休止争论。麦哲伦的航行也证明世界各大洋都是相通的,而且地球上海洋的面积明显超过陆地面积,从而推翻了陆地大于海洋的误解。

法拉第发现电磁感应现象

1792 年,法拉第出生在英国伦敦南萨里郡的组英顿。他早年在书店和印刷厂工作。1812 年 4 月,英国王室在威斯敏斯特广场为大化学家戴维举行授勋仪式,之后,戴维在皇家研究所举行一系列化学讲座。法拉第偶然得到了一张人场券,在会场,法拉第认真地听讲座,并记下了厚厚一大本笔记。

几天后,法拉第写了一封信给戴维,同时寄上他听戴维演讲时的记录。记录经过了认真的整理,戴维收到这本记录集时感到十分惊讶,他发现这本册子里面不仅有他的演讲内容,而且还有很多他没提到的,后来补充进去的化学知识,共有 380 页。戴维怎么也没想到,这本集子竟出自一个印刷工之手。

几个月后，在戴维的鼎力帮助下，法拉第得到了月薪 25 先令的皇家学院勤杂工职位。就是这份工作让法拉第学到了很多知识，他还得到了以仆人身份陪戴维去欧洲各国科学旅行的资格。回国后，法拉第开始了独立的科学研究，并很快当上了皇家学院实验室总监和代理实验室主任，1824 年当选为皇家学会会员，1829 年，戴维去世，38 岁的法拉第被聘为教授。法拉第通过自己的努力，终于成为电学大师。

在法拉第之前，丹麦物理学家奥斯特于 1819 年发现了电流的磁效应，这是人类第一次发现电动机的原理。随后，法国物理学家安培又发现通上电流的线圈本身也相当于一个磁体。法拉第得到这些消息后，验证了两位科学家的成果。1831 年 8 月，法拉第发现了磁体运动时导线产生感应电流的原理。10 月，他在改进的实验装置中成功地得到了感应电流。

法拉第是一个不满足于现状的人，他要向科学的更高峰迈进。有一次，法拉第把许多铁屑撒在磁铁周围，发现铁屑不仅磁化了，而且在磁铁两极间排成规则的曲线。一个极其平常的实验让法拉第意识到：电和磁周围布满了电和磁的“力线”。法拉第的这一观点是对理论电磁学的开拓性贡献，他为后来有关场的研究和应用开辟了道路。

法拉第这位电学大师，在磁学、光学、电工学等一切与电有关的物理学领域及电化学、电磁与引力的关系等方面均获得了巨大成就。电磁感应现象的发现，使电气时代的到来成为可能，而力线理论的提出预示了经典电磁学的最终完成。

哥白尼创立日心说

尼古拉·哥白尼 1473 年 2 月出生于波兰一个面包师的家庭。他 10 岁时，父亲去世了，便跟着舅舅生活。哥白尼的舅舅是一个主教，他送给外甥许多天文学方面的书，这些书籍使哥白尼对“天空”产生了兴趣，他总是不断地观察着有趣而神奇的星宿变化。

1491 年，哥白尼考入克拉科夫大学。在大学里，他获得了医生证书，还钻研了托勒密的天文学理论，学会了使用天文仪器。从此，他对天文学的兴趣更浓了。

22岁时,哥白尼前往意大利,先后在波伦亚大学、帕多亚大学和斐拉拉大学学习医学、法学、神学和天文学。4年后哥白尼被聘为罗马大学的天文学教授。哥白尼在罗马大学一直按照托勒密的"地球中心说"来教授天文学。所谓"地心说"就是:"静止的地球是宇宙的中心,恒星天外是第九重天,上帝就住在那里。上帝为照亮白天,造了太阳;为照亮黑夜,又造了月亮。"哥白尼照这种理论教了3年以后,越来越怀疑这种理论。因为他知道,早在2000年以前,古希腊哲学家毕达哥拉斯就指出过,宇宙的中心是太阳而不是地球,地球只是环绕太阳运行的恒星之一。为了彻底证实这一理论的科学性,哥白尼放弃了罗马大学的教授席位,回到波兰,在弗洛恩堡大教堂担任教士,获得了充裕的时间来从事科学研究活动。

在弗洛恩堡教堂西北角的围墙上,有一座小阁楼。哥白尼为了研究工作的方便,就选定阁楼做宿舍,并在那里设置了一个小天文台,用自制的简陋仪器,坚持观察天体30余年。他所著的《天体运行论》一书中选用的27个观测事例,其中25个就是他在这个阁楼上完成的。

《天体运行论》是一部巨著。在这本书里,哥白尼指出:"太阳是宇宙的中心,所有行星都围绕太阳运转;人们每天看到太阳由东向西运行,是因为地球每昼夜自转一周的缘故,而不是太阳在移动;同样,天上星体看上去在不断移动,也是因为地球本身在转动,而不是星体围绕着静止的地球转动。"这些观点勾勒出了太阳在"宇宙"的地位,创立了"日心说"。

"日心说"推翻了自公元前300年由古希腊哲学家亚里斯多德提出的"地心说"的统治地位,描绘出了一幅太阳系的真实图景,为近代天文学奠定了基础,并从根本上将科学从神学的桎梏中解放出来。

随着自然科学的发展,1600年哥白尼的"日心说"终于广为人知,并引发了一场哲学革命。

伽利略发现新宇宙

1564年,伽利略出生于意大利比萨市一个没落的贵族家庭。他17岁考入比萨大学,在大学里,伽利略在宫廷数学家里奇的精心辅导下,把阿基米德的浮力原理和杠杆原理结合起来,获得了精密的测量方法,发明了用以测定合金成分的“液体静力天平”,引起了学术界的注意。25 岁时,伽利略受聘为比萨大学教授。

1590 年的一天,伽利略邀请了许多学者和大学生来到比萨斜塔下面,他和他的助手登上斜塔,让一个重 100 磅和一个重 1 磅的铁球同时由塔上自由下落,轻的和重的几乎同时落地。伽利略把实验重复做了一次,结果仍然相同。伽利略的这次实验,动摇了亚里斯多德在物理学中长期占统治地位的臆断(亚里士多德认为不同重量的物体从高处下落时速度不一样),在观众中引起了很大的震撼。伽利略发现了真理,但却激怒了比萨大学里亚里斯多德学派的信徒,他们攻击伽利略是圣教的叛徒。伽利略被赶出了比萨大学,但正是这个实验让他发现了“自由落体定律”。

伽利略离开比萨大学后,来到学术空气自由的帕图拉大学。每逢他上课时,大厅里挤满了前来听课的学生。伽利略给学生们讲宇宙,并告诉他们:“宇宙中没有任何东西是一成不变的”,这个观点与亚里斯多德的学说正好相反。他还告诉学生,宇宙中所有东西、所有原子、所有星球都在运动,而不是静止不动的。

1609 年,伽利略经过刻苦钻研和实验,成功地研制出了世界上第一架放大倍数为 33 倍的天文望远镜。在这架望远镜的帮助下,伽利略做出了一系列重大的发现:月球表面呈现不规则的凹凸状起伏;银河由千千万万颗暗淡的星星所组成;太阳上面有黑子;土星周围有光环;木星旁边有 4 颗

运转着的卫星;地球并不是各个天体旋转的唯一中心,等等。所有这些结果,都有力地支持了哥白尼的“日心说”,即地球和所有行星都围绕太阳运行。第二年,伽利略出版了他的《星际使者》,向全世界宣布了他的上述发现。

1611 年,伽利略在《关于太阳黑子的通信》中,肯定太阳是宇宙的中心,支持哥白尼的“日心说”。他指出,天体的永恒,只是相信亚里斯多德哲学的教士们自己的看法,而不是天主教的教义。然而,当时势力强大的教会反对哥白尼的“日心说”。他们认为地球是宇宙的中心,太阳围绕地球转动,而地球是静止的。因此,教会在 1616 年给伽利略下了一道禁令,不准他讲授哥白尼的学说。

1623 年,伽利略冒险开始《关于两种世界体系之间的对话》的写作。同时他 6 次请求教皇乌尔班接见他。他谨慎地向乌尔班介绍哥白尼学说的书籍,教皇同意他把对“日心说”赞成和反对的论点一起写出来,但不允许他得出地球是绕着太阳旋转的结论。6 年后,伽利略完成了他的杰作。在书中,他巧妙地阐明了自己支持哥白尼学说的证据,他把哥白尼的学说当作“一种纯数学假说来叙述”,1632 年,这本书得到教会监察吏的许可后出版发行。但是,教会的权威人士很快就发现了伽利略仍在支持哥白尼的“日心说”,于是一次又一次地把他押上宗教法庭。

这时的伽利略已年近 70,身患重病,体质虚弱。在宗教法庭上,他的精神和肉体受尽了折磨。1633 年 6 月 22 日,他被迫发誓:哥白尼的理论完全是一派胡言乱语。伽利略刚宣布完他的誓言,却又大声说:“无论怎么说,地球到底是在运动着的。”这说明伽利略并没有放弃自己所坚持的学说。伽利略被判处终身监禁,监外执行。

尽管受到不公正的待遇,伽利略仍没有放弃科学,3 年后,他又完成了《关于力学和位置运动的两种新科学的对话和数学证明》这部巨著。在书中,他大胆叙述了物体的各种运动和动力学有关的一些问题,为近代实验科学的发展开辟了广阔的道路。这部书后来得以偷运到荷兰出版。

伽利略的晚景极为凄凉,1642 年 1 月 8 日,他含冤离开了人世。1983 年,罗马教会终于为伽利略冤案做了公开平反,肯定他是一位科学巨人。

牛顿发现万有引力定律

伊萨克·牛顿,1642 年 12 月 25 日诞生于英国林肯郡的伍尔斯托普村。少年时,牛顿喜欢一个人动手制作会活动的玩具,他对机械制作和实验有着浓厚的兴趣,同时也喜欢数学和绘画。

19 岁时,牛顿考入英国剑桥大学,从师于巴罗教授。1665 年,牛顿毕业,为了继续搞研究,他仍留在大学的研究室工作。可是,就在这年的 6 月,淋巴腺鼠疫席卷英国,剑桥大学被迫停课。牛顿只好回到伍尔斯托普乡村的老家。在这段时间里,牛顿对自然科学中许多领域的问题进行了认真的思考。也正是在这段时间,他作出了科学史上最重要的发现。

1666 年秋季的一天,牛顿一大早就拿着笔记本到家里后花园散步去了。这几天,地球引力的问题总是困扰着他。他自言自语地说:"为了使地球、火星、金星等围绕太阳运转,太阳必须牵引着这些行星。为了使月球围绕地球运转,同样地球也必须牵引着月球。因此天体之间肯定有引力在起作用。"

正当坐在苹果树下的牛顿陷入沉思时,忽然有一个苹果从树上落下来,掉到他的头上。他摸了摸被砸痛的头部,心想:"这个苹果为什么会落下来呢?是因为它熟透了吗?可是,它熟透了为什么只往地上落,而不向天上飞呢?对了,苹果落地,那是因为地球在吸引它。地球对苹果的引力,就是在高山上也不会减弱。如此说来,这种地球引力也能够到达月球了!"

想到这里,牛顿的眼里闪出了奇异的光芒,他一边想着,一边在笔记本上画了起来,嘴里还说着:"地球是圆的,在地面高处的任何一点,把一块石头轻轻放开,石头就会做自由落体运动,落到这一点的正下方,这是由于地球对石头有一种引力。如果不是将石头轻轻放手,而是向水平方向抛出,石头就会落到离这点较远的地方,其运行轨迹是一条抛物曲线,而且速度越大落地越远,这是因为石头在做水平运动的同时,也受地球引力的作用,所以飞过的路线是曲线。如果抛出的速度特别快的话,它就不落到地面上,而是沿着一定的轨道,围绕着地球转起来。那么,月球之所以能以一定距离围绕地球运动,就是因为月球总是向地球方向下落的缘故。就像苹果落地一样,月球也是向着地球下落的。”他边想,边画,边说,思维一步步被打开,终于解开了几天来思索的那个问题的谜底。

当天晚上,牛顿计算出了地球引力的减弱是与地球中心到月球的距离的平方成反比的,这就是“平方反比律”。后来他又联想到太阳、行星,也计算出引力同距离的平方成反比。

十多年后,也就是公元1687年,牛顿在证明了万有引力定律后,在《自然哲学的数学原理》一书中发表了自己的万有引力定律和运动三定律。该书中提出大量的新科学知识,使世界面貌发生了永久性的变化。由于发现了万有引力定律,牛顿成为世界上有史以来最伟大、最有影响力的科学家之一。

达尔文开创进化论

进化论的创始人、英国自然博物学家达尔文,1809年出生于英格兰的施鲁斯伯里,他的祖父是著名的医生,父亲也是医生,母亲是当地陶器制造业负有盛名的创办者韦奇伍德之女。达尔文早年曾在爱丁堡学医,后来到剑桥大学学习神学,打算将来当个安立甘教传教士,然而在剑桥大学期间他却对科学和植物学产生了浓厚兴趣。

1831年,达尔文参加了皇家比格尔号(小猎兔狗号)舰队,用5年时间环游地球,研究动物和植物。1839年,达尔文把他的发现以《一个自然学者随比格尔的航行》为题公诸于世。他的进化理论形成于1837年－1839年之间,1859年他把自己的发现凝练成《物种起源》。这本书与1871年出版的《人的由来及性选择》是达尔文一生中影响最大的两部著作,他在写作时采用了大量丰富的野生生物材料。

达尔文与他的表妹爱玛·韦奇伍德结婚。不久,他的健康状况开始恶化,他们迁居到肯特郡当村,达尔文基本上是在那儿度过了他的余生。晚年的达尔文很少旅行,只是偶尔到伦敦与他的亲戚见面。他有一笔遗产收入,还可以出售他的著作版权。他与当时科学界的领军人物建立了友谊,他的生活可以用谦虚和勤奋工作来概括。1882年达尔文去世,安葬在威斯敏斯特教堂墓地。

进化理论对现代人而言可以说是家喻户晓，进化的观念在达尔文之前已经存在了上百年，但从没有这样深入人心。达尔文第一次给出了进化现象的自然的、科学的解说，尽管早些时候，黑格尔的辩证法已经用进化的哲学取代了静止的宇宙观，德意志浪漫主义作家已经被变革的概念所吸引。

19 世纪开始的时候，进化的观念进入了科学领域，马上就对《圣经》的诠释和某些人极其深厚的信仰发起挑战。

19 世纪初，人们还对《创世记》里上帝创造世界的记载深信不疑。他们相信上帝在 6 天时间里创造了世界，并分别地创造了每一种动物、植物；他们接受大主教乌色尔推算的时间纪年，即世界开始于公元前 4004 年；他们还接受产生于亚里斯多德的观念，即“存在的巨大链条”把万事万物安排在宇宙的各个等级上，人类被放在草木禽兽与神之间。根据威廉·佩利的关于最高设计者的说法，世界就像一架钟表，就像一部精心设计的机械，每个部件都让造物主安放妥帖了。

19 世纪 20 年代至 40 年代，这种对世界的理解完全改变了。

对这种信仰的第一个挑战来自赖尔（1797 – 1875 年）的地质学著作《地质学原理》，赖尔的著作描述了地球的变动过程并非是一次形成的，完全不是神的创造结果。赖尔表明了地质的过程如隆起、侵蚀和沉积发生在亿万年里，并因此形成了高山和峡谷。赖尔的著作以科学的论证，说服公众相信世界的创造是一个长久的过程，而不是片刻间的奇迹，世界的变化应归因于物理的性质。

那时科学家们开始发掘化石和已经绝灭的物种遗迹，这些绝灭的物种看来没有被世界的“钟表制造者”或“存在的巨大链条”安装在合适的位置。这些化石的历史数以百万年计，而不止有几千年。挖掘出来的骨头化石拼凑成古怪的恐龙，这些噩梦似的创造物的突然出现，带来一个噩梦似的真实：世界远比公元前 4004 年更为古老；曾经有些动物盛极一时而后又销声匿迹；并没有“存在的巨大链条”。这些情况表明：《圣经》的记载显然不真实。基督教因此受到重创，许多人声称，基督教从此再也没恢复过来。

达尔文随比格尔舰队周游到南美洲的时候，收到了赖尔的《地质学原理》第二卷，这本书给达尔文带来极大的震动：

"我总感到我的书有一半出自赖尔的智慧,而且我的知识从没有达到过如此之丰富;因此我总想到,《地质学原理》巨大的功绩是完全转变了我的心灵基调。"

当达尔文开始野生生物的研究时,有3种方式可以用来给物种分类,这些分类方式源自亚里士多德:

特殊类型:猫是显然不同于一条狗或者一匹马的猫。

家庭类型:豹子是猫家族的成员。

等级类型:人作为创造物的等级高于阿米巴变形虫。

这种理解使柏拉图主义得到加强,在柏拉图主义看来,世界上所有的猫都分享着"猫性",因而明显地有别于其他动物。这种分类方式得到创世说的进一步加强,《创世记》说:"现在,我主上帝造出了地上的所有走兽和天上的所有飞鸟。"换句话说,上帝分别地、自发地创造出每一个创造物。

甚至在达尔文之前,瑞典植物学家林奈在他的《自然系统》(1735年出版)里,就已经在思考把每一个物种分门别类,但他没能一劳永逸地解决这个问题。

达尔文的理论石破天惊地宣称:"人类和猿猴有共同的祖先,人类是一种动物,与其他动物有类似的进化过程。"相信在一次创造行动里造出人类的、备受崇敬的偶像突然被荡涤,只是因为达尔文的理论考察了物种、适应和进化。

达尔文主张自然选择是进化改变物种的机制。他证明每一代物种中最强健的、最能适应环境的个体会存活下来,并把这些特性传递给下一代,经过一段长久的时期,动物的形态就会累积出可观的改变。动物和植物,达尔文说,靠进化在它们的生存环境里相互竞争,繁衍后代。有的物种,如人类,进化得较快;有的物种进化得慢,如鱼类,相对保持不变。正如斯宾塞铸造的著名格言:"适者生存。"

达尔文的进化理论有几个直接的推论:

物种之间的差别融合。正如19世纪发现并考察的化石记录表明,有的物种差别开始看出融合之处。达尔文把所有的动物生活画成一棵树形谱系图,从图上看,所有的动物都有可能追溯到共同的祖先。他写道,从本质上看,"人与较低等的动物在自然属性上没有不同,尽管在进化程度上差别巨大。然而在进化程度上的差别无论多么巨大,都没有道理将我们人类抬举到与众不同的领域。”换句话说,人类纯粹已经被单纯地看作是一种动物。

进化发生于一个漫长的时期。取代上帝6天创世说,达尔文的进化论迅速地让世人明白,复杂的动物需要几百万年的时间来实现进化,一个世代的时间是不足以进化出一头大象的。因而,《圣经》的记载显然不可当真。

进化论改变了生命的含义。人们曾相信上帝创造人类,上帝给人类安排了目的和计划,可忽然之间,人类变成了盲目的、随机的、自发的、自然过程的结果,这个推论带来人们心理上极其巨大的震撼;取代了人类是上帝庇护的孩子的观念,人类忽然发现自己漂泊在一个漫无目的的世界里,这个推论给许多反对进化论的人本能的反感火上浇油。

达尔文没有从他的理论中铸造出任何哲学,尽管他唤醒了那个时代。达尔文也没有把他的理论应用于经济或者工艺。达尔文只是相信,不同的生命群体进化着不同的道德,这使他质疑上帝,质疑上帝唯一的道德权威。

激烈的争论终于爆发了。1860年,一场著名的辩论在萨缪尔·威尔伯福斯、牛津主教与赫胥黎(他已经变成达尔文观念的伟大鼓吹者)之间展开,当大主教结束发言时,他嘲弄进化论,问赫胥黎究竟是从他的祖父那里还是从祖母那里得到猴子的遗传?一位目击者写道:这时赫胥黎先生不慌不忙地站起来,一个瘦长的高个子带着严峻苍白的面孔,很平静很庄重,站在我们面前,讲出了那些有分量的话——确切的话记不清了,在场的人都为对话的内容屏住了呼吸,对话的含义我们都确定无疑地明白,他说,他不会因为有一个猴子的祖先而感到羞耻,但却会因为与一个费尽心机来压制真理的人打交道而感到羞耻。他的话人人都听明白了,而且受到极大感染,有一位女士昏倒了,让人扶了出去,我几乎从我的椅子上跳起来。

达尔文的进化论在这天取胜了。赫胥黎的讲演稿《人在自然界中的位置之证明》于1863年发表,最终确定人类与猿猴的关系。同年赖尔的《古代人类》发表,向读者证明人的起源可以追溯到几百万年以前。1871年,达尔文发表了《人类的由来及性选择》,在书中他把那次著名的辩论作了概括，把人类纳入一个进化体系。在科学面前，《圣经》输了，科学因胜利而狂欢，一个相信科学的时代来临了。

诺贝尔制造炸药

1833年10月21日，瑞典的斯德哥尔摩，从一位普通的机械师家里，传来了一阵婴儿的啼哭声，一个婴儿诞生了，他就是后来举世闻名的炸药大王诺贝尔，全名叫做艾弗雷德·伯哈德·诺贝尔。

瑞典首都斯德哥尔摩依山傍水，美丽如画。在一个较偏僻的里弄中，这个姓诺贝尔的一家人，过着小康而和睦的生活。机械师下班回家，主妇操持家务完毕，孩子们放学之后，屋子里就充满了欢声笑语，老诺贝尔一个接着一个地讲着古今的自然现象和科学发展的故事，小诺贝尔们则睁大眼睛，没完没了地提出各式各样的问题。日复一日，孩子们在这样的环境中受到良好的家庭教育，夫妇俩看着他们的一群孩子都在健康的成长，感到无比的欣慰。

诺贝尔8岁那年入学，在同年级众多的小学生中，他表现出非凡的接受能力，学习成绩经常名列前茅。

他的父亲伊曼纽尔·诺贝尔，没有学过化学专业，但为了工程的需要，只好自己试做炸药。有一次，非常不幸，炸药发生爆炸，引起一场大火，把自家的和邻居的房子都烧掉了。顿时的倾家荡产和遭受街坊四邻的不容，他只好只身去邻国芬兰找事做。不久，他创制了一种水雷，被俄

国公使知道了,又受邀去了俄国,安定下来之后,伊曼纽尔·诺贝尔就将全家人接到自己的身边。

诺贝尔兄弟们不会俄语,于是他们都在家中由一位家庭教师教授功课,其余时间,就跟着父亲到工厂里打零工。诺贝尔从小在父亲身边,耳闻目睹,深受影响,1850 年 17 岁时便以工程师的名义去美国学习和实习,又到欧美考察,4 年后才重新回到阔别已久的祖国。在这一段时间里,诺贝尔不仅勤奋读书,掌握了多国语言文字,还了解到当时工业发展的实际情况和迫切需要解决的问题,并为自己定下了从事化学研究和改进炸药的意愿。

黑火药是中国古代伟大的四项发明之一。中国古代的炼丹家和军火制作人员,在用硝石、硫磺、木炭配制各种用途的炸药时,常有不幸的火灾、爆炸、烧伤、炸死等事故发生,但终于得到了不同的成熟配方和较安全的操作经验。黑火药后来传到欧洲,引起了欧洲人制造爆性更猛的炸药的要求,诺贝尔所处的正是人们提出这一要求的时代。当时,已经有很多人,其中也包括诺贝尔的父亲,都在研制猛性新炸药。传闻说法国人已经发明了性能优良的炸药,这刺激了诺贝尔,促使他竭尽全力加快了研究活动,为此,在他的一生中,经受了多次的风险。

1847 年,意大利人苏伯诺制成了一种有强烈爆炸性的东西,它是一种液体,叫做硝化甘油,但由于硝化甘油对振动很敏感,制造和运输都很危险。从 1862 年开始,诺贝尔用了三四年的时间,经过多次反复试验,首先制出了炸药引爆药雷酸汞。在接近成功的一次实验中,突然发生强烈爆炸,室外的人都以为诺贝尔必定被炸死无疑了,然而等到弥漫的烟尘消散时,满身血迹的诺贝尔竟从破碎的瓦砾堆中奇迹般地爬了出来。看着惊呆了的众人,看着身后倒塌了的房屋,他伸臂跳跃、狂呼这次实验的成功,全然忘掉了周身的伤痛。现在人们所使用的一切爆炸的引信雷管中,就装有雷酸汞。

诺贝尔在研制硝化甘油的引爆剂的同时也在研究硝化甘油的稳定剂。开始他试着将硝化甘油和黑火药混和,但放置时间稍长,就不会爆炸只会燃烧而没有使用价值。后来他又用一种醇(甲醇)的液体与硝化甘油混和,效果较好。在瑞典国内获得了这一发明的专利之后,诺贝尔父子俩就带着这一成果去了法国。

在法国，他们开始想得到富商的资助开办工厂，但无人愿为这“不可思议”的爆炸物出钱担风险。直到一次偶然的机会里，他们受到拿破仑第三(路易·波拿巴)的赞许，得到10万法郎的资金，才在法国的海伦坡建造了一座实验所。

不幸再次发生，1867年9月3日，海伦坡实验所发生了意外的大爆炸，正在做实验的诺贝尔的弟弟埃密·诺贝尔当场被炸身亡，许多人遇难，就连诺贝尔的父亲也被炸成半身不遂。这次轰动一时的海伦坡爆炸事件，使诺贝尔不得不又回到瑞典，听着人们的嘲骂声，反思自己的过去，重新开始继续实验。

为了一旦发生事故不会殃及他人，诺贝尔在朋友的帮助下，租了一只船，在斯德哥尔摩郊外的马拉湖上建立了一个实验室，经常工作到深夜。有时碰上刮风，把船吹向岸边，岸边的人就狠狠地来驱赶他。由于诺贝尔在困境中坚持实验，经过多次申请，终于得到政府的批准，在温特维根地区选定了一个适合的场所，建起了世界上第一座正式生产硝化甘油的工厂。

硝化甘油是用浓硫酸、浓硝酸跟甘油反应制成的，但若在成品中清洗不够，常会残留酸的成分，这样的后果一是会腐蚀容器，二是会促使硝化甘油自行分解而引起爆炸。当时诺贝尔还没有意识到这种潜在的危险，所以在世界各地，由于硝化甘油而引起的火车、轮船大爆炸，以及贮存和使用硝化甘油引起库房、工厂大爆炸的事故，相继发生。

诺贝尔在公众对硝化甘油的实用价值发生怀疑时，在各国政府下令禁用硝化甘油的打击下，并没有退缩。他决定暂时到使用硝化甘油最多的加利福尼亚建厂，就地生产，减少运输和贮存的事故，同时加紧研究，改进硝化甘油的稳定性。

诺贝尔又经过一系列的失败之后，终于找到一种叫做硅藻土的多孔性固体物质能用来吸收硝化甘油，第一次制成了十分安全的猛烈炸药。因此，他和他的父亲在1868年获得了瑞典科学会颁发的“雷特斯泰特奖”。

1875年，诺贝尔又成功地用由硝化甘油和火棉(硝化纤维)制成了不怕水的胶体炸药，并在这一基础上又制成了颗粒状的无烟火药，为现代军事工业奠定了基础。

人们都知道诺贝尔是制造炸药的化学家,实际上他对多种学科都很感兴趣,富于创造革新,一生中,共获得过355项发明专利。他对文学也颇为爱好,不仅写诗还写过小说。真可以说是一位才华横溢的学者。

诺贝尔一生研制成功了多种炸药,本想让它去为人类的和平建设服务,但在晚年,当他看到战争使成千上万的人在炸药下死于非命时,十分痛心。因此他主张"所有国家都应该履行和平公约……"并愿意拿出自有财产的一部分,作为奖金,奖给世界上对和平事业做出贡献的人。

诺贝尔终身未婚,一生过着独身的生活,由于长年夜以继日地在实验室里被各种药品熏蚀,多次经受爆炸创伤,后来又患上心脏病,终于在1896年12月10日与世长辞了。临终时,他只有64岁。

诺贝尔临终前留下遗嘱,将他遗产的一部分共920万美元作为基金,以其利息设作奖金。从1901年开始,全世界已有500多位科学家(物理、化学、生理学和医学)、文学家、经济学家、和平战士和十多个群众团体获得过诺贝尔奖金。

爱因斯坦提出相对论

杰出的科学天才,现代伟大的物理学家,相对论的提出者阿尔伯特·爱因斯坦,1879年出生于德国的乌尔姆市。爱因斯坦在慕尼黑度过了青少年时期,童年时他喜欢幻想,看不出有什么天分,喜欢音乐,讨厌游戏。由于父亲生意的失败,他离开学校,到米兰给父母当帮手。1901年他放弃了德国国籍,加入瑞士国籍。他第一次报考苏黎世理工学院电气工程系时落榜,一年之后才被录取。

爱因斯坦毕业后未能谋求到一个教学的职位,只能到设在伯尔尼的专利局当一个职员。1904年到1917年间,借助当时普朗克和洛伦兹等物理学家最新的研究和测量成果,他在心里重新思索着宇宙,他的里程碑之作是1905年提出的"狭义相对论",论述高速运动的问题;1915年他提出了"广义相对论",论述引力的问题。经过几年的艰辛工作,爱因斯坦声誉日隆。1933年纳粹在德国的兴起,迫使爱因斯坦流亡比利时,他在柏林的别墅被盖世太保征用,由于他曾打算资助一个共产党武装力量,财产因此被没收。他的著作在柏林国家剧院广场上被当众焚毁,因为那是所谓的"犹太"物理学。他辞去普鲁士科学院院士职务,1933年来到美国的普林斯顿研究所,从此再没有回到欧洲。他住在一所简朴的房子里,那里堆满了书籍和笔记,每天要工作到很晚。

爱因斯坦坚信对希特勒只有用暴力才能遏制,于是他写信给当时的美国总统罗斯福,向他通报核裂变的能力。爱因斯坦的信开辟了核能时代——现在我们大家都生活于其中——结果美国于1945年秋天用两颗原子弹轰炸了日本广岛和长崎,从而结束了世界大战。爱因斯坦并没有参与开发核武器,当他听到核弹轰炸广岛的消息时感到沮丧和伤心,并在晚年致力于反对原子武器。他谦虚、孜孜不倦,是伟大的印度非暴力主义者甘地的一个赞赏者。

20世纪初,爱因斯坦继承了包括牛顿关于万有引力的研究成果,还有詹姆斯·克拉克·麦克斯韦的研究成果。

爱因斯坦表明,宇宙包含着有限的能量,如果你燃烧什么东西或者爆炸什么东西,并不能增加宇宙里的能量总量,它只是从一种形态转为另一种形态,宇宙能量的总量依然保持恒定。事实上,能量驻留于物质之中,能量就是物质,物质就是能量。根据这个概念,爱因斯坦推导出著名公式:能量等于质量乘以光速的平方($E = mc^2$)。这个理论概括了宇宙所有的运动和创造。这个理论解释了像太阳这样的恒星天体怎样燃烧释放能量,万有引力怎样弯曲光线,宇宙又怎样地弯曲空间,宇宙怎样膨胀。爱因斯坦写道:"在某种意义上,我真的做到了用纯粹的思想领悟现实,像古人梦想过的那样。"

爱因斯坦著作里让人震惊的是他的文体的优美和计算的简练,其中没有像其他科学家著作里常见的脚注和含糊之处,显而易见地轻松简洁,他推演出的公式使人类"更接近造物主(Old One)之秘密"。

爱因斯坦反对量子理论,尽管他自己的工作修正着量子理论,他写信给马克斯·玻恩(Max Born):"量子力学毫无疑问是言之成理堂而皇之的,但是内心有一个声音告诉我,量子力学还不是靠得住的,这个理论尽管说得很多,但并没有让我们更接近'造物主',我在任何情况下都相信,神是不玩骰子的。"

量子理论首先由德国物理学家马克斯·普朗克于1900年提出,它保持着与先前的物理学的种种联系。如果相对论可以处理大尺度物质的问题,量子理论只能处理小尺度物质的问题,量子力学处理的对象小于原子层次。古希腊哲学家德谟克利特曾声言物质都是由原子构成的,原子是宇宙间最小的单位。科学家们习惯于运用原子的观念,直到他们发现比原子更小的粒子。科学家们还发现这些粒子没有确定的行为方式,而是或然的、随机的,所以这些比原子还小的东西表现出不确定性。海森堡(Heisenberg)的“测不准原理”表达了这个性质,即这些粒子的波动性、粒子性、空间位置等不能通过实验同时加以确定,物质从根本上来讲是不确定的,必须放弃绝对的概念。

当相对论与量子理论的研究处于各自的领域时,它们之间不能吻合。现代物理学面临的任务是发展一个统一的理论,把相对论与量子力学协调起来。

爱因斯坦在早年就拒绝人格化的上帝,他也拒绝任何原教旨主义者对《圣经》的解读,如果说爱因斯坦追随某种宗教的话,那就是斯宾诺莎(1632–1677年)的泛神论,当爱因斯坦面对宇宙时,他怀有一种宗教式的敬畏。他写道:

人生的含义是什么?或者,所有有机体生存的含义是什么?对这种问题的回答全都暗含着一种信仰——一个看不出自己和他人生活意义的人,虽然未必是不幸的,但他的生活几乎就是不够格的。

爱因斯坦承认自己是有着“深深的信仰的人”。他的信仰感情是“我们难以洞察的某个事物存在的知识,极其意味深长的理由和极其光辉灿烂的优美,只能以它最基本的形式接近我们的理性”。爱因斯坦钻研非常核心的宇宙问题,他的惊人发现让人们不停地追求科学的真相。

巴斯德发展预防接种技术

路易斯·巴斯德,1822年出生于法国东部的多尔城,是一位杰出的微生物学家和化学家。巴斯德一生为人类健康,以及对微生物的研究,都做出过辉煌的贡献,其中最著名的是他发现病原并对预防接种技术的发展。

巴斯德很早就开始研究人类致病的原因,结果他发现了多种病菌。为了防止病菌传染,他向医院的医生们宣传和推广高温杀菌法。如今医院里使用的医疗器械都要用高温的水蒸汽蒸煮,这种消毒方法就是巴斯德发明的。高温杀菌法除了在医学上使用,还能用来清除食物和饮料中的病菌,如消除牛奶中的病菌等。人们为了纪念他的功绩,就把这种高温杀菌法称为"巴氏消毒法"。

1880年,法国一些农户养的鸡大批死亡,原因是鸡霍乱流行。怎样才能使鸡不生传染病呢?巴斯德于是向科学院送上了一份报告:传染病的免疫法。原来,巴斯德很早就在研究鸡霍乱的病菌。起先,他把病菌培养物的浓缩液注射到鸡的身上,鸡很快就死了。后来,他把菌液放了几个星期以后再注射,鸡却没有死。经过反复实验,巴斯德认识到,病菌放置一段时间以后,不仅毒性大为减小,而且还有抗病效力。这样,他制成了鸡霍乱的疫苗,给鸡注射后,能增加鸡的抵抗力,防止疫病传染。

后来,巴斯德又用这种方法制出羊的炭疽病疫苗。但是,当他把疫苗注射进羊的身体以后,只见它四肢抖动,鼻孔流血,很快就死了。巴斯德把埋葬死羊的墓地掘开,仔细观察尸穴泥土,终于发现了一个奇迹:即使羊已经死了几年,炭疽菌孢子的毒性还是很强!"加温试试!"巴斯德想着,于是,他试着用高温来培养炭疽菌疫苗,结果获得了成功。

发现了培养疫苗的方法,巴斯德就开始研究人类疾病的病菌。他在研究所里进行广泛试验,制成了伤寒、霍乱、白喉、鼠疫等多种疫苗,控制了多种传染病。

巴斯德在科学界最大的成就是征服了狂犬病毒。

巴斯德在显微镜下仔细观察狂犬的脑髓液,没有发现病菌,可是把狂犬脑髓液注射进正常犬的体中,正常犬马上得病死去。最终巴斯德发现这是一种比细菌还要小的病原,也就是"病毒"。怎样攻治狂犬病呢?

巴斯德把刚死的狂犬脑髓取出,悬挂在一个干净的瓶子里晾干,过了14天,把它加水磨成浆糊,注射进正常犬的体中,结果没有发病。第二天,取13天前死的狂犬脑髓液注射进这只犬的体中,同样没有病。这样一天天地更换,到第14天,注射刚死狂犬的脑髓液,结果这只正常犬完全正常——一种医治狂犬病的疫苗诞生了!

有一天,一个妇女抱着9岁的儿子来找巴斯德。妇女流着泪说:"教授,救救我的孩子吧!前天,他被疯狗咬了,他快不行了。”巴斯德说:“我只做过狗的试验,还没有治过人呢!怎么办?”“你就把我的孩子作第一次试验吧!”这位妇女诚恳地说。“好吧,我试试看。”说着,巴斯德取出了14天前的狂犬脑髓液。一针注射下去后,孩子睡着了。第二天注射13天前的狂犬脑髓液,孩子仍然很好。日子一天天过去,髓液愈来愈新鲜。可是,孩子的身体却愈来愈好。到了第14天,最新鲜的狂犬脑髓液注射进孩子的身体,孩子又睡着了。然而,巴斯德却着急了,他说:“这是毒性很大的液体,孩子能受得了吗?”天刚亮,巴斯德就跑到孩子的病床旁,发现孩子正在高兴地嬉耍,巴斯德愉快地大笑起来。

巴斯德因为发现病原和对预防接种技术的发展所做出的杰出贡献,受到世人的广泛尊敬。

巴甫洛夫发现条件反射现象

20世纪初,俄国生理学家巴甫洛夫创立的关于神经系统的“条件反射”学说,把生物生理学最重要的神经系统研究分支推进到了高级神经活动研究的新阶段。

巴甫洛夫像

人类对生物神经系统的探索，已有数千年的历史了。还在很古的时候，人们就观察到了神经，但对神经的结构和功能没能理解。到后来，盖伦在前人研究的基础上，认真研究了神经的结构，发现它和动脉、静脉一样，其中有一种不同的液体在流动。他认为，分别在神经、动脉和静脉中流动的3种液体，以神经中的液体最为纯净，因而他把它称为"动物灵气"。但遗憾的是盖伦没能把神经与大脑联系起来，没能对神经的功能和"灵气"的功能给予说明。

生物是在哪里进行思维的呢？这是一个在人类诞生后几千年中一直未能解决的问题，有人说在心中，有人说在肝胆中，还有人说在脾脏中，但就是没有谁想到在大脑中，因而产生了今天的"胆小"、"心碎"、"发脾气"之说。连古希腊最聪明博学的亚里斯多德，也错误地认为生物的脑只是调节空气的东西，也就是说是用来冷却过热血液的冷却器。

世界上第一个把神经和大脑结合起来从而开创现代生物神经系统研究的人，是生活于17世纪的英国解剖学家威利斯。此后，法国解剖学家维克达居尔等人又草拟出了脑的解剖学轮廓。直到18世纪，瑞士生理学家哈勒才完成了神经系统功能的第一个决定性发现。

哈勒发现，刺激神经远比刺激肌肉本身更易于引起肌肉收缩，而且这种收缩并非随意的，甚至在机体死亡后刺激神经仍能引起肌肉收缩。他还把通往特定组织的神经切断，结果发现这些组织不再产生反应。由此，哈勒得出结论，感觉是由神经运载的，脑通过神经接受感觉信息，并通过神经传送引起诸如肌肉收缩那样的反应的神经冲动。他推测所有神经都到达脑中央的接合站。

19世纪初，德国生理学家缪勒发现，感觉神经经常产生它自己固有的感觉，而不管刺激的性质。所以视神经不管是被光刺激，还是被猛击眼部的机械压力刺激，都感觉为闪光。此后，英国生理学家霍尔研究了另一类型的行为，诸如人手偶然碰到很烫的物体时，手就会立即挪开的行为，于是又首次发现了神经的无条件反射过程。

1873年，意大利生理学家高基找到了神经细胞染色体，终于弄清了神经细胞之间虽然靠得很近但并不互相融合的细微构造。1889年，西班牙神经学家拉蒙和卡哈尔在此基础上建立了神经元学说。此后不久，英国生理学家兰利又发现了"交感"和"副交感"两个神经系统几乎作用于每一个内脏器官，但却表现出效果相反的控制作用。

1849 年出生于俄国一个神父家庭的巴甫洛夫，正赶上生物神经系统研究飞速发展的时期。还在上大学时，他就立下了把一生献给生物研究的志愿。大学毕业后他又体会到，自己虽然从小就在牢固掌握基础知识上下了很大工夫，但现在要从事生物学研究，掌握的基础知识还是远远不够的。为了弥补自己的不足，充实自己关于人体生理和病理学的知识，巴甫洛夫又到外科医学研究院学习了一年，接着又到国外留学两年。

在大学学习期间，巴甫洛夫实际上就已经开始了对循环生理学、消化生理学和大脑生理学的研究。从国外留学归国之后，他的研究热情更高了。但由于当时的沙皇政府极不关心科学事业，所以巴甫洛夫的研究无人支持，连家庭生活也陷于极度的贫困之中。但是，对事业的热爱使他忘记了贫困，忘记了家庭。有一次，他的朋友看到他的日子过得很艰难，就凑了一点钱，嘱咐他给自己和孩子们添置几件过冬的棉衣，可他却把钱拿去买了几只狗。在巴甫洛夫看来，狗更重要，因为狗是他进行实验所不可缺少的。他的工资微薄，为了买狗并供给饲料，他常常弄得不剩一文，甚至冬天买不起烤火的劈柴，有时连照明的灯油也买不起。

艰难是块磨刀石，它不仅能磨砺人的斗志，而且谁有毅力在艰难中磨，谁就能磨出不朽的业绩。巴甫洛夫有毅力在困苦中磨砺，不久，他便发现了神经系统调节心脏和血液循环的活动事实。到 19 世纪 80 年代，巴甫洛夫又发现若把食物一放到狗的舌头那里，狗的胃液就在胃里分泌出来；食物即使不进入胃，胃也会分泌胃液，但若把迷走神经在接近胃的地方切断，这时胃液分泌便会停止。巴甫洛夫据此提出了神经系统调节腺体和消化器官工作的学说，并因而获得了 1904 年的医学与生理学诺贝尔奖金。

此后，巴甫洛夫又开始了对生物分泌的自动性能——生物神经系统反射的本质的研究。他选择唾液腺作为一种方便的、容易观察的实例。他在每次把食物放到狗面前的同时摇铃，后来经过 20 ~ 40 次这种结合实验，狗只要一听到铃声，即使不给食物，也会出现唾液分泌。据此，巴甫洛夫又提出了他的神经系统“条件反射”学说，即狗听见铃声后的唾液分泌，是一种条件性的反应，不管它愿意不愿意，只要它听到铃声就要分泌唾液，就像它看见食物时一样。当然条件反射也能够被解除，若当铃声出现时即给狗以电击,并不给它食物,这样重复多次以后,狗再听到铃声时不但不会分泌唾液,而且会出现畏缩反应。

条件反射与无条件反射不同,条件反射是动物在个体生活过程中适应环境变化而新形成的反射,是在无条件反射的基础上形成的;无条件反射则是动物生来就有的,在系统发育过程中所形成和遗传下来的。因而,巴甫洛夫的条件反射学说开辟了高级神经活动生理学的研究领域,引起了生物科学的革命,把生物学研究推进到了一个崭新阶段。

巴甫洛夫在发现条件反射之后,还立即用条件反射的形成和破坏的客观方法,清楚地观察到了动物高级神经活动的基本规律。巴甫洛夫指出,条件反射在动物大脑半球皮质中的形成和破坏,以及神经系统的分析和综合运动,使动物得以明了复杂的现实,因而大脑皮质是反映条件和产生回答动作的好工具。进而,巴甫洛夫又提出了高级神经活动除有第一信号系统——对外部世界直接影响的反应外,还有第二信号系统——即引起人的高级神经活动发生重大变化的语言。

晚年的巴甫洛夫主要从事精神病的研究,并为之做出了宝贵的贡献。巴甫洛夫一生中写了《消化腺机能讲义》、《动物高级神经活动客观研究二十年经验》和《大脑两半球机能讲义》等专门著作。同时他在自然科学方面的成就,对社会科学中的心理学和哲学也产生了巨大影响。

莱特兄弟设计出第一架动力飞机

美国的莱特兄弟是人类历史上第一架动力飞机的设计师,他们为开创现代航空事业做出了不朽的贡献。他们的故事在全世界广为传颂。

哥哥威尔伯·莱特出生于1867年4月,4年后,弟弟奥维尔·莱特出世。年幼时,兄弟俩就已经显示出对机械设计、维修的特殊能力。他们善于思考,富于幻想,每当他们闲暇时,兄弟俩要么讨论某一个机械的结构,要么就去看工匠们修理机器。他们的手艺精巧,经常做出好些有创新意义的小玩具,比如会自由转弯的雪橇,等等。

一天,出差回来的父亲给莱特兄弟带来一件礼物:一个会飞的蝴蝶。父亲轻轻地给玩具上了上劲,小东西便在空中飞舞起来。小兄弟俩高兴得不得了，但是他们觉得它飞得不够远，于是仿造玩具的样子又做了几个更大一些的。这些仿制品有的能够飞越树梢，有的飞了几十米远，但兄弟俩的一个尺寸很大的仿制品却遭到了失败。但这没有让他们难过，反而激起了兄弟俩制造飞机的念头。

1894 年，莱特兄弟在代顿市开了一家自行车铺。由于他们俩工作认真、手艺好，再加上价格公道，店铺的生意兴隆。富于创新精神的莱特兄弟当然不会满足于这些，他们不愿终生与这些自行车零件打交道，于是，他们决定开始去实现童年时的梦想。

莱特兄弟造飞机的想法得到了斯密森学会的赞赏。副会长写了一封热情洋溢的信件，并寄来了好多参考书籍。兄弟俩大受鼓舞，一有时间，他们就钻入书堆内如饥似渴地饱读着航空基本知识。很快，他们有了造飞机的能力。

1900 年 10 月，他们的第一架滑翔机试飞了，但是，试飞的结果不尽如人意，飞机只能勉强升空而且很不稳定，问题出在哪儿呢？经过认真的分析才知道，原来他们所沿用的前人数据有理论上的错误。于是，他们制造了一个风洞，以便通过实验修正数据，设计飞机。

这个风洞仅仅是一个 6 尺长，每边 12 寸宽的木箱，箱子的一端，鼓风机以一定的速度向里吹气。与现代的高速风洞相比，它真是简陋至极，然而就是这个小小的辅助工具帮了兄弟俩大忙，他们通过它得出了许多新的结论。根据它，兄弟俩设计出的第三架滑翔机获得了成功，无论是在强风还是微风的情况下，它都可以安全而平稳地飞行。

滑翔机的滞空时间毕竟有限，假如能给飞机加装动力并带上足够的燃料，那么它就可以自由地飞翔、起降。于是，兄弟俩又开始了动力飞机的研制。

莱特兄弟废寝忘食地工作着，不久，他们便设计出一种性能优良的发动机和高效率的螺旋桨，然后成功地把各个部件组装成了世界上第一架动力飞机。

1903 年 12 月 17 日，美国基蒂霍克海滨。

这一天，天气阴沉，正值隆冬季节，强劲的寒风吹到空旷的海滩上，让人瑟瑟发抖。或许是出于不信任的原因，前来观看试飞的人寥寥无几，尽管如此，莱特兄弟依旧决定今日试飞。

远方的沙滩上，停着一个外形古怪的大机器——这就是莱特兄弟的“雏鹰”号。此时，兄弟俩正在进行试飞前的最后的准备工作，他们仔细地检查飞机的每一个部件，直至确认没有任何问题。然后，弟弟奥维尔·莱特率先登上飞机。

引擎发动，螺旋桨飞块地旋转起来。奥维尔打开刹车，强大的拉力开始带动飞机滑动。10，20，30……速度计的指针在不停变化，飞机越跑越快。突然，奥维尔感到一股强力使得机头抬起，而后，整个飞机完全脱离了地面。一切都像预料中那样，飞机飞行稳定，操纵性良好。12 秒钟后，燃料用毕，飞机平稳地降落在沙地上。

兴奋的哥哥没等飞机停稳便挥动双臂，欢呼着向弟弟跑去。莱特兄弟紧紧地拥抱在一起。在没有任何技术、任何外来资金援助的情况下，他们完全是靠自己的头脑和双手，设计并制造出了大量精密而又复杂的零件，如今，他们付出无数血汗造出的动力飞机终于成功地完成了试飞，他们怎能不高兴呢？也许他们没有想到，正是他们的创举改变了整个世界。现在，飞机被广泛地应用到人们生活的各个角落中，每天都有大量的飞机满载着物资、乘客，在空中走廊穿梭往来。

这之后，他们又进行了三次试飞，累计飞行 59 秒，要不是强风把飞机吹翻，他们可能还要不停地飞下去。

然而，新闻界对此反应冷淡。因为，在莱特兄弟以前也有一个人尝试过动力飞行，这就是斯密森协会主席兰利博士。当时，他不仅得到了政府的资助，而且还有大批一流人才在他手下工作。但是，他的两次试飞均以失败告终。社会失去了对他们的信任，不久之后兰利便郁郁而终。一个大名鼎鼎的科学家都没有使动力飞机上天，更何况是一对毫无地位、声望的修车匠兄弟呢？莱特兄弟不仅没有得到应有的荣誉，反而受到了尖刻的讽刺和嘲笑。而且，更令人啼笑皆非的是，在莱特兄弟数次试飞成功之后，仍有报纸刊登一些权威科学家的话：靠比空气重的飞行器飞行是不可能实现的。

莱特兄弟毫不介意这些，因为有许多航空事业支持者不断鼓励着他们进取。他们的飞机有了很大的发展，到 1908 年时，莱特兄弟的飞机已可以持续飞行 1 小时以上，飞行距离可以超过 100 公里。此时，他们认为飞行器的时代已经到了，于是不断地向各国政府宣传他们的飞机，然而得到的答复都令人失望。还好，在友人的支持下，莱特兄弟决定到欧洲进行巡回飞行表演。

1908 年 8 月 8 日，好运终于来临。威尔伯·莱特驾驶着他的飞机在众多法国名流面前进行公开表演。此时，人们再也不能不为眼前的情景感到惊讶了：这架飞机已经在空中盘旋 100 多圈，停空时间达 1 个多小时，它打破了以往任何飞机所创下的所有记录，而且能够爬高、倾斜、平衡地飞 8 字。第二天，几乎所有的报纸都报道了这一新闻。从此，一股航空热潮逐渐掀起，前来参观观摩、体验飞行的人络绎不绝，其中，甚至还包括西班牙国王阿方索和英国国王爱德华七世。

10 个月之后，奥维尔·莱特和他的飞机也在华盛顿梅雅要塞大出风头，它的飞行性能大大超过了美国国防部所制定的苛刻要求，终于得到了政府的采纳。

飞机终于到了实用阶段。1909 年 11 月，兄弟俩在代顿镇创立了莱特飞机公司，他们孜孜不倦地埋头研究，一架架性能更为优异的飞机从飞机厂出厂。到了第一次世界大战末期，莱特公司生产的 2 000 多台发动机正在世界各个角落上空运转。

1912 年 5 月，年仅 45 岁的哥哥威尔伯·莱特因病英年早逝。

奥维尔·莱特强忍悲痛，继承兄长的遗志，继续发展壮大自己的公司，到了后来，它已成为拥有大小公司，资产上百亿美元的公司，在美国算得上是首屈一指的大企业了。

1947 年，美国最大的航空公司——泛美航空公司特别邀请动力飞行的创始人奥维尔乘坐当时最豪华的客机升空旅游，他深深地为现代科技的迅速发展而感慨：仅仅 49 年，动力飞机发展到如此地步，他感到满足了。

1948 年元月，一代航空巨星陨落：76 岁的奥维尔·莱特与世长辞。

莱特兄弟为现代航空工业的发展做出了杰出的贡献，实现了人们多年来的梦想。他们的名字将永远留在史册上，为后人所敬仰。

弗洛伊德的心理学研究

大凡读过《梦的解析》这本书的人都有这样的感觉:整个阅读的过程基本上成了潜意识自我发现的过程。实际上,这是作者弗洛伊德在帮你发掘"一条认识通往心灵里潜意识活动的康庄大道"。

1856 年,弗洛伊德出生于捷克斯洛伐克的摩拉维亚省,但他从 4 岁到 82 岁之间,一直居住在维也纳。1881 年他修完医科,获得医师资格。不过他对从事实际工作不感兴趣,所以就继续他的研究。1882 年,他到维也纳全科医院工作,主要供职于神经病理(脑错乱)科。但一直到 1885 年他到了巴黎之后,才对歇斯底里和神经官能症发生了兴趣。

在随后的 10 年里,弗洛伊德在维也纳把心理分析发展为临床治疗的手段,弗洛伊德的兴趣从观察神经过敏症状转移到检验人类一般心理活动和更深层的文化问题上。这段时期里,他与玛莎·伯娜斯结下美满姻缘。他平生不喜欢宗教,对美国抱有偏见。1938 年奥地利被纳粹德国兼并,弗洛伊德被迫流亡到伦敦,1939 年他死于口腔癌,这一绝症折磨了弗洛伊德 15 年之久。

19 世纪下半叶解剖学和官能发生学(器官生理学)的发展,导致了一种医学唯物主义的形成,这对理解弗洛伊德的时代和他的学说甚为重要。

“心理学”的修辞学含义是“谈论(或研究)灵魂”。笛卡儿把人分解成肉体和灵魂两部分,无神论则通向唯物主义:相信只有物质存在。唯物主义应用于医学,主张只有肉体存在。人有与肉体同在的心理,但没有不朽的灵魂。因此,心理乃是肉体的一部分。

心灵与肉体的关系是弗洛伊德的主要研究兴趣之一。

现在如果你由于受到精神压抑而生病,是很容易被诊断出来的,但从前不是这样。即使今天,极端的精神障碍与极端的生理症状间的联系也不总是明显的。

弗洛伊德的工作既是临床的又是理论的:他既从事医疗实践,又终生从事写作。他把自己的工作比做考古学,从人们心灵里发掘出东西,而这些东西早就埋藏在那里了。

弗洛伊德的两个主要发现是:潜意识;俄底浦斯情结。通过这些发现,弗洛伊德相信,他已经深刻地理解人们的心理结构,理解了人的情欲的作用。

弗洛伊德生涯的转折点是在巴黎,1885 年与 1886 年之交的冬季,他观察到心理医学前驱夏尔科治疗受歇斯底里症折磨的病人,夏尔科发现在催眠状态下病人的歇斯底里症状会消失。反过来,健康人在催眠状态下会出现歇斯底里症状。夏尔科还发现,引起那些病人行动或精神障碍的原因(有时是极度的麻痹),并不是器质性的病变。

弗洛伊德现在开始行进在人类发现的征途上,他将改变人关于自身的概念。弗洛伊德的工作是一种探寻,他的想法多年来也在不断改变。

弗洛伊德放弃了催眠术,而让他的病人只是谈话。他发明出一种“自由联想”的方法,这样,病人的障碍可以根据病人用语的方法确定下来,这种方法显示出病人的心理是如何活动的。

弗洛伊德开始相信精神病症状是由深藏的记忆引起的,但他后来才认定歇斯底里及其症状是由于儿童时代受到精神创伤或感情震撼所造成的。病人忘掉了或压抑着这种创伤或震撼,但这种创伤或震撼并没有消失,其结果就是表现在习惯和身体症状上的潜意识。通过心理分析,可以找到这些受损部位并加以治疗。弗洛伊德的治疗目标是,让病人恢复爱心和工作能力。

弗洛伊德认为,潜意识暴露于个人喜欢开什么样的玩笑、说什么样的口头语、说话时容易出现的口误,但潜意识最重要的显露是在梦里:“梦的解析是认识通向心灵里潜意识活动的康庄大道。”

对弗洛伊德来说,“一个梦是一个(被压抑、被遏制的)希望的(虚假的)满足”。换句话说,梦是一种密码,如果你能破译这个密码,你就会发现病因何在,进而治愈这种病症。对弗洛伊德来说,梦境是“昔日的痕迹”与被压抑的希望的结合物。

这样,弗洛伊德就看到了人的心理结构是如何造成的:

自我,显意识里的自我:明显的日常的人格。

本我,潜意识里的自我:被压抑的欲望和记忆。

超自我,社会从外部强加给个人的标准和道德,个人根据这些标准和道德生活着。

弗洛伊德认为,人格的发展就是本我从自我里浮现出来的过程。他还认为,人类受“爱”和“死”两种本能的驱动,这两种本能在根本的层次上控制着人的行为。

弗洛伊德的著作采取了著名的“案例研究”形式,他用长长的篇幅写下这些案例的症状和病历。弗洛伊德的一个发现是,儿童的精神伤害往往是“性”方面的。开始他相信一种“诱惑理论”,按照这种理论,儿童在早年被导入性经验。后来他相信,儿童的性年龄早于人们所认为的儿童有性意识的年龄。他的看法引起人们激烈的争议,因为许多人宁可相信孩子们的清白、童贞、不受性欲望的困扰。

性欲望是人格的基础。对弗洛伊德来说,性欲望最广义地意味着爱慕、慈爱、恋情和好色,他把这种性的驱动叫做“力比多”。弗洛伊德的理论也是来源于他的家庭生活体验,自他父亲去世后,他开始理解他所谓的“俄底浦斯情结”。

俄底浦斯是古希腊神话里的主要角色,他在不知情的情况下,谋杀了自己的父亲,娶了自己的母亲为妻。弗洛伊德相信,男孩子第一个爱慕的对象是他的母亲,同时把父亲看成是母亲之爱的竞争者。然后,弗洛伊德又试图用“伊莱克拉”情结用于描述女孩子的类似的恋父现象,但“伊莱克拉”的学说不像恋母情结那样广泛地适用。男孩子对父亲害怕与忌妒的感情里交织着罪过感,同时还有一些爱的感情。作为这种早期的心理体验的结果,孩子们的性感情受到压抑,直到青春期。这时由于他们身体的生理变化，这类情结又开始凸显。

弗洛伊德声称男人的若干生活目标是：

把自己从母亲那里解脱。

与父亲和解。

找一个与母亲不同的爱恋对象。

“这些任务，”弗洛伊德写道，“是每一个人所担负的：值得注意的是人们难得以理想的态度处理这些任务。”

弗洛伊德表明了性是如何塑造人格的，表明了在一个人的成长过程里，被遗忘的、不幸的生活体验将来会引起怎样的麻烦。

1905 年，弗洛伊德发表了他的《性欲理论三讲》，把关于人的性感情的结论写入了书中。弗洛伊德认为《梦的解析》和这本《性欲理论三讲》是他最重要的著作。

摩尔根创立遗传基因理论

1910 年，美国生物学家摩尔根创立了染色体——遗传基因理论，由此细胞遗传学有了坚实的基础。

1866 年，就在孟德尔发表豌豆遗传论文那年，摩尔根出生了。他的父亲担任过美国驻外领事，家庭生活十分优裕。青少年时代，摩尔根喜欢游历自然风光，在游历中产生了对大自然的无限热爱，从而使他后来走上了探索生物奥秘之路。1886 年 20 岁时，摩尔根考入霍普金斯大学研究院读研究生，主要研究生物形态学。他比较了 4 种水中无脊椎动物的形态变化，确认了它们的种属，写出了《论海蜂蛛》的论文，获得了博士学位。

1900 年春天，荷兰的德弗里斯、德国的柯伦斯和奥地利的皇歇马克通过实验，各自得出了和当年孟德尔豌豆遗传机理一样的结论。他们为发表论文查阅过去的文献时，都发现了孟德尔那尘封土埋的论文。惊叹之余，他们在各自的论文中，都把发现生物遗传机理的荣誉让给孟德尔，并把各自的工作说成是对孟德尔理论的证实。从而，蒙在孟德尔论文上的尘土被拂去了，珍珠重新放射出了光辉。这不仅使孟德尔的大名立即传遍世界，而且使他奠基的遗传学像一株新笋一样拔地而起。

此前,细胞学取得的一系列成就,为这时遗传学的飞速发展奠定了基础。自从施莱登和许旺创立细胞学之后,人们接连发现了细胞里的原生质,发现了体积约为细胞 1/10 的细胞核,发现一切细胞都是细胞分裂自生的。1879 年,德国生物学家弗莱明又发现,用碱性莱胺染料可把透明的细胞核内的微粒状物质染色,观察细胞分裂全过程。他用这种方法看到了细胞分裂的"电影":先把微粒状的染色质聚成丝状,再把这丝状物分成数目相同的两半,形成两个细胞核,生成两个细胞。因此,弗莱明把细胞分裂叫做有丝分裂。1888 年,德国生物学家瓦尔德尔把弗莱明的染色质叫做"染色体",一直使用至今。人们还发现,每种动植物的细胞里都有特定数目的染色体。在细胞分裂之前,染色体数目先增加一倍,因而分裂后的细胞能形成和母细胞数目一样多的染色体。每个精细胞和卵细胞的染色体数目,只有机体一般细胞的一半,精卵结合生成的细胞就有了一整套染色体。

上述细胞学成就,都是在孟德尔遗传学成果被重新发现之前取得的,所以孟德尔遗传研究成果被重新发现之后,生物学家们便马上看出了孟德尔的遗传因子和在显微镜下看到的染色体之间的联系。最早提出两者相似的是美国细胞学家萨顿,他在 1904 年提出,染色体和孟德尔说的遗传因子一样,成对地存在着,它们一个来自父本,一个来自母本。但萨顿不敢作出染色体就是遗传因子的结论,因为细胞里的染色体数目远远少于遗传特征的数目。

不管怎么说,萨顿和他同时期的生物学家们,终于使细胞学和遗传学在各自经历了漫长而独特的发展道路之后"结婚"了。遗传学用丰富的实验数据阐明了生物遗传的规律,细胞学则生动地指出了这种规律的物质基础。就这样,细胞遗传学以崭新的姿态在生物科学界出现了。

在孟德尔遗传机理重新被发现之时,已成为哥伦比亚大学生物学教授的摩尔根,立即投入到遗传学研究中去。摩尔根一心扑在生物研究上,因此他成了人们心目中的一位"怪人"。因为在他的实验室里,他不养牛羊鸡鸭,却养了成千上万只果蝇。果蝇对人来说虽坏,但作为遗传研究材料,却有许多独到的优点。首先,它们身体小,占用地方很小,所以研究起来很便当。其次,饲养果蝇很经济,成本很低。再次,果蝇的繁殖速度之快是牛羊难以比拟的。而且,它有很多容易观察的特征,比如每个细胞中只有4对染色体。所以,摩尔根选中了果蝇作为遗传实验材料。

1906年,摩尔根就在果蝇身上发现了性别遗传机理的一个重要事实。他发现,雌果蝇细胞里的4对棒形染色体是完全成对的,卵从这4对棒形染色体中各得1个棒形染色体,所以所有卵细胞中的染色体组成都是一样的。精子中的染色体组成就不同了:雄果蝇细胞里的4对染色体里,有3对是棒形染色体,有1对是由1个棒形染色体和1个钩形染色体组成的。所以精细胞一半由4个棒形染色体组成,一半由3个棒形染色体和1个钩形染色体组成。棒形染色体通常称为X染色体,钩形染色体通常称为Y染色体,也叫性染色体。如果由X染色体组成的精子使卵受精,卵就自然发育成雌果蝇;由3个X染色体和1个Y染色体组成的精子使卵受精,卵就自然发育成雄果蝇。这个发现告诉摩尔根,生物性别的遗传是由性染色体决定的,也就是说生物性别的遗传因子在性染色体上,性染色体是性别遗传因子的物质承担者。

这是生物学上一项重大的发现,但摩尔根并没有因此肯定染色体就是遗传因子,他在继续进行新的实验以证实这一关系。1910年,摩尔根对他饲养的一群野种红眼果蝇进行了放射性照射,结果在子一代中获得了一只白眼雄果蝇。用这一只白眼雄果蝇与一群正常红眼雌果蝇交配,所生第一代雌雄果蝇均为红眼;他让这些第一代杂种杂交,生出的第二代果蝇白眼性状只在雄性中出现。摩尔根又使用白眼雌果蝇与红眼雄果蝇杂交,所生第一代果蝇凡是雌性概为红眼,凡是雄性概为白眼。为了解释这种现象,摩尔根联想到了果蝇的性别遗传机理,从而看到了白眼性状的遗传因子是和决定性别的因素联系在一起的,果蝇的白眼性状只遗传给雄性,说明白眼性状是由性染色体传递遗传的,这叫做"伴性遗传"。

通过以上长期实验探索,摩尔根终于肯定地得出染色体是遗传因子载体的结论。1909年,美国生物学家约翰逊把遗传因子改称遗传基因,这个名称一直沿用至今。这是一个伟大的结论,它指出遗传的染色体学说不再是空洞抽象的概念,为遗传基因找到了物质基础;同时,它指出了某一遗传基因是在某一染色体上,为人们探索生物遗传机理开拓出了一条新路。

摩尔根沿着自己的道路继续前进,又仔细研究了果蝇幼虫唾腺细胞里的唾腺染色体,这是一种比一般细胞还大100倍的特殊染色体,所以很容易看清它的内部结构。摩尔根和他的学生一起,不仅弄清了唾腺染色体的结构,而且仔细探索了它的部分缺失、重复、倒位和移位等畸形变异及其意义。

在大量实验资料的基础上,在数学方法的帮助下,摩尔根和他的学生斯特蒂文特成功地推断出了一对对基因在染色体上的具体排列位置,绘出了果蝇遗传基因在染色体上的座落图,从而为染色体——遗传基因理论提出了科学的依据。

1928 年,摩尔根在总结他 20 余年研究果蝇的成果基础上,写出了他的遗传学名著《基因论》。在书中,摩尔根主张遗传物质基因是一种颗粒体,像念珠一样按照一定的次序排列在染色体中;染色体是遗传基因的物质承担者,每一个基因都在染色体里占据一定的位置,都能在细胞分裂期间将自己按照翻版的方式从一变做二。与此同时,他还阐述了基因的连锁和互换规律,解开了生物变异之谜,弥补了达尔文进化论的不足,为人们对物种进行杂交育种指明了方向,为预防遗传性疾病提供了理论。

梅契尼科尔夫揭开细胞免疫的奥秘

1845 年 5 月的一天,乌克兰哈尔科夫州伊万诺夫村一个农民家庭喜得贵子,这个孩子就是后来科学界的名人梅契尼科尔夫。梅契尼科尔夫从小聪慧过人,17 岁时,以优异的成绩考入卡尔可夫大学。在大学里,他勤奋努力,只用了两年时间就完成了大学学业。毕业后,他前往德国格林缪根大学留学进修。留学期间,梅契尼科尔夫专心于学习和科学试验。

1865 年,梅契尼科尔夫获硕士学位,3 年后,由于他研究低等动物胚胎发育的成绩卓著,获得了动物学博士学位。鉴于梅契尼科尔夫这样的成就,格林缪根大学欲挽留他在学校开展动物学研究,但梅契尼科尔夫有他的理想,他希望回国,为祖国的发展尽些个人之力。1870 年,梅契尼科尔夫刚回到俄国,就被任命为乌克兰敖德萨大学的动物学教授,这一年,他 25 岁,是俄国最年轻的教授。

梅契尼科尔夫积极从事于免疫学的研究。有一次,他在研究海星的幼虫时,发现一些细胞能活动,而且能吞噬别的物体,使本身的创伤愈合复原。梅契尼科尔夫意识到,他发现细胞的奥秘了。后来,经过多次实验，证实如果病原菌少，就可能被白细胞完全消灭，机体就不会生病；如果病原菌数目多，白细胞就不能全部吃掉它们，机体就会生病或死亡。根据这些研究成果，梅契尼科尔夫系统地提出了吞噬细胞理论，于 1884 年发表了他的名著《机体对细菌的斗争》，他在书中说，白细胞能吞噬、清扫入侵的细菌和其他异物，保卫机体的健康。梅契尼科尔夫的这个理论震动了整个医学界，但攻击他的人也不在少数，不过，梅契尼科尔夫并不在意。

法国微生物学家巴斯德是一位爱惜人才的科学家，他非常赞赏和支持梅契尼科尔夫，特地把他邀请到巴黎大学当教授，并担任新成立的巴斯德研究院的副院长，梅契尼科尔夫欣然前往。从此，梅契尼科尔夫继续深入地研究免疫学，发表了一系列的重要著作，不断地揭示细胞免疫的奥秘，他的理论，赢得越来越多的人的承认，经受住了科学的考验。

1908 年，梅契尼科尔夫光荣地获得了诺贝尔生理学和医学奖。1912 年 3 月 15 日，他被公推为法国科学院的外籍院士。

居里夫妇发现镭元素

今日被称为居里夫人的玛丽娅·斯可罗多夫斯卡，1867 年 11 月 7 日出生在波兰华沙一位中学教师的家庭。处在那个鄙视知识的时代里，童年的玛丽娅对学习有着一种特殊的爱好，而且随着年龄的增长，她的求知

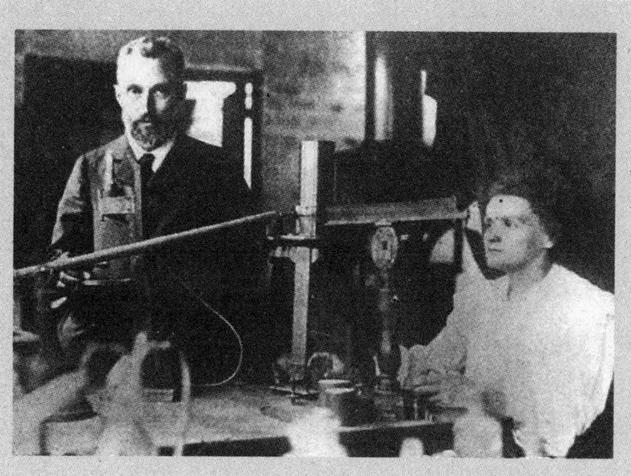

欲越来越强烈。为了多挣点钱，能让自己和姐姐出国读书，她，一个18岁的姑娘选择了远离亲人、家乡去独自谋生，将要去过完全孤独的日子，这是她生平第一次远行，但为了心中的目标，她别无选择。

前后6年的家庭教师生活使玛丽娅饱尝了人情的冷暖。她也曾彷徨过，失望过，但是想起在法国巴黎高级学府中聚精会神听讲的姐姐，想起自己的明天，她马上又振作起来了。

6年的家庭教师生活开辟了玛丽娅人生的序幕，使她开始由弱者向强者转化，为她一生的事业打下了坚实的基础。从自身的经历中她体会到，要生存、要进取，就必须坚强、必须奋斗。她在给一个朋友的信中说："这是我一生中最残酷的时期，然而我激励自己，我天性中的勇气占了优势，我的原则是：不要叫别人打倒你，也不要叫事情打倒你。"透过这段话，我们看到了一名青年坚强刚毅的性格。具备了这样的品质，她必将在事业上有所成就。

玛丽娅终于来到了巴黎，进入了法国最高学府——法兰西大学理学院学习，她用一个卢布一个卢布积攒起来的钱换来了听课的权利。玛丽娅快乐极了，她无比珍视这来之不易的学习机会。

起初，玛丽娅住在德意志姐姐家。姐姐、姐夫待她很好，在那里她感受到了家庭的温暖，自己经济上的困难也小了些，但是在那里不能专心用功。姐姐、姐夫是医生，常有病人、朋友来访，姐夫又喜欢弹钢琴，夜间找上门来的病人的铃声常把她吵醒。另一方面，那里离学校太远，路上太浪费时间，而且往返车费也是一笔开支。一番思量后，玛丽娅毅然决定搬家，她在学校附近的拉丁区租了一间房子，这是一家6层楼房的顶阁，又窄又暗，但是很安静，房租也便宜。学习环境有了改善，生活环境却更艰苦了，为了节省灯油和取暖费，天一黑她就跑到图书馆去，那里成了她的"幸福收容所"。图书馆里明亮而温暖，玛丽娅每天在那里专心读书，直到10点钟图书馆关门才走。

在巴黎，玛丽娅结识了天才的法国学者彼埃尔·居里。共同的理想、共同的追求把两位杰出的学者连结在一起，1895年他们结为夫妇。以后，玛丽娅被称为居里夫人。

婚后，居里夫人继续她的学习和科学研究。1896年在职业考试中，居里夫人名列第一，继而开始了放射性物质的研究。1898年7月，居里夫妇发现了铀和钍的放射性。接着，他们又发现了一种比铀和钍放射性更强的新元素，为了纪念居里夫人的祖国——波兰，他们把新元素命名为“钋”。5 个月后，他们又宣布在铀沥青矿里有第二种放射性元素——镭。

钋和镭的放射性动摇了几个世纪以来学者们相信的基本理论。当时，无论是物理学家还是化学家，虽然对居里夫妇的研究工作都很感兴趣，但都持否定态度，他们要看到、触到、化验过才能承认一种新物质的存在。

为了要把镭展示在人们面前，向全世界证实镭的存在，也为了更进一步研究镭的各种性质，居里夫妇决心从铀沥青矿残渣中提取镭。

他们的工作间是一间破漏的木板房，他们的仪器是火炉、大锅、铁棍、水桶、瓶子。居里夫人烧火、上煤，拎着和她一样高的铁棍搅动锅中沸腾的液体，周围的烟刺激着眼睛和咽喉，她一个人就是一个工厂。日复一日，年复一年，居里夫人把八九千公斤的油沥青矿渣一锅一锅地煮沸、搅拌、倒出，装进大瓶子，搬进搬出，然后还要和居里一起做精细的试验。4 年的艰辛有了回报，他们终于得到了一克镭，他们成功了！

1903 年，由于在放射性方面的种种发现，居里夫妇获得了诺贝尔物理学奖。1911 年，居里先生去世后的第五年，居里夫人又获得了该年度的诺贝尔化学奖。在当时的科坛上，全世界两次荣获诺贝尔奖的只有她一个人。

第十二章 政治革命

（一）英国革命

欧洲政治革命的第一个阶段是17世纪的英国大革命。自从伊丽莎白一世继位后，统治阶级和中产阶级、工人、农民之间的矛盾日益加深，以致于后来演变为国会和斯图亚特王朝之间的武力冲突。英国大革命前后约持续了100年之久。

伊丽莎白一世

伊丽莎白一世是英国国王亨利八世的次女。亨利八世去世前留下遗诏说："我身后即由太子爱德华继承王位大统；若爱德华身后无嗣，继而以长女玛丽继承王位；若玛丽身后无嗣，王位再由次女伊丽莎白继承。"爱德华是一个体弱多病的太子，他9岁时被扶上王位，15岁时病死。公主玛丽比爱德华大20多岁，弟弟死后，她遵照父王的遗诏继承了英国王位。玛丽是个虔诚的天主教徒，她继位之后，把英格兰教会独立于教廷之外，重新隶属于罗马教廷。她还颁布了一项法令，即恢复"火刑柱"，并用这种刑具烧死大批新教领袖。

玛丽这些治国的举措，遭到了全国百姓的反对，而她的妹妹伊丽莎白公主则被国人视为新教的象征，因此玛丽时刻提防着伊丽莎白以恢复新教信仰的名义来反对自己的统治。有一年，托马斯·怀亚特爵士发动叛乱，公开打出废黜暴君、恢复新教的旗号，但是由于计划不周，被玛丽镇压下去。平叛以后，玛丽怀疑伊丽莎白是这场叛乱的幕后主使，于是派人把她找来询问。这时，西班牙王太子腓力正与玛丽女王商谈婚姻大事。腓力是罗马帝国皇帝查理五世的儿子，后来，他继承了西班牙王位，世称"腓力二世"。腓力是一个心狠手辣的人，为了得到玛丽女王的王位，他劝玛丽尽早杀掉伊丽莎白。这样，玛丽以弑君的罪名将伊丽莎白投入伦敦塔囚禁了起来。后来，经调查核实，证明伊丽莎白公主与叛乱没有任何关系，玛丽没有理由杀死她，只好将妹妹软禁在远离伦敦的一处城堡中。

玛丽只当了 5 年女皇帝，1558 年 11 月 17 日病死。当天，枢密院宣布，根据先王亨利八世遗诏，由 25 岁的公主伊丽莎白继承英格兰都铎王朝王统，择日举行登基大典。消息一经传出，举国上下欢呼雀跃。人们相信，伊丽莎白将是一位开明、仁慈的君主。

在玛丽的 5 年统治中，无论是政治、经济，还是外交，都留下了严重的后患，致使英格兰王国伤痕累累、国力贫弱，人民苦不堪言。伊丽莎白登上王位后，面临百废待兴的局面，她采取断然措施解决内政外交的每一个难题。

一天，伊丽莎白正在王宫里筹划解决宗教矛盾问题，一个外交大臣禀告道："陛下，西班牙国王腓力二世前来求婚。"伊丽莎白闻言，心里清楚西班牙人是想通过联姻以保护自己的利益，对当时的欧洲强国法兰西形成扼制之势。

伊丽莎白左思右想，她认为自己目前还不能马上回绝这门亲事，腓力二世对自己还有利用价值。原来，伊丽莎白虽然即位做了女王，但尚未得到国际社会的承认，并且英国现在还不强大，如果能够在某些国际事务上得到西班牙的支持，对英国将是有好处的，想到这里，伊丽莎白笑着说道："此事可以考虑，容我想一想，再给你回话吧。"

原来，伊丽莎白想拖延一段时间，使腓力二世对联姻怀有希望，以此利用西班牙的影响力，敦促其他国家承认自己作为英格兰女王的合法身分。这样，求婚一事拖了几个月，直到伊丽莎白获悉国际社会已承认她作为英格兰女王的合法身份时，她才明确告诉腓力二世："由于我与您所持宗教信仰不同，我拒绝和您联姻。"

伊丽莎白一直没有结婚，在她 45 岁那年，法兰西国王亨利二世的弟弟，年轻的阿朗松公爵亲自登门向她求婚。这时，英格兰急需借助法兰西在尼德兰战争中削弱西班牙的势力，于是伊丽莎白又故伎重演，与阿朗松公爵周旋了 5 年，直到 1583 年，伊丽莎白 50 岁时才最后宣布不能和阿朗松结婚。

阿朗松走了，伊丽莎白也决定永不结婚，以英格兰臣民为终生伴侣。伊丽莎白在位期间，巧妙地周旋于欧洲列强中间，为英格兰的繁荣发展创造了和平环境。

圈地运动

工业革命之前,英国的生产主要以农业为主。新航路的发现,使得国际间贸易扩大,毛纺织业突然繁盛起来,羊毛的需求量逐渐增大,市场上的羊毛价格开始猛涨。英国是一个传统的养羊大国,一些有钱的贵族看到养羊有利可图,便纷纷投资养羊业。

羊以草为食,草需要大片的土地来种养。有钱的贵族们于是把原来租种他们土地的农民赶走,拆除他们的房屋,把可以养羊的土地圈占起来,一夜之间,英国变成了被木栅栏、篱笆、沟渠和围墙分成一块块的草地。被赶出家园的农民,则变成了无家可归的流浪者。这就是圈地运动。无形之中,温驯的绵羊抢了农民的饭碗,变得贪婪和凶狠,甚至要把人吃掉,圈地运动的直接和最大的受害者就是租种土地的农民。曾经有一群农民在向国王控诉一个叫约翰·波米的领主的上诉书中写道:“这个有权有势的约翰·波米用欺骗、暴力占有您的苦难臣民——我们的牧场,这些土地是我们世代所拥有的。他把这些牧场和其他土地用篱笆围上,作为自己所有。后来,这个约翰·波米又强行夺取了我们的住宅、田地、家具和果园。约翰·波米为了圈占我们的土地,不惜将我们投入监狱、毒打、致残,甚至杀害,我们现在连生命都难保全。”

在这种强行的圈地运动中,农民过去以各种形式租种的土地,都被贵族强行圈占了。农民的日子越来越艰难,于是反对“羊吃人”的圈地运动的起义在英国各地爆发起来,其中影响最大的,是发生在东部的凯特起义。凯特起义开始时集结的农民队伍一度发展到 2 万人,但凯特是个小贵族,他的反抗不彻底,由于向国王妥协,因而贻误了战机,导致起义失败,凯特及 300 多个起义农民被绞死。

英国的圈地运动从 15 世纪 70 年代开始,一直延续到 18 世纪末,当时,英国全国大部分的土地都变成了牧场。在圈地运动的发展过程中,虽然英国国王也颁布了一些企图限制圈地程度的法令,但这些法令并没起多大的作用,反而使圈地日益合法化。

英国国王在颁布限制圈地法令的同时,也限制流浪者,目的是让那些从家园中被赶出来的农民,去接受工资低廉的工作。英王规定,凡是有劳动能力的游民，如果不在规定的时间里找到工作，一律严惩。亨利八世和伊丽莎白一世两代国王统治时期，曾经处死了大批流浪的农民。

圈地的结果，使英国的农民数量越来越少，失去土地的农民只好进城，成为城市无产者。为了生存，他们只有进入生产羊毛制品的手工工场和其他产品的手工工场，成为资本家的廉价劳动力。

18 世纪后，英国国会通过了大量的准许圈地的法令，最终在法律上使圈地合法化，英国农民的人数为此减少到了有史以来的最低数量。

圈地运动，促进了大农场的建立，为英国的资本主义发展奠定了坚实的基础。但是，圈地运动严重损害了农民的利益。

处决查理一世

1603 年，英国女王伊丽莎白一世去世，她没有子女，由斯图亚特家族的詹姆士继位，称詹姆士一世。1625 年，詹姆士死后，由他的儿子查理继位，称查理一世。

查理一世上台后，残酷镇压英国国会中的反对派，将省法院和高等法院作为巩固自己统治的工具。从 1629 年至 1640 年 12 年间，查理没有再召开国会，国会形同虚设。在无国会统治期间，他以斯特拉福伯爵和洛德大主教为助手，实行无国会的国王专制统治。查理一世在专制统治期间，加强政治、宗教迫害，使大批代表资产阶级利益的清教徒遭受酷刑，流亡海外。这些反动统治，带来了经济陷于停滞，物价飞涨的恶果，广大人民深受其害，也引起了资产阶级和新贵族的不满。1632 年、1638 年，在剑桥郡爆发了反圈地农民起义；1639 年、1640 年在伦敦发生了失业手工业者和工人的暴动。尽管这些起义和示威最后都被镇压下去，但城乡人民的革命斗争标志着大规模的革命风暴即将到来。

1641 年，议会下令逮捕作恶多端的斯特拉福伯爵和洛德大主教，判斯特拉福死刑。事情发生的第二天，查理一世亲自来到议会大厦，他要求议会负责人贝姆立即放回斯特拉福伯爵和洛德大主教。“他们犯了叛国罪，议会要处死他们！”皮姆沉着应对。“什么？处死他们？这绝对不行！”查理一世愤怒地高声叫喊起来。

正在这时,外边传来一阵怒吼,有人高呼“处死斯特拉福”、“处死洛德大主教”、“支持议会”的口号。查理一世隔着窗玻璃向外望去,只见议会大厦前全部是市民,他们高声喊叫表示支持议会。看到这个阵式,他转身急匆匆地走了。

这天晚上,查理一世派人秘密命令北方约克城的驻军司令马上进军伦敦,用武力解散议会,救出自己的两个宠臣。但是,信使没出伦敦就被市民们扣留了。

1641 年 5 月 12 日,20 万群众包围了王宫,大家要求处死斯特拉福,查理一世只得在死刑书上签了字。杀死了宠臣,查理一世怎能甘心,经过精心策划,查理一世亲自带领 400 名武装卫队冲入议会,企图逮捕正在开会的贝姆和汉普顿等 5 名议员,扬言要揪住那些反对派的耳朵,把他们拎出议会。不料,贝姆等人早已听到风声,躲到伦敦市内去了。查理一世进入议会大厦后,伦敦城内警钟骤响,市民们拿起武器,决心用武力保护议会。在一片呼喊声中,查理一世偷偷地离开了。

第二天,查理一世悄悄地离开王宫,前往北方寻找支持者。

1642 年 8 月 22 日,查理一世在诺丁昂扯起国王的军旗,正式向议会宣战。战争刚开始时,查理一世长驱南下,一直打到离伦敦只有 50 英里(约 80 公里)的牛津。这时,驻守在伦敦城中的议会内部却一片混乱,有人主张打下去,有人认为应和国王谈判。双方争执不下,后来还是克伦威

尔和他的农民军扭转了战争的局面,拯救了议会。克伦威尔是一个乡绅的儿子,他带着60名农民骑兵加入了议会军队,这支队伍在历次战斗中表现英勇,作战经验渐渐丰富起来,数量也不断增加。克伦威尔得到了官兵的拥护,当上了议会军统帅。

1644年7月的一个傍晚,在约克城西的马斯顿草原上,克伦威尔和查理一世突然遭遇。克伦威尔指挥部队两个小时内就击溃了查理一世,取得了第一次大捷。一年后,双方在英格兰中部的纳斯比村附近展开了决战。克伦威尔的部队以闪电之势冲破了查理一世的阵地。查理一世还没弄清是怎么回事,手下官兵已经四处奔逃,查理一世见势不妙,急忙化装成仆人,逃到了苏格兰。

1648年9月,克伦威尔派兵占领了苏格兰首都爱丁堡,将查理一世抓获。议会于是组成了一个高等法庭,对查理一世进行审判。法庭宣布查理一世是"暴君、叛徒、杀人犯和人民公敌",判处其死刑。处死国王查理一世后,英格兰宣布成立共和国,英国资产阶级革命达到了高潮。处决查理一世是英国历史上的重大事件,它充分说明了历史前进的车轮是不可阻挡的。

光荣革命

虽然查理一世被处决了,但一个星期后,苏格兰议会便拥立查理一世的儿子查理二世为国王,并且准备出兵讨伐英格兰。克伦威尔得到消息,迅速进军,很快就攻占了苏格兰首都爱丁堡。1651年9月,克伦威尔全歼苏格兰军队,查理二世逃到了法国,克伦威尔因此占领了整个苏格兰。

随着军事上的节节胜利,克伦威尔的个人野心在膨胀,他如今已不满足于仅仅指挥军队,他要掌握整个国家的大权。1653年4月,克伦威尔在伦敦白厅召开军官会议,要求议会自动解散。他用武力驱散了"残缺国会",建立起独裁统治。为了使独裁统治合法化,克伦威尔命令军官会议提出一个宪法草案——《政府文件》,该文件规定:最高统治者为终身制的护国公,并兼海陆军总司令,宣布克伦威尔为"英格兰、苏格兰和爱尔兰护国主",自此,克伦威尔成了英国的无冕之王。护国主拥有至高无上的权力,他的话就是法律。克伦威尔把国家的立法、行政、军事、外交大权都操纵在自己手里,他把全国划分为11个军管区,各区派一名少将,以确保军事独裁政权在全国的统治。

护国政府的统治很不稳固,1658年克伦威尔亡故,9月3日,继任共和政体的护国公是他的儿子理查·克伦威尔,后者没有统治能力,使国内政局更为动乱,由此引发了查理二世复辟斯图亚特王朝。

斯图亚特王朝复辟时期始于1660年,终于1688年,又称"王政复辟时期"。斯图亚特王朝的国王查理二世(1660－1685年)和詹姆士二世(1685－1688年)没有取消共和国的种种改革,然而,他们一度试图恢复个人统治。另外,由于他们甘当法国王室忠实的奴仆,使他们渐渐失去了人心。最后,詹姆士二世随着1688年的光荣革命的到来而被推翻。光荣革命,标志着英国政治革命进入最后的阶段。

光荣革命后,英国新的统治者是詹姆士一世的女婿、奥兰治的威廉。1689年,威廉接受了阐明国会有权利决定一切事务的法案。这个法案明文规定:国王无权终止法律的行使;只有在征得国会的同意后,才能提高税收;如果没有法律手段,不得逮捕和拘留官员、百姓。

国会权利法案并不表示英国已经成为一个民主国家,但是,这一法案永久确立了国会在政府职能中享有最高权力。

(二)美国革命

美国革命起于英国殖民者对其美国殖民地施行的一系列不合理的财政措施,这些措施终于引起了一场导致政治革命的大风暴。

列克星顿的枪声

美国革命起于美国人民对英国殖民统治的不满。

18世纪后期,英国在美国建立殖民地,殖民地的首领由英国政府派员担任,该官员称为总督。1763年,英国政府宣布,禁止美国向阿巴拉契亚山脉以西移民,然后施行一系列财政措施,公布了糖税法、驻兵法等多项税收政策,其目的是为了将英国繁重的税收负担转嫁一部分到美国人身上。这些征税在英国人看来,尤其是考虑到因保护美利坚边疆所必需的预计的花费,似乎是理所当然的。但是,殖民地居民由于受到这些征税的影响,一致加以反对。

1765年,英国人又出台一项税收政策:印花税。该政策规定,所有的公文、契约合同、执照、报纸、杂志、广告、单据、遗嘱,都必须贴上印花税票,才能生效、流通。这更激起殖民地人民极大的愤怒,于是,"自由之子"、"通讯委员会"等秘密反英组织相继出现,各地都发生了反英事件,如抵制英货、赶走税吏、焚烧税票、武装反抗,等等。

反英事件引起了英国政府的恐慌,他们立即派军人镇压。1770年3月5日,英军在波士顿向手无寸铁的美国市民开枪,当场打死5名市民、打伤6人,制造了震惊北美的"波士顿惨案"。波士顿惨案发生后,一场争取独立和自由的运动在美国本土发起了。

1775年4月,马萨诸塞州总督兼驻军总司令盖奇得到一个情报:在距波士顿不远的康科德镇上,有"通讯委员会"的一个秘密军需仓库。盖奇立即命令少校史密斯率800名英军前往搜查。部队连夜出发了。

4月19日凌晨,英军来到了离康科德6英里(约10公里)的小村庄——列克星顿。

忽然,他们发现村外的草地上站着几十个手握长枪的村民,史密斯知道,这些武装村民就是列克星顿的民兵,让他吃惊的是,这些民兵为什么这么快就知道英军的行动呢?原来,"通讯委员会"的侦察员早就得到消息,并立即在波士顿教堂的房顶上挂起一盏红灯。

"通讯委员会"的信使保尔瑞维尔看到后连忙骑马赶到康科德报警。因此,"通讯委员会"便安排一支先头部队在村口等待英军。

其实,史密斯根本没把这几十个民兵放在眼里,他举起指挥刀命令部队向前冲。列克星顿的民兵立刻投入战斗,枪声震响在列克星顿上空。几分钟后,枪声停止了,民兵们由于人少、地形不利很快撤离了战场,分散隐蔽起来。史密斯初战告捷,以为美国人不堪一击,心里十分得意,于是指挥士兵直奔康科德。英军赶到镇上时,天已大亮,但街道上却看不见一个人。史密斯下令搜查,英军进入各家翻箱倒柜,却什么也没找到。原来在他们到来之前,民兵早已把仓库转移了,"通讯委员会"的领导人也藏到了安全地带。

史密斯觉得情况有些不对头,连忙下令撤退。这时,镇外枪声大作,附近各村镇的民兵从四面八方向康科德赶来,将正在撤退的英军包围住。他们埋伏在灌木丛中、篱笆后边、街道拐角处、房屋顶上,向英军射击。英军一批又一批倒在地上,而当他们举枪还击时,却连民兵的影子也打不到。英军一路向波士顿方向退却,沿途遭到民兵的不断袭击,伤亡惨重。双方的战斗一直持续到黄昏,最后还是从波士顿开来的一支援军,才把史密斯等人救了出去。这一仗,英军死伤247人,民兵牺牲了几十人。有人称列克星顿的枪声是“声闻全世界的枪声”,它震动了大西洋沿岸的13个殖民地。美国从此开始了独立战争。

《独立宣言》的发表

列克星顿枪声过后,在广大美国人民反英武装斗争的推动下,1775年5月10日召开了第二届大陆会议。会议通过了对英《必须采用武力宣言》,委任华盛顿为大陆军总司令,并着手创建大陆军。

第二届大陆会议后,掌握了政权的资产阶级进步派和保守派,在北美殖民地是否对英国立即宣布独立的问题上依然斗争激烈。1775年7月8日,在保守派的坚持下,大陆会议向英王呈递了和平请愿书,而北卡罗来纳、宾夕法尼亚、新泽西、纽约、马里兰等州议会仍反对独立。此时,《常识》和《独立宣言》的发表,为北美独立革命提供了有力的思想武器。

1776年1月,著名的资产阶级启蒙运动思想家托马斯·裴因发表了著名的《常识》一书,以激昂的文字痛斥英王是暴君,直接地提出了北美殖民地必须对英宣布独立的号召。《常识》擂响了北美殖民地宣告独立的战鼓,为殖民地进行反英革命斗争做了舆论上的准备。此后,英军对殖民地人民的反抗进行了变本加厉的镇压,封闭渔业区,搜捕捕鱼船,对居民烧杀掳掠,还向北美大量增兵。形势万分紧迫,1776年7月4日,大陆会议通过了《独立宣言》,代表北美13州殖民地,宣告脱离英国独立。7月4日成为美国的国庆日。

《独立宣言》的主要起草人是资产阶级民主派的杰斐逊。他深受英国哲学家洛克、法国哲学家卢梭的政治思想的影响，认为人人受自然法则的影响，生而平等，人们通过契约建立了国家，组成了社会。在上述思想指导下，《独立宣言》列举了英王的种种暴行，向全世界庄严宣言："这些联合起来的殖民地从此成为、而且名正言顺地成为自由独立的合众国；它们解除对于英王的一切隶属关系，它们与大不列颠王国的一切政治联系，亦应从此完全废止。"

《独立宣言》在历史上第一次用宣言的形式，提出了资产阶级的革命原则："我们认为这些真理是不言而喻的：人人是生而平等的，他们都被'造物主'赋予某些不可让渡的权利，其中包括生存权、自由权和追求幸福等权利，为了确实保障这些权利，人民建立了政府，它们的权力是由于被统治者的同意产生出来的。当任何形式的政体妨害了这种目的时，人民有权力去改变它，或废除它；人民有权力建立新政府，它必须建立在最能保证人民的安全和幸福的原则上，其政权组织形式也要依此为依归。"

北美地区的56名代表在独立宣言上签了字。《独立宣言》的发表，是北美殖民地反殖革命斗争阵线形成的标志，充分表明了殖民地人民以革命方式来创建一个自己的国家的决心，也是北美人民经过长期的艰苦斗争，在民族独立战争中一步步走向成熟的里程碑。

美国的这份独立宣言，是源于资产阶级的天赋人权和社会契约理论基础上的重要政治文件。北美革命是"最先产生了伟大的民主共和国思想的地方，宣布了第一个人权宣言"。因此，《独立宣言》是第一个正式的人权宣言。但同时它也是一个地地道道的私有制宣言，它要建立资产阶级共和国。

美国独立战争最终以北美殖民地人民的胜利而告终。在历史上它是第一次大规模的殖民地争取民族解放的战争。战争推翻了英国对北美13州的殖民统治，建立了独立自主的资产阶级共和国——美利坚合众国。战争解放了北美的生产力，为美国资本主义的发展、特别是发展为世界上最强大的国家开辟了宽广的道路。因此，美国独立战争是美国历史发展的里程碑。它也是军事史上一个以弱胜强的著名战例。《独立宣言》为革命战争取得胜利提供了必要的理论保障，同时推动了各阶级人民积极投身于革命运动，是资产阶级思想史上的重要文献。

美国国父华盛顿

1732年,华盛顿出生于弗吉尼亚,父亲是一个大种植园主,他21岁时继承了大庄园主,在当选为州议会代表前曾在英国殖民中服务过,对英军极为熟悉。1775年6月17日被大陆会议委任为大陆军总司令,领导并坚持武装斗争,取得了独立战争的胜利。1787年主持费城会议,制定联邦宪法,建立了美利坚合众国。1789年4月当选为美国第一任总统。

华盛顿出任美国总统时,美国还是一个弱小的农业国,它的经济情况远远落后于英、法等国。在近400万人口中,有70万人是奴隶。摆在华盛顿面前的是一个烂摊子:没有完善的政府机构;国内矛盾重重;国库空虚;同欧洲国家的关系错综复杂。

华盛顿以他特有的谨慎和有条不紊的态度着手处理这些问题。当时,他在给朋友的一封信中这样写道:“根据我们的情况,首要的是创立先例。”他挑选了4个人组成了第一届内阁。托马斯·杰斐逊担任国务卿,亚历山大·汉密尔顿任财政部长,埃德豪·伦道夫任司法部长,亨利·诺克斯任陆军部长。

内阁实际上是由两派力量组成的:汉密尔顿和诺克斯代表北部商业资本利益,伦道夫代表南部种植园主和哈得逊河谷大庄园主的利益。当时杰斐逊正在法国,直到1789年11月才从巴黎回国任职。华盛顿任命杰斐逊为国务卿的目的,主要是为了协调汉密尔顿和杰斐逊两派之间的矛盾冲突,建立举国一致的联邦政府。

为了解决国内的经济问题,使新政府建立在稳固的财政基础上,华盛顿支持汉密尔顿采取的一系列财政措施。1789年7月制订了关税条例,规定了对30种以上的进口商品征收特种关税,对51种进口商品征收从7.5%~15%的计价税,对非列举的进口商品一般征收5%的计价税,等等。

1791年,汉密尔顿提议建立第一合众国银行。国会议员们对这个问题展开了十分热烈的长时间讨论。面对这样重大的问题,华盛顿要求每一位部长都用书面文字说明各自的理由。经过反复研究,批准了这项法案。合众国银行是政府的财务机关,起到了统一发行货币,掌握公款并进行商业交易的作用。

法国大革命的爆发，引起欧洲封建君主国的恐慌。

1793 年，英、法交战。当时，虽然美国与法国签有联盟条约，但华盛顿认为，美国应保持其力量，不应卷入欧洲列强的纷争。

华盛顿曾明确表示：我的政策一向是，而且只要我执政一天，将来也仍然是，同地球上的一切国家保持友好关系，但也不受一切国家的支配而保持独立；不参与任何国家的争端；履行我们自己的义务……除非为了自我尊严和国格所必不可缺的正义，我们决不卷入战争……

1793 年 4 月，美国发表了《中立宣言》，宣称美国与法国、英国都保持和平友好关系，呼吁美国公民不要加入交战的任何一方。他说，倘若有 20 年的平静，美国就可以强大得足以“在一个正义的事业中同任何一个强国抗衡了”。

与此同时，他还利用当时欧洲的复杂局面，调整与英国的关系。他派联邦最高法院法官约翰·杰伊去伦敦进行谈判，解决与英国的争端，于 1794 年 11 月，缔结了对英妥协的《约翰·英伊条约》。

华盛顿在第一届总统任期将满时就想激流勇退，但朋友们都劝他留任，他们说，只要华盛顿继续领导美国，“南北双方将团结一致”。1792 年，华盛顿在总统选举中再度当选。

在华盛顿第二届总统任期期满后，他又执意引退，不再参加总统竞选。当时美国朝野要求他再次竞选连任的呼声很高，但他坚决拒绝接受

第三次总统候选人的提名。党派斗争在美国的形成使他深感失望。因为他始终希望自己成为"全体人民的总统"，然而在他第一届任职末期，美国的两个政党已经开始发展起来，且斗争愈来愈激烈。以汉密尔顿为首的联邦党人和以杰斐逊为领袖的民主共和党人相互攻击，势不两立，华盛顿虽然竭力从中斡旋、调解，但都无济于事。在一些重大问题上，华盛顿往往倾向于汉密尔顿的政策主张，因此华盛顿本人也被卷入了这种派别斗争，受到反对派的责难。华盛顿不愿忍受这种折磨，渴望退职。

1796 年 9 月，华盛顿向美国人民发表了著名的《告别词》。这篇《告别词》反映了华盛顿的主要政策思想和政治主张。他希望美国人要珍视全国性的联合，要同心同德、团结一致，放弃党派观念；在外交上要遵循"避开与外界任何部分的永久联盟"的原则，"通过人为的纽带把自己卷入欧洲政治的诡谲风雨，与欧洲进行友谊的结合或敌对的冲突，都是不明智的"。华盛顿的这些思想对他的后继者们产生过一些较大的影响。

华盛顿在两届总统任期满后不再接任，为以后的美国总统树立了一个不成文的惯例，即美国总统任期不得超过两届。只有一次例外，即在第二次世界大战时富兰克林·罗斯福总统破例，蝉联总统职位 4 次。美国 1947 年通过并于 1951 年批准的宪法第 22 条修正案明文规定，美国总统的任期不得超过两届，使历史上的惯例正式成为宪法的规定。

1796 年 12 月，美国举行第三届总统选举，约翰·亚当斯当选。1797 年 3 月 3 日，是华盛顿担任公职的最后一天，他举行了告别宴会。华盛顿举杯向大家祝福，全场人充满了伤感的情绪。3 月 4 日，新总统亚当斯在临时首都费城宣誓就职。仪式结束后，华盛顿离开了办公室。当华盛顿来到大街上时，人们争先恐后地涌来，希望能再看一眼这位为美国建立不朽功勋的国父。华盛顿异常激动，不停地挥动双手向美国人民表达他的感激和祝福。

林肯就任总统

林肯，1809 年出生于一个农民家庭，家境比较困难，他早年从事过许多职业，如伐木工、船工、律师等，从政后当选过州议员、全国众议员。林肯主张维护联邦统一，逐步废除奴隶制，并于1858年发表了《家庭分裂》的著名演讲。1861年当选为美国第16任总统，时年52岁。

主张废除奴隶制的林肯在上任总统之前面临的是一种恐吓、谩骂、行刺的混乱局面。

疯狂的奴隶主们百般辱骂林肯，声称："不管后果如何，南部决不会在阿伯拉罕·林肯就职这种侮辱和可耻的事情面前屈服。"他们在一次集会上，甚至打出了"反抗林肯就是服从上帝"的标语。

1860年底，美国南部发生了多起种植园主的叛乱事件。南部各州不断酝酿退出联邦，这些行为对林肯就任总统是一种威胁。

1860年12月20日，南卡罗莱纳州的罗伯特·巴恩韦尔·雷特在查尔斯顿召开了一次秘密会议，通过决议宣布南卡罗莱纳州脱离联邦。靠南端的6个南部植棉州也逐渐地宣布脱离联邦，加入南卡罗莱纳州的分裂阵营。1861年2月，这些州的代表们在亚拉巴马州组成了一个临时政府，称为"南部联盟"，推选密西西比州的杰弗逊·戴维斯为总统。戴维斯在其"就职演说"中还声称，他们南部联盟正跻身于世界独立国家之列，如果有人拒绝给予他们应有的地位，他们将谋求"刺刀的最后裁决"。

国内政局在这时也变得异常混乱，国会中南部的许多参议员、众议员纷纷离去，一些地方的法官、地方检查官、邮政局长等官员也向政府递交了辞呈。当时美国正规陆军1 100多名军官中，竟有380多人准备辞职。南部州长们已在调遣军队，占领了联邦的许多堡垒。

当初和林肯竞选总统的布坎南政府利用从林肯当选到就职的这4个多月时间，竭力怂恿和支持南部奴隶主的分裂活动，为自己谋取总统职位获得资本。布坎南批准内政部长普森到南部鼓动一些州脱离联邦。陆军部把共计50万支枪移交到南部各州。布坎南还听任联邦的精锐部队被调到大西南的得克萨斯州，该州一脱离联邦，这些部队就立即投降。然而，布坎南表面上却显露出一副无奈的样子。他说："已脱离的各州没有脱离的权利，而联邦政府也没有权利使用武力去阻止他们脱离。"

《纽约先驱报》这时也发表社论，敦促林肯不要就任总统，要林肯让位给某个南北双方都可以接受的全国性人物。该报还威胁说："如果林肯坚持目前的立场，他将踉踉跄跄地走向耻辱的坟墓，也许由刺客之手把他赶进去。"对此，林肯在《纽约论坛报》发表了声明，表示他不能坐视这个政府遭到毁灭。他说:“我宁死不同意,也决不会劝告我的朋友们同意做出任何让步或妥协,因为我们的权力是宪法授予的。”

有一次,林肯在给朋友们的一封信中明确表示,他决不容许奴隶制度扩展一步,“在这一点上要像用钢链拉住一样坚定不移。一场恶斗将来临,与其在今后某个时候出现,不如现在就来临为好”。

1861 年 2 月 11 日,1 000 多人拥挤到斯普林菲尔德的车站为林肯送行。林肯站在车站里,与他们中的许多人握手告别。林肯对前来送行的朋友们说:“谁都不能体会我离别时的悲伤。我的一切都归功于这个地方和大家的关照。在这里,我住了 25 年,由一个青年变成一个老人。我的孩子们都出生在这里,有一个还埋葬在这里。现在我要走了,我面前的责任比当年落在华盛顿肩上的更为重大。我不知道什么时候能够回来,也不知道是否还能回来……我向你们亲切地告别。”

林肯挥手向人们告别,车子出发了。在斯普林菲尔德去华盛顿的途中,林肯会见了 5 个州的州长和一些州议员,他的足迹遍及美国东部的一些主要城市。他发表了 20 几篇演说。一路上,他同成千上万的人握过手,同那些想亲眼看看他这位新总统的人们见过面。在那些日子里,他一再谦虚地表示自己是出身贫寒的总统,但却要完成比任何总统都艰巨的任务。

10 天后,林肯到达费城。费城—威尔明顿—巴尔的摩铁路公司的侦探阿伦·平克顿向林肯报告了一个阴谋集团要暗杀他的消息。这个集团的头子是一个名叫费尔南迪纳的理发师,他发誓说:“我愿意以我的生命来换取林肯的生命。”这些人计划在 23 日林肯经过巴尔的摩车站时下手。当林肯到达时,一群人先故意在那里挑起一场殴斗,以便把警察吸引开,然后费尔南迪纳的刺客就趁机将林肯围住,把他打死。平克顿建议林肯当晚就动身去华盛顿,抢在阴谋分子之前行动。为了自身的安全,林肯在考虑过平克顿提供的情况后决定第二天晚上出发。

第二天,林肯乘车悄悄离开了哈里斯堡,安全到达华盛顿。3 月 4 日,林肯在华盛顿宣誓就任美国第 16 任总统。

南北战争

上任后的林肯总统所面临的是一场关系国家生死存亡的南北战争。1861年3月5日,也就是林肯就职典礼后的第二天,他收到了南部联盟萨姆特堡垒司令罗伯特·安德森少校送来的紧急报告,说他们的粮食储备只够维持4个星期,而且南部联盟分子早已准备就绪,只等戴维斯一声令下,就要炮轰萨姆特堡垒,扯下美国国旗。前线的形势十分严峻。

接到报告后,林肯立刻召集了他的内阁成员举行了第一次会议,讨论是否向萨姆特堡垒提供给养问题。7个内阁成员中有5个反对给安德森运送粮食,一个赞成,一个没有表态。直到4月6日,内阁成员才同意向萨姆特堡垒运送给养。然而,南方竟不宣而战了。4月12日凌晨,围困萨姆特的南部联盟军队向萨姆特发射了第一炮,接着迫击炮、榴弹炮等各种炮弹一起射向萨姆特。这次炮击持续了33个小时。

最后,安德森放弃了这个堡垒。林肯原来试图对南方进行安抚的做法已经没有效果,便于15日宣布政府会竭力镇压南方的叛乱。就这样,美国历史上的南北战争从此展开。

南北双方从力量对比上看,北方具有压倒性的优势。北方联邦有23个州,2 300万人口,几乎所有的重工业、军火工业和轻工业都集中在北方。南方联盟只有11个州,900万人口中有400万是渴求解放的黑人奴隶。南方大部分经济靠经营农业,只有为数不多的几个小型兵工厂。但是,南方对战事早就做好了准备,内部不但拥有一支装备精良、训练有素的军队,外部也得到英、法两个列强的支持,因为英、法两国都不希望美国的资本主义发展。

战争开始的第一天,林肯发表讲话,他号召忠于国家的各州在3个月内提供75 000名士兵,以便联邦政府把叛乱镇压下去。在城镇和村庄里,人们同仇敌忾,各界人士为招募和装备军队进行募捐,几乎每个村镇都有人参军,他们庄严地宣誓要在7月中旬以前粉碎这次叛乱。也是在同一天,距华盛顿大约25英里的地方,弗吉尼亚州马纳萨斯的布尔河畔南部联盟博雷加德将军率领的2 500人的军队狂呼着“向华盛顿进军”的口号,气焰十分嚣张。

1861 年 6 月 29 日,林肯召开内阁会议,讨论对南部联盟的作战方案。林肯决定,由麦克道尔将军率领一支 3 万人的军队进攻布尔河。但是由于军队缺乏训练,这次战斗仅打了一个白天就溃败了。首都华盛顿也险些被敌人攻下。

1862 年 1 月 27 日,林肯发布了向南方发动总攻的总统作战命令。他命令 50 万大军兵分两路,一路由格兰特将军指挥,直取密西西比河流域;另一路由巴特莱尔将军指挥,从海上攻取密西西比河口的新奥尔良。5 月,两军在新奥尔良会师,胜利完成了总反攻任务。

1862 年 6 月,南部联盟罗伯特 · 爱 · 李担任了北弗吉尼亚军团司令后,派遣杰克逊部队向谢南多亚河谷进军。杰克逊率领 17 000 名士兵横扫河谷地区,击败了联邦军,并俘虏 3 000 人,夺取了大量物资。这一次袭击使形势变得复杂起来。

1862 年 6 月 26 日 –7 月 2 日,在里士满以东半岛地区进行了几次战斗。罗伯特 · 李指挥的部队企图切断麦克雷伦在怀特豪斯兰丁的基地同后方的联系,于 6 月 26 日开始向波托马克军团在梅坎尼克斯维尔的前哨阵地猛扑。麦克雷伦为了依靠海军的掩护,向詹姆斯河且战且退。7 月在詹姆斯河北岸的据点莫尔文山与叛军激战,接着败退到哈里森斯兰丁,从这里再撤回到华盛顿地区。这是联邦军自 1862 年 4 月开始的企图夺取里士满的第二次半岛战役,至此终以失败而告结束。新奥尔良也被敌人占领。

自从内战开始后,林肯就担任陆海军总司令,面对眼下的形势,他开始在白宫直接指挥几支部队的行动。他把麦克道尔、班克斯、弗里芒特率领的 3 支军队编成一支新的联军,命名为弗吉尼亚军团,他们拥有 3 倍于杰克逊的兵力。波普将军任这支军队的司令,波普以勇敢著称,但也过于刚愎自用。1862 年 8 月,林肯指示波普组成一支小部队相机袭击敌人,给敌人以重创。但是,波普根本不予考虑。他的部队终于在遭到敌军一系列打击后,于 8 月 30 日退出布尔河阵地。

联邦军队一败再败的消息强烈地震撼着华盛顿,居民争先恐后逃离家园。联邦政府部大厦周围用成百桶的水泥构筑了防御工事。按照总统的命令,政府各部门的公职人员都登记入伍,并开始进行军事训练。官员们已将重要文件捆成包,随时准备带走。9 月,趾高气扬的罗伯特 · 李率领4.5万部队越过波托马克河进入马里兰,开始了叛军向联邦军队的第一次大举进攻。

叛军的目的是使马里兰脱离联邦,并进而攻占宾夕法尼亚。9月17日,麦克雷伦的9万大军与罗伯特·李的部队在安提塔姆河畔遭遇。战争进行得十分激烈。战斗结束时,双方各伤亡12 000多人。叛军重新渡过波托马克河,又一次撤回到南部。麦克雷伦本应跟踪追击李的部队,但他出于不可告人的目的,竟然篡改、歪曲林肯总统要他"有可能就摧毁叛军"的命令,放走了本来可以歼灭的敌军。

从1861年4月到1862年9月,美国南北战争已进行了一年多时间。在战争的这一阶段,北方在军事上处于劣势,许多方面是由于林肯政府在政治上动摇不定造成的。随着战争的发展,在广大人民群众的推动下,林肯政府对前段战事进行反思后逐渐采取了一些果断措施。

1862年5月20日,林肯颁布了宅地法案。这是美国在战争时期颁布的一项重要法令,是美国资产阶段解决土地问题的一种革命的方式。法令规定:凡是美国公民或已请求入境的移民,均可交10美元手续费无偿地得到西部地区160英亩(约976亩)的土地,连续经营5年之后,即享有这块土地的所有权。这个政策有效地阻止了奴隶主势力向西部的扩张,极大地调动了北方劳动人民和黑奴投入战斗的积极性。由于黑奴参战,北方战局迅速好转,逐渐从混乱的防御局面中解脱出来,转败为胜。

1865年3月,南北战争进入最后阶段。4月9日,在里士满以西95英里(约152公里)处阿波马托克斯村的一间小房子里,南部联盟罗伯特·李向格兰特交出了他的全部军队,在投降书上签了字。不久,南、北卡罗莱纳州的南部联盟的军队也全部投降。几周内,历时4年的南北战争以北方的胜利宣告结束。

北部的胜利维护了以联邦为形式的国家的统一,这是美国历史上划时代的大事,它是独立革命的延续与深入,为资本主义的发展开辟了广阔的道路,因此也被称为美国的"第二次革命"。

（三）法国革命

法国革命在世界历史舞台上较英国革命或美国革命显得突出得多。法国革命不仅标志着资产阶级的胜利，而且标志着过去一向蛰伏的民众的充分觉醒。

攻克巴士底狱

大革命之前的法国是一个软弱、不公正、统治机构陷于停顿状态的国家。正是这种停顿状态，使野心勃勃、心怀不满的资产阶级有机会夺取政权。

1789年，法国政府的债务高达40亿里费尔。这是一个沉重的负担，然而，法国由于它的两个特权阶级：教士和贵族基本上是免税的，不会承受这一债务负担，因此，税收负担便落到农民、工人、贫民和新资产阶级肩上。

法国的旧政权就其组织而言是贵族政权。所有法国人在法律上属于某一个等级，也就是社会阶层，这种成员资格决定了他们的法定权利和特权。第一等级由教士组成，他们的职责是以祷告为国王服务；第二等级由贵族组成，他们的职责是以宝剑为国王服务；第三等级由农民、工人、贫民和新兴资产阶级组成，他们的职责是以财产为国王服务。国王拥有至高无上的权力，他代表国家。这三个等级中，第三等级人数最多，占全国人口的99%以上。

1787－1788年，法国遭受特大灾害，农业连续两年歉收，国家财政发生危机。为了要第三等级拿出钱来渡过困境，国王路易十六于1789年5月召开三级会议，打算把决议强加到第三等级头上。第三等级的代表们不同意这么做，他们不承认自己是第三等级，而是全体国民的代表。6月初，600名代表齐聚会议大厅，召开了一次“国民会议”，后又改名为“制宪会议”，准备制定一部宪法，进行政治制度的改革。路易十六得知第三等级私自开会，他非常震怒，立刻派出军警封闭会场，禁止国民会议的召开。后来又调来大批军队，企图依靠武力解散制宪会议。

路易十六的反动行为惹恼了巴黎市民，7 月 12 日，一万多市民涌上街头举行游行集会。13 日清晨，市民们决定起义，他们纷纷拿起了武器，冲进军火库，抢夺了几万支火枪和几门大炮，并很快控制了全城。14 日，起义达到高潮，在一个起义者的带领下，几万名起义战士向巴士底狱冲去。

巴士底狱是一座城堡式的建筑，四周有一条 20 多米宽的壕沟，只有通过吊桥才能进出。这里是关押政治要犯的地方，许多资产阶级革命家们在这里受折磨。在巴黎市民心目中，巴士底狱就是压迫的象征。几声炮响，吊桥的索链断了，起义者终于冲进了巴士底狱。人们高呼着“自由万岁！”然后把这座封建制度的堡垒完全拆除了，以表示彻底肃清封建专制制度的决心。

攻陷巴士底狱后，在那个著名的“八月的日子”里，革命者们通过了废除所有封建税、免税特权、教会征收什一税的权利以及贵族担任公职的专有权的法规。在国民议会所规定的其他许多重要的措施中，较突出的是没收教会土地、改革司法制度和行政制度以及通过《人权和公民权宣言》。

《人权和公民权宣言》中明确阐述道：“就人们的权利而论，人人生而自由、平等，且始终如此”；“国家实质上是所有主权的来源”；“法律是公众的意志的表述”；“自由存在于做任何不损害别人的事情的权力中”。该宣言被印成许多份传单、小册子、书籍，并被翻译成多种语言，使“自由、平等、博爱”的革命口号传播到整个欧洲，最后传播到整个世界。

攻克巴士底狱，标志着法国革命的开始，标志着普通的民众登上了历史舞台。后来，为了纪念革命人民反封建斗争的胜利，7 月 14 日这一天，被定为法国的“国庆日”。

革命领袖丹敦之死

丹敦是法国大革命时期一位著名的革命领袖。1759 年 10 月，丹敦出生在位于法国香槟省奥尔河畔的阿尔西小城。他 3 岁时，父亲去世了，他和母亲相依为命，过着贫困的生活。希望自己有朝一日能出人头地，干出一番轰轰烈烈的大事。几个月后，年轻的丹敦只身到了巴黎。

丹敦刚到巴黎，就看到巴黎到处是贫民窟、流浪汉，到处充斥着饥饿和寒冷。丹敦没被这些吓住，他先在一家检察官事务所谋到一个办事员的差使，然后一步一步成为巴黎第一流的大律师。

1789 年 7 月 14 日，巴黎人民攻打象征封建堡垒的巴士底狱，揭开了这场革命的序幕。丹敦没有参加 7 月 14 日的战斗，但他在前一天晚上发表了战前动员演说，号召人民拿起武器。第二天就加入了科德利埃区国民军，成为一名上尉。由于他的声望和卓越的组织领导才能，很快被任命为科德利埃区革命委员会主席。从此，丹敦和法国国家的命运融合在了一起。

革命后的巴黎，成立了代表着大资产阶级利益的巴伊政府。但是，这个政府软弱无能，在里面任职的官员都是些保皇派和新贵族。广大群众依然生活在饥饿和寒冷的阴影中，逃往国外的王公贵族带走了所有能带走的金银财宝，而留在巴黎的依然过着醉生梦死的生活。潜逃到凡尔赛的国王路易十六，大声咒骂高举革命旗帜的巴黎人民。巴黎人民被激怒了，丹敦为此发表了战斗演讲。10 月 5 日，6 000 余人冲向凡尔赛，把路易十六抓回了巴黎。但巴伊政府没有对国王进行审讯，相反说丹敦是英国间谍，是挑拨离间者，是疯子，是奥尔良保皇派的走狗。丹敦对这些攻击都保持沉默。

1791 年 6 月 21 日，国王路易十六逃跑了，顿时，整个巴黎愤怒了。丹敦义正辞严地指责巴伊政府：“你们曾说国王不会出逃，结论只能是，或者你们出卖了祖国，或者你们愚蠢到了极点，两者必居其一。”6 月 23 日，丹敦又在雅各宾派俱乐部发表演说，要求免除路易十六的王冠。路易十六不甘心失败，他暗中勾结普、奥两个外国政府，企图依靠他们的力量，恢复自己昔日的统治。

1792 年 8 月 10 日，巴黎人民冲向土伊勒里宫，将路易十六废黜。巴伊政府垮台了。代表工商业资产阶级的吉伦特派掌握了国家权力机构——立法会议，丹敦已被人民选举为临时执行委员会的司法部长。9 天后，普奥联军越过边境入侵法国领土。8 月 23 日，吉伦特派政府准备放弃巴黎政权逃往法国南部。丹敦在临时执行委员会抨击了这种临阵脱逃的行为，大声疾呼要不惜一切代价守住巴黎。9 月 2 日，丹尔登失守，通向巴黎的最后一道屏障被打开了。这时，高大魁梧的丹敦再次出现在讲台上，发表了他最著名的一次演讲：“警钟已敲响，但这不是报警的信号，而是向我们的敌人发起冲锋的信号。为了战胜敌人，我们需要勇敢，再勇敢，法国必将得救！”这几句演讲辞激起了城内居民的斗志，大家齐心协力，发誓共同抗击来犯之敌。就这样，法国再次从危急的境地中走出。

1793 年，英国加入反法同盟，联军对法国发起了新的进攻。6 月 2 日，由于吉伦特派对外战争接连失利，对内又采取高压政策，这激起了巴黎人民的再一次起义。战斗过后，激进的革命党——雅各宾派掌握了国家权力。12 月 3 日，丹敦在雅各宾派俱尔部遭到攻击，有人指责他脚踩两只船；有人指责他是革命队伍中的投机分子，扬言要对他的生活和个人财产进行调查。1794 年 3 月 30 日，丹敦被捕。两天后，他被送上断头台。

丹敦之死，对刚刚开始的法国革命来说是一大损失。3 个月后，法国爆发了世界历史上有名的“热月政变”事件。

热月政变

“热月政变”，是法国资产阶级革命的大逆转。这一次政变，发生在 1794 年 7 月 27 日，因为当时法国的“共和历”是共和二年热月 9 日，所以人们称之为“热月政变”。

自从 1793 年 6 月法国政权由雅各宾派执掌以来，法国资产阶级革命取得了空前的辉煌胜利。可是,就在7月9日这一天,情况发生了根本性的改变。

国民公会原安排在下午召开的。然而这一天的上午11点,就有许多代表来到会场。中午12点刚过,国民公会的议长宣布开会。执政党雅各宾派的领袖罗伯斯庇尔坐在会场正中的前排,面对主席台,倾听着代表们的发言。

忽然,一个代表跳上讲台,大声说:“我要把黑幕揭开!”他涨红了脖子,声嘶力竭地攻击着,把矛头指向雅各宾派。“打倒暴政者!”又一个代表登上了讲台,用恶毒的语言攻击罗伯斯庇尔。“逮捕罗伯斯庇尔!”两个代表像经过彩排似的齐声狂喊起来。会场一片混乱。

看到这个架式,罗伯斯庇尔端庄地站了起来,他要求发言。但是,议长却使劲地摇起铃铛,禁止罗伯斯庇尔发言。罗伯斯庇尔回到座位上。他简直不敢相信自己的耳朵和眼睛。昨天,就在这个会场上,全体代表还在聆听他做的镇压反革命的报告。现在,他这个执政党的领袖怎么成了被审判的囚犯呢?

“逮捕他!”会场上又响起了一阵喧哗声。还未等议长发话,一群宪兵冲了进来,把罗伯斯庇尔逮捕了。同他一起被捕的,还有罗伯斯庇尔的弟弟和雅各宾派的另外几名领袖。

“强盗们胜利了!共和国完了!”当罗伯斯庇尔被押出会场时,他激昂地高呼着。

为什么国民公会要逮捕罗伯斯庇尔呢?说来话长。罗伯斯庇尔,全名叫马克西米兰·罗伯斯庇尔,1758年出生于法国北部的阿腊斯城。他在中学时,熟读了卢梭的著作,坚决拥护书中的无神论和民主自由学说。为此,他还专程去拜访了这位法国著名的思想家。1789年春,罗伯斯庇尔当选为三级会议代表,从而踏上了法国的政治舞台。

罗伯斯庇尔以斗争坚决、生活俭朴闻名,每当他出现在雅各宾俱乐部时,总会受到热烈的欢迎。雅各宾派是当时法国资产阶级革命的左派核心。在废除国王的斗争中,在与右派吉伦特派的斗争中,在粉碎国内外敌人反革命武装的斗争中,内部力量是团结的。然而,当他们取得胜利、成为执政党以后,内部却开始产生矛盾。雅各宾派原有三位杰出的领袖:丹敦、马拉、罗伯斯庇尔。丹敦因为主张妥协与温和,被罗伯斯庇尔处决了;

马拉则被吉伦特派的女特务暗杀。革命力量的削弱,给右派势力以可乘之机,终于出现了热月9日的政变。

罗伯斯庇尔被捕的时间是1793年7月27日下午5: 30。在他被押进监狱不到一个小时的时候,革命群众的队伍冲进了监狱,人们将他接到市政厅。雅各宾派高呼着口号:“消灭卖国贼!”“罗伯斯庇尔万岁!”到了晚上8点多钟,被捕的雅各宾派领袖们全部回到了市政厅。市政厅广场上聚集了许多武装的群众战士。如果此时罗伯斯庇尔马上组织起义,可能还有胜利的希望,但是,他犹豫了。

反革命力量很快组织起来了。半夜时分,议长对他的武装首领宣布了血腥的命令,杀死所有革命党人。凌晨2点,他们包围了市政厅。一名宪兵首先冲了进去,一枪托击中了罗伯斯庇尔的下颌。罗伯斯庇尔同他的22名战友又被押进了监狱。第二天下午,罗伯斯庇尔等20多名革命人士在没有审判的情况下被送上断头台。17时正,罗伯斯庇尔和他的战友们被处决。

法国革命史上的“热月政变”,结束了雅各宾派这个资产阶级民主派的革命专政。对于法国资产阶级来说,真正的革命是由一位叫拿破仑·波拿巴的人所领导并取得成功的。

拿破仑成为法国终身执政者

拿破仑·波拿巴,就是法国议会宣布为法兰西共和国终身执政的拿破仑一世,1769年出身于法国外省科西嘉岛上一个破落贵族家庭。少年时期拿破仑被送进军事学校学习,16岁时就担任了炮兵少尉。18世纪法国资产阶级大革命时期,拿破仑参加了抗击外国干涉军的战斗。1793年12月,拿破仑率军取得士伦战役的胜利,晋升为准将。督政府时期,曾率军击溃巴黎保王党叛乱。为反击反法联盟,任意大利方面军司令,并一举击败奥地利。

1799年11月,拿破仑将军在大资产阶级支持下,发动军事政变,亦称“雾月政变”。11月9日在巴黎驱散立法团的五百人院(即下院),推翻了由法国热月党人执政的督政府;11 月 10 日,组织新的立法委员会,成立执政府,颁布共和八年宪法,实行军事独裁统治。

当时的国内国际情势对他非常不利。在国内,诺曼底、布列塔尼和旺代等地保王党的反革命叛乱活动猖獗;在国际上,法国当时仍然处于第二次反法同盟的包围之中。

面对内外敌对势力的威胁,拿破仑采取强有力措施,平息保王党人的叛乱,建立国内和平。拿破仑在平息内乱时采取了镇压与安抚相结合的方针。

诺曼底、布列塔尼和旺代等地的叛乱分子中,许多人是因为宗教信仰的缘故,因对 1790 年制宪会议通过的《教士宣誓法令》不满而被撤职,遭到监视、逮捕或驱逐出境。拿破仑公布了招安法令,明确区分了十恶不赦的首要分子和受骗的一般叛乱分子,并承认以前政府的一些法律是不公正的,侵犯了公民的安全和信仰自由。法令还保证公民宗教信仰自由和举行宗教仪式的自由。宽容政策也扩大到那些拒绝宣誓的教士,他们可以回到法国,甚至允许在不会引起反对的地区担任宗教职务。这一分化瓦解政策对叛乱分子产生了积极影响。

1799 年 11 月,执政府派代表与叛乱分子谈判,缔结了第一次停战协定。该协定一直延长到 1800 年 2 月。

在这期间,一些叛乱头子投降了。但与此同时,拿破仑也发布了加强对叛乱分子的武装镇压的公告,“再不能容忍那些没有信仰、没有祖国、堕落为外国敌人的可耻工具的人,拿着武器反对法国了”。他命令对叛乱分子们决不能手软。他派布律纳将军和费弗尔将军到叛乱地区,在那里暂时中止宪法的实施,并且下令枪毙那些携带武器或是鼓动叛乱的人。

在拿破仑招安政策的瓦解和军队的武力讨伐下,一度十分猖獗的叛乱,到 1800 年 2 月底,即拿破仑上台不到 3 个月,就基本被平定了。

在平定国内保王党叛乱活动的同时,拿破仑的目光也在密切注视着欧洲的形势。他曾努力想用和平手段瓦解第二次反法同盟,因为经过 8 年战争的法国迫切需要和平。1799 年 12 月,拿破仑致信英王和奥皇,提议立即停战媾和。但是,他收到的却是英王让大臣回复的一封奚落拿破仑的信:“如果法国真诚渴望和平,那么,现实的和持久的和平的最好最自然的保障就是让法国原来的王室复位。这个王室统治法国已达数百年之久，并使法国国内安享太平，在国外备受尊敬。无论何时王室统治的恢复将立即排除和平谈判的一切障碍。”

奥地利又一次成为意大利的主人后，正企图从意大利发动对法国的进攻。

尽管和平的希望破灭了，但拿破仑已经赢得了部分时间。1800 年 4 月拿破仑已基本平定了国内叛乱，骑上战马来到了战争前线。拿破仑看到了第二次反法同盟的后台是英国，而急先锋却是奥地利。拿破仑要战胜反法联盟，要战胜英国，首先要战胜奥地利。

拿破仑赶到前线后，凭借他的军事天才和敏锐的观察能力，立刻注意到强大的奥军的一个致命弱点：把自己一支庞大的兵力置于敌人可以从后方打击的地方。他马上抓住机会加以利用。

拿破仑通过制造假相，在奥军后方空虚之处秘密地但并非密不透风地建立了一支由新兵和过期服役的老兵组成的预备队，使奥军对自己的后方更为放心，以为是拿破仑企图迷惑他们以解热亚那要塞之围。

但与此同时，拿破仑组成了一支真正的精锐部队，秘密而迅速地通过欧洲天险阿尔卑斯山隘道，出现在奥军的后方。1800 年 6 月 14 日，法奥两军在马伦哥进行了大会战。结果是，在双方损失都很严重的情况下，奥军最终败下阵来。

马伦哥战役之后，法奥和平谈判开始。谈判一直持续到同年 12 月，当法军再次于战场上重创奥军并向维也纳乘胜进军时，奥地利才最终于 1801 年 2 月接受了拿破仑提出的相当苛刻的吕内维耳和约。

同时，拿破仑又采取了一个重大的外交步骤：利用英俄矛盾，说服俄皇保罗一世放弃了干涉法国内政的意图，并于 8 月 29 日宣布对英国所有船舶的封港令，把英国从波罗的海排挤出去。至此，第二次反法同盟实际上已经瓦解，只剩下孤单单的英国。英国不得不放弃战争手段，接受和谈。1801 年 10 月，英法和谈开始，1802 年 3 月两国签署亚眠和约。

拿破仑凭借自己杰出的军事天才和政治才能，赢得了战场上的胜利，瓦解了第二次反法同盟，并使国内获得了和平。这一切使拿破仑赢得了极高的声誉。1802 年 8 月 2 日，法国议会做出史无前例的“全民决定”，宣布拿破仑为法兰西共和国的终身执政。

《拿破仑法典》

1804年法国公布了《法国民法典》，拿破仑在任法兰西共和国的第一执政时亲自参与编纂了这部法典。1807年和1852年，法国先后把这部法典命名为《拿破仑法典》，以纪念拿破仑对这部法典的卓越贡献。因此，《法国民法典》又称为《拿破仑法典》。

拿破仑曾自豪地夸耀说："我的光荣不在于打胜了40个战役，滑铁卢会摧毁这么多的胜利……但不会被任何东西摧毁的、会永远存在的，是我的民法典。"

《法国民法典》的草拟和制定工作，主要是1799年执政官制度确立以后开始的。

1800年，执政府任命由4名法律专家组成的起草委员会负责民法典的起草工作。拿破仑亲自参与《民法典》的起草指导工作，他要求编纂者要"做治理国家的政治家，不要做法律的制造者"。

法典草案除了交枢密院审议外，还送交法国各法院征求意见，然后分成36个单行本由法国国会通过。在帝国建立后，被综合为《法国民法典》，并于1804年3月21日，最后以法律形式通过。

《法国民法典》分总则：法律的公布，效力及其适用。第一篇：人法，包括民事权利的享有、人格的保护、住所、监护、教养、父母子女间的关系、婚姻配偶之间的关系、宣告婚姻无效或离婚而解除婚姻。第二篇：物法，即对各种财产权（所有权、用益权和役使权）的规定。第三篇：取得财产的各种方法，即继承、赠予，结婚时授予妻子的财产和债务关系，以及关于各种契约、法定的和约定的抵押、诉讼时效和权利取得的法定期限的规定。确立传统罗马法将债务关系分为契约、准契约，不法行为和准不法行为。这部民法典共35章，2 281条，文字简明，逻辑严谨，体系完整。通观这部法典，它所贯彻的基本原则是：

自由和平等的原则，契约自由或契约自治原则以及私有财产的不可侵犯原则。

《拿破仑法典》的问世与颁布施行，在法国乃至欧洲的法律史上起了一个分水岭的作用。它标志着一个旧时代的结束和一个新纪元的开始。

1789 年资产阶级大革命之前的法律称之为古代法，而在此之后的法律则称为现代法。

1804 年 3 月 21 日，拿破仑签署法令，《法国民法典》正式在法国颁布实施。《法国民法典》的产生，既是拿破仑夺取政权后的第一项重大改革，也是拿破仑巩固政权的一项具体措施。

拿破仑远征俄国

拿破仑从 1804 年开始到 1814 年，前后统治法兰西达 15 年之久。在这 15 年的统治中，拿破仑体现出两个特点：一、国内改革；二、军事战役。前者巩固了法国革命的成果，后者为他赢得了杰出军事家的美誉。

作为杰出的军事家，拿破仑打了许多场漂亮仗。如马伦哥会战，拿破仑在不利的条件下反败为胜，创造了军事史上的奇迹；乌耳姆战役，是拿破仑精心运用“兵贵神速”取得的成功之战；奥斯特里茨之战，拿破仑令法国获得了莫大的好处。

随着几次大战役均取得胜利，拿破仑决定远征俄国，让沙皇亚历山大臣服于自己。1812 年 6 月，拿破仑亲率 60 万大军，越过涅曼河，进入俄罗斯控制下的立陶宛。

法军异常顺利地占领了立陶宛。凭多年的作战经验,拿破仑感到有点不对劲,便下令找几个老百姓来询问一下情况。士兵们左找右找,却没有找到一个!原来,在法军来到之前,沙皇已下令所有人躲藏起来,使法军如入无人之境。实际上,正是这样,拿破仑的几十万大军站在冷寂的荒野中,处境艰难。有将领向拿破仑报告说,他们的物资供应已经短缺了,人员病困交加,部队战斗力大受影响。下一步该怎么办呢?“继续前进!向斯摩棱斯克进军!到那里彻底消灭俄军。”拿破仑果断地下达了进军命令。

在斯摩棱斯克,拿破仑遇到了顽强的抵抗。结果有1.2万余人战死。拿破仑看到硬拼不行,命令用大炮射击。拿破仑达到了目的,一阵猛射之后,对方便悄无声息了,法军争先恐后奔入城内。进城之后,他们才发现,没有一个伤亡的敌人。原来,俄军又安全转移了,法国官兵得到的只是一座空城。拿破仑决心孤注一掷,在物资供应极度缺乏的条件下,他命令部队继续东进。

1812年9月7日,拿破仑在波罗金诺地区与俄军相遇,波罗金诺是距莫斯科100多公里的一个小村,村虽小,地理位置却十分重要,这里是通向莫斯科的大门。拿破仑了解到这里的地形后,便投入了大量兵力,决心不惜一切代价占领它。在13万兵力的法军和600门大炮的强大攻击下,波罗金诺成了拿破仑的囊中之物。

就在法军将士欢庆胜利时,俄军位于村南箭头堡的阵地却钻出一门门大炮,一颗颗炮弹飞落法军阵地。拿破仑立即命令手下一位将领去摸清敌人的情况,及时报告。不一会儿,那位将领回来了,他禀报说:“报告陛下,情况已经摸清了。那里共有12万俄军。其中有8.5万名是后援部队。还有300门大炮。”

俄、法双方的炮战开始了。法军将400多门大炮全部动用起来,俄军则用他们的300多门大炮还击。一阵射击之后,拿破仑看到俄军火力明显减小,认为时机已到,就命令部队冲入俄军阵地。法军个个高呼着向箭头堡扑去。俄军也不甘示弱,对准法军猛烈开火,结果法军成批地倒下。但是,由于法军在数量上远远超过了俄军,尽管伤亡惨重,最终仍然冲进了箭头堡,击毙了残余俄军。俄军守堡士兵全部阵亡。俄军主帅巴格拉基昂迅速调集8.5万后援部队增援,面对法军,巴格拉基昂身先士卒,命令俄军坚决夺回箭头堡。俄军在炮火的掩护下,终于又夺回了箭头堡。

在一天的战斗中,法军共有8次夺得箭头堡,俄军奋力反扑,又8次夺回箭头堡。到傍晚时分,拿破仑又重新组织兵力,作第九次争夺,俄军也积极组织有效的反击。突然,一颗炮弹落在巴格拉基昂的身旁,巴格拉基昂血流如注,慢慢地倒了下去,再也没有爬起来。法军趁势攻入箭头堡,俄军最高统帅库图佐夫下令部队撤退。这次争夺战以法军的胜利而结束。

1812年9月14日,法国军队在拿破仑的率领下,攻进莫斯科。但库图佐夫已下令全城撤退,把一座空城留给了拿破仑。法军虽然占领了莫斯科,但随着冬天的到来,本来就已十分短缺的军需物资,这时更加紧张。10月18日,俄军又袭击了法军,打死打伤法军3 000余人。面对这种情况,拿破仑感到,他的部队已不堪一击,已经无力再继续占领俄国了。所以,他于10月19日率11.5万残兵从原路返回。回国途中,又不断遭到俄军伏击,加上天寒地冻,士兵们成批地死去。11月29日,在渡过一座桥时,士兵与随军家属互相争抢过桥,又有1.2万人掉入河中淹死。12月中旬,拿破仑终于离开俄国,但原来的60万大军,现在只剩下了2万名瘦弱的士卒。

拿破仑这次远征俄国,遭受了重大损失,他所领导的武装斗争最终因各国势力的反对而惨败。

维也纳会议

对于拿破仑来说,1812年远征俄国时遭到俄国军队的激烈抵抗,这种抵抗就像冰天雪地一样,给拿破仑的统治事业以毁灭性的打击。1814年4月初,波旁王朝复辟,拿破仑一世被迫退位,从此退出了欧洲政治舞台,被流放到地中海上的厄尔巴小岛。数十万反法联盟大军雄踞在法国首都巴黎等地,使法国人感到了从未有过的紧张和不安。同年6月,波旁王朝任命塔列朗为法国外交大臣。塔列朗临危受命,上任伊始,便积极开展外交活动,力求改变法国的险恶处境。

同盟国挟军事上胜利之威,完全可以向法国索要巨额战争赔款,或者干脆瓜分法国,使这个从前曾傲视欧洲列强的霸主在欧洲版图上消失,塔列朗便主动提出与各同盟国谈判,以缔结和约。

塔列朗本人多年来同拿破仑一直有私怨,这一点恰好成了他的某种资本,使他可以以同盟国的“朋友”的身份讨价还价。由于利益分配不均,同盟国内部彼此矛盾重重,都想实现势力上的均衡。俄、普两国私怨已久,俄国并不希望法兰西灭亡,相反,它需要一个国力相当的法国同日益强大的普鲁士抗衡。

塔列朗立即抓住这种机会,化被动为主动,于5月底与同盟国草签了《巴黎和约》,和约规定:法国仍保留1792年疆界内的领土。塔列朗上任后的第一个外交奇迹出现了:作为战败国的法国,竟然既不割地,又不赔款。

6月份,同盟国在维也纳召开会议,商议瓜分法国放弃的殖民地的问题。在此之前,普鲁士已经表露出了它对法属萨克森王国的极大兴趣,而俄国更是对拿破仑征服的华沙公国觊觎已久,所幸的是由于英、奥等国竭力抵制,俄、普两国的图谋才未得逞。

塔列朗敏锐地意识到,维也纳会议极可能削弱法国的实力,使法国被挤出强国的行列,他决计再度出马,挫败各战胜国削弱法国、扩大各自势力范围的野心。塔列朗的第一个措施,就是替路易十八起草了以阻止普鲁士吞并萨克森王国及俄国吞并华沙公国为核心内容的文件,亲自带到维也纳会议上。

英国向来主张欧洲列强保持势力均衡,每每以仲裁者自居,实际上是想坐山观虎斗,自己从中捞取利益。沙皇俄国的扩张野心,使英国既恼火,又惶惶不安。塔列朗觉得他已找到了他的维也纳之行的突破口。他首先同英国外交大臣喀斯尔雷在巴黎会谈,两人就阻止俄国吞并华沙公国问题达成了一致意见。塔列朗注意到,同盟国在挫败了他们的共同敌人法兰西帝国后,相互之间的矛盾正在日益加剧。所以他率领法国使团抵达维也纳后,便不停地往返穿梭于各国使团之间进行挑唆,千方百计搞垮这个拿破仑用枪炮未曾动摇的反法同盟。而同盟各国也都不愿失去法国这个将来的盟友,因为对他们来说,目前最大的威胁是企图称霸欧洲的俄国。

由于塔列朗的努力,原本旨在削弱法国势力的维也纳会议,竟然转向对波兰、萨克森领属问题的讨价还价。而法国也居然跃身成为这场“买卖”的平等的“竞价”者。在会议上,塔列朗将自己打扮成维护小国王权、反对列强瓜分的骑士,他振振有词地提出了三点声明:第一,法国只承认包括会议所有成员国参加的会议通过的决议;第二,法国愿意看到波兰回复到1805年或1772年的状态;第三,法国反对对萨克森王国的分割。

沙皇亚历山大对塔列朗的声明十分恼火,两人在会议上展开了激烈的交锋。亚历山大自恃他的20万大军已经占领了波兰,拒不退让,并扬言要由俄国自己来处理波兰的问题。而普鲁士也不甘落后,干脆出兵萨克森,企图造成既成事实。俄、普两国的举动,使欧洲各国的关系再度紧张起来,大有爆发战争的危险。而这种局面正是塔列朗所期望的,从某种程度上说,也正是他一手导演的。

塔列朗借口俄、普野心未泯,便向英国外交大臣喀斯尔雷建议成立英奥法同盟,一致对付俄、普两国的扩张。喀斯尔雷见事态越来越严重,犹豫再三,最后还是同意了,并且提出由他来起草条约草案。英、奥、法三国同盟的条约规定:三国一致行动,保障《巴黎和约》的实施;三国在其中任何一个国家遭受别国武力进攻时,立即互相支援;三国建立军事委员会,防止俄国对西欧的进攻。

此后,维也纳会议起了微妙的变化,先前的四国会议变成了五国会议,因为英、奥坚持邀请塔列朗参加四国讨论每一个问题的会议。应该说,这是塔列朗的胜利,同时也是法国的胜利,塔列朗以平等的身份出席会议,至少能最大限度地减少会议中对法国的不利因素。

由于塔列朗超凡的外交才能,在维也纳会议结束几个月后,反法同盟就被瓦解了,法国重新挤进列强的行列。萨克森王国虽被普鲁士吞并了一半,但仍作为独立国家而成为法国与它的世仇普鲁士之间的缓冲国,普鲁士企图吞并整个萨克森王国的目的终于落空了。

滑铁卢战役

正当欧洲各国首脑在维也纳召开和平会议时,1815年3月,拿破仑却从厄尔巴岛潜回了巴黎。这一次,拿破仑只率1 500人和几门大炮,分乘几艘船只，就在法国海岸登陆。复辟后的波旁王朝闻讯后，立即阻击，双方在拉缪尔村遭遇。拿破仑跳下战马，率领他的士兵大摇大摆地向对方走去。他边走边向波旁王朝的士兵说："你们当中有谁想打死自己的皇帝那就开枪吧！"士兵们听到这熟悉的声音，纷纷放下枪，簇拥到他的身边。沿途中的农民听说拿破仑来了，激动地哭着呼喊："皇帝万岁！"拿破仑在前呼后拥之中率领部队前往巴黎，连王宫的卫队都阵前倒戈，路易十八闻风逃走。拿破仑不费一枪一弹，便在巴黎重新组织起资产阶级政府，重登帝位。

两个月后，欧洲各国拼凑起反法同盟，共同围攻巴黎。拿破仑率领12.5万大军迎敌。在突破了普军阵地，打败了英国军队后，战线推进到比利时边境滑铁卢，与盟军展开了大决战。

决战双方当时的形势是：盟军占据了一个山头，处于居高临下之势；法军位于山下，处于仰攻之势。但这些不利的战地因素，对于久经沙场的拿破仑来说，不算什么问题。6月17日晚，拿破仑制定了进攻计划：18日凌晨6点钟发起总攻，中午结束战斗。然而，意料之外的事情发生了。17日夜晚，滑铁卢地区下了一夜大暴雨。这场大雨，使道路低洼之处雨水淤积，大炮和弹药也被淋湿，总攻的时间只得推迟到上午11时半进行。炮兵是战役胜败的关键，法军艰难地推着炮车前进，不断地陷进泥水之中，行进的速度十分缓慢。虽然这样，拿破仑还是突破了联军几道防线。但由于总攻时间的推迟，盟军的支援部队赶到了滑铁卢。普鲁士的比洛军团立即投入了战斗，攻占了法军的右翼阵地。这时居高临下的英国将军威灵顿率领同盟国联军向山下进攻，法军腹背受敌，一直激战到深夜，终于瓦解，一败涂地。

滑铁卢战役后，反法联军向刚成立的临时政府发出最后通牒，要求拿破仑离开法国。临时政府接受了联军的条件，但谁都知道，拿破仑岂肯自动认输。正在这时有人想起了与拿破仑有特殊关系的欧仁妮·德茜雷·克莱德。欧仁妮是马赛绸缎商之女，年轻时和拿破仑热恋过。由于政治上的需要，拿破仑最终与寡妇约瑟芬结了婚，得知此消息后的欧仁妮痛不欲生。当她投河自尽时，被拿破仑手下的贝纳多特元帅救起，后来二人结成伉俪。在一系列的事变中，贝纳多特成了反法同盟国之一的瑞典的王位继承人，欧仁妮也成了未来瑞典的王后。虽然如此，拿破仑对过去的恋人依然一往情深。当欧仁妮出现时,拿破仑激动不已。

欧仁妮抚慰了拿破仑的心,复苏了他久已泯灭的良知。他清楚地看到,自他掌权以来,法国大革命的物质成果已被他挥霍一空。20 年的战祸,已使 300 万优秀儿女英勇捐躯,如今的法国遍体鳞伤,人民疲惫不堪,大家都无法再承受更大的苦难。理智终于战胜了妄想,当欧仁妮伤心地离开他的时候,拿破仑决定放弃最后一搏,甘愿到圣赫勒拿岛了此余生。

1821 年 5 月 5 日拿破仑在圣赫勒拿岛病逝。"滑铁卢的拿破仑",今天也成为了最终失败、"英雄末路"的代名词。

(四)无产阶级革命

19 世纪三四十年代,资本主义生产方式已在西欧占统治地位。英国、法国、德国等国或已基本完成工业革命,或正在进行工业革命。工业革命使社会生产力急剧提高,同时使社会关系发生深刻变化,开始形成工业资产阶级和无产阶级。随着资本主义的发展,资本主义社会所固有的矛盾——生产的社会化和生产资料的私人占有之间的矛盾不断加剧,从而使无产阶级日趋贫穷,并出现周期性的经济危机。在自身生活状况不断恶化,又没有生活来源的严峻形势下,无产阶级进行了不懈的斗争。

马克思奠定无产阶级革命理论基础

1815 年 5 月,马克思出生于德国特利尔城一个律师的家庭。他的父亲是一位律师,母亲是荷兰人,贤淑善良。

20 岁时,父亲把马克思送到了当时著名的波恩大学去学习法律。马克思到了波恩大学后,发现波恩大学已经没有良好的学习气氛,于是第二年转入柏林大学学习。柏林大学在当时不仅学习气氛浓厚,而且在思想学术领域都处于领先地位。这让马克思十分满意。

在柏林大学上学时,马克思的学习积极性非常高,兴趣也非常广泛。除哲学外,历史学、文学、数学以及外语等,马克思都以加倍的努力认真地学习，并取得了可喜的成绩。

1841 年，马克思在大学毕业之际，认真完成了一篇哲学论文，他试图以哲学来改造世界，论文系统完整地反映了马克思此时的哲学观点、理论建树和思想内涵，这表明马克思已成为献身人民的革命民主主义者。也正是因为这篇论文，马克思被授予博士学位。大学毕业后，马克思被聘为《莱茵报》主编。当上主编后，马克思正好借《莱茵报》来宣传革命思想，所以《莱茵报》成了马克思跨入社会后进行革命工作的重要的第一步。

马克思刚刚工作，就遇到了在他思想发展史上有名的“林木偷盗案”。在德国西部有大片的森林和草地，这里的居民都可以在这些地方砍柴、放牧。后来，一些贵族地主霸占了这些森林和草地，不少居民想到山林中去拾柴草，却被指控为“偷盗”。广大居民产生强烈不满，普鲁士政府只得认真审议这些事情。可是，他们只为贵族地主考虑，审议结果是：“居民们的行为确为偷盗！如果再持续下去，要用法律手段来解决！”这样一来，引起全国民众对议会的反感，人们纷纷谴责议会的不公平处理。马克思也是义愤填膺，他在《莱茵报》上写了许多文章发表自己的看法，文中严厉抨击了普鲁士政府的做法，立场坚定地站在民众一边，积极维护农民的利益。

普通民众当然欢迎马克思的这些文章，他们争相购买《莱茵报》阅读。马克思刚开始来到《莱茵报》时，其发行量不到 800 份，几个月之后，已发行 3 400 份，是原来的 4 倍多。看到马克思在《莱茵报》上所发表的文章，

普鲁士政府立刻派人查封了《莱茵报》，迫使它停止印刷。马克思辞去了报纸的主编职务。

28岁时，马克思离开德国，来到巴黎。为了宣传自己的理论，马克思不知疲倦地到工人家去了解工人的生活、思想、要求，还经常参加工人组织的秘密会议。由于切身参与工人的活动，马克思清楚地看到，要使工人阶级翻身解放，成为社会的主人，就必须消灭私有制，全面提高全人类的思想觉悟和文化水平，进而建立一种更完善、更理想、人人平等、没有剥削、没有压迫的新型社会——共产主义社会。同时，马克思又认识到，要实现共产主义社会，就必须打碎旧的国家机器，推翻资产阶级专政。要做到这一点，还必须依靠广大的工人、农民等无产者联合起来，共同奋斗。

1844年2月，马克思参与主办了《德法年鉴》杂志。他在这本第一期也是唯一一期的杂志上，发表了他著名的文章即《〈黑格尔法哲学批判〉导言》。在这篇文章里，马克思阐述了依靠工人阶级推翻剥削制度、建立平等社会的思想。他又指出，要建立人人平等的共产主义社会，必须用革命理论来指导革命实践。“批判的武器当然不能代替武器的批判，物质力量只能用物质力量来摧毁；但是理论一经群众掌握，也会变成物质力量！”马克思说。

《〈黑格尔法哲学批判〉导言》发表以后，使革命者真正找到了革命的理论，并以此指导革命实践。而马克思也更加积极地投入到革命的实践当中去，最终成为无产阶级革命的伟大导师。

亲密战友恩格斯

1820年11月28日，弗里德里希·恩格斯，诞生于德国西部莱茵省的巴门市。他的父亲是资本家，开办了一间纺织厂，性情暴躁专横。恩格斯中学未毕业，父亲就强迫他停学，让他去学习经商，希望自己的儿子将来能够继承他的事业。18岁时，恩格斯被送到德国北部的重要港口城市不莱梅一家大贸易公司工作。到了不莱梅，恩格斯除了工作之外，还努力地学习。读书使恩格斯接受了不少新的思想，阅读了许多国家的进步书刊。在工作中，他看到那些拼命劳作的工人，一天工作十几个小时，收入却少得可怜，这使他对工人充满了同情之心。

由于恩格斯刻苦学习，两年后，他能说英、法、意、西班牙、希腊、拉丁等十几种外语。1841年，恩格斯参军了。在部队里，他经常到柏林大学旁听，还发表了几篇理论文章，以唯物主义思想批判唯心主义的神学观。

1842年9月，恩格斯拜见了正在科隆主编《莱茵报》的马克思，两人作了简短的交谈。

1842年11月，恩格斯被父亲指派到英国曼彻斯特的一个纺织厂去考察。在曼彻斯特，恩格斯发现英国工人为了自由、平等、幸福，已长时间与资产阶级做着斗争。当时，几百万工人正在组织集体签名，要求英国议会批准通过《人民宪章》，让每个工人都有选举权。恩格斯也积极地加入他们的斗争行列，与他们一起争取工人的平等权利。恩格斯每天去访问工人，了解他们的斗争情况、生活情况以及他们的思想和愿望。通过实际接触，恩格斯完成了著名的《政治经济学批判大纲》，并把它寄给了当时任法国《德法年鉴》的主编马克思。

阅读了恩格斯的文章，马克思认为它能够准确及时地推动国际工人运动，就把它刊登在《德法年鉴》上。他给恩格斯回信说，希望他能再详细地反映英国工人阶级所面临的问题。不久之后，恩格斯又写成了《英国工人阶级状况》一书。在这本书里，恩格斯旗帜鲜明地指出："无产阶级要获得自己的彻底解放，就必须团结起来，共同推翻资产阶级所建立的资本主义制度。"

1844年8月，马克思和恩格斯再一次见面了。他们一起谈工人运动，一起讨论社会主义的理论问题，并合作出版了《神圣家族》一书。在书中，他们阐明了人民群众是真正历史创造者的思想。

在以后的工作中，恩格斯成为了马克思最亲密的战友，两人以不朽的学说开创了世界历史的新篇章。

共产主义者同盟

19世纪三四十年代，随着资本主义的发展，资本主义社会生产的社会化和生产资料的私人占有之间的矛盾不断加剧，从而使无产阶级日趋贫困,并出现周期性的经济危机。1825 年,英国爆发了世界上首次经济危机。资本家为了摆脱危机,便关闭企业,解雇工人,使工人生活陷于水深火热之中。工人为维护自己的利益同资本家展开了坚决斗争。1831 年和 1834 年,法国里昂两次爆发工人起义。1836 - 1858 年,英国掀起宪章运动。1844 年,德国西里西亚纺织工人举行起义。这些斗争表明,无产阶级作为一支独立的政治力量已经开始觉醒,并登上了历史舞台。

1846 年初,马克思和恩格斯在布鲁塞尔创立了"共产主义通讯委员会"。接着,在伦敦、巴黎、哥本哈根、科伦、汉堡、爱北斐特、基尔、莱比锡等地相继成立了分会。共产主义通讯委员会的成立,对于促进各国社会主义者的密切联系,宣传科学共产主义的基本思想做出了有益的贡献。

马克思和恩格斯在同各国工人组织的交往过程中,十分重视伦敦的"正义者同盟"。这个组织是由工人、手工业者和少数资产阶级知识分子组成的国际性工人组织。清除魏特林主义、蒲鲁东主义和"真正的社会主义"等各个流派错误思想对同盟的影响,是改造同盟、建立无产阶级政党的前提。马克思和恩格斯针锋相对地指出,无产阶级革命是不可避免的,为了推翻资产阶级的统治,必须首先夺取政权;在阶级社会中,对抗性的阶级矛盾是不可调和的。在马克思和恩格斯的影响下,正义者同盟的成员们逐渐放弃了魏特林主义和蒲鲁东主义,认清了它们的危害,开始信仰科学的共产主义理论。他们一致要求改组正义者同盟,并要求马克思和恩格斯参加同盟。

1847 年 6 月,正义者同盟在伦敦秘密举行第一次代表大会,恩格斯出席了这次大会。大会决定将正义者同盟改组为共产主义者同盟,同时用"全世界无产者,联合起来"的战斗口号代替正义者同盟的"人人皆兄弟"的口号。共产主义者同盟是人类历史上第一个以科学社会主义为理论基础的国际无产阶级组织。

在实践中,马克思和恩格斯发现"共产主义者同盟"需要一个正确的纲领来指导。恩格斯曾经先后起草了两个草案:《共产主义信条草案》和随后的《共产主义原理》,都是以问答体的形式来阐述历史唯物主义和马克思主义政治经济学的基本原理,以及现实斗争中的一些重要问题。但在恩格斯看来那只不过是纲领的草案。1847 年 11 月,在共产主义者同盟第二次代表大会上,马克思、恩格斯全面论述了科学共产主义的基本思想,并在激烈的争论中批判了各种错误的观点,统一了大会的思想,最后他们受委托为同盟写出一个战斗的共产主义的宣言,这就是后来流传世界各国,为无产阶级革命斗争指明方向的《共产党宣言》。正如列宁所说:"这本书篇幅不多,价值却相当于多部巨著:它的精神至今还鼓舞着、推动着文明世界全体有组织的正在进行斗争的无产阶级。"

《共产党宣言》

《共产党宣言》有引言和 4 章。引言勾画了早期共产主义运动的图景,描述了共产党人成长的进程,以及发表《共产党宣言》的目的。

第一章《资产者和无产者》,着重论述了阶级斗争的学说。本章指出,自原始氏族社会解体以来,"到目前为止的一切社会历史都是阶级斗争的历史",然后论述各个历史时代阶级斗争的状况,说明阶级斗争是阶级社会发展的动力,还提出一个原理:"一切阶级斗争都是政治斗争",无产阶级反对资产阶级的阶级斗争必然要发展为夺取政权的政治斗争,导致无产阶级革命,最后消灭一切阶级,实现共产主义。本章还详细分析了资产阶级产生、发展的过程。此外,马克思、恩格斯还阐明了无产阶级的发展和它的伟大历史使命,说明它是现代社会中最坚决、最彻底的革命阶级,只有它才能团结和领导广大劳动人民推翻资产阶级的统治,解放全人类,最终解放无产阶级自己。

第二章《无产者和共产党人》,说明了共产党的性质和特点,规定了党的基本任务和奋斗目标。共产党是无产阶级的政党,它没有任何同整个无产阶级的利益不同的利益,始终坚持无产阶级的国际主义,坚持共产主义的伟大目标。党的任务是"使无产阶级形成为阶级,推翻资产阶级的统治,由无产阶级夺取政权",然后尽可能快地发展社会生产力,采取措施逐步把工业和农业结合起来,把教育同物质生产结合起来,逐步消灭城乡的对立、阶级对立和阶级差别,最终实现共产主义。在第二章里,马克思、恩格斯还就无产阶级取得政权后为了解决所有制、变革全部生产方式提出了 10 条具体措施,同时指出,"这些措施在不同的国家里当然会是不同的"。

第三章《社会主义和共产主义的文献》，马克思、恩格斯运用历史唯物主义观点和阶级分析方法揭露和批判了当时流行的形形色色的非科学的社会主义和空想社会主义，深刻分析了这些思潮的社会阶级根源和各自代表的阶级利益，从而阐明了科学共产主义同它们在性质上的根本区别。

马克思、恩格斯指出，被资产阶级打败了的英、法封建贵族，也打出“社会主义”旗号，而这种“封建的社会主义”的实质则是梦想复辟封建制度。“小资产阶级的社会主义”，就是在资本主义制度下不断分化、破产的小资产阶级的代表人物所鼓吹的“社会主义”，实际上是要恢复中世纪的小手工业和小农经济。所谓“真正的社会主义”，就是代表德国小市民利益的德国著作家们所贩卖的“社会主义”，他们既反对资产阶级革命，又反对无产阶级运动的兴起，起着一箭双雕的作用。以上这些，统统被马克思、恩格斯归结为“反动的社会主义”。

所谓“保守的或资产阶级的社会主义”，则是资产阶级中想要消除资本主义社会的弊端，从而维持这个社会生存的一些人的理论。他们鼓吹改良，企图使工人阶级放弃政治斗争。

至于“批判的空想的社会主义和共产主义”，则是不成熟的无产阶级的利益和要求的反映。他们虽然看到了资本主义社会的种种弊端，并对之进行了揭露和批判，而且提出了关于未来社会的积极的主张，但是他们并不了解资本主义社会产生、发展和灭亡的规律，不了解无产阶级的历史使命，而是幻想通过“示范”作用，甚至使上层人物“发善心”等去实现其理想社会，而拒绝一切革命斗争。因此他们的主张具有纯粹空想的性质。

第四章《共产党人对各种反对党派的态度》，阐明了共产党的基本策略思想。“共产党人为工人阶级的最近目的和利益而斗争，但是他们在当前的运动中同时代表运动的未来”，“共产党人到处都支持一切反对现存社会制度和政治制度的革命运动”，“共产党人到处都努力争取全世界的民主政党之间的团结和协议”，但是“共产党一分钟也不忽略教育工人尽可能明确地意识到资产阶级和无产阶级的敌对的对立”，决不放弃对错误思想“采取批判态度的权利”。这些策略原则要求党在反对资本主义制度的斗争中必须把眼前利益和长远利益、当前斗争同实现共产主义的伟大目标结合起来，在斗争中既要联合其他革命党派，支持一切革命运动，又要保持清醒的头脑，保持自己的独立性和阶级意识。

《共产党宣言》在结束时，提出了无产阶级国际主义的战斗口号："全世界无产者，联合起来！"

《共产党宣言》还附有马克思、恩格斯在不同时期写的7篇序言，这些序言或是重申了《共产党宣言》的性质，回顾了《共产党宣言》同国际工人运动相结合的历史；或是精辟地论述了贯穿本书的历史唯物主义基本原理；或是根据无产阶级运动的实践经验做出一些重要的补充和修改。

《共产党宣言》是马克思、恩格斯重要的著作之一，也是国际共产主义运动的第一个纲领性文献。

《资本论》

《资本论》是马克思生平最主要的著作，这部举世之作是马克思主义政治经济学最伟大的文献。从19世纪40年代开始，直到马克思逝世为止，他把毕生的精力都贡献给了这部伟大作品的研究和写作。

为了写这本《资本论》，马克思广泛阅读有关的文献和资料，做了大量的摘录、笔记，还深入研究了许许多多知名和不知名的资产阶级经济学家的著作，研究工作十分繁重。仅仅在1857年10月－1858年5月写出的手稿，也就是后来的《资本论》第一卷的最初草稿就有六七十万字。而现在我们见到的马克思在各个时期写的经济学手稿，字数大概要以千万计。

马克思和恩格斯的伟大友谊，也最明显地体现在《资本论》的研究、写作和出版、翻译、修订、编辑、整理等一系列无比浩繁的工作当中。恩格斯在相当长时期里从理论上、物质上和精神上给了马克思以全力的、无私的支援。因为只有恩格斯才最了解这部著作对科学的发展，对国际共产主义运动将会起多大作用。再说也只有恩格斯才是马克思在探讨复杂的经济问题时当之无愧的最有权威的顾问。

恩格斯不仅具有广博的经济学理论素养，而且他还直接经营工商企业，具有丰富的实际经济知识，经常向马克思提供有关经济过程的实际资料。他们两人互相探讨《资本论》中各种问题的通信就有近百万字之多。马克思在写作《资本论》的几十年间经常过着贫病交加的生活，还受到过家庭变故的沉重打击，恩格斯则始终如一地给他以巨大的援助和鼓励，使马克思终能克服种种困难坚持工作。所以马克思后来在一次信中对恩格斯说:“没有你,我永远不能完成这部著作。”

恩格斯参加了《资本论》第一卷出版的准备工作,后来又陆续整理出版了第二卷和第三卷,以及修订、翻译,等等,不仅数量极其浩繁,而且内容十分复杂,完全是一种创造性的科学工作。正如列宁后来所作的评价:“这两卷《资本论》是马克思和恩格斯两人的著作。”

《资本论》是一部博大精深的皇皇巨著,它研究的主要对象用马克思在此书初版序言中的话来说,“我要在本书研究的,是资本主义生产方式以及和它相适应的生产关系和交换关系”,又说,“本书的最终目的就是揭示现代社会的经济运动规律”。这就是说,《资本论》研究的对象是资本主义社会的生产方式——生产力和生产关系的统一。《资本论》的创作目的就是要阐明资本主义社会产生、发展和必然灭亡的客观规律。

《资本论》第一卷最初的德文第一版于 1867 年出版,共分 6 章:(1)商品和货币;(2)货币转化为资本;(3)绝对剩余价值生产;(4)相对剩余价值生产;(5)绝对剩余价值和相对剩余价值的进一步研究;(6)资本的积累过程。1873 年经马克思修订后出版的德文第二版,调整了原先的篇章结构,把章改为篇,把工资问题从第五章中划分出来独立成篇,总共为 7 篇;把原先的节改为章,共 25 章。此外,现行的第一卷还收进马克思和恩格斯在不同时期写的 7 篇序言和跋,论述了政治经济学的对象、阶级性和方法等问题,也是极其重要的马克思主义科学文献。

《资本论》第一卷出版以后,马克思于1883年3月14日不幸病逝,使他未能最终完成这部巨著的续写和修订工作,因此《资本论》第二卷和第三卷的整理工作完全落在恩格斯的肩上。恩格斯也确实没有辜负亡友的嘱托和世界无产阶级的愿望,前后花了将近12年的时间,付出了大量的艰辛劳动,终于在1885年7月出版了《资本论》第二卷;在1894年12月,也就是他逝世前5个多月,出版了《资本论》第三卷。

巴黎公社

1871年3月18日,法国首都巴黎的工人阶级和其他劳动人民在革命后建立了无产阶级政权——巴黎公社。

巴黎公社是世界历史上推翻资产阶级统治、实行无产阶级专政的第一次英勇尝试,是19世纪中期法国社会阶级矛盾和民族危机不可调和的产物,第一次对资本主义世界做了最为严重的打击。巴黎公社的出现,标志着资本主义全面走向衰落。

路易·波拿巴于1852年建立的法兰西第二帝国到60年代后期社会矛盾与阶级斗争加剧。波拿巴政府为转移国内视线,延长法兰西第二帝国的统治,同时企图阻止德意志统一,防止出现一个新的强大的德国,便于1870年7月19日对普鲁士宣战,普法战争爆发。然而法军在战争中惨败,9月2日,在色当战败的路易·波拿巴率军向普鲁士投降。巴黎人民愤怒了,9月4日发动革命,推翻了法兰西第二帝国,成立了法兰西第三共和国,由以特罗胥将军为首组成的"国防政府"执掌政权。"国防政府"也是一个无能政府,它奉行对内镇压、对外投降的政策。9月18日,德军包围巴黎,"国防政府"不战而降。

1871年1月18日,普鲁士国王威廉一世在凡尔赛称帝,宣告德意志帝国将成立。1月17日,梯也尔出任法国政府首脑,继续执行特罗胥政府的内外政策。1月28日法德两国签订停战协定规定:在巴黎的法国军队,除一个师外,其余全部自动解除武装成为战俘。2月26日,梯也尔与俾斯麦签订了预备和约,法国割让阿尔萨斯、洛林大片领土,三年内赔款50亿法郎。

1871年3月1日,德军入侵巴黎。梯也尔政府的丧权辱国政策令巴黎人民失望了。从普法战争开始,巴黎劳动群众备受民族屈辱,饱受饥饿与失业的威胁。巴黎群众最初对9月4日的革命充满幻想,表示支持"国防政府",挽救祖国危亡。然而随着资产阶级政权日益暴露其反动实质,劳动群众逐渐认识到必须推翻政府,建立自己的政权。10月底之后,群众要求建立公社的呼声进一步加强。

1871年3月15日,国民自卫军选出了中央委员会,成为领导群众的组织。梯也尔政府签订和约后加紧准备内战,不断向巴黎增兵。3月18日清晨,梯也尔政府出动军队偷袭蒙马特尔高地,企图夺取巴黎国民自卫军的417门大炮,逮捕国民自卫军中央委员会成员,从而引燃了巴黎武装起义的导火索。当晚国民自卫军就控制了所有政府机关,梯也尔政府成员及其军队、警察和官吏仓惶逃出凡尔赛。

以工人为主体的国民自卫军是巴黎武装起义胜利的决定性因素,它的中央委员会成为事实上的临时革命政府,卓有成效地进行了大量工作。但它的主要失误在于没有抓住有利时机乘胜进军凡尔赛和坚决镇压反革命,而是急于把权力移交给刚刚产生的公社委员会。尽管如此,1871年3月26日举行的公社选举是一次无产阶级主持的、真正民主自由的、其结果充分体现人民意志的创举。选举以不记名的民主方式进行,投票共28.7万张,包括4月16日补选的委员在内,共选出公社委员89人。其中工人和知识分子60余人,职员约10人,此外还有军官、资本家、小商贩与职业革命家。

巴黎公社的主要政策内容是力求打碎资产阶级国家机器,建立无产阶级政权。公社委员会宣告巴黎公社为法国现今唯一政权,凡尔赛及其附庸发出的命令、通告一概无效。公社委员会取缔旧警察机构,废除征兵制,国民自卫军为唯一军事力量,并对法国司法、邮政等机构进行改组改造。

巴黎公社力求建立新的国家机器,在建立无产阶级政权方面做出了重大尝试。公社设立执行、军事、财政、司法、治安、劳动与交换、粮食、教育、社会服务、对外联络10个委员会,作为新的政权机构,执行以前各部门的职能。公社实行无产阶级民主制，人民行使国家权力，人民管理国家。公社委员由普选产生，可根据选民要求随时撤换。成立公社委员调查委员会，对公社委员进行监督，防止国家机关和国家公职人员变成人民的老爷。公社在所有制、分配、管理和劳动立法方面开始进行某些具有社会主义性质或倾向的改革试验。例如通过将逃亡业主遗弃的工场转变为工人协作社法令；改变薪金收入高低悬殊现象，实行保持合理差别的劳动报酬制度；批准经工人讨论通过的章程，开始劳动者直接参与企业管理的试验；制定保护工人直接利益的劳动立法等。此外，公社还采取了一些具体措施维护人民群众的切身利益，保证军需民用，并进行了教育改革。

巴黎公社的成立，给统治阶级以沉重的打击，以梯也尔为代表的反动阶级，无法容忍人民政权的存在。当梯也尔逃窜到离巴黎 18 公里处的凡尔赛时，手下的残兵败将才两三万人，根本无法同巴黎的起义力量对抗。巴黎公社成立后，他不惜与俾斯麦勾结，跟普鲁士侵略者一起来扼杀公社。俾斯麦释放了在色当等地投降的 10 万名法军俘虏，还允许梯也尔的军队通过普军阵地，从北面进入巴黎。

从 4 月 2 日起，公社战士与凡尔赛政府军在巴黎近郊展开了激战。4 月 8 日，凡尔赛政府与德国代表在卢昂达成协议，由德方释放10 万法国战俘以补充法国军队，而公社在第一线作战的全部兵力还不足 2 万人。5 月 8 日，政府军开始炮轰巴黎城。5 月 10 日，法德达成秘密协议，允许凡尔赛军越过德军防线进攻巴黎，德军对巴黎实行封锁，切断粮食供应。5 月 21 日，凡尔赛军由公社的内奸迪卡特尔指引从圣·克卢大门攻入巴黎城区，公社开始悲壮的流血周。5 月 21 日 –22 日，凡尔赛军队已占领巴黎的 1/3。5 月 23 日，凡尔赛军队占领蒙马特尔，公社战士与之进行街垒战。5 月 27 日下午 4 时，5 000 名敌人向不到 200 名公社勇士据守着的拉雪兹扑来。掩护公墓的一座街垒很快就陷落了。勇士们的炮弹早已打完，他们以大炮为掩体，用步枪射击敌人。傍晚时分，公墓的大门被炸开，敌人冲进了公墓。战士们等敌人逼近时，就在坟墓间同他们展开白刃战。身负重伤的战士勇猛地抱住敌人，一起滚进被炸开的坟穴里。最后的一批战士在一堵墙前惨遭杀害。

5 月 28 日，公社战士余部进行最后的抵抗。凡尔赛军队在占领巴黎前后对公社社员进行了血腥镇压，共有10万余人遭残杀，6万余人被投入监狱或流放。巴黎公社革命运动失败了。

导致巴黎公社革命失败的原因是多方面的。首先，是当时法国的资本主义社会形态还有容纳生产力发展的广阔空间，以社会主义制度取代资本主义制度的客观历史条件远未成熟。而在法德议和后，力量对比于公社十分不利。第二，公社革命未能取得外省革命运动有力配合，亦未争取到广大农民的支持，孤军奋战，导致最后失败。第三，公社自身由于历史的局限性，出现了严重失误。公社委员会内部在作战紧要关头出现重大分歧，在5月中旬甚至一度濒于分裂。因此，没有一个成熟的无产阶级革命政党的坚强领导，没有明确的指导思想，无产阶级革命是不可能取得胜利的。

虽然巴黎公社革命失败了，但它是人类历史上第一次无产阶级革命，是无产阶级创建新社会的有力尝试。巴黎公社标志着19世纪无产阶级解放运动达到新的高峰。

（五）俄国革命

俄国位于欧洲的边缘，由欧洲和亚洲之间的大块缓冲地带构成。由于这一位置的缘故，俄罗斯人的历史经历完全与其他欧洲人不同，他们所发展起来的文化也相应的不同。1904年，日俄爆发战争，这场战争为1905年俄国革命准备了舞台。

彼得一世建立俄罗斯帝国

第一个俄罗斯国家是公元9世纪以基辅公国为中心发展起来的。早期的俄罗斯国家不仅越过黑海与拜占廷进行大量的贸易交往，还越过波罗的海和西北欧进行大量的贸易交往。经过几个世纪的发展，到17世纪时，尤其是1682－1725年在位的沙皇彼得大帝大大加快了俄罗斯西方化的进程。

1682年,彼得刚即位,他的同父异母姐姐索菲娅借助兵变,上台执政。彼得被迫和母亲住在莫斯科郊外。7年以后,彼得长大了。索菲娅意识到,彼得是个危险的对手。1689年8月,她发动兵变,欲废掉彼得,但是阴谋失败,索菲娅被软禁起来。彼得登上帝位,世称彼得一世。

彼得一世执政时期的俄国,经济落后,国力贫弱,彼得认为要改变这种状况,首先要有出海口,有了出海口,就等于打开了通向西欧的窗口。1695年1月,彼得一世亲率3万大军进攻土耳其,企图占领亚速海。由于没有海军,战争缺乏后勤支持,这次远征失败了。但彼得大帝并不灰心,用一年多时间建立了一支舰队。1696年春天,30艘俄国战舰出现在亚速海上,俄军水陆并进围攻亚速城堡,土耳其战败,亚速海落到了俄国人手中。

占领亚速海以后,彼得一世尽全力治理国家经济,几年后,俄国变得富强了。彼得又开始为俄国寻取出海口,首要的进攻目标就是瑞典。1700年秋,彼得一世率领3万大军从莫斯科出发,两个月后到达瑞典城堡纳尔瓦。彼得等队伍集结完毕,立即下令围攻。一连猛攻了两个星期,俄军的炮弹都快打完了,纳尔瓦依然还在瑞典人手里。几天后,瑞典国王查理十二世指挥1万多名瑞典军人,首先击败俄国的盟友波兰和丹麦,然后来到纳尔瓦,增援被围的瑞典军队。

北欧的冬天异常寒冷。俄军在纳尔瓦激战了将近一个月,后方的粮食又供应不上,俄军上下怨声载道。瑞典军队在凌晨时分突然发动攻击,俄军立即乱作一团,被瑞典军队的大炮轰炸得人仰马翻,尸横遍野。战斗结束后,俄军几乎全军覆没,大炮和各种武器全被瑞典人缴获,彼得一世侥幸逃出包围圈。

回国后,彼得一世发誓重建俄国军队,彻底打败瑞典。首先他在国内进行了重大政治经济改革,加强了中央政府对地方的控制权。为了购买武器装备,他把赋税提高了4倍,还增加了各种新的税收。他又下令全国每25户农民出1名终身服役的士兵,很快重建了一支拥有20万人的陆军。他命令每3座教堂交出1口大钟,很快就铸造了300门大炮。他还命令每1万个农民要缴纳1艘战舰的钱,然后又征集工匠建造船只,迅速地造了40多艘大船和200多只小船,建立了俄国第一支海军舰队——波罗的海舰队。

1702年，彼得一世指挥强大的俄国军队向波罗的海进军。这一天，他们包围了纳尔瓦附近的尼恩尚茨堡。几十门大炮整整轰击了一天，瑞典军队抵挡不住，举手投降，俄军缴获了大批武器弹药。攻下尼恩尚茨堡后，彼得率领军队攻占了吉诺特要塞、纳尔瓦城堡，瑞典全城溃败。

在征服瑞典后，彼得一世成功夺取出海口，打开"面向西方的窗户"的目标完成了第一步。然后，他在涅瓦河口附近的科特林岛上修建要塞卡朗施塔特，在叶尼萨利岛上建立彼得—保罗要塞。1712年，彼得将彼得—保罗要塞建成为一座新城市，取名圣彼得堡，把首都从莫斯科迁到这里。

1721年，俄国和瑞典签订和约，俄国占领了瑞典芬兰湾、里加湾沿岸的土地，从而成功解决了北方出海口问题。

1721年10月，俄国改称"俄罗斯帝国"，彼得一世被国人尊称为"祖国之父"。

女沙皇叶卡捷琳娜

彼得一世占领瑞典几个沿海口岸后，他想进一步获得整个波罗的海海域的控制权。他为了拉拢德国，就把自己的大女儿嫁给了德国的一个亲王。彼得死后，他的小女儿当上了沙皇。可是这个女沙皇没有生育，她于是前往德国把姐姐的儿子领来做自己的儿子，取名彼得三世。彼得三世来到俄国时，也把未婚妻索菲亚带来了。在俄国，索菲亚有一个俄国名字，叫叶卡捷琳娜。叶卡捷琳娜不会说俄语，但她聪明伶俐，很快就学会了俄语，了解并接受了俄国的历史和风俗习惯。1761年底，女沙皇死了，彼得三世即位。

彼得三世的皇后叶卡捷琳娜是一个野心家，她不甘心于当皇后，她想当皇帝。1762年上半年，叶卡捷琳娜依靠其情夫、近卫军军官奥尔洛夫发动宫廷政变，秘密处死了彼得三世，登上了皇帝的宝座，世称叶卡捷琳娜二世。在俄国历史上，叶卡捷琳娜臭名昭著。上台后，她积极扩大贵族特权，把许多土地，连同居住在上面的农民都赏赐给贵族。她还赐给贵族可以任意放逐农奴去服苦役的权力，而农奴在任何情况下都不得控告贵族地主。这些改革，加强了俄国封建农奴制的专制制度。

叶卡捷琳娜在治政期间，总想把自己打扮成一个开明的君主，她认为自己是俄罗斯欧化的媒介。表面上她赞赏法国启蒙运动，背里却嘲笑他们是十足的空想家。叶卡捷琳娜十分看重现实，她知道自己的地位需依靠贵族的支持，所以她从未认真地向贵族的利益和特权挑战。当法国爆发大革命时，她谴责革命是“一种反对宗教的、不道德的、无政府的、可恶的、凶暴的瘟疫，是上帝和君主的敌人”。叶卡捷琳娜还说：“国民议会应该烧死所有最厉害的法国作家，烧死所有将这些作家的语言传遍欧洲的人，尽管这些人都表示反对他们对已制造的可恶的混乱”；“至于人民和他们的意见，那是无关紧要的”。

实际上，叶卡捷琳娜是一个荒淫无耻、凶狠残暴的女皇帝。1775 年，她残酷镇压了普加乔夫农民起义，还一再发动侵略战争，她勾结普鲁士、奥地利三次瓜分波兰，灭亡了波兰共和国，在那里建立了血腥的殖民统治。她发动了对土耳其的战争，夺得了黑海沿岸的大片土地，实现了彼得大帝都没有实现的梦想。在亚洲，叶卡捷琳娜蚕食高加索，入侵中亚北部的哈萨克草原。到 18 世纪 80 年代，俄国完全占领了西伯利亚北部，获得了丰富的森林和矿产资源。俄军还越过太平洋，在加利福尼亚建立了一块俄国殖民地。

1796 年 8 月，叶卡捷琳娜二世在人民的一片咒骂声中病死。

普加乔夫农民大起义

叶梅连·伊凡诺维奇·普加乔夫,生于1742年,祖上世代种田。普加乔夫18岁时应征入伍,参加了第一次瓜分波兰的“七年战争”和对土耳其的战争。后来因病退伍。

1762年6月,身为皇后的叶卡捷琳娜派人暗杀了彼得三世,但却通告天下说彼得三世因患急病医治无效而死亡。之后,叶卡捷琳娜当上了女皇。

彼得三世不明不白地死了,俄国上下一片唏嘘。有人认为彼得三世没有死,有人认为彼得三世被女皇软禁在不知名的小岛上。叶卡捷琳娜在位期间施行残暴统治,这激起了全国人民的反抗。

1772年11月,普加乔夫声称自己是当年的彼得三世,因躲避叶卡捷琳娜的杀害逃出了皇宫,现在联系贫苦的农民设法起义。谁知道消息泄露,两个月后他被捕入狱。1773年5月,普加乔夫逃出监狱,8月,他便以彼得三世的身份号召人民起义。当时虽然队伍只有80人,但这些人后来都成了起义军的骨干。9月,普加乔夫率领这80人的队伍一举攻克了雅依克城,然后发布檄文,号召人民参加起义,推翻叶卡捷琳娜,帮助“彼得三世”恢复皇位。不久,便又有一些人参加了起义军。1773年10月,普加乔夫率领起义军攻打军事重镇奥伦堡,因奥伦堡城墙坚固,没有攻下来。普加乔夫采取了长期围困的办法。在围困奥伦堡期间,普加乔夫发布宣言声称:“彼得三世”复位之后,即刻废除农奴制度,处死作恶多端的地主,把土地分给农民,取消人头税,等等。顿时,伏尔加河和乌拉尔地区的各族劳动人民一呼百应,大家杀死了罪恶的贵族和地主,起义队伍不断扩大。不到一年,起义军就发展到了30 000人。

眼看起义军的势力即将威胁到自己的皇权,叶卡捷琳娜急忙组织了3路大军增援奥伦堡。起义军在普加乔夫的指挥下,打败了这三路大军。1774年3月,起义军发展到50 000人。7月攻入喀山城,与政府军发生了激战。在战斗中,起义军损失12 000多人,最后被迫退出喀山。之后,普加乔夫率领少数人马逃往伏尔加河畔继续活动,于1774年7月31日发布了《全民告谕》,宣布给予农奴人身自由,无偿给农民以土地、森林和草场,号召农民起来打倒地主。于是,起义队伍又发展到10 000多人。

普加乔夫率领重新组织起来的起义军又席卷了诺夫哥罗德省和沃龙涅什省,接下来就要逼近察里津。察里津是莫斯科通往黑海和里海的水路要道。叶卡捷琳娜怕察里津有失,立即把在土耳其前线的军队调了回来。这年的8月24日,在察里津附近展开了激战。此役十分惨烈,起义军有2 000人战死,6 000多人被俘。普加乔夫仅率200名残部冲出重围,东渡伏尔加河,逃往草原。

10天后,起义军中的一个小头目叛变,他半夜里将普加乔夫捆绑起来,解送到政府军中。1774年11月4日,普加乔夫被押送到莫斯科。叶卡捷琳娜当下判处他死刑。1775年1月10日,普加乔夫被刽子手砍头、肢解、焚尸。

普加乔夫农民大起义虽然失败了,但它沉重打击了女沙皇叶卡捷琳娜的残暴统治和农奴制。

切斯马战役

沙皇叶卡捷琳娜为了扩张俄国在黑海的势力范围,决定从海上远征土耳其。1769年8月,俄海军将军斯皮里多夫和埃尔芬斯通率领隶属波罗的海舰队的一部分俄国战舰,通过地中海进入爱琴海,与土耳其海军对峙。

土耳其海军在爱琴海上的兵力十分强大,远远优于远道而来的俄军舰队。同时,俄舰的补给很困难,海军陆战部队也数量甚少。然而土耳其却一直认为,叶卡捷琳娜要派一支舰队环绕欧洲来到爱琴海,简直不可想象,便没有做多少应战准备。现在俄军舰队真的出现在眼前时,倒使土耳其人在惊悸之余,反而没有了与之决战的勇气和信心。而俄军舰队不同,他们历尽千辛万苦远征爱琴海,为的就是同土耳其人决战一场。尽管对手远比他们强大,俄国舰队还是决定立即发动攻击。不料这位强大的对手似乎不愿恋战,双方还没有真正交手,土耳其海军便撤退到自己的炮兵阵地前,拉开了防守的架势。

俄舰见敌人后撤,便趁此机会调整阵容和兵力,做好了决战的一切准备。此时土耳其舰队的阵容布置得很呆板,而且他们又不知道俄舰的情况，无法做相应的调整。更加糟糕的是，土耳其的海军将领大都对海战是外行，加之训练方法陈旧，士兵的素质也不高。当然，更为荒唐的是，土耳其舰队的几名舰长在战斗打响之前竟上了岸，离开了指挥岗位。

1770 年 7 月 5 日上午，俄舰发起了进攻。土军舰队仓皇失措，急忙砍断锚链，逃进了切斯马湾。土军战舰龟缩在湾内不敢出击，想依靠岸上炮兵的轰击，阻挡俄舰的进攻。

土耳其人知道，俄军舰队是远道而来，补给很困难，难以打持久战，所以他们决定采取守势，避而不战，以消耗敌人。俄军统帅对土耳其人的策略十分清楚，同时也意识到，土军舰队比自己强大，如果他们出来同自己硬拼，胜负难料，没准儿会重创俄军。土军现在虽然不攻只守，但时间长了，俄军会不战而垮。但从另一方面看，土军实际上又是在作茧自缚，将自己置于被动挨打的境地。这样，俄军反倒能不断对土军实施打击。俄军统帅决定与土耳其舰队速战速决，一举歼灭之。

当天晚上，俄军舰队封锁了切斯马港口，用重炮猛轰港内的土耳其战舰。第二天晚上，俄舰又开始进攻土耳其战舰。俄军派一批水兵分乘小艇，以俄舰密集的炮火为掩护，将四艘载满易燃物品的木船拖到四艘土军战舰旁边，然后点燃，火势迅速漫延到土军战舰上。大火越烧越旺，土军乱作一团。

俄军见状，趁机发起全面进攻。俄军“欧罗巴”号等 3 艘战舰率先冲进切斯马港，力战敌舰。“娜杰日达”号和“阿菲里加”号分别攻击港口南北两岸的敌人炮兵阵地，使敌人炮兵无从发挥作用。其余的俄舰则封锁住港口，以防土军战舰逃跑。

战斗仅仅持续了一个晚上，俄国远征军取得了空前的大胜利。此战俄军仅死亡了 11 名水兵，而土耳其舰队则全军覆没，土耳其海军从此一蹶不振。俄军创造了世界海战史上的一个奇迹。

克里木战争

1853 年 10 月，俄国和土耳其之间爆发了一场战争，史称“克里木战争”。两国为争夺土耳其海峡及君士坦丁堡，进行了长达 3 年的战争。战争一开始就在陆地和海上同时展开。英、法两国闻讯，出动军队支援土耳其，与土耳其组成了同盟国，同盟国海军与俄国海军先后在黑海、波罗的海和太平洋地区展开了激烈的交锋。

当时，俄国在太平洋的海军力量较之同盟国海军十分薄弱。俄海军仅有四五艘战舰能勉强作战，余下的便是一些民用船只了。而且，俄军的陆战部队也只有1 000人左右能投入战斗。这支俄军的统帅是俄国东西伯利亚总督穆拉维约夫伯爵，一位战争经验丰富的俄军将军，他手下的官兵也都具有良好的战斗素质。但是以这样一支弱小的俄军去防卫广阔的区域，几乎是不可能的。

穆拉维约夫在认真分析了敌我双方的形势后，敏锐地意识到了这个致命的弱点。他认为，目前敌我双方实力相差很大，俄军的唯一战略方针是缩短战线，把有限的兵力集中起来，守卫最重要的战略要地，然后再伺机打击敌人。他决定立即将全部力量投入堪察加半岛、阿穆尔河口和萨哈林岛进行固守。

第二年8月29日，由英法海军组成的国际特遣舰队抵达堪察加半岛，并驶进海湾，准备同俄国舰队决一死战。英法联军的舰队是远道而来，长途奔袭，所以他们的粮食和淡水补给有困难，只宜速战速决，而不能长久对峙。穆拉维约夫针对敌人的意图，下令俄国海军全部撤入海港，避开敌军的锋芒。他同时又从远处调来一些大炮，以加强海港的防御能力。英法海军见俄国海军避而不战，而自己却急于交锋，便决定转而强攻俄海军基地彼得罗巴甫洛夫斯克军港。

8月30日，英法战舰向该军港发动了猛烈的炮击，炸毁了许多俄军防御大炮。但俄军彻夜修复，很快便重新布置好了炮火。

英法海军见从海上攻占彼得罗巴甫洛夫斯克港的计划没能得手，正一筹莫展，英军指挥部来了3名自称是从一艘捕鲸船上逃跑出来的美国人。这几位不速之客告诉英军指挥官说，进攻彼得罗巴甫洛夫斯克军港从陆上比海上要容易得多，并主动告诉他们最近的行军路线。英法联军得到这一情报，顿时大喜过望，立即派出一支700人的陆战队登陆，准备突然袭击俄海军基地。这支陆战队向目的地行进时，渐渐发现那几位美国人指给他们的那条路崎岖坎坷，行走起来十分艰难，而且两旁裸露无遮盖，毫无掩蔽之处。他们万万没料到，那几位“美国人”，正是穆拉维约夫派去诳骗他们的。他们很快进入了俄军设下的伏击圈。早已埋伏在那里的300余名俄军士兵突然发起进攻,打得英法联军陆战队溃不成军,狼狈逃窜。他们撤回船上时,已经伤亡过半了。英、法海军的海陆两次进攻都没有奏效,只好退回温哥华和旧金山。

穆拉维约夫并未被这两次战斗的胜利冲昏头脑,他意识到,同盟国军决不会善罢甘休,一定会派出强大的兵力来再度进攻。于是他决定率领部队主动撤离彼得罗巴甫洛夫斯克军港,转移到更隐蔽的地方去。为了坚守阿穆尔河口,他把以吃苦耐劳、勇猛善战著称的哥萨克人迁移到那里。

果然,1855年4月,一支更强大的英法舰队抵达堪察加。他们还没来得及部署时,俄军舰队已乘着弥漫的大雾,躲过英法舰队,悄悄溜走了。英法舰队开始猛烈炮击彼得罗巴甫洛夫斯克,很长时间之后,他们才发现,自己白白耗费了大量炮弹,轰击的只是一个空港。他们开进港口后,毁坏了一些建筑设施,没捞到什么有价值的东西,便又退回了船上。

在以后的几个月里,英法舰队只好在苍茫无际的大海上毫无目标地寻找俄国舰队。

普希金为现实主义文学奠基

普希金,全名亚历山大·塞尔盖耶维奇·普希金,1799年出生于莫斯科的一个古老贵族家庭。普希金从小就被交给农奴出身的奶妈照料,经常听奶妈讲民间故事和传说,因此深受民间口头创作熏陶。1811年,他进入贵族子弟学校——皇村学校学习,受到法国资产阶级启蒙思想的影响,并和一些十二月党人接近。

学生时代起普希金就开始写诗。他一生共写了800多首抒情诗,内容丰富,形式多样。早在青年时代,他就为反拿破仑战争的爱国激情所鼓舞,并受到十二月党人的革命思想影响,写了不少如《自由颂》、《童话》、《致恰达耶夫》、《致普柳斯科娃》、《乡村》等反对专制暴政、歌颂自由的政治抒情诗。这些诗作都具有浪漫主义精神,反映了当时十二月党人的革命理想和决心。

普希金的政治诗当时在进步的贵族青年中间广为流传,对解放运动起了促进作用，也因此而引起了沙皇的惊恐。亚历山大一世曾恨恨地说："我们应该把普希金流放到西伯利亚去。他弄得俄罗斯到处都是煽动性的诗，所有青年都在背诵这些诗。"由于皇村学校一些教师的说情，普希金才免于流放西伯利亚，而被放逐到南俄。从 1820 年起，普希金在南俄生活了 4 年。在南俄期间，他与十二月党人的联系更加密切，结识了"南社"的领导人彼斯杰尔，参加了他们的秘密集会，并写了号召反对农奴制、杀死暴君的著名诗篇《短剑》。此外，还写了如《囚徒》、《致大海》等和一组叙事长诗《高加索俘虏》、《强盗兄弟》、《巴赫奇萨拉伊的泪泉》、《茨冈》等不少浪漫主义的抒情诗作品。

长诗《茨冈》是诗人过渡到现实主义创作以前的最后一部浪漫主义叙事诗。它写的是贵族青年阿尔哥同城市"文明"社会发生冲突，因"衙门里要捉他"而出走，到了茨冈游牧群中间，和他们一起流浪，并同茨冈姑娘真妃儿结为夫妻。但两年以后，阿尔哥和茨冈人发生了新的冲突。他发现真妃儿另有新欢，于是怀着报复心理杀害了真妃儿和她的情人。阿尔哥的这种凶残的行径，遭到茨冈人的唾弃，孤零零地留在草原上。长诗大量描写了茨冈人的生活，表现的却是俄国贵族青年寻找出路的主题。诗的前半部写阿尔哥对城市社会的厌恶，"回到自然"，在茨冈游牧群中自由自在地过日子。诗人以浪漫主义的情调把茨冈人的生活理想化，用以对照城市文明的虚伪，增强对当时社会的批判力量，这是浪漫主义文学惯用的方法。但诗人也揭示，一个贵族阶层的知识分子想脱离本阶层，摆脱本阶层的传统影响，同以劳动为生活基础的普通人融为一体，这是很困难的。诗的后半部暴露了阿尔哥由于贵族阶层的思想习惯所养成的个人主义劣根性。诗人用老茨冈纯朴的原始民族的美德同阿尔哥的利己主义相对照，深刻地揭露了阿尔哥私有欲的贵族阶层本性，所以长诗后半部也是对贵族社会的批判。长诗展示了阿尔哥性格的复杂和矛盾，他作为 19 世纪初俄国贵族青年的形象具有典型意义。

1824 年诗人因和南俄总督发生冲突，被放逐回父亲的领土米哈依洛夫斯科耶村，过了两年幽禁的生活。这时他认真研究了俄国历史，搜集民歌、故事和童话，深入接触民间创作，从而大大丰富了创作的内容和民族特点，这对于他现实主义创作方法的形成有着极大的帮助。1825 年，他的现实主义的历史剧《鲍利斯·戈都诺夫》问世。

《鲍利斯·戈都诺夫》取材于16世纪末17世纪初俄国的历史事件。大贵族鲍利斯·戈都诺夫杀害了幼小的皇子季米特里,并于1598年登基称皇。但这个阴谋事件被一个年轻的僧侣葛里戈里得知,葛里戈里于是僭用季米特里之名投奔波兰,在波兰贵族地主支持下,于1604年起兵进攻莫斯科,推翻鲍利斯,并自立为王。戏剧冲突是在鲍利斯和假皇子之间开展的。鲍利斯厉行苛政,又取消了犹利节,丧失了民心,因得不到人民支持而倒台。假皇子正是利用了人民对鲍利斯的不满情绪而取胜,但他怀着个人野心,引导波兰军队入侵,为一己私欲而背叛祖国,终于被人民看穿真相,最后人民也不再支持他。因此当假皇子登基时,人民不是高呼"万岁",而是"沉默着"。这里作者通过历史故事,揭示了沙皇专制制度的反人民本质,指出"人民的公意"才是改朝换代的决定因素,这是作者民主主义观点的鲜明表现。剧本具有明显的现实主义特征,全剧共分23场,地点不断变更,时间长达7年之久,出场的人物众多,这些都打破了古典主义的格式。剧中有很大的群众场面,这在俄国戏剧里还是第一次出现。普希金写作《鲍利斯·戈都诺夫》的时候正是十二月党人起义失败的年代,剧本肯定了人民是决定历史命运的力量,这正是该剧本重要意义之所在。而这一点却是十二月党人所缺乏了解的。他们的悲剧就在于脱离人民,害怕依靠广大人民群众。剧本因为有鲜明的政治倾向而遭到沙皇政府的禁演,一直到诗人死后很久,在1870年才得以首次搬上舞台。

诗人于1826年回到莫斯科。那是在1825年12月14日十二月党人起义失败以后，刚即位的新皇尼古拉一世为了收买人心而把普希金召回的。沙皇曾问普希金，假如起义时他在彼得堡，他将会做什么。诗人明确地回答，他会站在起义者的行列里。

在莫斯科期间，普希金曾一度对沙皇抱有幻想，希望沙皇对十二月党人能采取宽大措施。最终他还是抛弃了幻想，写出了《阿里昂》和《致西伯利亚的囚徒》等著名诗篇。

普希金是俄国浪漫主义文学的主要代表和俄国现实主义文学的奠基人。高尔基曾称赞普希金是"伟大的俄国人民诗人"、"俄国文学始祖"；果戈理称普希金是"俄罗斯的民族诗人"，是"俄罗斯精神的唯一的特殊的体现"。

现实主义作家托尔斯泰

列夫·尼古拉耶维奇·托尔斯泰，1828年9月9日出生，是俄国19世纪伟大的批判现实主义作家。他在俄国文坛驰骋达60年之久，创作了大量的文学作品，对俄国文学和世界文学做出了巨大的贡献。

托尔斯泰出生在图拉省克拉皮文县雅斯纳雅·波良纳的一个伯爵家庭里，后来承袭了爵位。他2岁丧母，9岁丧父，由姑母抚养成人。16岁时，进喀山大学东方系学习，后转法律系，接触到卢梭、孟德斯鸠的著作，开始对学校教育不满，于3年后退学，回到故乡经营田庄。托尔斯泰一生的大半时间都是在自己的庄园雅斯纳雅·波良纳度过的。

1851年，托尔斯泰随同服军役的长兄尼古拉到高加索，加入军队服役。后来参加了克里米亚战争中的塞瓦斯托波尔战役，曾在最危险的第四号棱堡任炮兵连长。5年后他退役回家。

托尔斯泰在高加索时就开始文学创作生涯。50年代初期，陆续发表了《童年》、《少年》和《青年》，组成自传性三部曲，体现了他早期的思想和对创作的探索。

托尔斯泰根据自己在塞瓦斯托波尔战役中的经历和见闻，写成了《1854年12月的塞瓦斯托波尔》、《1855年5月的塞瓦斯托波尔》和《1855

年8月的塞瓦斯托波尔》三篇作品，于1855－1856年间陆续发表，后来组成了《塞瓦斯托波尔故事》一书。这部军事小说以现实主义的笔触描写了战场的日日夜夜，有英勇奋战、气氛高昂的场面，又有流血、死亡等惨状的描写。这是以往的战争小说所没有的，因而立刻给文坛吹来了一股新风，受到普遍的欢迎。小说热烈颂扬了俄国普通士兵和军官的爱国主义精神和英雄气概，又以对比手法描写了贵族出身的军官平时追求享乐，临阵却胆怯懦弱的本质。

托尔斯泰1856年发表的中篇小说《一个地主的早晨》，是根据他在自己的庄园里试行"军事改革"的亲身体验而写成的，带有自传性质，同时也体现他的心灵探索和思想的进一步发展。主人公青年地主聂赫留朵夫，退学后回到自己的庄园。他一大早起来巡视庄园，见到农奴的赤贫和困苦，极表同情，便着手改善他们的处境。但农民们对此并不理解，他们一直猜疑老爷"善言"的背后，掩盖着自私的目的和阴险的打算，因而没有接受聂赫留朵夫的恩惠。青年地主对于农民在千百年来受压迫生活中形成的这种对于地主的敌意，也感到没有办法。

1857年初托尔斯泰到法国、瑞士、意大利和德国旅行。他非常赞赏法国的"自由"制度，但在巴黎广场上遇见断头台上的一次行刑，却又使他极为反感。他在瑞士卢塞恩时，目睹一场"文明人"欺侮"下等人"的情景，也大为不满。根据这次游历的见闻，他写成了优秀的短篇名作《卢塞恩》。

《卢塞恩》这部作品描写的是瑞士旅游圣地卢塞恩一家大旅馆前发生的故事。一个流浪歌手在门口，以他超群的技艺为围观的绅士们献艺，但是歌者唱罢，绅士们却一哄而散，谁也不给一文捐赏。作者对此大为愤慨，便挽起歌手的臂膀走进旅馆豪华的餐厅加以款待，不曾想却惹得绅士们不来进餐，侍者们也不肯供饭。绅士们对流浪歌手的冷漠无情，"文明人"对穷人的侮辱，使他对资本主义自由、平等的虚伪性有了深刻的认识。托尔斯泰怒不可遏地谴责资产阶级国家："你们的共和国真是个糟透了的共和国，这就是你们的平等？"

1862年，托尔斯泰同一位医生的女儿索菲亚·安德列耶夫娜·别尔斯结婚。婚后，他开始埋头于文学创作。在19世纪六七十年代，他接连写出两部长篇巨著《战争与和平》和《安娜·卡列尼娜》。这是托尔斯泰从历史与现实两个方面来探索俄国社会出路的成果。

《战争与和平》是一部历史题材的长篇小说,从最初的构思到创作完成,前后历时16年之久。它以1812年俄国的卫国战争为中心,反映了1805–1820年的重大历史事件,包括俄奥联军同法国在奥斯特里齐的会战、法军入侵俄国、波罗金诺会战、莫斯科大火、法军溃退等。着重写了1805–1807年在俄国国外进行的申格拉本战役和奥斯特里齐战役以及1812年在国内进行的卫国战争。小说以包尔康斯基、别竺豪夫、罗斯托夫和库拉金4家大贵族做主线,在战争年代与和平时期的交替描写中,展现了广阔的社会生活画面。小说描写的人物有559个,上自皇帝、大臣、将帅、贵族,下至商人、士兵、农民,反映出各阶级和各阶层的思想情绪,提出了许多社会、哲学和道德问题。《战争与和平》是俄国文学史上第一部卷帙浩繁,长达130万字的长篇巨著。

《安娜·卡列尼娜》的构思始于1870年,到1873年作者才开始动笔。这段时期是托尔斯泰一生中精神困顿的时期。最初,托尔斯泰是想写一个上流社会已婚妇女失足的故事。但随着写作的深入,原来的构思不断被修改。正是在作者近乎苛刻的追求中,小说的重心有了巨大的转移,主人公安娜由最初构思中的"失足的女人"(她趣味恶劣、卖弄风情、品行不端),变成一个品格高雅、敢于追求真正的爱情与幸福的"叛女"形象,成为世界文学中最具反抗精神的女性之一。《安娜·卡列尼娜》通过安娜追求爱情而失败的悲剧,和列文在农村面临危机而进行的改革与探索这两条线索,描绘了俄国从莫斯科到外省乡村广阔而丰富多彩的图景,先后描写了150多个人物,是一部社会百科全书式的作品。小说艺术上最突出的特点是首次成功地采用了两条平行线索互相对照、相辅相成的"拱门式"结构,并且在心理描写上细致入微、精妙迷人。小说中的那大段的人物内心独白,无疑都是现实主义描写的典范。1877年,《安娜·卡列尼娜》首版发行,伟大作家陀思妥耶夫斯基兴奋地评论道:"这是一部尽善尽美的艺术杰作,现代欧洲文学中没有一部同类的东西可以和它相比!"他甚至在书信中亲切地称托尔斯泰为"艺术之神"。

托尔斯泰晚年写出了著名的长篇小说《复活》。作者的初衷是想写一部以忏悔为主题的道德教诲小说,但在10年的创作过程中,他六易其稿,不断地修改、扩大和深化主题思想,逐渐转向揭露社会问题;小说篇幅也逐渐扩大,由中篇而长篇,最后写成一部具有广阔而深刻的社会内容和鲜明的批判倾向的作品。正如作者所说，它的主题思想就是“要讲经济的、政治的、宗教的欺骗”，“也要讲专制制度的可怕”。

《复活》写贵族聂赫留朵夫出席法庭陪审时，发现被诬告杀人并被错判罪名的妓女，正是他10年前诱骗过的农奴少女玛丝洛娃，于是他良心觉醒，开始悔罪，极力要为她伸冤。上诉失败后，他又陪她去西伯利亚，最后终于感动了她。两人都在精神和道德上“复活”了。

在世界文学的巍巍群山中，堪与莎士比亚、歌德、巴尔扎克这几座高峰比肩的俄国作家，当首推托尔斯泰。他的《战争与和平》、《安娜·卡列尼娜》、《复活》这3部冠世绝伦的鸿篇巨著无疑代表了19世纪世界现实主义文学的顶峰。托尔斯泰在晚年一直致力于“平民化”：持斋吃素，从事体力劳动，耕地，挑水浇菜，制鞋，并希望放弃私有财产和贵族特权。他的夫人激烈反对，家庭关系变得紧张起来。他秘密离家出走，1910年11月20日，在阿斯塔波沃火车站患肺炎病逝。

日俄战争

19世纪90年代，俄国将他们的帝国梦从中亚转移到远东。横贯西伯利亚的铁路接近完成，为俄国的经济扩张和政治扩张提供了新的机会。1900年，八国联军入侵中国，俄国以“保护”侨民和中东铁路为由一举占领中国东北三省。俄国占领东北时曾经宣布，只是为了保护铁路，事毕即撤兵，但后来却没有实现承诺。这引起了日本和英国的强烈不满。

1902年1月30日，英日两国缔结了针对俄国的《日英同盟条约》。1904年2月8日，日本海军突然袭击驻扎在中国旅顺的俄国舰队，日俄战争爆发。

两天前，也就是2月6日，俄国和日本为了争夺在中国东北的地位的问题断绝了外交关系。2月8日这天，日本趁俄国驻中国旅顺舰队司令斯塔理克中将夫人的“命名日”举行盛大宴会的时机，袭击了俄军基地。俄军3艘战舰及几十门大炮，转眼间被日军击毁。2月10日，日俄宣布决战。

日军成功偷袭俄军后决定乘胜出击，把旅顺口的俄国太平洋舰队封锁在旅顺港内，日本陆军主力经朝鲜入侵中国东北，另一支日军从海路在辽东半岛登陆。6月20日，日军总司令部制定出作战计划，由大山岩上将指挥10万余部队马上投入战斗。防守辽阳的俄军约有15万人，由满洲陆军总司令库罗帕特金上将指挥。战斗中，俄军连连失利，最后全线撤退。1904年9月4日，日军占领辽阳。3个月后，也就是12月19日，日军占领了旅顺港。旅顺争夺战耗时5个月，它是日俄战争中最激烈的战役，日俄双方均付出了巨大的代价。

从7月份开始，日军在大将乃木希典的指挥下，对旅顺港进行了疯狂的进攻。

但是俄军构筑的堡垒有30多座，炮台60多座，而且把高压电通到阵地前沿线铁丝网上。乃木希典调来重炮密集轰炸，才摧毁了高压电网。但是俄军设的堡垒、炮台居高临下，几乎弹无虚发。乃木希典气急败坏，下令实行"肉弹攻击法"，就是前面的士兵倒下了，后面士兵再冲上去，但这完全无济于事，它丝毫不能攻破俄军的防线。

除了有利的地形、坚固的工事外，俄国还掌握着当时最先进的武器——马克沁机关枪。这种机关枪一分钟能发射600颗子弹，乃木希典的"肉弹"被马克沁机关枪一排又一排地射杀在俄军的阵地前。几次进攻，日军都被打退，被击毙了2.5万余人。日本天皇对此非常不满，责令乃木希典只许成功，不许再败。11月26日，乃木希典集中炮火攻击俄军的203高地。上万发炮弹将俄军在高地上的堡垒和掩体几乎全被炸平。失去了203高地，俄军防线被撕开了一个大口子，开始节节败退。这次进攻俄军伤亡5 000人，日军伤亡1.7万人并夺取了胜利。1904年12月19日，日军占领旅顺港。

在1905年3月又丢失沈阳的控制权后，俄国看到自己在中国东北大势已去，并不甘心失败。因为这些战役并不是决定性的。俄国军队并未受到重创，相反还随着交通的改善而使兵力得到增援和加强。但在海上，日本赢得了一个导致和平谈判开始的绝对胜利。由于目光短浅，俄国人把经过整修的波罗的海舰队派往日本。俄国波罗的海舰队由29艘作战舰和19艘补助舰组成。舰队横贯三大洋，行程1.8万海里，1905年5月27日到达日本和朝鲜之间的对马海峡。当舰队立足未稳时，就遭到在数量和实力上均占优势的日本舰队的攻击。几个小时后，所有俄国舰船要么被击沉,要么被捕获,而日本人只失去了几艘驱逐舰。

由于这一毁灭性的打击,再加之因战争在国内不得人心,1905 年革命已经开始,俄国人准备议和。日本人也需要和平谈判,因为尽管他们取得了战争的胜利,但国内的资源也因战争而严重匮乏。

1905 年 9 月 5 日,日、俄在美国总统罗斯福的斡旋下,在美国的朴茨茅斯举行和谈,会后,日俄签订了《朴茨茅斯和约》,沙俄在和约中,把攫取的中国南海铁路,旅顺、大连的租借权转让给日本,将俄国库页岛南部割让给日本。如此,俄国在日本的阻挡下,停止了向远东扩张的步伐。

日俄战争中,俄国的惨败,加速了其国内 1905 年革命的到来。有历史学家说,日俄战争"是远东历史乃至世界历史的一个重要转折点。它确立了日本成为列强的地位,改变了远东地区的力量对比"。

流血星期日

1904 年,当日俄战争打响之后,革命在战线后面的俄国内部传播开来。革命的根源可以在农民、城市工人和中产阶级的长期不满中找到。当战场上失败的消息传到首都圣彼得堡后,忍无可忍的人民再也按捺不住,许多城市发生了反战示威。以列宁为首的布尔什维克在工人中积极活动,得到工人的广泛支持。全国工人都以罢工来发泄心中的愤怒,这使沙皇尼古拉二世和工厂主们十分恼火。最后,终于发生了 1905 年 1 月 22 日"流血星期日"这一悲惨事件。

从 1 月 3 日开始,有一名叫乔治·加邦的牧师,几天里频繁出没在罢工的工人之间,他说:"大家如果前去请愿,一定会成功的!"纯朴的工人相信了加邦的鼓动,都纷纷在请愿书上签字,准备 1 月 22 日这个星期天上街游行,向沙皇请愿。布尔什维克党听到这个消息后,急忙号召工人不要参加请愿,这里面有重大的阴谋。可工人们哪里知道,这个牧师正是警察头子祖巴托夫的密探。

1 月 21 日晚上,以沙皇的叔父弗拉基米尔和警察头子祖巴托夫为首的军政要员举行了一个秘密会议,决定第二天对游行的工人进行大屠杀。

这个星期日的早上,由数千人组成的一大群工人以及他们的父母、妻子和儿女，排成长长的队伍向圣彼得堡的冬宫行进。中午时分，当一支游行队伍走到拉尔夫大门时，一群骑兵突然举枪向人群扫射。工人们顿时乱作一团，眨眼间，100 多名工人便倒卧在血泊之中，大屠杀就这样开始了。

反动的沙皇政府前后共纠集了 4 万多名皇家禁卫军，前来镇压游行的队伍。军警们把工人赶到冬宫广场和亚历山大罗夫公园的开阔地带，骑着马，向手无寸铁的工人及其家属们不断开枪。顿时，整个圣彼得堡弥漫着血腥的气味。

工人们的鲜血染红了圣彼得堡的街头，同时也擦亮了人们的眼睛。他们纷纷行动起来，用空拳与禁卫军抗衡。可他们哪里是禁卫军的对手，不一会儿，整个圣彼得堡的大街小巷，留下了一具具尸体。这个血腥的星期天，100 多人被枪杀，200 多人受伤。人们把这一天叫做“流血星期日”。

星期日惨案使工人明白了，这个世界上没有什么救世主，只有自己才能救自己。他们流着泪掩埋了同伴的尸体，在交通要道筑起了街垒，拿起武器要和沙皇斗争到底。这个消息迅速传遍了全国城乡，其他城乡的工人、手工业者和农民也发动起来，向封建专制发动进攻。这就是俄国的 1905 年革命。

在布尔什维克党的组织和领导下，全俄国 200 多个城市的工人联合起来，成立了工人代表苏维埃，他们联合工农群众，参加罢工示威活动，把革命的火种传播到全国的每一寸土地。

1905 年俄国大革命

流血星期日事件提供了使第一次俄国革命爆发的火星。1905 年的俄国革命最后虽然失败了,但它有着重要的历史意义,它是俄国历史上第一次资产阶级民主革命,也是帝国主义时期的第一次革命;它标志着沙皇制度的末日已经来临,标志着资本主义相对和平发展时期的结束。

1905 年的俄国革命前后共经历了 3 个阶段。

第一个阶段为 1905 年 1 月 –10 月间,革命热潮刚刚兴起,所有的阶级和势力都站起来反对沙皇的封建专制统治,农民争夺地产,工人组织进行革命活动,学生罢课,士兵发动政变,所有这些,让世界目睹了整个民族举行罢工的壮丽景象。而对此情此景,尼古拉二世屈服了,他不得不颁布著名的《十月宣言》。这个宣言允诺给予人民言论、出版和集会的自由,而且还准许俄国有一部宪法和一个民选的国民议会——杜马。

第二个革命阶段为 1905 年 10 月 –1906 年 1 月间,起义继续处于高潮,但是,革命者已开始分裂。主要由中产阶级分子组成的温和派接受了《十月宣言》。而包括社会民主党人和社会革命党人在内的激进派要求制宪议会而不是沙皇的大臣来制订新宪法。为了达到目的,激进派试图通过组织更多的罢工和骚动来延长革命。但此时此刻,政府已强大起来,1905 年 9 月 5 日与日本签订《朴茨茅斯和约》后,许多军队回国进行镇压以恢复秩序,而从英法获得的 4 亿美元的适时贷款为摇摇欲坠的沙皇政府注入了新的活力,因而,它能够扑灭 12 月 22 日 – 次年 1 月 1 日在莫斯科猛烈进行的危险的工人起义。也正在这时,温和派因长期的暴力行为而和激进派关系疏远。因此,到 1906 年初,革命浪潮的高峰过去了。

第三个革命阶段从 1906 年 1 月 –7 月 21 日,是沙皇政权得到巩固的阶段。政府军除了追缉激进派成员和反抗的农民外,还烧毁整个村庄。5 月 6 日,沙皇政府颁布了所谓的《基本法》,根据这一法律,沙皇被封为专制君主,对行政部门、军队和外交政策保持绝对的控制。民选的杜马可以与上议院一起分享立法权,但它的预算权受到严格限制。杜马于 5 月 10 日开会,拒绝接受《基本法》,并激烈地抨击政府。沙皇一怒之下,于 7 月

21日宣布解散杜马。杜马的许多成员号召国民拒绝纳税，然而没有人出来响应。事实上，到这时，革命的潮流已经衰退，第一次俄国革命已经画上句号。

虽然革命失败了，但它在俄国的历史进程中留下了自己的印记，它成为俄国历史的转折点，为1917年革命的到来做了准备。

现代篇

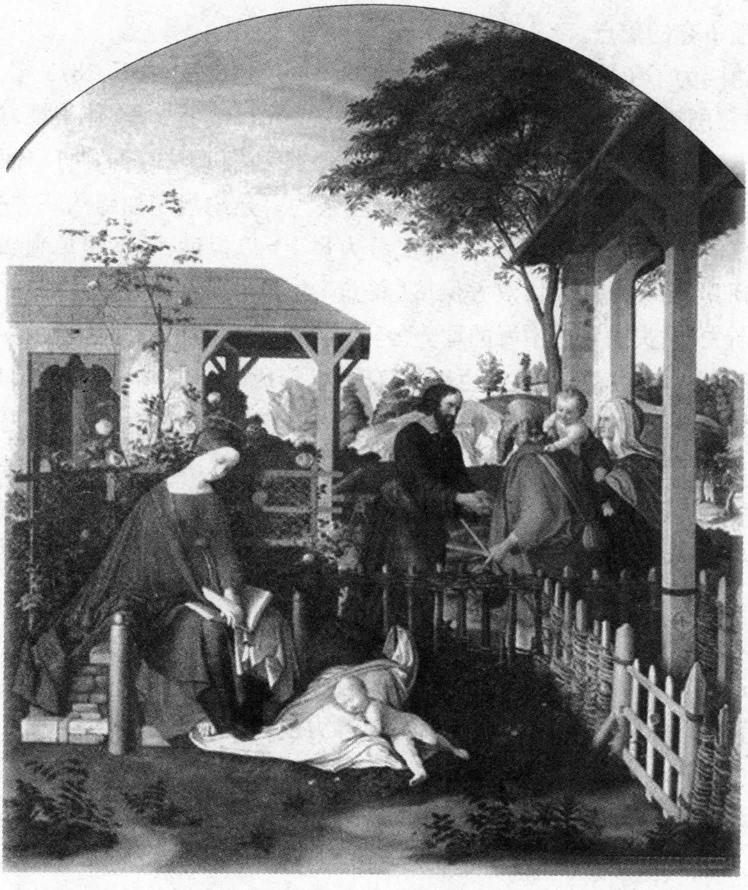

第十三章　第一次世界大战

巴尔干“火药桶”

巴尔干半岛历来是兵家必争之地，是欧洲东南门户，连着小亚细亚，是欧洲大陆通往中近东的必经之地，同时巴尔干及地中海地区有丰富的煤、铁、石油和棉花等资源，各国垄断资本都在这里加紧渗透，使该地区成了列强争夺的焦点。

德国为了争取俄国，在铁血宰相俾斯麦的拉拢和导演下，1873 年，德、俄、奥三国拼凑了一个“三皇同盟”。德法战争和俄土战争，使俄德、俄奥关系迅速恶化。至 1878 年，“三皇同盟”条约到期就没有再续订，代替它的是 1879 年 10 月 7 日德奥的军事同盟条约。条约规定如缔约一方受到俄国攻击，另一方以“本国的全部武装力量”予以援助，并不得单独媾和；在受到其他列强攻击时，双方保持“善意”中立。意大利由于与法国争夺突尼斯失败，失去了地中海的均势，经不住俾斯麦拉拢，投靠到德奥一方，并于 1882 年 5 月 20 日在维也纳签订盟约，形成了“三国同盟”，矛头指向沙俄与法国。为摆脱孤立的境地，1887 年法国向俄国提出了结盟呼吁，并向俄国提供了 19 亿法郎的两笔借款。到 1892 年时，法俄两国缔结了军事条约草案，规定一方在受到德奥意攻击时，双方应以所有兵力相互支援；一旦与法国作战，法国应提供 130 万兵力，俄国应提供 70 万～80 万兵力。1893 年 12 月 27 日，沙皇批准了“法俄协定”，这样欧洲就分裂为森严对立的两大营垒。

进入 20 世纪后，俄德两国争夺的地区转向巴尔干半岛和土耳其。沙俄一直把巴尔干和土耳其看成自己的势力范围，而德国也想在巴尔干争做霸主。1903 年，德国同土耳其签订条约，取得了巴格达铁路的建筑权。这条起自博斯普鲁斯海峡，经小亚细亚进入美索不达米亚直抵波斯湾的所谓“3B”铁路，使柏林——拜占庭——巴格达联成一气，如果这一计划得以实现，德国的军事和经济势力就能直捣近东和波斯湾，控制整个土耳其和小亚细亚。但这不仅激化了俄、德矛盾，同时也加剧了英、德矛盾，因为它威胁着英国在北非、西亚和印度的殖民利益。1900 年俄土又签订条约，土耳其同意不将小亚细亚北部铁路的租借权让给任何一国。

法国的迅速强大打破了欧洲的“均势”，使得英国不得不抛弃“辉煌孤立”的外交政策，调整对外关系。1902 年 1 月，英国与日本签订英日同盟条约，借日本之手，削弱了自己在亚洲的竞争对手沙俄的势力，加强了在远东的地位。同时，英国也在欧洲寻求途径同与其争夺殖民地的宿敌法国接近。1903 年 4 月，英王爱德华七世访问巴黎，“亲善”活动开始；6 月，法国总统卢贝回访，两国外长就非洲殖民地问题进行谈判。到 1904 年 4 月 8 日，签订了英法协定。英法协约的成立，使德国深感不安。它在外交上采取措施破坏英法协议，企图使俄国脱离法国但未获成效。俄国外交大臣拉姆兹多夫宣称：“我们朋友的朋友就是我们的朋友。”1907 年 8 月，英俄两国签订协定，标志着英、法、俄“三国协约”最终形成。

在欧洲，以德奥为首的同盟国和以英、法、俄为首的协约国两大军事集团的最终形成，为第一次世界大战做好了组织准备。各盟国一面利用外交伎俩进行和平欺诈，一面进行疯狂扩军备战。德国国会通过了军事法案，积极主张推行“冒险海军”政策，并于 1905 年 12 月 - 1906 年 1 月，在德军总参谋长施里芬主持下制定了在东西两条战线上对法俄作战的计划，即《施里芬计划》。德国外交部秘密资助“泛德意志同盟”，宣扬“必须建立一个日尔曼民族的德意志帝国，一个置于德国霸权之下的日尔曼民族的世界帝国”。针对德国实施的海军法案问题，英国外交大臣格雷曾经供认“真正决定我们外交政策的，是海上霸权的问题”，为此加速扩充海军。在海军作战方面，海军大臣丘吉尔竭力主张英法海军联合，英、法、俄分别进行协调动作。1912 年 7 月，英法达成两国舰队合作的默契，同时法俄也签署了一项秘密海军条约，规定英国海军应在北海占优势，法国海军在地中海占优势，俄国海军则在波罗的海和黑海占优势。在协约国内部，除拼命增加军事实力外，也广泛进行协调作战的各项准备。同盟国与协约国剑拔弩张，怒目对峙，战争叫嚷甚嚣尘上，战争危机频频发生。

欧洲两大军事集团形成后，在地中海沿岸和巴尔干地区展开了激烈的争夺，制造了一系列的国际危机和冲突，巴尔干这个欧洲的“火药桶”随时都有引爆的可能。

萨拉热窝事件

1914年6月28日,是人类历史上不平凡的一日,就在这个夏日的星期天,波斯尼亚的首府萨拉热窝的大街上,发出了两响震惊世界的枪声。这两声枪响,成为第一次世界大战的导火索。早上,一列豪华的专车驶进萨拉热窝车站。一会儿,从车厢走出奥匈帝国王储弗兰兹·斐迪南大公及其妻子索菲女公爵。斐迪南大公环视了一下四周的人群,随即偕妻子钻进一队敞篷汽车内,几分钟后,敞篷车队离开火车站,向萨拉热窝市中心驶去。

弗兰兹·斐迪南大公是在刚结束的一次军事演习后来萨拉热窝巡视的。6年前,奥匈帝国用武力吞并了波斯尼亚。不久前,他对邻近波斯尼亚的塞尔维亚产生兴趣,希望有一天也占有这块富饶的土地。在来萨拉热窝之前,他亲自指挥了一次军事演习,假设的进攻对象就是他今天来到的萨拉热窝。这种恶劣的侵略行径,早已激起了塞尔维亚人民的极大愤恨。以加弗里洛·普林西普为首的7人暗杀小组,早已埋伏在街道两旁,伺机展开行动。

斐迪南大公的车队来到阿佩尔码头上,埋伏在这里的是名叫察布里诺维茨的青年,他冲出人群,奋力向车队扔去一枚炸弹,只见炸弹落在车篷上又弹到地上,在第三辆汽车前面爆炸,炸弹的碎片击伤了总督和大公的几个副手。斐迪南大公在车队的前面,虽然没有受到伤害,却也被爆炸声吓了一大跳,索菲夫人更是惊恐不已。察布里诺维茨见刺杀没有成功,立即吞下一小瓶毒药,纵身跳进河里。坐在第一辆车里的萨拉热窝市长和警察专员大叫:“快捉住他!”几名警察应声跳下河去。

几分钟后,奄奄一息的察布里诺维茨被打捞上来。察布里诺维茨忍着疼痛,用充满怒火的眼光扫了一下斐迪南。斐迪南心中一惊,但他仍故做镇静地说:“这家伙有精神病!不必管他,我们继续前进!”说完,车队又开始前行。

受惊的车队颠簸着驶到了萨拉热窝市中心的市政厅,坐在第一辆汽车里的市长下车后急步登上台阶,宣读早已准备的欢迎词,斐迪南怒气冲冲地从车中跳下,上前抓住他的胳臂质问道:“市长先生,我到这里进行和平访问,难道你就用炸弹来接待我吗?”市长吓得一句话也说不出来。幸好,索菲夫人上前相劝,斐迪南才收敛了一下口气说:“好吧!请读你的欢迎词吧!”

欢迎仪式结束后,斐迪南提出要到医院探望一下受伤的人,萨拉热窝市长正要阻挡,见斐迪南满脸怒气,只好作罢。车队重新上路,向医院方向驶去。这一次,警察专员为了安全起见,执意安排侍从官员站在汽车的踏板上,手按刀柄,保护斐迪南大公夫妇。车队行驶到拉丁桥时,普林西普早已做好准备。这位年仅 19 岁的塞尔维亚青年此时脑中只有一个念头:杀死罪恶的斐迪南大公。当斐迪南的专车离他不到 2 米时,他冲上前去,对准斐迪南夫妇就扣动扳机。斐迪南大公夫妇当场死亡。

斐迪南大公夫妇在萨拉热窝被刺,使本来就充满火药味的巴尔干“火药桶”一下爆炸了。早想吞并塞尔维亚的奥匈帝国此时找到了一个好借口,向塞尔维亚宣战。

1914 年 7 月 23 日下午,奥国使节向塞尔维亚政府递交最后通牒,要求塞尔维亚对斐迪南夫妇之死进行解释和道歉,禁止反奥刊物,镇压反奥组织,与奥匈官员一起追究罪犯的责任,并对策划该事件的同谋提出起诉。塞尔维亚 7 月 25 日给出的答复无法令奥匈帝国满意。奥匈帝国皇帝立即下令断绝与塞尔维亚的外交关系。7 月 28 日晚,奥匈军队炮击塞尔维亚首都贝尔格莱德,一下子炸死居民 5 000 多人。紧接着,德、俄宣战,法、英对德宣战,奥匈帝国向俄宣战,在短短几天,欧洲各帝国主义大国都卷入了战争,第一次世界大战终于爆发。

很快,第一次世界大战的范围从欧洲扩展到亚洲、非洲和美洲,到 1918 年,全世界有 33 个国家卷入了这场大战,大战前后持续了 4 年又 3 个月。

凡尔登战役

第一次世界大战唱主角的是协约国、同盟国两大军事集团。以英、法、俄等军队集团的一方,称为协约国;以德、奥等军队集团的一方,称为同盟国。第一次世界大战爆发后,欧洲大陆是主要战场。欧洲战场有 4

条战线,即:以英、法、比利时军队与德军对抗的西线,俄国军队与奥匈德军作战的东线,以及巴尔干战线,意大利战线。此外还有高加索战线及近东战线。其中西线和东线是主要战线。

1915 年圣诞节,德军新任参谋总长法金汉向指挥部提交一份作战布署备忘录。在这份备忘录里,法金汉计划在东线进行防御,而在西线重点对法军右翼部队据守的凡尔登要塞进行突袭。他指出,眼前法国是最易受攻击的协约国国家,虽然英国在英伦海峡那边仍很安全,但是法国自 1915 年的血战之后正处在崩溃的边缘,这时如果全力进攻凡尔登要塞,法国最高指挥部不得不动用所有后备军来守卫凡尔登,这样一来,法国将流尽鲜血,它的抗战决心也将破灭。

1916 年 2 月 21 日,凡尔登战役爆发。德军 1 400 门大炮以每小时 10 万发的速度把炮弹抛洒在凡尔登的野战防御阵地上,眨眼间,法军阵地一片火海。接着,德军又用 13 门 16.5 英寸口径的攻城榴弹炮,把一颗颗重磅炮弹射向要塞最坚固的工事上,在一阵阵的爆炸声中,法军整段的堑壕被夷为平地。

经过一个白天的猛烈轰炸之后,德军又用 5.2 英寸的小口径高速炮对着法军扫射,并用喷火器把法军前沿阵地变成火海。这样反复轰炸和扫射之后,凡尔登要塞附近的战壕完全被摧毁,整个法军彻底暴露出来。炮火刚刚停息,德军 6 个步兵师从 10 公里宽的战线上向法军防线冲击。法军阵地上虽然到处是火,但士兵们仍然凭借剩余的工事进行奋勇抵抗,把敌人的冲锋一次次压了回去。经过两天激战,法军终因寡不敌众,有 1 万多人被德军俘虏,前沿的野战防御阵地失守。

凡尔登失利的消息很快传到法军总司令部。霞飞总司令立即下令召开会议,命令参谋总长火速赶到凡尔登死守阵地,等待后续部队的增援。随后,又委任贝当将军为凡尔登地区司令官,前去督战。贝当来到凡尔登后,看着堆满尸体的前沿阵地,预感凡尔登面临着被包围的危险。

这时,德军攻占了要塞东北部的杜奥蒙炮台。这个炮台原有一个轻步兵师固守,经过德军 12 万发炮弹的狂轰滥炸,上边的将士全部阵亡,德军轻而易举地占领了它。

贝当不敢丝毫怠慢,他在前线划定了一条督战线,严令士兵不惜一切代价顶住德军进攻。紧接着,和几位将领召开了前线会议,讨论怎样保证后方援军和军火物资的迅速到达,贝当说道:“当前情况十分危险,我已和霞飞司令联系过了,让他赶快派大部队增援,在一星期内调集大约 20 万人马和 2 万多吨军火物资,这样才能保证凡尔登不落入德国之手。诸位认为哪条交通线可以完成这么多人员和物资运送?”

负责后勤的一名指挥官回答说:“除了通向西南的一条巴勒杜克到凡尔登的公路还没彻底破坏,其他已全部被德国人的大炮切断了。”

贝当问道:“这条公路的路面怎样? 能经得起 6 000 辆载重车昼夜通行吗?”

“不行! 必须修复一下,否则,这么多汽车来往穿行,会造成很多车祸。”后勤指挥官回答。

贝当即刻命令组织一支抢修队,在沿途平民协助下,铺砌和拓宽公路路面,要保证运输车辆安全通行。接着,他委托刚才那位指挥官前往督促修路,保证 27 日开始通车运行。指挥官受命而去。

道路提前两天修好了,6 000 辆汽车顺利通过这条路,19 万援军和 2 万多吨军火物资源源不断地运到了凡尔登要塞。

法金汉怎么也想不到,在短短的一周时间内,法军竟派出这么多援军赶来。于是,他只好重新布署作战计划,让德军休整一下,准备更大规模的冲杀。

3 月 5 日,大规模的战斗开始了。法金汉命令德国步兵从 30 公里的战线上一齐向法军阵地发起进攻。贝当命令所有的法国大炮一齐开火,还击德军。几个回合下来,德军死伤严重,退了回去。法金汉命令德军停止战斗,集中兵力,突击马斯河左岸,并由急促的冲击改为稳步进攻。到 4 月份,德军经过 70 多个昼夜的苦战,仍未突破法军防线。进入 7 月后,德军由进攻改为防守。最终结果是:法军一共伤亡 35 万人,德军的伤亡人数也几乎同样多。

1916 年 10 月 24 日,法军转入反攻,迅速收复丢失的炮台,德军全线溃退,退出了凡尔登战役。12 月 18 日,凡尔登战役结束。法金汉不久便辞去了德军参谋总长的职务,回老家种田去了。

日本趁火打劫

日本在第一次世界大战中,攫取了很大的利益。日本元老重臣井上馨给元老、内阁讨论日本是否参战的联席会议写信说:“这次欧洲大祸乱,对于日本发展国运,乃大正时代之天佑良机。”必须抓住时机,“确立日本对东洋之利权”。

日本迫不及待地站在协约国方面参战,其目的很明显,就是要接管德国在中国的“势力范围”,独霸中国,进而攫取德国的太平洋属地,向南扩张。

日本在 1914 年 8 月对德宣战,9 月 2 日即出兵占领我国山东龙口,随即相继占领潍县、济南,控制胶济铁路,并在 11 月 7 日攻占青岛。日军所到之处,杀人放火,奸淫掳掠,无恶不作。

与此同时,日本海军也乘机南下掠取德国在太平洋的殖民地马绍尔、马里亚纳和加罗林诸群岛。1915 年 1 月 18 日,由日本驻华公使向袁世凯秘密提出妄图灭亡中国的“二十一条要求”。5 月 7 日,日本政府对袁世凯发出最后通牒,限 48 小时答复,袁世凯政府除对其中第五条(中国政府须聘用日人为政治、财政、军事顾问;中国警政及兵工厂由中日合办;武昌到南昌,南昌至杭州、潮洲间的铁路修筑权等)声明“容日后协商”外,其他各

项均于5月9日答复予以承认，并与日方签订《关于南满洲及东部内蒙古之条约》、《关于山东之条约》等卖国条约及13个换文。但在中国人民强烈反对下，以及英美关于不得损害他们在华利益的表示之下，未能全部实际生效。

协约国多次要求日本派遣军队到欧洲作战，日本政府均以种种借口拒绝出兵。直到1917年3月，才以英法承认它对德属太平洋岛屿的占领为交换条件，派3艘军舰去印度洋和地中海。

在整个大战期间，日本以其军人死亡300人、负伤失踪910人的极其轻微代价，夺取了德国在远东和太平洋的"势力范围"，扩大了对中国的侵略和占领，而且大发战争横财，增强了它在帝国主义列强角逐中的实力。

1914－1919年，日本企业实缴资本金额从22.18亿日元增加到61.23亿日元，工业生产力增加4倍以上。它的实际工业产量增加1.8倍，出现了以出口工业和造船工业为中心的新建扩建企业高潮。造船工业1914年建造79艘，计8.2万吨，1918年激增至443艘，计54.05万吨，从战前占世界第6位上升到第3位。同期生铁和钢产量均增加1倍，自给率达到48%和73%。当然，与欧美资本主义国家相比，日本的工业水平还是很低的。

日本"一战"期间在远东的扩张和来自欧洲的军事订货，使它在1914－1919年间的进出口贸易增加3倍以上，从战前长期入超一跃而为出超，总额累计13.2亿日元。日本成为主要海运国之一，还取得了18.9亿日元的贸易外收入。1919年，日本也像美国一样从战前负债17亿日元的债务国成为借出5亿日元的债权国。

日本战时经济的繁荣，其主要因素应在于对中国的扩张和掠夺。它扩大了对中国的商品倾销，并加紧掠夺中国的资源。当时它在中国境内设置27家银行，信贷业务遍及各主要经济部门，控制了中国的经济命脉。1917、1918年，日本向中国段祺瑞政府提供巨额贷款，为数在5亿日元以上，所有贷款都附有各种各样的苛刻的政治条件。当时日本总理大臣寺内正毅曾自夸说，日本从这种巨额投资中所得利益，"何止10倍于二十一条"。

美国的介入

1917年4月6日,美国站到协约国一方参加了第一次世界大战,对军事政治形势和战后进程产生了巨大的影响。1914－1916年,美国仍是一个中立的强国。然而它给予协约国以大量的物质援助,并从中获得巨额利润。仅美国48家大公司1916年的决算就有9.65亿美元的盈利,中立政策对美国的垄断组织是极其有利的。美国也不反对出卖商品给德国。

德国的海上封锁使这一贸易不便于进行,有时甚至不可能进行。因此,1917年4月以前,德国仅从美国获得2 000万美元的货款,而协约国则得到20亿美元。

到1917年初,美国与协约各国已有了非常密切的经济关系,成了它们的债主。如果这些国家在战争中失败,美国就会遭到巨大的经济损失。美国不能容忍德国的另一个原因就在于,德国是它在世界市场上的危险竞争者。

此时,各交战国的经济都遭到了破坏,这些国家的人民被战争弄得疲惫不堪。尽管协约各国处境艰难,但美国统治集团并不怀疑它们会取胜,也不想错过分赃机会。它打算全副武装地去参加分赃,并同协约国平起平坐地摆布战败国。美国的计划还包括削弱它的远东对手——日本。

对美国的垄断集团来说,严重的障碍是那些许许多多的和平主义团体(美国限制军备同盟、美国反帝国主义者联盟、美国和平协会、美国独立同盟、妇女和平党、美国中立同盟,等等),它们的成员有各阶层和各种不同职业的代表人物。这些团体积极主张美国中立。

这种情势正好使美国垄断资本家可以假手交战国来大捞一把。但是当德国宣布进行"潜水战",从根本上损害美国利益的时候,威尔逊政府又能利用这一情况来达到自己的目的。在"鲁西塔尼亚"号、"阿拉伯人"号和"沙塞克斯"号被击沉后,美国政府加紧在国内进行军国主义宣传。许多报纸杂志鉴于美国舆论的和平主义倾向,遂把美国的参战说成似乎是迫不得已的事情。4月6日美国参战,随后,其他一些美洲国家在美国及协约国的政治与经济压力之下也相继对德奥集团宣战。1917年参加战争的有27个国家,其中协约国方面占23个,中欧强国集团是4个。诚然,许多参战的国家并未直接参加军事行动,但是,这些国家的人民却在某种程度上深受他们所反对的战争之害。

德国宣布从2月1日起实行残酷的潜水战仅仅是美国参战的一个借口,而推动美国政府做出这一决定的更为重要的原因则是俄国沙皇制度的被推翻和社会主义革命所造成的威胁。美国曾指望利用与自己有着千丝万缕联系的俄国资产阶级的上台来最大限度地谋取私利。美国现在打着同盟关系的旗号就更有可能干涉俄国的内政,并对俄国的经济和政治加以控制。大批美国专家小组涌入俄国,以图用各种协定来束缚俄国,帮助资产阶级临时政府镇压日益高涨的革命运动。俄国社会民主工党(布)第六次代表大会的"宣言"中说:"美国亿万富翁们的地窖里堆满了以倒毙在欧洲荒原上的死者的鲜血重新铸造的金元。这些富翁把自己的武器、自己的金钱、自己的反间谍组织和自己的外交官结合在一起,其目的不仅要击败同它一起进行国际掠夺的德国的同伙,而且还要加紧绞杀俄国革命。"

美国政府做了很大努力,以便尽快把经济纳入战争轨道。全国被划分为21个军事工业区,对充分利用现有生产能力加速生产军工产品采取了措施。开始制造2万架飞机(其中5 000架在国外制造),3.5万辆大型载重卡车。1918年的生产计划规定筹建16个大型枪炮工厂,预定1919年生产出1.9万辆坦克。

美国陆军的人数不多,截至1917年4月6日,美国陆军共计有12.7万名士兵和7 239名军官。国民警卫队(独立编制的地方部队)为12.36万人。国内强大的反军国主义运动不允许政府和陆军部在和平时期增加军事开支,同时,也就不能扩大陆军。

这一状况早在战争爆发前就引起美国政府和军界的极大不满。他们号召美国人结束普遍的沉睡状态,集中最大注意力保障"国防"和"普遍的和平",也就是建立强大的陆军和海军以便干预世界范围的政治。

威尔逊政府为了广泛宣传军事和引起人民对军队的重视,建立了各种各样的诸如美国和平同盟、仲裁法庭之类的军国主义团体,其宗旨是宣传这样一种思想:把国家的陆军和海军加强到足以同任何大国进行斗争的规模。为了同一目的,美国曾举行过军队的行军和军事训练。

经过美国政府的努力,美国人数不多的军队装备了第一流的轻武器,并经常试验新式军事技术装备。1908－1909年,试验采用从8公里距离打穿300多毫米厚的克虏伯装甲的新式炮弹。1911年的大演习中曾使用摩托车进行侦察,使用汽车运输物资,后者在当时已被认为是有效的运输工具。美军当局极为重视将飞机应用于军事目的。1910年6月,在凯乌克岛进行了从飞机上向军舰模型投弹的试验。1910年底－1911年初,飞行员伊利成功地进行了在巡洋舰伯明翰号和宾夕法号甲板上起飞与着陆的试验。1913年,28架美国生产的飞机设有装甲座舱和射击校正器。1914年,试验了飞机用的三英寸机关炮。

1910年和1912年,陆军部和总参谋部为军队的整编进行了大量准备工作。整编方案是由总参谋长伍德为首的总参谋部军官委员会拟定的。方案规定建立一支能同任何欧洲强国作战的军队,要求一旦发生战争时,至少能动员46万名士兵、4.3万名海岸炮兵(警卫部队)和30万名后备部队。为了便于组建军队和保障军队能有后备部队,建议将国家分为16个民兵军区。

1915－1916年,当美国的战争机器致力于建立一支庞大的陆军时,伍德便采用了这一方案的基本原则。1916年7月－8月,通过了扩军法和军队拨款法,按扩军法拟将原有的31个团增至65个团。为了训练新兵,在美国本土建造了32座军营(16座供正规军用,16座供国民警卫队用)。每一座军营可容纳4.1万名士兵,从1917年秋季开始,由英、法军官进行训练。

1917年夏,美国开始将其军队调往欧洲大陆,主要是在圣纳泽尔、拉罗舍尔、罗什福尔、波尔多和马赛等法国南部的一些港口上陆。道路勤务部队和工程技术人员最先到达,其任务是为迎接主要部队做准备。辅助部队铺设大约1 600公里的新铁路,架设16万公里的电话线,建成大量临时兵营、医院、仓库。第一批战斗部队于1917年6月底开始在圣纳泽尔上陆。

美国的参战使协约国的状况大为改观,但是不能指望立即得到美军的援助,因为美军前往欧洲的速度很慢。到1918年初,在法国的美军仅20万人。

协约国“惨胜”

第一次世界大战期间，站在协约国方面参战的有31个国家和地区，其中日本于1914年、意大利于1915年、美国于1917年参战，就连贫弱的中国也在1917年站在协约国一方对德奥宣战。

协约国集团虽然取得大战的胜利，却付出了极大的代价。除了美国攫得很多实际利益，日本掠获不少以外，其他国家大多失大于得。尤其是它的主要成员英法两国，实际上只是一种“惨胜”。至于俄国的罗曼诺夫王朝，更在大战结束一年以前即被列宁领导的十月革命所推翻。

从大战一开始就卷入战争，肩负协约国主要战争重担的英、法两国，不仅损失惨重，而且整个国力遭到严重削弱，使它们在战后帝国主义列强的角逐中处于相当孱弱的地位。战争给英法两国带来的损失主要有以下几方面：

首先是战争直接损失巨大。1913年英国本土人口4586万人，法国本土人口3 979万人。战争期间，它们的军事人员死亡分别为90.8万人和153.7万人；负伤被俘失踪者分别为22.8万人和480.3万人。英国1913－1918年国家预算从1.97亿英镑增加到25.79亿英镑，5年中增长12倍。整个战争支出达125.54亿英镑，相当于同期国家收入的44%。法国战时所受物资损失达2 000亿法郎。其东北部10个省开战不久即被德军占领，被占区原为重要采矿、冶金和纺织中心，主要产品在全国产量中的比重，钢为63%、铁为81%、煤为74%、毛织品为81%、砂糖为76%，沦陷4年，与法国经济生活相隔绝，工业品完全丧失。

其次是生产大幅度下降。大战期间，尽管军事工业有所扩展，但英法整个工农业生产趋向衰退。英国工业指数，以1913年为100计，至1918年则降至80.8。1913－1918年间，生产资料生产下降14.3%，消费品生产下降23.9%。法国工业生产在战争的头两年急剧下降，1916年后有所回升，至1919年才达到1913年水平的57%。1913－1918年间，棉花消费量减少近50%，羊毛消费量减少80%。小麦产量从1913年的8 690万公担（公担：重量单位，缩写q，相当于100公斤）降至1917年的3 660万公担。牲畜总数由1914年的250万头减少到17.5万头。

再次是对外贸易和国际收支状况恶化。战争期间,英国丧失原有船只的70%,造船业由1913年建造船只总吨位120万吨降至1918年的77万吨。德国的封锁、商船的减少、民用工业的衰落,使英国的对外贸易受到严重的影响。1913-1918年间,按实物量计算,出口贸易减少一半,贸易逆差由1914年的1.39亿英磅增加到7.84亿英镑。为平衡国际收支,英国变卖10%的海外资产,并从美国的主要债权国降为它的债务国。1919年英国欠美国债务8.5亿英镑,占美国对协约国贷款的45%。英国同时失去了世界主要金融中心地位、世界贸易中的优势地位,以及控制了250余年的海运垄断地位。1919年,英国商船吨位低于战前14%;但同期世界商船拥有量却增加2倍,主要是美日两国造船业的增长。法国对外贸易入超总额5年内达到600亿法郎以上,远远超过其支付能力,它同样沦为美国的债务国,至战争结束时共欠美国40亿美元。

战争的苦难主要落在劳动大众身上,他们不但要承受失去亲人的创痛,而且生活水平更加下降,劳动条件愈益恶劣。由于大量工人应征入伍,广大妇女儿童到工厂从事繁重劳动,工作时间很长,工资却很微薄。各种生活必需品又实行严格配给,他们大多处于半饥饿状态。英国工人实际工资在战争期间降低24%,而每个公民的税额从1913年的5.4英镑增加到1919年的19英镑。法国工人的实际购买力仅为战前的1/3。政府还将战争费用的重担转嫁给全体人民,依靠提高税收、发行公债和货币,来弥补巨额财政亏空。其公债发行,1914年为7亿法郎,1918年增加到29亿法郎。货币流通量在1914-1918年间,从73.25亿法郎增加到275.36亿法郎,使通货膨胀长时间困扰人民。

与劳苦大众受苦受难相反,垄断资本家却乘机大发战争横财。英国垄断资本在战争中获得利润40亿英镑。其矿场全部投资仅1.35亿英镑,而利润达到1.6亿英镑。英伊石油公司1914年纯利2.7万英磅,1917年为34.4万英磅,1918年达到110万英镑。法兰西银行发行公债的佣金和利息,1914年第一季度收益1 523万法郎,1917年第一季度增加到3 362万法郎。

因此,战争给人民带来的是苦难,而给资本家带来的却是发财机会。

同盟国惨败

第一次世界大战爆发的主要原因是由于同盟国和协约国两个军事集团为重新瓜分殖民地和势力范围,争夺世界霸权而进行的一场全球规模的战争。

这场同盟国与协约国之间的战争,以 1914 年 6 月 28 日奥匈帝国王储弗·斐迪南大公被塞尔维亚民族主义分子在萨拉热窝刺杀为导火线,从 1914 年 7 月 28 日爆发至 1918 年 11 月 11 日结束,历时 4 年又 3 个月。

第一次世界大战的主要战场在欧洲,并波及亚洲、非洲以及大西洋、太平洋等海域,先后有 35 个国家和地区参战,约占当时世界人口 2/3 的 15 亿人被卷入战争。

交战双方动员军队达 6 503 万余人,战争中损失 3 750 万余人,其中阵亡 853 万余人;另外平民死亡 1 261.8 万人。交战双方直接用于战争的费用为 1 863 亿多美元,各交战国经济损失总计约 2 700 亿美元。其战场之大、参战国之多、人员伤亡之重、战争费用和物资损失之巨,远远超过此前任何一次战争。其规模与损失之巨大无与伦比,史无前例。

以德国为首的同盟国集团由德意志帝国、奥匈帝国、土耳其奥斯曼帝国和保加利亚王国所组成。德国和奥匈帝国从大战一开始就是交战一方,土耳其于 1914 年 10 月正式参战,保加利亚在 1915 年 10 月参战。

第一次世界大战进入 1918 年,交战双方经过 3 年多激战,人员伤亡和物资消耗极大。交战双方互有胜负,相持不下。

此时,刚建立的苏维埃俄国退出战争,美国远征军尚在大量组建训练之中。德军统帅部力图抓住摆脱两线作战困境和大批增援美军尚未到达欧洲的时机,在西线发动决定性的进攻,在 1918 年夏季之前打败英法联军,夺取战争胜利。

德军在西线共集结 194 个师,编成 4 个集团军群,总兵力约 400 万人,拥有火炮 5 000 余门,飞机 3 000 架,坦克近 200 辆。与之相对抗的西线协约国军队共有 186 个师,分属于法国和比利时的 4 个集团军群及英国远征军,总兵力 500 万人,火炮 1.6 万余门,飞机 3 800 多架,坦克 800 辆。

稍后美国远征军大批抵达欧洲,有 14 个师 55 万人参加夏季作战。自

1918 年 3 月 -9 月，交战双方进行了第一次世界大战期间规模最大的一系列进攻和反攻战役。

德军从 1918 年 3 月 21 日 -7 月 17 日，先后发起了 5 次大规模进攻战役。这几次战役虽然给了英法联军以沉重打击，攻占大片土地，并再度迫近巴黎，但德军并未实现每次战役的预期目标，在协约国军顽强抵抗下被迫停止进攻。其新占领地区形成 3 个巨大突出部位，使战线拉长，给协约国军队实施反攻提供了条件。

经过这 5 次进攻，德军折兵百万，兵源枯竭。1918 年夏季每月需要补充 16 万兵员，但实际只能拼凑到 6 万人，因此它再也无力发动对协约国的新攻势了。

而协约国方面增援美军大批到达，双方兵力对比发生了更加有利于协约国军的变化。

从 1918 年 7 月 18 日起，协约国军队转入反攻，接连发动 3 次战役。至 9 月 15 日，已消除 3 个突出部，将德军逐回其春季攻势出发地，牢牢掌握了战略主动权。1918 年 9 月 26 日，协约国军队在西线向德军发起总攻。德军全线溃退，败局已定。

与此同时，在巴尔干战场，协约国军队于 9 月 15 日向保加利亚军发动进攻。保加利亚在 9 月 29 日宣布投降。

在中近东战场，英军在 10 月 1 日占领大马士革，大败土耳其军，相继占领巴勒斯坦、叙利亚全境和美索不达米亚，迫使土耳其于 10 月 30 日在停战协定上签字。

在意大利战场，意军于 10 月 24 日向奥军发起进攻。几天后奥军全面崩溃。奥匈政府随即于 27 日向协约国求和。10 月 28 日，奥匈境内各被压迫民族掀起民族革命浪潮。维也纳爆发总罢工和游行示威，要求奥皇退位。11 月 3 日，已经瓦解的奥匈帝国投降，与意大利签订停战协定。

同日，德国也爆发了“十一月革命”。德皇威廉二世于 11 月 9 日被迫退位，11 月 11 日，德国投降，德国政府代表与协约国联军总司令福煦在法国东北部贡比涅森林的雷道车站签署停战协定。至此，同盟国集团彻底战败，第一次世界大战结束。

巴黎和会

第一次世界大战结束后,通过战胜国对战败国缔结和约的方法安排战后的世界,便成为国际社会目前最重大的事务。各帝国主义列强借着和平的幌子,重新瓜分世界的险恶用心,在巴黎和会上暴露无遗。

在巴黎和会之前,美国、英国、法国、意大利、日本5大战争国已经举行了非正式会谈,为控制会议做了安排。实际出席和会的共32个国家,其中包括中国。美国总统威尔逊、英国首相劳合·乔治、法国总理克利孟梭、意大利首相奥兰多、日本元老西园寺公望都亲率代表团出席和会,规模空前。但他们却拒绝苏俄和战败国德国、奥匈帝国、土耳其和保加利亚来参加和会。

在5大战争国的操纵下,和会明显存在不平等、不公正性。美、英、法、意、日五国各有5名全权代表,可以出席一切会议,其他国家只有1~3名全权代表,只能出席与他们有关的会议。和会的组织机构操纵在威尔逊、劳合·乔治和克里孟梭"三巨头"手里,他们有权决定和会的一切重大问题。

和会一开始,主要战胜国便陷入激烈的争吵之中。为了索取战败国的赔款,英国首相劳合·乔治与法国总理克里孟梭吵得不可开交,谁都想多赚一笔。美国总统威尔逊只好打圆场:"我们美国一分钱也不要。你们两国都牺牲些,法国得56%,英国得28%,让别的国家也得点好处,这样可以吗?"

威尔逊、劳合·乔治、克里孟梭经过无数次的争执和讨价还价后,终于有了结果:英国得到了国际联盟所规定的委任统治制度下拥有1 000万人口的领土,法国得到750万人口的地区,日本也得到了德国在太平洋上的属地,而美国的商品与资本可以进入这些地区,实行机会均沾、利益共享。

除了几个大国不光彩的利益分配,还举行了其他的会议,它们主要是:密谋扼杀新生的苏维埃俄国,决定对苏俄实行经济封锁。筹组国际联盟来反对列宁创建的共产国际。国际联盟指挥各国反动派向革命人民进行血腥镇压,同时重新瓜分德国原有的殖民地。

1919 年 6 月 28 日是巴黎和会的最后一天,也是全体战胜国在和约上签字的一天。但作为战胜国的中国代表拒绝签字。原来,巴黎和约里有 3 个条款涉及中国主权,即战前德国侵占的山东胶州湾的领土,以及那里的铁路、矿产、海底电缆等资源,全部归日本所有。中国当时曾经支援协约国大量粮食,还派出 17.5 万名劳工、牺牲了 2 000 多人。作为战胜国的中国,索回被德国强占的山东半岛的主权,这是理所当然的事,但英美法却自作主张地送给日本。而软弱无能、卖国求荣的中国北洋军阀政府竟打算在这个丧权辱国的条约上签字。

3 亿中国人民忍无可忍,终于爆发了轰轰烈烈的"五四"运动。在全国人民的支援和影响下,中国代表团向和会提出两项提案:取消帝国主义在中国的特权;取消日本强迫中国承认的《二十一条》,收回山东的权益。提案最终被否决,此时远在北京的北洋军阀却一再命令中国代表团在和约上签字。6 月 27 日和 28 日两天,3 万多华人聚集在中国代表团的住所外面,一致要求代表团不能签字。

最终,中国代表团成员顾维钧向和会发表了一项声明:"山东问题不解决,我们决不在和约上签字!"声明后,顾维钧匆匆离开了大会会场。

1919 年召开的巴黎和会,并没有解决帝国主义之间争夺殖民地的矛盾,对战败国德国的勒索也埋下了复仇的种子。1939 年 9 月,希特勒再次在欧洲掀起大战,世界人民又一次陷入灾难和痛苦中。

巴黎和会是现代世界历史上帝国主义的一大丑闻,留给世人的是一个笑柄。

第十四章　俄国十月革命

列宁确立苏维埃政权

1870 年 4 月 22 日，列宁出生于俄国伏尔加河畔西姆比尔斯克镇（今乌里扬诺夫斯克）的一个教育工作者的家庭。列宁的母亲玛亚娅·亚历山大罗夫娜性格坚强，擅长音乐，精通语言，知识渊博，而且对子女所从事的事业非常支持。列宁的父亲是一位具有民主主义思想的知识分子，性格坚强，工作勤奋，曾任西姆比尔斯克省国民教育视察员，他是俄国民主主义者车尔尼雪夫斯基的崇拜者。

除了父母而外，列宁的大哥亚历山大·伊里奇对他的影响也很大。大哥是一个才华出众的青年，性格坚强，有巨大的劳动能力和高尚的道德品质。他因谋杀亚历山大三世而被沙皇政府处以极刑。大哥的死对列宁震动很大，大概就在这个时期，形成了列宁整个一生和他整个活动各个阶段的最突出的一个特点，这就是坚定的目的性。

列宁从小接受母亲的教育，母亲不仅教他识字、读书，也教他弹钢琴。在母亲的教育下，列宁 5 岁时就学会了读书，后来由一位家庭教师教他学习，这位教师在他 9 岁半以前一直给他补习功课，准备让他上中学。

1879 年 8 月，9 岁的列宁进入西姆比尔斯克古典中学学习，他学习勤奋认真，一直是学校的优等生，每年都获得学校颁发的一等奖。在中学时代，列宁受到了严格的训练，学习了很多知识。他还和哥哥、姐姐一起创办了一份手写的家庭杂志，取名为《星期六》，他们用笔名在上面发表文章，写小故事，每当星期六晚上，他们就当着父母的面朗读这本杂志。

列宁在中学里的各门功课都获得了很高的分数。在他的中学毕业证书上，4 分只有一个，而 5 分是 10 个。父亲对列宁的要求是非常严格的，只要有空，就亲自督促他学习，检查他的功课。每次父亲考他学过的功课，考数学、拉丁语、希腊语单词时，他都能对答如流。

在中学学习期间，列宁依靠自己的勤奋和聪明才干，取得了出色的成绩。列宁中学时的教师这样评价他：由于他能聚精会神地听讲，再加上他聪明的天资，所以他在课堂上就能掌握所学的新课，在家里几乎用不着再复习了。列宁中学毕业时，教师在他的评语中写道：精明强干，十分认真，极为细心，认真地完成书面作业，在课堂上注意听讲，喜爱钻研各门功课，特别是各种语言课程。

列宁后来走上革命道路，成为一位伟大的无产阶级革命家，与他受到哥哥亚历山大·伊里奇的影响分不开。当时，亚历山大正准备从事科学研究工作，他读过马克思、恩格斯的著作，思想上介于俄国民主党人与马克思主义者之间，他也曾秘密领导过工人小组。但那时工人人数不多，沙皇的统治十分严厉，只要知识分子稍微同他们有些接触，一旦被发现，就会被逮捕，流放到西伯利亚。而且在大学生当中存在的一些读书会、联谊会也被解散，组织者被遣送回乡。

面对专制制度的森严堡垒，死亡时刻威胁着人们。沉默就等于死亡，斗争则会取得胜利，亚历山大放弃自己所热爱的科学，参加了准备暗杀沙皇的活动，负责准备弹药的危险工作。但是，计划没有成功，亚历山大·伊里奇被捕，并被判处死刑，于5月8日处死。这一巨大的不幸，在列宁的心灵中留下了终身难忘的痛苦和启迪。哥哥的鲜血就像是革命烈火所射出来的光芒，照亮了跟随他前进的弟弟列宁的人生道路。

1887年秋中学毕业后，列宁考进喀山大学法律系学习。12月，因参加学生运动被学校开除，并遭逮捕和流放。一年后回到喀山，开始研究马

克思的《资本论》和普列汉诺夫的著作，成为当地一个马克思主义小组的积极分子。1891 年，他以校外生资格通过彼得堡大学法律系全部课程的国家考试，获得毕业文凭。

1892 年，列宁组织了当地第一个马克思主义小组，一边将《共产党宣言》从德文译成俄文，一边进行社会调查，研究俄国历史、经济和阶级斗争状况，写出了《农民生活中新的经济变动》这篇最早的论文。这时期，列宁由革命民主主义者转变为共产主义者。

1893 年，列宁到了彼得堡，开始为在俄国建立马克思主义政党而进行大量的宣传工作。1894 年，他与战友娜捷施达·康斯坦丁诺夫娃·克鲁普斯卡娅相识、相恋、结婚。这一年，列宁写了《什么是"人民之友"以及他们如何攻击社会民主主义者》，批判民粹派的经济理论观点和改良主义的政治纲领，揭露了"合法马克思主义者"的资产阶级实质。1895 年，他在彼得堡建立了工人阶级解放斗争协会。1895 年 12 月，列宁被捕入狱，流放到叶尼塞河畔的舒申斯克村。1899 年列宁写了《俄国资本主义的发展》，阐述了俄国革命的不可避免性，论述了马克思主义关于市场、再生产和危机的理论，从思想上粉碎民粹主义。

列宁 1900 年流放期满，7 月出国，侨居国外，在慕尼黑莱比锡创办了第一张马克思主义的全俄政治报《火星报》。1902 年为批判经济派，写了《怎么办》，阐明革命理论的伟大作用，提出了建党的基本原则和计划。1903 年 7 月 30 日，在布鲁塞尔召开了俄国社会民主工党第二次代表大会。会上，由于列宁的斗争，通过了以建立无产阶级专政为基本任务的党纲。同时，还形成了以列宁为首的布尔什维克派和以马尔托夫等为首的孟什维克派。布尔什维克的出现标志着列宁主义的形成。

1904 年，列宁写了《进一步，退两步》一书，系统地阐述了无产阶级的政党学说和组织原则，批判了孟什维克在组织问题上自由涣散的机会主义。

1905 年俄国爆发了第一次资产阶级民主革命。7 月，列宁写了《社会民主党在民主革命中的两种策略》，第一次阐明了在帝国主义时代资产阶级民主革命的特点、动力、道路和前途，论证了无产阶级领导权和工农问题以及资产阶级民主革命转变为社会主义革命等问题。11 月，列宁回彼得堡领导革命斗争。1907 年,列宁领导的起义遭到镇压,革命失败,列宁再度流亡国外,移居日内瓦,恢复和出版了《无产者报》,并从事理论研究。但他对无产阶级革命充满了必胜的信心。

为了批判波格丹诺夫一伙俄国马赫主义者的主观唯心主义,列宁于1908 年写了《唯物主义和经验批判主义》,该书总结和概括了自然科学的新成就,系统地阐述了辩证唯物主义的基本原理。这一时期,他还同 1905 年革命失败后党内出现的取消派和召回派及托洛茨基分子进行了斗争,捍卫了布尔什维克主义的革命策略。

1912 年 1 月,列宁出席了俄国社会民主工党在布拉格举行的第六次代表大会,在会上,孟什维克被清除出党,布尔什维克党正式成为一个独立的政党。

第一次世界大战爆发后,列宁揭露了第二国际机会主义者的社会沙文主义面目,提出了"变帝国主义战争为国内战争"的革命口号。这一时期,列宁还发表了《社会主义与战争》、《论欧洲联邦口号》、《论尤尼乌斯的小册子》和《帝国主义是资本主义的最高阶段》等著作,全面分析了帝国主义的本质、特征和矛盾,论述了资本主义经济政治发展不平衡的规律,指出帝国主义是无产阶级革命的前夜,提出了社会主义将首先在一些或一个国家胜利的理论。

1917 年 3 月二月革命后,列宁从瑞士经德国回到彼得格勒。4 月 17 日发表了《四月提纲》,提出了从资产阶级革命过渡到社会主义革命的路线、方针和策略。7 月列宁离开彼得格勒,隐居拉兹里夫湖畔,写出《国家与革命》,论证了无产阶级革命必须打碎资产阶级国家机器,建立无产阶级专政的原理,阐明了社会主义是共产主义第一阶段的思想。10 月 20 日,列宁从芬兰回到彼得格勒。23 日主持中央会议,通过武装起义决议,并亲自领导起义。11 月 7 日宣告十月社会主义革命胜利。当晚全俄苏维埃代表大会开幕,大会通过了列宁签署的《和平法令》和《土地法令》,成立人民委员会,列宁当选为人民委员会主席。他领导了第一个社会主义国家,摧毁了资产阶级国家机器,建立苏维埃政权机构;废除地主资本家私有制,建立社会主义经济基础;镇压武装叛乱,粉碎外国武装干涉。

1918 年 4 月,列宁发表《苏维埃政权的当前任务》,制定社会主义改造和社会主义经济建设纲领。8 月 30 日列宁遭到反革命分子暗杀而受重伤。经过医生的精心治疗,列宁终于从死亡边上走回来了。这一事件,使工人阶级更加振奋起来。

1920 年 12 月,全俄苏维埃第八次代表大会提出电气化计划,把国民经济转到现代化大生产的技术基础上。列宁总结了"战时共产主义"的经验教训,于 1921 年 3 月主持召开了党的第十次代表大会,通过了以实物税代替余粮收集制的决议,这标志从战时共产主义过渡到新经济政策。列宁在《论粮食税》一文中指出,在无产阶级专政条件下,可以利用国家资本主义发展工业。列宁还指出,社会主义经济必须保留商品生产和商品交换。新经济政策使国民经济得到迅速恢复和发展。

列宁在领导俄国革命的同时,还极为关注国际共产主义运动。在 1914 年 9 月发表的《革命社会民主党的欧洲大战中的任务》中指出,第二国际已经破产,有必要建立一个新的国际。

1919 年 3 月,他主持召开了共产国际成立大会,直接领导了共产国际活动。在第二次代表大会上,列宁阐明了民族和殖民地问题,指出这一问题是无产阶级革命的一部分,论述了全世界无产者和被压迫民族联合起来的思想。1920 年他写了《共产主义运动中的"左派"幼稚病》,批判西欧各国共产党存在的"左"倾思潮,指明了各国无产阶级革命走向胜利的途径。

1922 年底列宁病势加重,但仍关心党和国家命运。他发表一系列文章总结苏维埃政权建立几年来的经验教训,系统提出了建设社会主义的理论和计划,阐述了实现社会主义工业化,加强对农业的社会主义改造,发展文化教育事业,加强党和国家机关的建设,吸引群众参加国家管理,反对官僚主义,改进工作作风等重大问题,给俄国无产阶级革命和国际共产主义运动留下了宝贵的遗产。

1924 年 1 月 24 日,列宁病逝于莫斯科郊外,享年 54 岁。他的遗体被安放在莫斯科红场。

彼得格勒武装起义

1917年,俄国爆发了两次革命:第一次在3月,第二次在11月;前者结束了沙皇专制统治,成立了临时政府,后者推翻了临时政府,确立了苏维埃政权。第一次革命是一个使每个人大吃一惊的意外事件。

1917年1月22日,亦即1905年"流血星期日"12周年纪念日,这一天,俄国彼得格勒有15万工人举行罢工,原因是运输工具不充足,从而导致了食品和燃料的极度缺乏。莫斯科、哈尔科夫、罗斯托夫等地的工人也举行了罢工。3月8日,彼得格勒工人再次举行罢工。3月10日,俄国爆发了全俄政治总罢工,参加人数达30万。罢工群众高举红旗涌向市中心,同警察发生冲突。布尔什维克党彼得格勒委员会散发传单,号召工人进行决定性战斗。3月11日,罢工群众同政府武装展开巷战。在战斗中,政府军的士兵成群结队地转到群众一边,调转枪口,反对沙皇政府。

到1917年3月12日(俄历2月27日),有6万多彼得格勒卫戍部队的士兵转到革命方面来,同工人群众并肩战斗,占领了兵工厂、弹药库、火车站、邮电局,捣毁了警察所和监狱,逮捕了政府大臣。彼得格勒无产阶级由罢工运动转为武装起义的二月革命,使延续300余年的罗曼诺夫王朝在俄罗斯寿终正寝。

正当彼得格勒无产阶级举行武装起义的时候,杜马主席、十月党人罗将柯(1859-1924年)劝说沙皇尼古拉二世组织"责任内阁",以缓和紧张局势。但沙皇拒绝了这一建议,并下令杜马停止工作。于是,第四届杜马的一些代表于3月12日组成了以罗将柯为首的国家杜马临时委员会,以维持政局。

同一天,彼得格勒苏维埃第一次会议在塔夫利宫开幕。参加会议的大约有50人,布尔什维克代表占少数。会上宣布成立彼得格勒苏维埃执行委员会,孟什维克的齐赫泽(1864-1926年)当选为执行委员会主席。在执行委员会中,小资产阶级政党的代表占绝对多数。

彼得格勒苏维埃本应成为全国唯一的最高权力机关,但是,苏维埃执行委员会中的社会革命党和孟什维克向国家杜马临时委员会妥协,结果,资产阶级临时政府于3月15日宣告成立。新政府由自由党人格奥尔基·

李沃夫任政府总理兼内务部长，立宪民主党首领保尔·米留可夫任外交部长，十月党首领古契柯夫（1862－1936年）任陆海军部长，社会党人亚历山大·克伦斯基任司法部长。

这是一个资产阶级的、自由主义的、中间派的内阁，它在一定程度上有利于改革。实际上，它的确宣布言论自由、出版自由和集会自由；宣布大赦政治犯和宗教犯；承认所有公民法律上一律平等，不遭受社会、宗教或种族方面的歧视；它还通过了劳动法规，其中包括8小时工作日。尽管临时政府在改革方面取得了这些成绩，但它从未在这个国家扎根。它拼命挣扎、奋斗了8个月，却未能提供适当的行政管理。最后，这个新政府并不是被人推翻了，而是像沙皇政权在3月时那样，孤弱无助地、屈辱地突然坍塌了。

继临时政府之后的是一种全新的政治制度——苏维埃制度。

攻占冬宫

苏联十月革命爆发之前，为了便于领导革命，列宁在1917年10月20日秘密回到彼得格勒。10月23日，党中央举行了具有历史意义的会议。在会上，许多人仍不准备最后决战，因为他们担心，即使他们能推翻临时政府，也不可能维持政权。列宁对此回答说，24万布尔什维克党员完全有能力统治俄国，为穷人的利益反对富人。正如过去13万地主统治俄国，为富人的利益对付穷人一样。最后，大会通过了列宁提出的关于武装起义的决议。起义时间定在11月7日。决议指出："武装起义是不可避免的，并且业已完全成熟。"武装起义作为党的直接实践任务提到日程上来了。

10月25日，彼得格勒苏维埃执行委员会根据党中央的决定，成立了准备和领导起义的公开机关——军事革命委员会。在10月29日的党中央扩大会议上，选出了由斯大林、斯维尔德洛夫、捷尔任斯基等人组成的领导起义的党总部，作为彼得格勒苏维埃军事革命委员会的领导核心。

以克伦斯基为首的临时政府在得到叛徒告密后，于11月5日晚间开会，决定立即动手，镇压革命力量。当时临时政府在彼得格勒掌握有大约

5万名的武装部队，于11月6日下令加强对政府机关、车站、军火仓库的警戒；同时派士官生封闭布尔什维克党的机关报《工人之路》报，并企图占领布尔什维克党中央所在地——斯莫尔尼宫。

这天夜里，一位个头不高、工人打扮的人匆匆来到武装起义的指挥部——斯莫尔尼宫。他走进宫内，立即摘去了假发，果断地下达了起义的命令："今天晚上，我们一定要把政府人员全逮捕起来，解除他们的武装！"

此人就是列宁。在革命生死存亡的关头，列宁决定提前发动起义，他当即派出革命士兵把盘踞在《工人之路》编辑部和印刷所的士官生赶走。当天上午照常出版的《工人之路》报号召工农大众起来推翻临时政府。

在布尔什维克党的领导下，有2万名工人赤卫队立即武装起来，驻扎在彼得格勒的20万名革命士兵分别举行集会，表示坚决执行军事革命委员会的一切命令。波罗的海舰队派遣25艘军舰和数万名水兵到首都参加战斗。同时，军事革命委员会通过"阿芙乐尔"巡洋舰上的无线电台，要求彼得格勒外围的各革命组织进入战斗准备，以阻止支援临时政府的军队开进首都。临时政府事实上已完全陷于孤立。但是，军事革命委员会只注意聚集革命力量，没有认真组织进攻。

11月6日深夜，列宁来到斯莫尔尼宫直接领导起义。整个晚上到第二天清晨，赤卫队和革命士兵、水兵按照列宁的指示，坚决迅速地占领了主要桥梁、火车站、邮政局、电话局、国家银行、政府机关等战略要地，包围了士官生学校，并强行解除了他们的武装。

11月7日上午，军事革命委员会发表了列宁起草的《告俄国公民书》，宣告临时政府已被推翻，政权已经转归苏维埃。但临时政府不甘心自己的灭亡，搜罗了2000多名军官和士官生，龟缩在冬宫里，继续顽抗。下午6时，2万名革命士兵和赤卫队员，9艘军舰，10辆装甲车包围了敌人的最后据点。军事革命委员向临时政府发出最后通牒，要它立刻投降，但遭到拒绝。

新的战斗又开始了。以"阿芙乐尔"号巡洋舰的炮声为信号，工人和士兵向冬宫发动猛烈进攻，展开了争夺每一个大厅、每一个房间的激烈战斗，直到深夜打下冬宫。临时政府的成员，除克伦斯基已乘美国大使馆汽车逃走外，都被逮捕。临时政府就这样轻易地垮台了。彼得格勒武装起义获得了辉煌胜利。战斗结束，伤亡人数仅有1名红军战士和5名红军水手。

“阿芙乐尔”的炮声宣告了人类历史新纪元的开始。1917 年 11 月 7 日(俄历 10 月 25 日)作为伟大十月社会主义革命胜利的日子而载入史册。10 月 7 日夜晚,全俄苏维埃第二次大会开幕。大会首先通过了《告工人、士兵、农民书》,宣告各地全部政权转归苏维埃,并号召人民把革命进行到底。在这次代表大会上,成立了世界上第一个工农苏维埃政府——人民委员会。列宁当选为主席。

彼得格勒武装起义胜利的消息当天就传到莫斯科。莫斯科的布尔什维克党组织决定立即举行武装起义。革命的工人和士兵很快就占领了邮局、电报局、国家银行、克里姆林宫等重要据点。斗争获得了初步胜利。

但是,孟什维克在军事革命委员会中进行阻挠破坏,起义领导人也动摇不定,甚至同莫斯科军区司令谈判。这就使敌人得以乘机聚集反革命力量,发动突然进攻,夺回了邮局、电报局等据点,又用欺骗手段重新占领克里姆林宫,屠杀了驻守在那里的革命士兵,并提出最后通牒,要求取消军事革命委员会。孟什维克慌忙退出了军事革命委员会。

布尔什维克领导工人举行全市总罢工。这时,莫斯科近郊的贫苦农民以及彼得格勒的赤卫队和水兵都赶来支援起义。经过 6 昼夜的顽强战斗,终于在 11 月 15 日攻占了克里姆林宫,取得了革命的胜利。

在彼得格勒、莫斯科建立苏维埃政权后,到 1918 年 2、3 月间,全俄国各地都相继建立了苏维埃政权。十月革命胜利了!

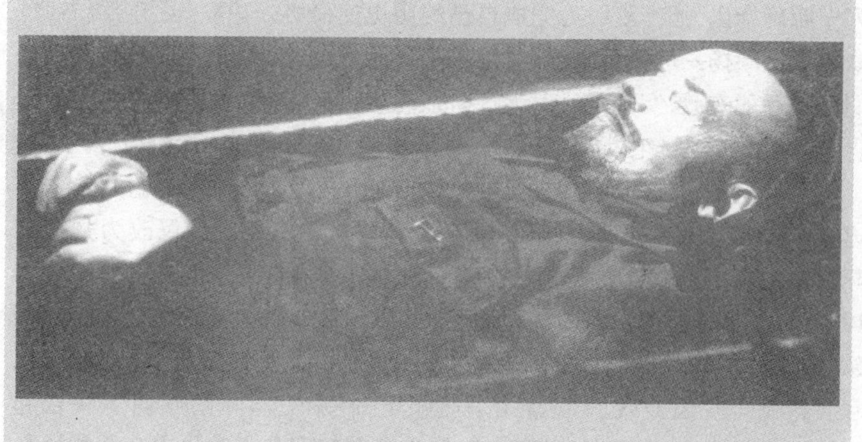

共产国际成立大会

由列宁领导的俄国十月社会主义革命的胜利像初春的喜雨,促进了全世界各国革命运动的蓬勃开展。

阿根廷、芬兰、波兰、匈牙利、奥地利等国在1918年先后成立了共产党。发达的资本主义国家德国也在1918年11月爆发革命,年底,成立了德国共产党。各国共产党的成立为创建共产国际提供了前提条件。

1919年1月,俄共以及波、奥、匈等8个马克思主义政党的代表在莫斯科开会,会议通过了告各国无产阶级组织书,要求他们派代表来苏俄,讨论成立共产国际的问题。

社会民主党右翼为了抵制国际共产主义运动的发展,于1919年2月在瑞士伯尔尼召开社会党人代表会议。出席会议的有26个国家的102名代表。会议决定恢复第二国际,即伯尔尼国际。

1919年3月2日,各国共产党和左派社会民主主义组织的代表会议在莫斯科开幕。然而由于帝国主义对苏俄的封锁和武装干涉,能从国外来参加这次会议的当时只有德国、奥地利等少数几个国家的共产党代表,多数代表是在苏俄的外国侨民。当时旅俄华工联合会负责人刘泽荣(刘绍周)、张永奎作为中国代表也列席了这次会议。

列宁在代表会议上做了关于资产阶级民主和无产阶级专政的报告。列宁明确指出,无产阶级为完成自己的历史使命必须建立无产阶级专政。修正主义颂扬一般民主,实际是维护资产阶级民主,即资产阶级专政。他们斥责一般专政,实际是反对无产阶级专政,即无产阶级民主。列宁的报告具有重大意义。它指明,新的国际的根本任务是实现无产阶级专政。

会议就是否立即成立共产国际问题展开了广泛的讨论。德共希望推迟宣布。列宁做了大量说服工作,最后会议决定将此次会议改为共产国际成立大会。出席成立大会的,有35个组织的34名有表决权的代表和18名有发言权的代表。大会通过了《共产国际宣言》、《共产国际行动纲领》等文件,号召"全世界的无产者,在工人苏维埃的旗帜下,在夺取政权和实行无产阶级专政的革命斗争旗帜下,在第三国际的旗帜下联合起来"。最后,大会选举了由苏俄、德国、奥地利等国共产党代表组成的执行委员会。执行委员会选举了列宁、季诺维也夫、托洛茨基、拉科夫斯基和普拉廷 5 人组成共产国际执行局。

共产国际成立后,各国革命运动有了重大发展。苏俄取得粉碎国内反革命叛乱和外国武装干涉的胜利。1919 年春,匈牙利和德国的巴伐利亚地区一度建立了苏维埃共和国,意、英、法、日、美等其他资本主义国家爆发了大规模的群众运动。中国、印度等国的民族解放斗争也蓬勃发展起来。1919 年,荷兰、丹麦、保加利亚、墨西哥、美国等国先后成立了共产党组织。1920 年春夏,希腊、西班牙、印度尼西亚等国也成立了共产党组织。

1920 年 7 月 – 8 月,共产国际在莫斯科举行第二次代表大会。出席大会的有 41 个国家的 217 名代表。这次大会与上次不同,大多数代表来自国外,是一次名副其实的世界性大会。

共产国际第二次代表大会后,又有一些国家建立了一批新的共产党组织。1920 年,英国、法国、土耳其共产党成立。1921 年,中国、意大利、罗马尼亚、捷克斯洛伐克等国也成立了共产党。

中派分子,于 1921 年 2 月在维也纳开会,成立了“社会党国际工人联盟”,即第二个半国际。参加会议的有英国独立工党、德国独立社会民主党、奥地利社会民主党等。它们宣称站在第二国际和第三国际中间,但两年后就同第二国际合并了。

1921 年 6 月 – 7 月,共产国际在莫斯科举行第三次代表大会。这次参加大会的已发展到 52 个国家的 605 名代表。中国的张太雷和瞿秋白参加大会。

此次大会是在欧洲无产阶级革命高潮已过,各国革命斗争受到挫折情况下召开的。大会认为,当前各国共产党的中心任务是争取群众,并提出了“到群众中去”的口号。

1921 年 12 月,共产国际执委会通过了关于建立工人统一战线的提纲。提纲指出,共产党可以同社会党签订统一战线协定,但必须保持共产党自身的自主性和独立性。

1922 年 11 月 – 12 月,共产国际在苏俄举行第四次代表大会。此次出席大会的有 58 个国家的 408 名代表。陈独秀和刘仁静代表中国共产党出席了本届大会。大会进一步讨论了关于统一战线问题,肯定了执委会通过的关于建立工人统一战线的提纲,并要求东方各国共产党在争取民族解放斗争中建立反对帝国主义的统一战线。

此后,共产国际在 1924 年、1928 年和 1935 年先后召开了三次代表大会。到 1943 年 6 月 10 日,共产国际正式宣布结束活动并解散,完成了它的历史使命。

第十五章 第二次世界大战

希特勒发迹

阿道夫·希特勒,德国法西斯纳粹党头目,德意志第三帝国之首,政府总理和最高统帅,第二次世界大战的头号战犯。

1889 年 4 月 20 日晚上 6 点半,希特勒出生在奥地利莱茵河畔的勃劳瑙小镇,父亲是个海关公务员。

1895 年,希特勒 6 岁的时候,他父亲阿洛伊斯·希特勒从海关退休,他便进了林嗣西南不远的菲许拉姆村子的公立学校。在此后四五年中,希特勒一家在林嗣附近的许多村子里搬来搬去。等到希特勒 15 岁的时候,已搬了 7 个地方,换了 5 所学校。希特勒在兰巴赫附近的本笃派修道院上了两年学,因为他父亲在那附近买了一块田地。希特勒参加了唱诗班,选了唱歌课,他梦想将来做牧师。最后,希特勒一家在林嗣南郊利昂丁定居下来。

11 岁时,阿道夫被送到林嗣去上中学。或许是不适应林嗣中学的学习生活,希特勒在林嗣中学里成绩坏得异乎寻常,在没有得到毕业证书的情况下,不得不转学到距林嗣相当远的希太尔州立中学。希特勒快满 16 岁时得了肺病,不得不停学一年。他被送到希皮塔耳故乡,在姨母家里休养了一个时期。他的姨母梯丽莎·施密特是一个农家妇女。病好后,他暂时回到希太尔州立中学。他的最后成绩单(1905 年 9 月 16 日)上的记分是:德语、化学、物理、几何、几何画是“可”,地理和历史是“良”,自由绘画是“优”。由于能够从此离开学校,他兴奋之余,喝醉了酒,这是他生平第一次也是最后一次喝醉酒。

希特勒下定决心要做艺术家,最好是做画家,否则至少也要做个建筑家,但是在 16 岁的时候他已经热衷于政治了。当时他对哈布斯堡王朝和它所统治的多民族奥匈帝国境内所有非日耳曼民族已经有了强烈的憎恨,对于凡是日耳曼的一切,都有着同样强烈的热爱。16 岁的希特勒已经成了一个至死不改的狂热的日耳曼民族主义者。

1906 年过了 17 岁生日以后,希特勒带了他母亲和别的亲戚给他的一些钱,动身到维也纳去住了两个月。虽然维也纳日后成了他一生中最惨淡岁月的地方,惨到几乎流落街头,但是在他第一次到那里的时候,维也纳却使他目眩神迷。希特勒成天在街头闲逛,兴奋地瞻仰环城路附近的宏伟建筑,在博物馆、歌剧院、剧场中所看到的景象,使他眼花缭乱,如醉如狂。

有一天,希特勒看到维也纳工人在大街上举行群众示威。回家后,希特勒开始阅读社会民主党的报刊,分析该党领导人的演讲,研究它的组织,思考它的心理和政治手段,估计它的成绩。最后他总结出社会民主党获得成功的三个原因:他们知道如何建立一个群众运动,任何政党如果没有群众运动就一无用处;他们掌握了在群众中进行宣传的艺术;最后一点是,他们知道利用他所说的"精神上和肉体上恐怖"的价值。

希特勒分析的这第三个原因引起了他的好奇心,虽然这肯定是以错误的观察为基础的,其中也掺杂他个人的大量偏见。10 年以后他将充分利用它来实现自己的目标。

希特勒在维也纳时,维也纳市长、基督教社会党的领袖卡尔·卢格博士,成了对希特勒最有影响的政治导师,尽管两人从来没有碰过面。希特勒一直都把他看成是历代最伟大的日耳曼市长。

尽管年轻的希特勒没有实际参与奥地利的政治生活,但是他已经开始在维也纳街头巷尾练习他的演讲术了。他的这种演讲技巧后来发展成为一种在两次大战之间德国无人能及的才能,对他的成功起了惊人的作用。

希特勒在维也纳的经历中,还有一方面的问题是犹太人问题。而在林嗣,犹太人很少。有一次,当希特勒在内城漫步时,突然遇到一个身穿黑色长袍、两鬓留着黑色胡子的怪物。他的第一个念头就是:这是一个犹太人吗?因为在林嗣,犹太人不是这等模样的。

希特勒偷偷地谨慎地看着那个人,但看着这张奇怪的脸庞越久,越是对它的每一特点感兴趣,他的头一个问题就是:这是一个日耳曼人吗?在做出回答以前他决定用书本来解决这个疑惑。他埋首阅读反犹书籍,当时这种书籍在维也纳街头非常畅销。然后他就到街头去更加仔细地观察。他常常一闻到这种穿长袍的人的气味,就感到心中作呕。

接着,他发现"这一'上帝的选民'的道德污点……任何放荡淫秽的事情，特别是在文化生活方面，有连一个犹太人也不牵涉到的吗？如果你再小心地解剖这种脓疮，你就会发现——像在腐烂的尸体中突然见到亮光而受惊的蛆虫一样——其中有一个犹太鬼！”他说他发现，卖淫和贩卖妇女的事情大部分是犹太人干的。“当第一次，”希特勒后来回忆道，“我认识到犹太人是在这个大城市中的渣滓堆里进行这种令人恶心的罪恶交易的心肠冷酷、恬不知耻、孜孜为利的主使者的时候，我不免感到一阵寒噤。”“慢慢地，我开始憎恨他们……对我来说，这是我曾经不得不经历的精神上最大震荡的时刻。我不再是个优柔寡断的世界主义者，而成了一个反犹太主义者。”

希特勒至死都是一个盲目狂热的反犹主义者，他甚至在临死前几小时编写的最后遗嘱中还不忘对犹太人做一次最后攻击，说他所发动的战争是他们引起的，现在断送了他和第三帝国。这种强烈的仇恨情绪在那个帝国后来竟会影响到这么多的德国人，最后导致一场景象那么可怕、规模那么庞大的对犹太人的大屠杀，以致在世界历史上留下了一个极其丑恶的创痕。

1913 年春天，希特勒离开维也纳前往德国慕尼黑，在他心中始终藏着一样东西：即对自己的不可抑止的信心和深刻的炽热的使命感。

1914 年夏天，第一次世界大战爆发了，把他像千百万其他人一样卷了进去。8 月 3 日，他上书巴伐利亚国王路德维希三世，申请志愿参加巴伐利亚步兵团，结果获准。

在前线，希特勒当上了一名通讯兵，他表现尚属勇敢，先后得到两枚铁十字勋章，并由列兵升为下士。1918 年 1 月 11 日，德国战败投降，这对希特勒刺激很大。从此，他决心投身政治活动，来实现自己在战争中没有实现的个人野心。

1919 年 9 月，希特勒奉陆军的指派，去了解慕尼黑的一个政治组织“德国工人党”的情况。9 月 12 日，希特勒在该党的集会上即兴发言，引起了其领导人的注意，于是受邀请加入该党，并成为该党的领导成员之一，负责宣传工作。此时，他在维也纳锻炼的那巧舌如簧的口才得到了充分的发挥。

1920 年 2 月，希特勒在德国工人党会议上提出了《二十五点纲领》，反映了其民族沙文主义和专制主义的倾向。同年 4 月 1 日，德国工人党改称

“民族社会主义德国工人党”,简称“纳粹党”。此后,希特勒离开了军队,专门从事党务工作。他为纳粹党组建了纠察队,1921 年 10 月 5 日又将纠察队改为冲锋队。希特勒采用黑卐字的党旗。

1921 年 7 月在纳粹党的一次特别会议上,希特勒迫使其他委员接受他的要求,修改了党章,推选他为主席,并拥有独裁权力。从此,希特勒就成为纳粹党的“元首”,开始了他的罪恶人生。

国会纵火案

1929 年,德国受世界性经济危机的影响,不仅经济急剧衰退,阶级矛盾也异常尖锐。希特勒趁此机会展开了疯狂的竞选活动。他向人民许愿,如果他上台,就会使德国重新强大起来;他将单方面废除凡尔赛和约,拒绝赔款,重整军备,允许私人企业自由发展,消灭失业现象,使每个德国人都有面包、工作、房子、车子、票子。结果,在 1930 年 9 月的国会选举中,纳粹党获得 640 万张选票,在国会中获得 107 个席位,一跃成为仅次于社会民主党的第二大党。在 1932 年 7 月的选举中,纳粹党竟获得 1 370 万张选票,成为全国第一大党,希特勒的同党戈林被推举为国会议长。

竞选胜利后，希特勒加强了与德国资本家的勾结，不断获得他们的资助。1932 年 11 月，西门子、梯森、沙赫特等大资本家联名上书，要求总统兴登堡"委托"民族运动最大集团的"领袖"希特勒组阁。1933 年 1 月 30 日，兴登堡召见希特勒，请他出任德国总理并组织政府。

希特勒上台后，首先对共产党和左派势力进行了惨无人道的迫害，并一手策划了"国会纵火案"。

1933 年 2 月 27 日晚上 9 点多钟，柏林朝向国王广场的国会大厦后门附近的国会食堂窜出了火苗，接着，国会官员休息室、国会大厅、议员物品寄存间、议会厅纷纷起火。显然，国会失火了。

国会失火的最先目击者是排字工维尔纳·塔拉。他在国会着火的一刹那看到有个人影在火光中跑动，于是，马上向一个往南侧走的警察报告，但对方没有理睬他。塔拉继续向北跑，终于碰上了一名警察和目击者，随即他们向派出所报告了火警。勃兰登堡凯旋门派出所于 9 时 15 分接到一位民间人士的失火报告，巡查部长拉泰特带了两名警察立即驱车直奔国会大厦，但半途这位人士溜掉了。几乎与此同时，位于林登街的消防总署也接到火警报告，并立即命令离国会大厦较近的第六和第七消防队出动。一霎时，国会大厦附近顿时忙乱起来。

拉泰特巡查部长指挥消防车从五号便门进入国会大厦，这时国会守卫长舒克拉诺维支也来了。进入国会大厦，他们便往起火处跑去。拉泰特在现场发现一个火石，在断定是有人故意纵火之后，便带着一名警察跑出五号便门，去请求增援。

舒克拉诺维支同另一名警察继续边察看火势边扑火，走到大厦东南部的"俾斯麦厅"。厅里面一人看到警察转身便走，但被警察抓了回来。

"为什么放火？"舒克拉诺维支向那个男人问道。男人情绪激动，脱口道："这是信号！这是革命的烽火！"一名警察上前搜查男人的裤兜，掏出了传单和护照，传单内容原来是德国共产党鼓动的"阶级斗争"。护照上贴着一张免冠照片，上写：玛丽努斯·范·德·卢贝，1909 年 1 月 13 日生，莱登·荷兰。逮捕了卢贝之后，舒克拉诺维支拿到钥匙，打开了二号便门。

救火工作仍在紧张地进行着，在消防队员的奋力扑救下，食堂等处的火势很快被扑灭了，只有议会厅仍是一片火海。9 时 30 分 ~9 时 45 分，议会厅的火势达到高潮，站在 10 公里以外可看到从房顶喷出的浓烟和火焰。直到 11 时，大火才被完全扑灭。

接到纵火通知后赶来的刑警，在政治警察部长鲁道夫·狄尔斯的指挥下，开始了侦查。刑警们向国会大厦的守卫、职员和闻声赶来的纳粹党议员询问最后离开国会大厦的是谁，守卫温特答道："是共产党议员托格勒和凯念。"

温特又被问到他们离开的时间，他答道："晚上 10 时。"

三名纳粹党议员提供的证言是："当天上午，托格勒会见了一个素不相识的男人，共产党议员团室许多人进进出出，很忙乱。"

第二天上午 9 时 30 分，身为国会议长和普鲁士内务部长的戈林首先惊慌地赶到国会大厦。10 时 20 分，希特勒和纳粹宣传部长戈培尔也匆忙来了。听取汇报和采取初步措施后，10 时 30 分，希特勒在幸免于难的议长室召开了政府首脑会议。希特勒在会上激动地说："这是共产主义者干的勾当，这是天佑！光耀德国历史的伟大转折到来了！诸位，你们马上就会看到的。"接着，普鲁士邦政府首脑在内务部召开了治安对策会议。会上，政治警察部长鲁道夫·狄尔斯说明了德国共产党和社会民主党建立统一战线的情况。紧接着他提出一份逮捕名单。然后警务局长路德维希·格劳埃尔特提出一项旨在扩大侦查权限的法案。

大逮捕全面开始了。数以千计的共产党员、社会民主党人、和平主义者、进步知识分子、律师和新闻记者遭到当局逮捕。纵火案发生的第二天，德国共产党议员团团长托格勒在他的朋友、律师的陪同下，去柏林警察厅说明情况，谁知他刚到就立即被作为纵火嫌疑犯逮捕；而凯念则流亡到了巴黎。3 月 3 日，德国共产党总书记恩斯特·台尔曼也落到警察手里。3 月 9 日，共产国际西欧局负责人、保加利亚共产党领导人格奥尔基·季米特洛夫因饭店侍者赫尔麦的告发而被捕，同时被捕的还有另外两位保共活动家布拉戈伊·波波夫和瓦西里·塔内夫。

1933 年 9 月 21 日，德国国会纵火案的审判在莱比锡开庭。德国最高检察厅在长达 235 页的起诉书中以 5 人为被告，他们分别是范·德·卢贝、德国共产党议员团团长托格勒、保加利亚共产党领导人季米特洛夫、波波夫和塔内夫。该起诉书认为纵火是5名被告秉承共产国际和德国共产党的旨意,共同策划的结果,虽然执行者只有卢贝一个人。

在法庭上,以保加利亚共产党领导人季米特洛夫为首的被告同法西斯进行了英勇的斗争,并以法律作为自己的武器,尽力在法律范围内为自己辩护。

卢贝在法庭上表现得目光呆滞,面无表情,而且头发蓬乱,回答问题不是沉默,就是结巴,常常矛盾百出。对此,季米特洛夫提出,怀疑他是一个痴呆症患者,然而法庭审议认为卢贝并非是个精神病患者,有作证能力。

在庭审过程中,季米特洛夫反问法庭是否调查过那位不知姓名、最早报警的民间人士,因为派出所并未按照规定进行登记,但庭长布恩格却因此强令季米特洛夫退庭,对此问题避而不理。

随后,国会大厦的守卫温特出庭作证时说,托格勒和凯念是在晚上8时30分走出五号便门的,晚上10时出去的不是他们而是一个纳粹议员。这样,减少了对托格勒的怀疑,但法庭并未追究这名纳粹议员。

季米特洛夫仔细研究了起诉书中关于卢贝的纵火顺序,认为卢贝在国会大厦里的行踪是混乱不堪、不合逻辑的。因为卢贝从纵火到他被捕前后只有20分钟时间,却在宽阔的国会大厦里来回奔跑,放了20几处火,这几乎是不可能的。而且,从卢贝在议会厅放火到被逮捕更只有短短的三四分钟,却造成了大火灾。显然,只有假定是几个犯人的罪行,这些疑问才能得到解答。专门委员会的调查也证实了这一点,经查,在议会厅纵火的犯人使用了燃料,而且一个人向那么多地方纵火,从时间上也是不够的。但是,其他犯人是如何逃出国会大厦的呢?共产党议员由于受到严格的监视和跟踪,把燃料带进国会大厦几乎是不可能的,这一点在法庭调查中一直是个谜。随着法庭调查的进一步深入,所谓被告们在案发的当天曾经在共产党议员室里开会的证言也是不可信的,从而也否定了这一证据。

通过与纳粹头目戈林和戈培尔的交锋,季米特洛夫又从政治角度指出,纵火行为是同当时党的纲领相违背的,不符合党的利益,从而粉碎了纳粹党嫁祸于共产国际和德国共产党的企图。这样,由于被告人,尤其是季米特洛夫的据理辩驳,再加上世界救援运动的巨大压力,法庭最终只得判决除卢贝处以绞刑外,4 名共产党员被告无罪释放。

尽管案件已经了结,但是,判决书也留下了许多问题,案件真相并未得到澄清。

德国国会纵火案主犯虽未被抓获,但希特勒诬陷是德国共产党所为,对德国共产党员横加逮捕和镇压,并宣布其为非法组织。随后,其他政党也遭到同样的厄运。到 1933 年 10 月,希特勒又下令解散国会,重新改选,使新"国会"的议员几乎由清一色的纳粹党员及其信徒组成。

资本主义世界经济危机

在正常人的思维中,把劳动者辛辛苦苦生产出来的产品拿来烧毁或者投入大海,把大批牲畜白白杀掉,这似乎只有最野蛮的强盗才干得出来。但是在 20 世纪 30 年代的西方国家里,这却是经常发生的事,而且也很正常。而主持干这种事的恰恰是这些财富的"所有者"——资本家。

从 1929 年秋天开始,一场规模空前的经济危机首先从美国开始,随后向整个资本主义世界席卷而来。这场危机的后果是严重的,它使欧美各主要国家的经济瘫痪了,生产倒退了 20 多年。这场危机持续了 4 年之久,使大批企业倒闭,3 000 多万工人失业。危机所造成的损失总计约 2 500 亿美元。

所谓经济危机,简单地说来,是因为生产过剩,而消费者没有那么多钱去买东西,结果,造成了产品大量积压。资本家赚不了钱,宁肯把产品扔掉也不肯去救济穷人。在这种情况下就出现前面说的那些怪现象。资本家为了使产品和消费的矛盾得到缓和,除了毁掉商品以外,还大批解雇工人,缩小生产规模,甚至停工停产。这样,经济危机的直接受害者还是广大的人民。

到 1932 年止,由于缺乏经费,美国全国已经有 30 万儿童失学。在许多州的矿区,营养不良的儿童有时达到 90% 以上,因为他们正在忍饥挨饿。为了让孩子能吃上饭,有些家长宁肯自己一连好些天不吃饭,饿得头直发昏。穷人被活活饿死的消息,不断在报纸上出现。

1932 年,大约有 200 万美国人到处流浪,其中至少有 25 万以上是 16~21岁的青年人。他们中间有两手空空的佃农,也有因大旱 3 年田庄被扣只好背井离乡的农场主,甚至还有一大批是刚从中学毕业而找不到工作的青年人。

再看看那些退伍军人的遭遇吧。1932 年,从 5 月份起,在华盛顿就陆续聚集了大约 2.5 万名第一次世界大战的退伍军人。他们身无分文,携家带口,在市内的公园、垃圾堆、破货栈、倒闭的店铺里"安营扎寨"。他们有时候练军操,有时候唱起当年的战歌。有一次还由一位挂着勋章的老兵带头,打着褪色的国旗,沿着大街游行,10 万市民默默地在看着他们游行。不过,他们大部分时间在等待,在发愁,因为他们是来请求政府救济的。

这些退伍军人要求政府立即发给他们"退伍军人补偿金"。这笔钱是 1924 年规定要发的,但得等到 1945 年才到期。可是现在他们饿得等不到 1945 年了,如果现在就发,他们每人大约可以拿到 500 美元。他们自称是"补偿金远征军",可是这支"远征军"的希望很快就落空了,他们向总统胡佛呼吁,也没人理睬。到了 7 月底,美国军队竟对手无寸铁的退伍军人动手了,骑兵的马刀向他们冲了过来,接着架起了机关枪,投放毒气弹,最后还动用了 6 辆坦克。这场力量悬殊的战斗就在美国国会旁边进行。退伍军人节节败退,最后陆军参谋长指挥部队,在退伍军人的"大本营"——窝棚上点着汽油,火焰高达 50 英尺(约 15 米),照得华盛顿的夜空通红。当这些退伍军人的窝棚火光冲天,他们在熊熊烈火中挣扎逃生的时候,华盛顿一些有钱人还驾着游艇,在安纳斯夏河岸近处看热闹呢!

1929 - 1933 年的经济危机,是资本主义历史上最持久的一次经济危机。这场危机不但给各国人民带来了沉重的灾难,而且还使各帝国主义国家内部的矛盾加剧了。这些矛盾发展的结果,在各国又不尽相同。在美国,由于新任总统罗斯福实行"新政",采取了改良措施,渡过了这个难关。而德国和日本则实行了独裁统治和战争政策,企图把危机的后果转嫁到其他国家,因而它们又成为新的世界大战的策源地。

罗斯福新政

1932年,罗斯福击败胡佛,当选为第32届美国总统。1933年3月4日,罗斯福宣誓就职。此时,美国已遭受4年的经济危机,国家经济情况进一步恶化,几乎到了山穷水尽的地步。为摆脱危机,刚刚上任的罗斯福总统采取了广泛的有力措施,历史上称为"罗斯福新政"。"罗斯福新政"在美国历史上占有极为重要的地位,对西方世界的经济发展也产生了重大的影响。

罗斯福就职当天发表了精彩的演说,他在演说中允诺将迅速采取措施扭转局面,断言美国一定能复兴,号召人民以毫无畏惧的精神克服经济危机带来的灾难。他给这个人心沮丧的国家带来了希望。

罗斯福善于用人,能接受各种新的建议。在他周围,除了内阁成员外,还有许多专家教授等智囊人物,帮助他实施竞选时向选民提出的旨在恢复经济、实行改革的新政。

混乱的经济秩序迫使罗斯福必须快刀斩乱麻,立刻采取对策,实施新政。确切地说,罗斯福从3月上旬到6月中旬的"百日新政",就是"百日立法"。他向国会连续提交了15篇咨文,15项重要法案得到了通过。在这100个日日夜夜里,罗斯福的新政设计师们都在紧急地工作,他们点灯熬夜,起草各种法案、条例和备忘录,处处都提到救济、复苏和改革。尽管罗斯福并没有一整套理论做指南,其所采取的措施有些甚至是相互矛盾的,从整体上看是杂乱无章的,但当时同样混乱的局势帮助罗斯福获得了成功。美国经济已经到了谷底,没有别处可去,只能往上攀登。

美国人对新政都寄以厚望,不仅民主党内全力支持,罗斯福的对手共和党人也希望新政能给国家带来希望。罗斯福向国会提交的法案,都一一获得通过,这些法律的制定,对于医治蔓延到全世界的危机起了重要的作用。

首先采取的措施是稳住失业大军。罗斯福最喜爱的一项规划是成立一支民间护林工作队,将50万失业人员安排到国有林区工作,这得到了国会的批准,还批准拨付5亿美元的失业救济金。罗斯福一生都对森林和保护自然有很大的兴趣,现在通过法律如愿以偿,同时,也为解决失业问题提供了很大的出路。

罗斯福上台的头几个星期,几乎没有考虑如何才能促进工业的回升,他认为没有足够的时间考虑这样一项广泛的计划。但国会几次催促总统采取行动,罗斯福召集有关的团体在白宫开会,会上争吵声不断,毫无进展。盛怒之下,罗斯福指定一个起草委员会,命令这个委员会的成员关起门来工作,不拿出一项满意的法案,不准出来。就是在这种混乱不堪的局面下产生了《工业复兴法》。这项法律起草委员会的主席休·S·约翰逊将军被任命为执行这项法律的全国复兴管理局局长。

“百日新政”的最突出的特点,就是一切都不受传统所制约。这倒符合罗斯福的性格,因为他从来就不愿意循规蹈矩。西方世界这一场严重的经济危机持续了4年之久,各种灵丹妙药都不见效,与其在旧框框中苦心寻觅,不如尝试一下似乎“离经叛道”的新方法。

《工业复兴法》实行行业计划,政府干预经济,真有点“计划经济”的味道;放弃金本位制,使美元不再含黄金,把全世界保守的银行家都吓得目瞪口呆。美国预算局的局长惊呼道:“西方文明完蛋了!”然而,上帝却愿意帮助罗斯福,这些“离经叛道”的新法发生了神奇的作用,衰落了整整4年的美国经济开始复苏,工业的轮子转起来了。《纽约时报》每周商业指数在罗斯福就职时为52.3,6月中旬达到87.1,这是两年多来的最高的水平。工厂的烟囱又冒烟了,农场主的产品又运到市场出售,而不再是把它烧掉。人民对前途满怀希望,萧条虽然并没有结束,但对萧条的担心已经解除。

“百日新政”为罗斯福执政定下了基调，在这以后他基本上就是按照这个路子走下去的。对于新政的长期效果如何评价，罗斯福把它交给选民去表决。在新政出台一年之后，1934 年 6 月 28 日，罗斯福在炉边谈话中向公民提问：“你们的日子比去年好过吗？你们的债务负担减小了吗？你们的银行存款安全了吗？你们的工作条件好些了没有？你们对自己的前途信念有了更牢固的基础吗？”多数选民对此的回答是肯定的。他在夏天乘船旅行，所到之处受到盛大的欢迎。这一年的中期选举，民主党人大获全胜，人们普遍认为这是对新政和罗斯福政策的支持，他的助手威廉·艾伦·怀特宣称：“人民几乎把他立为国王。”“百日新政”帮助美国摆脱了经济危机，美国经济初步复苏。罗斯福进一步促使国会制定一项新的立法纲领——《社会保险》，实行更多的所得税，加强对银行和公用事业的控制，还制定了一个针对失业者的庞大救济计划，设立了养老金、失业保险、孤儿救济金机构和一些卫生机构，等等。

1936 年，罗斯福以 98.49% 的选票入选，击败对手，再次当选为美国总统。

慕尼黑阴谋

第二次世界大战爆发前，希特勒曾利用英法美的“不干涉政策”和“祸水东引”的外交阴谋，用“和平”的谎言来掩盖战争行为，施展了“声东击西”的策略。在吞并奥地利之后，希特勒的侵略魔爪又伸向了临近的捷克斯洛伐克。1938 年 3 月，英国首相张伯伦表示，“我放弃了对捷克斯洛伐克给予保证的念头”，并拒绝了苏联关于英法苏举行三国会谈，讨论如何履行苏捷、苏法条约，共同对付德国威胁的建议。

4 月底，张伯伦邀请法国总理达拉第到伦敦商谈，劝达拉第向德国屈服，并明确告之英国不会为捷克斯洛伐克作战。

5 月，希特勒在德捷边境集结兵力，以战争相威胁，酿成所谓“五月危机”。同时希特勒又伪善地对张伯伦宣称，如果英国政府满足德国对捷克的要求，德国将准备同英国达成广泛的协议。

捷克斯洛伐克危机始于 9 月 12 日，当时，希特勒发表了一次煽动性的演说。在这个演说中，他猛烈地抨击贝奈斯总统对苏台德区日耳曼人的“迫害”，并警告说，“如果这些受折磨的人得不到权利和帮助，他们将从我们这里得到”。张伯伦飞抵德国，与希特勒会谈。希特勒提出“英国是否愿意割让苏台德区”的问题。

9月18日，英法两国首脑及外长在伦敦商定，“凡是苏台德日尔曼族居民占50%以上的全部领土，都直接转让给德意志帝国”。英法会谈后，张伯伦对记者说：“不论英国还是法国，都不会出兵支援，捷克斯洛伐克国家不能按目前的样子存在下去，为了和平的利益，英国赞同让苏台德区‘自治’。”张伯伦根本无视捷克斯洛伐克人民的强烈反对，他带着英法方案于9月22日，再次飞抵德国戈德斯堡同希特勒会晤。然而，这次会晤，希特勒又提出了新的要求，即几天内由德国对苏台德区实行军事占领，捷克斯洛伐克其他所有操德语的地区归并德国，把波兰和匈牙利两个少数民族居住的地区割让给波兰和匈牙利。希特勒限定张伯伦在10月1日以前彻底解决这些问题。

经过两天来的讨价还价，张伯伦带着一份开列德国各项要求的“备忘录”和一张标有捷克斯洛伐克“新国界”的地图飞回伦敦。这时英国国内正在广泛进行要求张伯伦下台、反对出卖捷克斯洛伐克利益的抗议运动。9月25日，捷克斯洛伐克政府也拒绝了戈德斯堡备忘录。于是，英、法两国只得再次秘密商量对策。

9月26日，希特勒在柏林体育馆里，疯狂地叫嚣道：“如果10月1日苏德台区还没有交给德国，我希特勒就是打进捷克去的第一个士兵。”同时他命令德国军队必须在9月30日做好行动准备，打算武装入侵捷克斯洛伐克。

9月27日晚，希特勒拍给张伯伦一封急电，吁请他继续努力，与捷克斯洛伐克政府进行谈判。热衷于绥靖政策的张伯伦把希特勒的这封电报视为救命稻草，立即给希特勒复信并建议邀请法、意代表参加拟议的国际会议。

美国总统罗斯福为了搭救张伯伦、达拉第，分别给希特勒和捷克斯洛伐克总统贝奈斯写了两封内容相同的信，呼吁他们继续进行谈判，以便“和平地、公正地和建设性地解决争论问题”，同时罗斯福在给意大利总统墨索里尼的一封秘件中，请他“帮助继续努力，以求用谈判或其他和平手段就争论问题达成协议，而不诉诸武力”。

9月28日清晨，法国驻德大使按照本国政府指示约见希特勒，献计说：“当你的主要要求能不需要战争而得到满足时，为什么你要冒那种风险呢？”这正合希特勒之意。当天下午希特勒便决定向英法意三国发出请帖，要他们第二天到慕尼黑开会，协商解决捷克斯洛伐克问题。

9月29日12时45分，慕尼黑会议正式举行，“意大利建议”成为慕尼黑协定的基本条款。

9月30日凌晨1时半，希特勒、张伯伦、墨索里尼、达拉第依次在协定上签字。

干完出卖捷克斯洛伐克的勾当之后，张伯伦迫不及待地从衣袋里掏出在伦敦拟好的“英德宣言”，要希特勒同他一起签字发表。希特勒如此慷慨给予廉价的保证，其目的无非是要麻痹英国。就在前一天，希特勒在德奥边境迎接墨索里尼时还对他说：“终有一日我们要并肩对英国和法国作战。”由此可见，帝国主义列强总是这样各怀鬼胎，互相利用，尔虞我诈，毫无信义外交可言。

慕尼黑协定签订后，张伯伦陶醉在“和平”的幻觉之中。当他回到伦敦时，一下飞机就宣称，“从今以后，整整一代人的和平有了保障”，“我相信我们时代的和平”。

然而，慕尼黑协定墨迹未干，希特勒就已命令德军进行战争准备，要“清算捷克斯洛伐克残余部分”。因此，“在犯下战争罪行的历史中，慕尼黑插曲是一个重要而基本的因素……”

慕尼黑会议不仅没有消除战争的隐患，相反，它激起了希特勒更大的胃口，因此，此次会议成了第二世界大战的“前夜”。

1939年3月，希特勒把捷克和斯洛伐克地区的傀儡政府首脑召到柏林，要他们解散各自的国家。3月15日，德国军队开入布拉格。波希米亚和摩拉维亚被宣布为德国的保护国，斯洛伐克也被置于德国的保护之下。同时，希特勒还允许匈牙利入侵卢西尼亚。这样，不仅打破了人们认为希特勒的目标只是重获日耳曼人居住的地方这样的幻想，而且消灭了捷克斯洛伐克这一国家。

希特勒突袭波兰

第二次世界大战前夕，希特勒为了实施他的“为德意志民族争取生存空间”战略计划，决定先拿波兰开刀，把占领波兰作为实施战略计划的突破口。

为了保证能迅速地吞灭波兰，希特勒大放和平烟幕，在政治、军事、外交等方面玩弄了一系列欺骗波兰的手法。但泽市及但泽走廊一直是波、德双方有争议的地方，临战在即，希特勒出人意料地表现出了大度和宽容，他宣称：“德国方面可以保证不会因为但泽地区问题而同别国发生冲突。但泽问题的解决，可以延长到明年或以后更长的时间。”同时希特勒还向英国政府表示，但泽问题只是地方性问题，德国政府愿意接受英国政府的调停，可立即请波兰方面派全权代表迅速来柏林谈判。希特勒还指令但泽的纳粹头目向波兰驻但泽高级官员表示：“德国真诚地希望和平解决但泽地区问题，波方所采取的军事防御措施可以尽快结束。”一直到临战前的几个小时，德国外长还接见了波兰驻柏林大使，双方在“诚挚而友好的气氛中”举行了双边会谈，会谈之后，柏林电台立即广播了德国的和谈提案。

在希特勒大肆施放和平烟幕的同时，德军的战争准备也在暗中加紧进行着。德军向波兰边境地区集结了大量军队和作战物资。一部分德军装扮成但泽军队的模样，从东普鲁士开进了但泽。德国还积极窃取波兰军队的情报，并在波兰境内利用德意志人及其他少数民族中的法西斯分子，组织起了纳粹组织，以便来日作为内应。为了加强对“第五纵队”活动的指导，希特勒还指示德国特务机关派遣大批间谍，乔装成商贾、记者、牧师、工程技术人员等，潜入波兰境内。正是这些间谍，把波兰的情况搞得一清二楚。

波兰当局被希特勒制造的假象所迷惑了。他们错误地认为，由于英、法两国的制约，德军主力决没有东调进攻波兰的可能；而且，德国的确想同波兰保持和发展友好近邻关系，它的一系列亲善活动无不表明了某种诚意。正是基于这种错误的判断，波兰政府松懈了曾一度进行过的防御行动，而是积极准备同德方坐下来谈判。直到波兰发现德军的坦克、大炮

已经开到波德边境时，才突然紧张起来，慌忙开始局部动员，部署抵抗措施。

然而，波兰当局的醒悟实在是太晚了。1939 年 9 月 1 日凌晨，德国法西斯撕毁了《德波互不侵犯条约》，以迅雷不及掩耳之势派兵突然进攻波兰，波兰全国顿时陷入一片混乱之中。由于准备充分，又由于波兰当局疏于防备，仅仅一周时间，德军的闪电行动便奏效了，波兰全境失陷，国家灭亡。

希特勒袭击英伦三岛

1939 年，德军进攻西欧各国的消息传到英国首都伦敦时，人们立刻紧张起来。议员们齐声谴责首相张伯伦，正是由于他的亲德政策使德国为所欲为，张伯伦被迫辞职下台。

接替张伯伦担任首相的是原海军大臣温斯顿·丘吉尔。他组成了保守党、工党和自由党的联合政府。丘吉尔在下院发表的一篇著名的演说中说，“除了鲜血、劳苦、眼泪和汗水外，我无可奉献”，“具有雄师之心的不是别人，而是那个遍居全球的民族和种族，我应召出来大吼一声，感到荣幸”，“我们的政策就是全力在海上、陆地和空中进行战争”，“我们的目的，就是胜利——不惜一切代价去争取胜利！”但是，当时欧洲的局势是非常严峻的，德军几乎占领了整个西欧，只剩下一个隔海相望的英国了。

希特勒本想渡海进攻英国本土，但他自知德国的海军不是英国的对手，于是决定依靠空军发动空中的闪电战，想先夺取制空权，来为德军登陆英伦三岛扫清道路。这个任务落到那个掌握空军大权的帝国元帅戈林的身上。他为此制定了“鹰计划”，从 8 月 12 日开始，就有计划地袭击英国空军的雷达站和机场。但是，当英国空军奋起反击以后，德国空军受到了很大的损失。于是戈林决定集中摧毁英国的战斗机群。

从 8 月 24 日到 9 月 6 日，戈林每天派出 1 000 多架飞机，以数量的优势在英国上空与英国空军进行空战，并轰炸它的基地和指挥系统。英国的飞行员虽然作战很英勇，因为一月内每天要起飞好几次，非常疲劳。英国空军损失巨大，南部的 5 个战斗机场遭到巨大的破坏。7 个关键性的地下指挥系统,有6个受到猛烈的轰炸。有446架战斗机被打毁打伤,1/4的飞行员牺牲或受重伤。正如丘吉尔后来说的:“如果这种情况再继续几个星期,英国在天空中就没有有组织的防御力量。入侵几乎肯定是会成功的。”

可是戈林指挥的空军,从9月7日起把它的目标突然改为大规模夜袭伦敦等城市去了。这使得英国空军大大地缓了一口气。

德国空军为什么会发生这么大的转折和改变呢?原来在8月23日晚上,有12名德国轰炸机驾驶员奉命对伦敦郊外的飞机工场和油库进行轰炸,但由于航向错误,把炸弹扔到伦敦市中心去了,炸毁了很多住房,又炸死了很多老百姓。为了报复,英国空军第二天晚上也派了81架飞机轰炸了柏林。那天晚上,柏林上空浓云密布,英国空军只有半数找到了目标,柏林的损失并不大,但是这件事对德国的士气影响却很大。因为这是柏林第一次受到轰炸,也是战争开始以后,第一次在德国首都打死了德国人。早在大战之前,戈林就曾经吹嘘德国的防空能力,说:“一颗炸弹也扔不到鲁尔(德国的工业区)来。要是有一架敌机到达鲁尔的话,我的名字就不叫赫尔曼·戈林,你们叫我什么都行。”现在英国的炸弹竟落到了首都柏林来了,英国空军还撒下了许多传单,上面写着:“希特勒要打多久我们就打多久!”而德军居然连一架英军飞机也没给打下来。戈林的牛皮吹破了!

于是希特勒和戈林改变了对英国空袭的目标。从9月7日到11月3日,连续57个夜晚,伦敦遭到德国空军的恐怖袭击,每天平均有200架轰炸机狂轰滥炸,先是重磅炸弹和燃烧弹,炸得伦敦市区到处起火,硝烟弥漫。接着是延时炸弹,使大段大段的铁路线、交通枢纽和重要道路多次中断。在这头3个月的空袭里,德国空军一共投下了1万多吨炸弹,炸死居民1.26万人,受伤和无家可归的不计其数。但是英国人民并没有被法西斯吓倒,他们仇恨法西斯暴政,沉着应战。起初,人们遇到空袭就进入防空壕、地下铁道。后来,到了大轰炸的严重阶段,他们反而都不害怕了,不再进入地下,而是登上屋顶,手拿望远镜和步话机,组织对空监视网,他们有的报告敌机的动向,配合飞行员作战;有的报告火警的所在;有的组织抢救火灾;有的组成拆卸延时炸弹的信管的小组。

为了对付德军可能的登陆作战,英国有200万人手中有了步枪和刺

刀,他们大都编入正规军中。庞大的国民警卫军战士有的手持步枪,有的拿着棍棒,随时准备为保卫英国而战斗牺牲。与此同时,英国空军还不断袭击大陆沿海准备入侵的德军舰只。希特勒妄图利用残酷的空袭击垮英国人民的战斗意志,而战争又恰恰锻炼了英国人民。

在英国人民和军队的顽强抵抗下,德军入侵英国的计划破产了。德军放弃了入侵英国的“海狮计划”。英国保住了,它成为后来盟军重新反攻欧洲大陆的基地。

丘吉尔拯救英国

丘吉尔是马尔伯勒公爵的后代,伦道夫·丘吉尔勋爵和《纽约时报》前业主的女儿珍妮·杰罗姆的儿子,一个天生的战士和持异见者。丘吉尔早年曾经就读于皇家军事学院,并在古巴、印度和南非战争中担任过随军记者。1900 年丘吉尔步入政坛,进入下院任议员。开始他加入保守党,后转入自由党,1924 年又重新加入保守党,历任殖民、贸易、内政、海军、陆军、空军、财政和国防大臣。

第二次世界大战前,丘吉尔坚决反对张伯伦推行绥靖政策。大战中,他作为英国首相,出色地领导战时内阁战胜了德国和意大利法西斯的侵略。

1953年底的一天,在伦敦白金汉宫大厅内,年轻的英国女王伊丽莎白二世把一枚英国最高勋章——嘉德勋章别在丘吉尔这位年近八旬的老人胸前,授予他英国最高勋位——嘉德勋位,以此表彰他在第二次世界大战中为国家和人民做出的巨大贡献。

第二次世界大战初期,随着张伯伦内阁推行的绥靖政策的彻底破产,张伯伦被迫辞职,1940年5月10日,英国国王乔治六世紧急召丘吉尔入宫觐见。丘吉尔入宫后,乔治六世问道:“你知不知道我要召见你的原因?”丘吉尔此时虽已知道了个大概,但仍故意说:“我简直想不出为什么。”国王便严肃地对他说:“我要请你组织政府。”国难当头,丘吉尔当即欣然承命。

5月11日英国战时内阁宣告成立。在战时内阁的5位成员中,有两位是工党领导人。英国工党正式成立于1900年,是一个具有一定社会主义目标和纲领的大党。工党以工会为基础,成员大多是工会会员。长期以来,工党一直是保守党的政治对手。丘吉尔作为保守党的议员,历来就非常敌视工党的政策纲领。他常常在下院的辩论中对工党领导人发动攻击和责难。但当德国大举进攻西欧,英国的地位危在旦夕时,丘吉尔便毅然将国家利益置于首位,不计前嫌,联合政治上的对手一致对付外敌。

保守党的另一个政治对手自由党也有一批人士进入了内阁。丘吉尔不仅与保守党的政治对手团结御敌,就是对保守党前政府中的一些重要人物也没有以个人恩怨为重,对他们进行处理。张伯伦下台之后,政界以及公众不少人要求对那些制订与推行绥靖政策的人,进行惩处,这些人同样曾经是丘吉尔的政治对手。然而此时大权在握的丘吉尔却以国内的团结一致为大局,及时出面制止了许多对他们进行追究和整肃的要求。他说:“如果想拿现在来裁判过去,那就会失去未来。”

在国际关系方面,丘吉尔也在相当程度上改变了对苏联(本书对1991年解体前的苏联统称苏联)的敌对立场,在历史的危急关头,积极主张联苏抗德。丘吉尔曾经是一名极力反对苏维埃政权的干将。第一次世界大战刚结束,在庆祝世界重新恢复和平的欢呼背后,西方资产阶级政治家们却表现出对新的世界秩序的深深的忧虑。不久,一场以武力扼杀新生的苏维埃政权的帝国主义武装干涉活动正式拉开了序幕,而丘吉尔在这一活动中则扮演了急先锋的角色。

1918年底，丘吉尔在丹迪市选区发表演说，攻击布尔什维克是对“人类文明的威胁”，他把布尔什维克称为“残暴的大猩猩”，并认为布尔什维克“很快就会把俄国拖回到动物形态的野蛮时期”。因此他竭力主张武装干涉，将新生的苏维埃政权扼杀在摇篮里。

第一次世界大战后期，丘吉尔曾先后担任英国军需大臣和陆军大臣兼空军大臣，为实施英国政府干涉苏俄内外政的一系列政策出过不少力。仅仅在20世纪20年代，丘吉尔就发表过数百篇文章以及进行了无数次演说，对马克思主义和苏俄内部政策进行攻击。列宁生前曾生气地说，丘吉尔是“苏俄的最大仇敌”。

然而，到第二次世界大战爆发前夕，在希特勒的巨大侵略野心面前，丘吉尔经过认真分析和思考，终于逐渐领悟到希特勒所要吞并的不仅仅是一两个国家，而是全欧洲乃至全世界。早在苏德战争爆发前，丘吉尔就分析说，如果希特勒发动对苏战争，其目的之一将一定是为了在击败苏联之后倾其全力进攻英伦三岛。在这个战争狂人面前，如果继续固守过去的任何偏见，而放弃联合起来共同对敌的机会，是极不明智的。1941年7月12日，即苏德战争爆发后的第20天，英国和苏联在莫斯科签署了《英苏为对德作战采取联合行动的协定》。该协定规定英苏两国政府在对希特勒德国的作战中“彼此给予各种援助和支持”。1942年5月，在苏联红军胜利地完成了莫斯科保卫战之后，英苏两国政府又在伦敦签署了《英苏条约》。条约重申了协定的主要原则，同时在条约第二部分中载明了战后合作与互助等问题。

丘吉尔是一位颇有天才的政治家，正是在第二次世界大战严酷的现实中才使他更为充分地发挥了聪明才智，从而在最艰苦的关头能够挑得起带领英国赢得战争的重担。大战期间，丘吉尔每天只休息很少时间。在敦刻尔克大溃退的日子里，他几乎天天彻夜不眠，倾注极大的精力亲自指挥着这一震惊全世界的军事救援行动。敦刻尔克的成功突围不仅挽救了英国军队，也挽救了反法西斯的主力。当大家沉浸在兴奋和庆幸之中时，头脑异常冷静的丘吉尔却在下院提醒议员们说：“我们必须非常慎重，不要把这次援救说成是胜利——战争不是靠撤退打赢的。”

就在法国向德国法西斯作最后挣扎时，丘吉尔不顾个人安危两度亲赴法国，说服法国领导人与英国联合组成一个统一的国家，共同对抗德国法西斯。丘吉尔不仅领导着全局,在局部工作中也发挥着重要的作用。在他的指示下,英国迅速地扩大了反坦克炮和各种常规武器的生产。丘吉尔以他特有的坚韧终于说服美国罗斯福政府以《租借法案》所规定的内容对英国给予大规模援助。他还参与了第二次世界大战后期盟军一系列重大战役的重要决策和战后政治经济秩序初步确立的准备工作。

英国《星期日泰晤士报》在战争期间这样评论他:丘吉尔是我们的秘密武器。在这个伟大的时刻,我们在伟大领袖的英明领导下战斗,感到无比幸福。今天,温斯顿·丘吉尔不仅是英国精神的化身,而且是我们的坚强领袖。不仅英国人,整个自由世界都对他无比信任。

1965 年 1 月 24 日,丘吉尔病逝,享年 91 岁。

斯大林领导卫国战争

1897 年 12 月 21 日,斯大林出生在俄国库拉河畔一个古老的集镇上,他的父亲是一个穷鞋匠。对于相继夭折了 3 个孩子的母亲,斯大林的出生令她备感欣慰。

母亲希望儿子将来能成为一个受人尊敬的牧区神甫,9 岁时她便把斯大林送进哥里的教会小学读书。教士们很快就注意到,这个贫家孩子比那些富家子弟能更轻松地朗读课文。他不仅大胆、敏捷,而且具有非凡的意志力和可贵的进取精神,贪婪地阅读各类书籍。在校长和本地一个神甫的帮助下,他还得到了一笔奖学金,从此他便成了东正教徒学府的一名学员。

说句心里话,斯大林十分厌恶那座由修道士看管的兵营一般的学校。整天的课程除了经院神学的说教就是无休止的祈祷,他喜欢看的宣传进步思想的刊物和自然科学的书籍通通被视为触犯沙皇与神学教条的禁书而不让人接触。

小时候的斯大林仿佛是一匹难以驯服的野马,他自己要得到的东西就一定想办法得到,不论付出多大代价。一次,他在宿舍里阅读雨果的《九三年》,不料一个学监闯了进来,没收了这本书不说,还到校长那儿告了一状。他因此受到了警告。但是,斯大林压根儿没把校规和警告放在眼里,强烈的求知欲驱使他读起更多犯禁的书籍。当斯大林第13次在教堂楼梯上被发现时,校长发火了,罚他长期禁闭,并给予严重警告。后来,斯大林参加了学校中一个秘密辩论团体和城里一个名叫"麦撒墨达西"的社会主义组织,学校因此以"欠缴学费"和"无故旷课"为借口,把他开除了。

失学后,靠着朋友的介绍,斯大林在梯比利斯地球物理观察站谋得了一个测量员的工作。工作之余,他一面埋头攻读列宁和普列汉诺夫等人的著作,一面组织工人们学习,启发他们的政治觉悟。1900年,为了声援欧洲的工人运动,斯大林负责筹备了高加索第一次五一节的示威游行。那天一清早,一群群工人向郊外的盐湖集中,人们手擎横幅,上面用俄文、格鲁吉亚和亚美尼亚文书写着革命标语,两面旗帜上还贴着马克思和恩格斯的画像。在《马赛曲》乐声中,斯大林向500多名工人发表了慷慨激昂的演说,最后他表示,为了让暴君知道工人阶级的力量,明年的游行要把红旗插向市中心。

1901年五一节前夕,斯大林的秘密活动和行动计划被敌人侦破了,警察奉暗探局之命包围了观察站,他已经不能回去了。于是,他搞了一张假护照转入地下工作,过起职业革命家紧张而危险的生活。

位于黑海岸边的大港口巴统,迫切需要建立一个坚强的革命组织,以领导工人开展斗争。斯大林奉命来到那里完成这一艰巨的任务。经过他的艰苦努力,巴统社会民主党几星期后在一位工人家里举行的"新年晚会"上宣告成立。

为了迅速发展革命组织,提高工人阶级的斗争觉悟,斯大林用梯比利斯带来的设备,搞了一个简易的印刷所,亲自起草传单和宣言书,然后由工人把印刷品取走,散发到附近的炼油厂、货运码头和铁路。工潮很快掀起来了,在短短的5天之内,斯大林就亲自组织并指挥罢工工人进行了3次群众性的政治示威。面对沙皇军队的血腥镇压,他没有退缩过一步。工人们的奋起反抗,接踵而来的流血事件,使巴统的骚乱达到了沸点。

沙皇政府为巴统这座城市的苏醒深感不安,派出密探四处寻找"祸首"。1902年4月,在一次巴统委员会的会议上,斯大林终于被沙皇政府逮捕了。在高加索度过一年半的监狱生活以后,斯大林又被判处流放到西伯利亚东部伊尔库茨克州的新乌达村3年。由于不能容忍与政治隔绝

3 年之久,斯大林一到目的地就开始筹划逃跑的路线。当时日俄战争迫近,满洲边界防范也处于混乱之中,他利用这个有利时机,坐上一辆农民的大车,横渡雪原,向乌拉尔西行,终于重新踏上了梯比利斯的土地。

1905 年底,斯大林以南高加索代表的身份参加了在芬兰坦墨福斯召开的布尔什维克第一次代表大会。在那里,他与列宁首次见面,并加入了俄国革命运动的主流。会后,他重新回到了高加索,按照列宁的建党思想和斗争策略,出色地领导了这一地区的布尔什维克,使当地的布尔什维克组织成为列宁党的坚强堡垒。

后来列宁交给斯大林一项任务,在俄国革命运动中心首都彼得堡,直接领导《真理报》的创刊,斯大林欣然前往。

为了给报纸筹集经费,他们组织了一场音乐晚会。斯大林对他本人是否参加晚会拿不定主意,临行前,他向一位中央委员询问了那里的安全情况,不料那人是个内奸,他用花言巧语诱骗斯大林放心前去,暗地里却去密报暗探局。音乐会开幕不久,同志们就觉察到了危险的迹象,连忙让斯大林穿上女人的大衣逃出现场,但已经来不及了,他又一次陷入了沙皇政府的魔掌,被关进彼得堡监狱。5 个月后,斯大林被押送到气候严寒、荒无人烟的莫纳斯蒂尔斯科耶流放地。沙皇政府为防止他再次逃跑,不久又把他押解到北极圈以北的库卡村流放地,将他与整个世界隔绝开来。

1902 – 1913 年,斯大林先后被捕 7 次,流放 6 次,出逃 5 次,共争取了 10 年的秘密工作时间。这一次,由于沙皇政府的严密防范,他不得不忍受 4 年之久流放生活的煎熬。1917 年俄国二月革命后不久,斯大林终于得以回到彼得堡,担任了党的起义总部的成员,积极参加和协助列宁领导的十月革命。克伦斯基临时政府接到叛徒的密报,决定攻打起义司令部斯莫尔尼宫,查封《工人之路》报编辑部。斯大林得知消息后,决定立刻集合部队向司令部靠拢。漆黑的夜晚,沙沙的脚步声和铮铮的武器撞击声,刺破了四周的宁静。没过多久,斯莫尔尼宫的大门口已经架起了 4 挺机关枪;由革命士兵组成的巡逻队正把守着附近的每个要塞和街道;武装的赤卫队员赶到了《工人之路》报编缉部,即刻撕去了临时政府的火漆封条……在列宁身边,在阶级大搏斗的风暴中,斯大林成为革命事业中一个坚定、沉着的指挥员。

1922 年 4 月,鉴于列宁身患重病离开第一线工作,斯大林被选举担任中央委员会总书记。列宁曾经担心斯大林能否永远十分谨慎地使用这一权力。事实证明列宁的担心不是没有道理的,在苏共中央总书记这个重要岗位上,他确实犯了肃反扩大化等严重错误。

正当斯大林领导苏联人民在社会主义建设道路上继续迈进的时候,德国法西斯公然撕毁刚签署不久的《苏德互不侵犯条约》,动用了190个师的兵力,妄图用"闪电战"在3个月内征服苏联。世界上第一个社会主义国家面临一场更为严重的挑战。斯大林英勇地领导苏联人民投入了伟大的卫国战争。他向全国发表了广播演说,号召军队和人民为捍卫每一寸土地献出最后一滴血。几个月后,当德军先遣部队推进到离莫斯科20多英里(约32公里),所有的人民委员会部门和政府各部门都撤到古比雪夫时,斯大林仍坚持留在莫斯科,在大炮的隆隆轰鸣中检阅了红场上的军队。红场阅兵式向全世界宣告,体现在斯大林身上的胜利意志没有动摇!

在斯大林的坚强领导下,苏军挫败了德国法西斯35个师对莫斯科的进攻,粉碎了希特勒"闪电战"的计划。

1953年3月5日,斯大林突然中风,倒在沙发旁边的地毯上与世长辞了。斯大林的一生功勋卓著,虽然他的缺点和错误也很突出,但其功绩将永载史册。

斯大林格勒战役

1941年6月22日,希特勒撕毁了《苏德互不侵犯条约》,对苏联发动了大规模的突然袭击。从此以后,苏联人民在斯大林领导下开始了伟大的卫国战争。

战争刚开始,德军来势凶猛,很快占领了乌克兰和白俄罗斯等苏联广大地区。但是在苏联军队的英勇反击下,他们的进攻势头逐渐减弱,希特勒妄图在3个月内消灭苏联的计划破产了。于是他又决定重点进攻苏联首都莫斯科。在斯大林亲自指挥下,莫斯科军民经过40天的浴血奋战,歼灭了大批德军,取得了胜利,打败了德军"不可战胜"的神话。从此,苏军开始反攻,乘胜收复了大片土地。而德军却节节败退,只能实行防御了。

希特勒气急败坏，决心孤注一掷，全力进攻斯大林格勒（现在的伏尔加格勒），企图反败为胜。他哪里知道，进攻斯大林格勒，他让自己走进了死亡的深渊。

斯大林格勒位于伏尔加河下游西岸，原名察里津，是苏联内河航运干线——伏尔加河的重要港口，又是苏联南方铁路交通的枢纽和重要工业城市，战前城内居民约 60 万人。斯大林格勒以西以南地区是苏联粮食、石油和煤炭的重要产区，这是德国当时急着要得到的重要物资。对苏联来说，在乌克兰被德军占领以后，斯大林格勒是中央地区通往南方经济区域唯一的交通咽喉，关系到莫斯科的安全。既然斯大林格勒对交战双方都是至关重要的，那么这场战役有多么残酷就可想而知了。

从 1942 年 7 月中旬开始，德军相继投入了 150 万大军，集中了将近 40 个师的精锐部队，每天出动上千架次飞机，把 100 多万颗炸弹投向这座城市，城市的建筑几乎全部被毁。但是，在斯大林“不让敌人前进一步，用一切力量消灭敌人”的号召下，苏联军民誓死抵抗，人人手执武器在废墟中和冲进市区的德军展开搏斗。为了打败法西斯，他们付出了重大牺牲。在激烈战斗的日日夜夜里，这里没有前线和后方的界线。在这里作战的部队中有 16 万多名党员和 24 万多名共青团员。在 78 名共青团区委书记中，有 47 名成为前线的战士。共青团培训了 7.5 万名姑娘，使她们成为高射炮手、无线电兵、卫生员和护士。

斯大林格勒保卫战，从它的外围防御战，到近郊的防御战，到市区的争夺战，尽管德军以优势兵力和陆空军强大的攻势步步进逼，但是苏联军民发扬高度爱国主义精神，誓死保卫斯大林格勒，始终没有让德国法西斯逞强。相反，德军久战不胜，士气已经低落，再加上严寒和饥饿的威胁，很多人被冻死，战斗力大大减弱。战争形势开始发生了重大变化。11月19日，苏联红军经过殊死战斗，终于迎来了激动人心的时刻，在斯大林的命令下，他们对德军开始了大反攻。

而就在此时此刻，不可一世的希特勒竟带着他的高级将领们到阿尔卑斯山观赏雪景去了。等他与随行人员于11月22日回到大本营时，这天已是苏联红军发动进攻的第四天，前方传来的消息很坏。南北两面的苏联红军已在斯大林格勒的西面40英里(约64公里)的顿河河曲上的卡拉赫会师。当晚，第六军团司令保罗斯将军发来一份无线电报，证实他的部队已被苏联红军包围。希特勒立即回电，指示保罗斯把他的司令部迁入城内，布置困守，部队解围前的给养将由空运解决。

但是这话说了等于没说。因为，现在斯大林格勒地区被切断了退路的德军共达20个师，还有罗马尼亚2个师。按照保罗斯将军来电要求，每天空运的军需物资至少需750吨。然而德国空军缺少足够的运输机，远不能满足这种要求。即使有足够的运输机，在这样风雪交加的天气中，在苏联战斗机已占空中优势的地区，也并不是全都能完成任务的。虽然如此，戈林仍对希特勒保证，空军可以担负这项工作，可是实际上始终没有开始做这项工作。

当然，为第六军团解围是比空投更为切实可行和有希望的办法。这一点，希特勒十分清楚。11月25日，希特勒把最有天才的战地指挥官冯·曼施坦因元帅从列宁格勒前线调回来，委派他担任新建的顿河集团军司令。他的任务是从斯大林格勒西南向前推进，为第六军团解围。但是现在对这位新任司令官的解围要求，简直是办不到的。曼施坦因竭力向他解释，唯一的成功机会在于第六军团从斯大林格勒向西突围，另一方面曼施坦因自己的部队以第四装甲军团为前锋，向东北进攻，夹击处于这两支德军之间的苏联红军。但是希特勒不同意这么做。正如曼施坦因跟希特勒争辩时所说，这种做法是根本行不通的，因为俄国人的力量实在太强了。尽管如此，曼施坦因还是怀着无奈的心情，于12月12日发动了进攻。

这次进攻被称作“冬风计划”。反攻起初颇为得手,霍特将军所率的第四装甲军团,沿科切耳尼科夫斯基到斯大林格勒的铁路线两旁,向东北推进到离斯大林格勒约有75英里(约123公里)的地方。到12月19日,该军离斯大林格勒南郊已不到40英里(约64公里)。到21日,该军离城已不到30英里(约48公里)。夜晚时分,被围的第六军团部队已能看到在大雪覆盖的草原的那一边援兵所发的信号弹了。

第六军团这时如果从斯大林格勒向第四装甲军团的前进阵地突围,可以说肯定会获得成功。可是希特勒又一次禁止第六军团突围,他在这个问题上一点也不肯让步。此时士兵们饥饿沮丧,对最高统帅部失去信心,伤员得不到适当照顾而危在旦夕,还有成千人在冻死。

霍特将军正面和两翼遭到苏联人日益坚强的抵抗,再也无力越过这最后30英里打到斯大林格勒。第二天,新命令发下来了,要求霍特立即停止向斯大林格勒推进,派遣他所率的3个装甲师中的一个师到北面的顿河前线,他自己则率其余部队就地死守。德军为斯大林格勒解围的努力失败了。

1943年1月8日早晨,3名红军青年军官带着一面白旗,进入斯大林格勒北部的德军防线,把苏军顿河前线司令罗科索夫斯基将军的一份最后通牒送交保罗斯将军。最后通碟提醒保罗斯,他的部队已被切断,解围无望,连空中接济也不能保持了,最后通牒说道:“你军已陷入绝境,你们饥寒交迫、疾病丛生。俄罗斯的寒冬还只刚刚开始,严霜、寒流、暴风雪还在后头。你的士兵缺少冬衣,卫生条件又差到极点……你们的处境已一无希望,继续抵抗下去实在毫无意义。”通牒要求保罗斯于24小时之内答复。

保罗斯将军立即将最后通牒的全文以电报发给希特勒,并要求准予便宜行事,但最高统帅立即驳回了他的请求。在红军要求保罗斯将军投降的期满之后,又过了24小时,即1月10日早晨,苏军以5 000门大炮狂轰猛炸,展开了斯大林格勒战役的最后阶段。

这一仗打得激烈而残酷。在瓦砾成堆、遍地冰冻的城内废墟上,双方都以令人难以置信的英勇,不顾一切地进行战斗。但是战斗并没有持续多久。在6天之内,德军的袋形阵地已缩小了一半,只剩下15英里长、9英里宽的一块地方。1月24日,德军阵地又被苏联红军一劈为二,最后一条小型的临时跑道也失去了。过去,飞机还运来些供应品(特别是治疗伤病员的药品),并运走了2.9万名伤病员,现在,飞机再也不能降落了。

苏联方面再次给了他们这些顽抗的敌人一次投降的机会。1月24日,苏联使者带着一份新的建议来到德军阵地。保罗斯又一次感到左右为难:是向疯狂的元首尽服从的天责,还是尽力挽救残部使之免于灭亡,实在拿不定主意。于是他又向希特勒请示。希特勒的答复仍然是:不许投降,第六军团必须死守阵地,直至最后一兵一卒一枪一弹,他们的英勇坚持对建立一条防线和拯救西方将是永志难忘的贡献。

此时继续抵抗不仅无意义、无用处,而且也是办不到的事。1943年1月底,这一场史诗性的战役已近尾声。1月28日,这一支曾经显赫一时的军队的残兵余卒现在被分割在三小块袋形阵地之中,保罗斯将军的司令部在南面一间地下室里,总司令保罗斯将军颓丧地坐在黑暗角落里的行军床上。

1月30日下午19时45分,第六军团司令部的发报员自己决定,发出了最后一份电报:俄国人已到了我们地下室的门口,我们正在捣毁器材。最后写上"CL"——这是国际无线电码,表示"本台停止发报"。

在第六军团司令部并没有发生最后一分钟的战斗。保罗斯和他的参谋部并没有按希特勒的命令坚持到最后一兵一卒。总司令部地下室黑黝黝的洞口,有一名苏军下级军官率领一班士兵来探头窥看。苏联人喊话叫里面的人投降,第六军团参谋长施密特将军表示接受。保罗斯瘫软无力地坐在行军床上,施密特问他:"请问陆军元帅,还有什么话要说的吗?"保罗斯连吭一声的力气都没有了。

北面的一个德军袋形阵地中是两个装甲师和四个步兵师的全部残兵余卒,坚守在一座拖拉机工厂的废墟中。2月1日夜间,部队接到希特勒总部发来的一个电报:德国人民期望你们与守卫南面堡垒的部队一样,履行你们的职责。你们继续多坚持一天、多坚持一小时,都有利于建立一条新的战线。

2月2日快到中午时分,这支部队支持不住终于投降了。

血肉模糊的战地终于沉寂下来了。2月2日下午14时46分,一架德国侦察机在城市高空飞过,发回电报:斯大林格勒已无战斗迹象。而此时,9.1万名德军(其中包括24名将军)正在冰雪途中一步一拐地走向寒冷凄凉的西伯利亚战俘营。这批战俘都是饥肠辘辘，身患冻伤，大部分还负了弹伤，人人迷茫颓丧。他们抓紧了裹在头上的满是血污的毛毯，以抵御零下24℃的严寒。两个月以前，这一支远征部队共有28.5万人，可是现在除了2万名左右罗马尼亚部队和2.9万名伤员被空运回国外，残存的就这些人。剩余人员已全部战死。即使是在这年冬天正向战俘营作艰苦行军的这9.1万人中，也只有5 000人战后有幸能活着回到德国。

这时，希特勒在东普鲁士的暖气烧得热呼呼的大本营里，正在大声责骂进攻斯大林格勒的将领们不懂得如何和何时杀身成仁。希特勒和蔡茨勒将军接着就如何向德国人民公布投降消息的问题简单地交换了意见。2月3日，即保罗斯等投降后的第三天，最高统帅部发布一项特别公报：

斯大林格勒战役已经结束。第六军团在保罗斯陆军元帅的卓越领导下，忠实地履行了他们打到最后一息的誓言，为优势的敌人和不利于我军的条件所压倒。

德国广播电台在宣读这项公报时，先播送低沉的鼓声，宣读之后播送了贝多芬第五交响乐的第二乐章。接着希特勒宣布全国志哀4天，4天之内各地所有的剧院、电影院和其他一切娱乐活动全都停止。

纳粹分子狂妄可怕的大美梦，终于在冰天雪地的斯大林格勒破灭了。

斯大林格勒战役是第二次世界大战的伟大转折。从此，苏联红军开始大反攻，陆续收复了失地，并最先攻入德国本土。德国法西斯则步步后退，开始走向下坡路。苏联人民和军队是抗击德国法西斯侵略的主力军。

莫斯科红场阅兵式

希特勒对苏联的战争采取的是双管齐下的战略，他一方面派兵入侵斯大林格勒，一方面希望及早占领莫斯科，消灭苏联红军，结束苏德战争。

1941年9月30日，德国中央集团军从南翼向莫斯科发起了代号为“台风”的进攻，并于10月2日突破了莫斯科的苏军外围防线。战争进行到10月中旬，已有大量的苏联红军将士为国捐躯，数十万苏联人成了德军的俘虏，但却未能有效地挡住德军从西、北、南三面对莫斯科进行的包围。莫斯科命悬一线。

当此生死存亡的紧急关头，苏联红军最高统帅斯大林调兵遣将，任命朱可夫将军为改组后的方面军司令员，负责组织几个最紧要地段的防御作战。同时迅速将苏联政府的部分机构和外国使节迁往距莫斯科 800 公里外的古比雪夫。而斯大林本人则拒绝离开，坚持留在莫斯科，与莫斯科共存亡。

斯大林及其最高统帅部定下了在莫斯科近郊大量歼灭德军，坚决粉碎敌人进攻的坚强决心。为了确保这一决心能够顺利实现，斯大林下令苏联红军依托各种防御工事，大量消耗德军的力量，抗击敌人的进攻。这种作战策略为己方迅速组建、调集强大的后备力量进行反攻赢得了宝贵的时间。同时，斯大林还清楚地意识到，要想改变当前这种不利态势，除了军事上的因素之外，还要促成首都人民万众一心，众志成城，共同浴血抗战。这样才能胜利地保卫莫斯科，保卫全国。

为此，苏联国防委员会于 10 月 19 日宣布莫斯科戒严，并号召莫斯科全体公民"不惜一切，配合红军，誓死保卫莫斯科"。次日，苏联共产党机关报《真理报》又以《阻止敌人向莫斯科前进》为题，发表社论，动员全市人民在敌人到达首都之前，用自己的生命保卫莫斯科，保卫国家。莫斯科人民热烈响应斯大林的号召，他们临危不惧，奋勇抗战，纷纷表示要在红场为列宁而战斗。正是由于有了莫斯科乃至全国人民作为坚强的后盾，前方将士浴血奋战，顽强抵抗，终于挫败了希特勒在 10 月中旬占领莫斯科的企图。

时间进入 11 月以后，莫斯科的天气更加寒冷。保卫莫斯科的作战也进入了转折关头。苏联红军虽然已将德军顽强地阻滞在外线，但尚未从根本上改变莫斯科被敌人包围的险恶处境。苏联十月社会主义革命胜利 24 周年的纪念日已经临近。值此苏联人民的重大节日到来之际，人们最为关注的是这个年轻的社会主义祖国的首都能否安全度过 24 岁的生日，同时也有不少群众既为斯大林这位伟大统帅自身的安全担忧，又把斯大林留在莫斯科看成是一种安全和希望的象征与保证。鉴于国家、军队和人民在这种特殊条件下的特殊需要，斯大林决定采取措施，进一步激励民心士气，使全国人民更加充满信心，直至夺取战争的最后胜利。

所以，尽管敌人飞机在盘旋，前方将士在拼杀，但 11 月 6 日这一天，苏联领导人依然在莫斯科地下铁道"马雅柯夫斯基"车站的月台上隆重举行了十月革命节的庆祝大会。斯大林作了《伟大的十月社会主义革命二十四周年》的报告。

11 月 7 日清晨,莫斯科红场上人群如潮,照例举行盛大庆祝游行和阅兵活动。这次传统的阅兵式是在极为秘密的情况下准备的,并采取了非常严密的防敌空袭措施。庆祝活动开始后,莫斯科红场上革命歌声响彻云霄。莫斯科军区司令阿尔捷米耶夫将军直接指挥阅兵式,并负责整个莫斯科防区的工作。

当《斯拉夫告别曲》巍然奏响时,斯大林威武而庄严地站立在列宁墓前,检阅了斗志昂扬的红军队伍,向着受阅官兵郑重致意,并发表了鼓舞人心的演讲,"全世界都注视着你们,把你们看做是能够消灭德国侵略者匪军的力量。处在德国侵略者压迫下的被奴役的欧洲各国人民都注视着你们,把你们看做是他们的解放者。伟大的解放使命已经落在你们的肩上";"希望你们不要辜负这个使命。让我们伟大的先辈——亚历山大·涅夫斯基、季米特里·波扎尔斯基、亚历山大、苏沃洛夫、米哈伊尔·库图佐夫的英勇形象,在这次战争中鼓舞你们!让伟大的列宁的胜利的旗帜引导你们!"

参加阅兵的全副武装的红军官兵,迈着雄伟、整齐的步伐在列宁墓前通过,接受最高统帅斯大林的检阅,随后则以莫斯科红场作为起点,直接开赴各个战火纷飞的前线,参加对法西斯德国的战斗。

在敌军围困的战场上举行盛大的庆祝游行和阅兵活动,不仅鼓舞了民心士气,同时也震慑了敌军。

莫斯科保卫战

1941 年 9 月初,希特勒就急不可待地要进攻莫斯科克里姆林宫了。他下命令道,"中路必须在 8 天到 10 天之内开始行动";"包围他们,击败他们,消灭他们"。

10 月 2 日,对莫斯科的大规模进攻开始了。进攻的代号是"台风"。意思是他的进攻像台风似的猛袭苏联人,要在莫斯科前沿歼灭苏联人的作战部队,要把苏联打垮。

但是，独裁者希特勒又一次犯了自大的毛病。在冬季到来之前拿下苏联首都莫斯科，他还认为不够，又下令北路的陆军元帅冯·李勃同时占领列宁格勒，在北面与芬兰军队会师，继续向前推进，切断摩尔曼斯克铁路。他又下令伦斯德同时清扫黑海沿岸，拿下罗斯托夫，夺取迈高普油田，向伏尔加河岸的斯大林格勒进军，以切断斯大林格勒与高加索地区的最后联系。伦斯德向希特勒解释，这样做意味着要越过第聂伯河做400多英里的大进军，队伍的左翼将危险地暴露在敌人面前，这时希特勒对他说，南路的苏军现在已没有多大能力抵抗了。伦斯德对这个荒谬可笑的命令只好报以假笑，果然，他以后碰到的是与希特勒的估计截然相反的情况。

德军沿着当年拿破仑进军莫斯科的老路一直向前推进。10月上旬，德军几乎没花什么力气就包围了在维亚兹马和勃良斯克之间的苏联两支部队，据称此段俘虏了65万人，还有5 000门大炮和1 200辆坦克。到了10月20日，德国装甲部队的前锋部队已经抵达距离莫斯科仅40英里（约64公里）的地方。这时，的确让人品到了希特勒发动的“闪电战”的滋味了。

在这种严峻的形势下，苏联中央各部和外国使馆急忙向后撤退到伏尔加河上的古比雪夫。

德军被困在莫斯科城外

这时，就连头脑清醒的哈尔德也相信，凭着希特勒的大胆的领导和有利的天时，在苏联的严冬到来之前拿下莫斯科是不成问题的。但是，老天爷帮了苏联人大忙：秋雨连绵，道路泥泞的季节来临了。步兵在泥泞中一步一滑，每门大炮都得用许多马来拉才能前进。所有车辆都陷在泥坑里，一直陷到车轴部分。甚至牵引机行动起来也十分困难。不上几天，很大一部分重炮就动弹不得了。

当莫斯科似乎已经在望的时候，德军官兵的心情却开始起了变化：苏联的抵抗变得坚决起来，战斗越来越激烈，而己方可供使用的大炮和坦克远远不够。从这时候起，曾经在这同一条路上走向莫斯科的拿破仑大军的鬼影和拿破仑全军覆没的史实，就常常萦绕在纳粹征服者的睡梦中。德国将领们开始阅读或者重读高兰古侯爵所著的关于这个法国征服者1812 年冬天在俄国惨败的可怕故事。

这一年冬天，俄国变得异常寒冷。11 月 3 日，第一次寒潮到来时，气温降到了零度以下，而且还在继续下降。到 11 月 7 日，古德里安报告说，部队开始发现“严重冻伤病员”。13 日，气温降到零下 8℃，“越来越觉得”缺少冬衣了。枪炮和人一样受到了严寒的影响。

由于供坦克履带防滑用的尖铁没有运到，路上的冰造成了不少困难。天冷使得大炮上的瞄准镜失去了效用。发动坦克时，得先在底下点火烤一阵。燃料常常冻结，汽油也冻得黏糊糊的……

冰天雪地，无处避寒，无衣御寒，人员装备受到严重损失，燃料供应也糟糕透顶。结果人心惶惶，甚至一直影响到后方博哥罗次克。

到了风雪交加、气温持续在零下的 11 月底，在希特勒和他的大部分将领看来，莫斯科似乎已在股掌之中了。德军在苏联首都莫斯科北、南、西三面，已到达距离目标 20～30 英里的地方。

希特勒远在后方东普鲁士的大本营里，反复地端详着地图。在他看来，到莫斯科的这最后一程，根本算不了什么。他的军队已前进了 500 英里；他们只要再走 20～30 英里便行了。他在 11 月中旬对约德尔说：“我们最后再用点力，就要胜利啦。”

陆军元帅冯·包克负责指挥中央集团军向莫斯科作最后攻击。他在 11 月 22 日打电话给哈尔德，以马恩河战役与现在情况相比，他说：“那次战斗中，投入最后一个营就决定了战役的胜利。”包克对参谋总长说，他相信一切都已不成问题。到11月的最后一天,他果然投进了他的最后一个营。对苏联心脏的最后的总攻定在第二天,即1941年12月1日。

最后的总攻意外地遇到顽强抵抗。这是有史以来在一条战线上集中的最强大的坦克部队:在莫斯科正北,霍普纳将军的第四坦克集团军和霍特将军的第三坦克集团军向南进逼,在莫斯科正南的古德里安的第二装甲军团从土拉北上,克鲁格的庞大的第四军团居于中央,穿过市郊的森林向东杀开一条血路——希特勒的最大希望就寄托在这样声势浩大的军事部署上。

到12月2日,第258步兵师的一个侦察营突入莫斯科城郊的希姆基,克里姆林宫的尖顶已经明晰可见,但在第二天早晨他们就被几辆苏联坦克和从市内工厂紧急动员起来的工人队伍所击退。这是德国军队达到距离莫斯科最近的地方;这是他们第一次也是最后一次看到克里姆林宫。

因为碰上的是苏联人,再加上那样的鬼天气,12月4日,古德里安的第二装甲军团从南面攻占莫斯科的企图已被制止。第二天,温度又下降了5℃。德军的坦克差不多动弹不得了。同时,侧翼和在土拉北面的后卫都受到了威胁。

12月5日是关键性的一天。德军在环绕莫斯科周围200英里的半圆形阵地上,进攻被全线制止住了。这一天是德国将领们最黑暗、悲惨的一天。希特勒试图在1941年彻底打败苏联的希望,已在最后一分钟内化成泡影。

第二天,12月6日,苏联中路战线司令朱可夫将军,发动了反攻攻势。在莫斯科前沿200英里长的战线上,他的7个军团和2个骑兵军共计100个师全线出击。这些部队都得到很好的装备和训练,能适应在严寒深雪中作战。这位不大闻名的将军有着由步兵、炮兵、坦克兵、骑兵、空军组成的这样一支强大兵力,这是希特勒连做梦也没有想到的。他们的突然而猛烈的攻击,使德国军队和第三帝国遭到了永远不能完全恢复过来的损失。在严寒的12月和1月上旬的几个星期中,遭到打击、正在撤退的德军的防线遭到苏军的不断突破,正如130年前拿破仑的大军一样,看来就要被瓦解和消灭在苏联的冰天雪地中了。在好几次严重关头,德军真的差一点就遭到这个命运。

苏联红军的力量虽然受了些损失,但是并没有被摧毁。莫斯科没有被占领，列宁格勒、斯大林格勒、高加索的油田也没有失陷；苏联通往英、美，通往南面北面的生命线，仍然畅通无阻。希特勒的部队两年多来不断取得军事胜利，但现在第一次在一个优势对手面前大踏步后撤。

不仅如此，还有比这更大的精神上的失败。德国陆军常胜不败的神话已经破产了。第二年夏天，德国军队在苏联继续取得了较多的胜利，但是这种胜利再也不能恢复这个神话了。

1941 年 12 月 6 日，这一天成了第三帝国短暂历史的又一个转折点，而且是最致命的转折点之一。希特勒的力量已到了顶峰，从此以后要走下坡路了。遭到他的侵略战争的祸害的那些国家，正在日益增强抵抗，这也促成了他的力量的削弱。

莫斯科保卫战，最后以德国军队溃败告终。而经过这一战之后，苏联红军越战越勇，他们不仅将德军赶出了自己的国家，而且他们的国旗也插到了德国的土地上。

莫斯科保卫战，是苏联命运的转折点，也是纳粹法西斯命运的转折点。

日本“大东亚共荣圈”的构想

第二次世界大战中，早在希特勒法西斯集团妄图建立一个欧洲“新秩序”之前，日本法西斯分子已经有了一个所谓“大东亚共荣圈”的美梦。

还在 19 世纪末，佐藤信渊等人就有了从所谓“皇道主义”出发，主张日本向东南亚发展，建立以日本为中心的势力范围的设想。1916 年，后藤新平向当时的寺内正毅内阁献策：日本必须以“世界经济财政的和平战胜者”姿态，建立一个足以和“中欧经济同盟”、“协约国经济同盟”以及美国经济相抗衡的“东亚经济同盟”。1917 年，西原亀三又提出“东洋自给圈”，主张废除日华之间的“经济国界”，设立“日华经济区”，并以此为中心，把北起西伯利亚，南至印度、澳大利亚的广大地区都包括进来，其旗号是“王道亲善”。

1935 年夏，参谋部作战科长石原莞尔炮制了“由军事上看皇国之国策及国防计划纲要”，声称“皇国与盎格鲁—萨克逊人之决战，乃为统一世界文明所进行的人类最后之战争”,“当前急务则应首先实现东亚联盟之核心——日满华三国之协同”,“我国防方针在于以迅速巧妙之手段使中国本部归我支配,以日满华三国为基本范围实行经济自给”。

1936年8月,广田弘毅内阁通过《国策基准》,明确提出日本的国策是“确保帝国在东亚大陆地位的同时,向南方海洋发展”,决定采取南北并进的战略方针,以实现其在大东亚地区的霸权。

1937年7月7日夜,日本发动卢沟桥事变,从此走上了全面侵略中国的战争之路。8月15日,日本政府发表具有宣战性质的声明,宣称,日本“采取断然措施”是“帝国之希望在于日华提携……并取得日满华三国融合提携之实效”。同年10月1日,日本首相、外相、陆相、海相抛出《中国事变处理纲要》,确认日本在华北的目标是所谓“实现日满华三国共存共荣”。

1938年1月11日,日本御前会议通过《处理中国事变根本方针》,把发动全面侵华战争的目的美化为“在于与满洲国及中国之合作,形成东亚和平之枢轴,并以此为核心,对世界和平做出贡献”。

11月3日,近卫内阁发表“东亚新秩序”声明,向中国国民政府发出诱降信号。该声明宣称,日本的“终极目的”“在于日满华三国合作建设东亚新秩序”,“建设东亚新秩序是帝国坚定不移之方针”。11月30日,御前会议决定《调整日华新关系方针》,其重点是,“要结成日满华三国睦邻合作关系,以此作为安定东亚的枢纽,并建立共同防御北方的态势”。

12月22日,近卫内阁第三次发表声明,称“日满华三国应以建设东亚新秩序为共同目标而结合起来”,并提出建设“东亚新秩序”的三项原则,即善邻友好、共同防共、经济合作。此次近卫声明是日本政府随着中日战争的全面扩大,为谋求建立东亚霸权而提出的军事政治总方针。至此,“东亚新秩序”的殖民大帝国的政治蓝图基本成形。

1940年,日本在侵华战争、物资供应和对美英关系等方面陷入新的困境,急于寻求出路。首先,日本发动全面侵华战争已进入第4个年头,然而距离其最终目的仍遥遥无期,多达85万的日军被拖在中国战场,陷入一场长期的消耗战。

就在日本的侵华战争陷入僵局时,德国在欧洲却“战果辉煌”,使欧洲的政治军事形势发生重大变化。日本统治集团认为,这是打破战争僵局的最好时机,希望借扩大战争一举解决中国问题,以便联合德意重新瓜分世界。

1940年7月18日,第二届近卫内阁成立。一周后近卫内阁抛出的《基本国策纲要》提出,日本的基本国策在于"建立以日本皇国为中心,以日满华的牢固结合为主干的大东亚新秩序"。次日,大本营与政府联席会议通过《适应世界形势演变的时局处理纲要》等决议案,规定"把法属印度支那变为军事基地及从那里获取资源;获取荷属东印度的重要资源;占领原德属南太平洋岛屿……及法属岛屿,等等"。日本法西斯的侵略胃口迅速膨胀,其殖民大帝国的政治蓝图已不再满足于"日满华"合作,而是在强化"日满华"合作的基础上,把侵略触角伸向东南亚和西太平洋地区,妄图打破英美等西方国家在该地区的旧殖民统治,而代之以日本军国主义的殖民统治,并美其名曰"新秩序"。

8月1日,日本外相松冈洋右在会见记者时宣称,日本的外交方针在于"建立以日满华为其一环的大东亚共荣圈",更加明确了日本军国主义的对外侵略意图。至此,"大东亚共荣圈"作为日本对外侵略的战略目标正式提出,其目的是要在包括整个中国、东南亚、印度乃至大洋洲在内的广大地域范围内建立日本军国主义的殖民统治。

1940年9月27日,《德意日三国同盟条约》在柏林签订。条约规定:日本和德意相互承认各自在欧洲和"大东亚"建立"新秩序"的"领导权","大东亚共荣圈"的构想得到德意两国的认可。

"大东亚共荣圈"的构想是"东亚新秩序"的延伸和发展,是日本军国主义的侵略野心在第二次世界大战中的恶性膨胀的标志和结果。

日本武装入侵东南亚

日本在依靠暴力建立"大东亚共荣圈"的同时,也不得不依靠暴力才能对其进行统治。为了强化殖民统治机构,日本成立了各种法西斯组织,凭借武力大肆镇压各国抗日群众,滥杀无辜人士,对占领区人民实行法西斯的恐怖专政和殖民统治,给他们带来无穷的灾难。

1937年,日本在朝鲜设立"朝鲜中央情报委员会",加强对朝鲜人民的监督和控制，同时还残暴地镇压金日成领导的“祖国光复会”和游击队。1940年10月，日本成立“朝鲜国民总体力量同盟”，“同盟”的最小单位是由几户家庭组成的“爱国班”，每个家庭都有“爱国班员代表”，家庭的每个成员都是“爱国班员”。通过这一法西斯组织，日本进一步加强对朝鲜人民的控制。

因为地理条件的限制，日本工业主要依靠国外市场销售产品。这种依赖在西方1929－1933年经济危机到来时带来了灾难。1929－1931年，日本对外贸易减少了近50%。农民过去靠着养蚕来增补微薄的收入，这时因向经济危机中的美国出口丝织品的数量急剧下降而受到严重伤害。城市工人也相应地遭受失业的痛苦。军队领导人和其他拥护扩张领土的人这时颇有说服力地争辩说，依赖外国市场是日本处于困境的根源，日本应征服一个能自给自足，在经济上不依赖世界其他地区的帝国。1931年前后，日本首相田中与他的幕僚把中国东北的满洲列为他们扩张主义计划的第一个目标。满洲拥有丰富的自然资源，其中包括铁、煤和辽阔、肥沃的平原。此外，日本已通过过去商定的条约获得了在满洲的某些特权，这就为它发动侵略战争找到借口，提供了条件。1931年9月，日本关东军未经宣战就在24小时内攻占了沈阳和长春，然后成扇形向四面八方展开。1932年1月，又占领了哈尔滨。这样，日本一直妄图把中国东北变成其扩大侵略战争的后方基地就变成了事实。1932年，日本在中国东北实行“保甲连坐法”，加强户口调查的报告制度，发放居住证、身份证，把东北人民置于法西斯专制恐怖统治之下。为“扫荡”和镇压抗日武装力量，日军建立了各级“清乡委员会”，疯狂“讨伐”东北抗日联军。他们把群众赶出村庄，集中编成“集团部落”，以切断抗日武装同人民群众之间的联系。到1938年为止，日本强行在东北建立的“集团部落”有12 565个。在建立这些“集团部落”时，日伪当局大批破坏烧毁民房，迫害以致屠杀群众。

1937年－1938年2月，日伪当局在伪三江省的桦川县南部地区烧毁村屯120多个，烧毁或拆掉民房2.4万余间，杀害与冻、饿死群众1.3万余人，荒芜土地2 100多垧。

1941年4月，日本又对东北的法西斯组织“满洲帝国协和会”进行改组，把它同各级行政机构合为一体，加强对东北人民的血腥恐怖统治。日本还在中国东北建立代号为“731部队”的细菌研究所，用中国军民以及朝鲜、美国和荷兰等国的反法西斯战士做细菌实验，为此共杀害1万余人。

在华北，日本从1938年底开始推行所谓“治安肃正运动”和“治安强化运动”，在华中推行“清乡运动”，日军对中国共产党领导的八路军、新四军实施疯狂“扫荡”，对抗日根据地实行惨绝人寰的“杀光、烧光、抢光”的“三光”政策。为加强对华北地区的法西斯统治，日本还在华北建立法西斯组织“新民学会”，它的各级组织均由伪官吏把持。1939年，“新民学会”成立了1 840个分会，拥有245 599名会员，到1941年9月底增至3 548个分会，674 057名会员。在抗日战争期间，由于日本的侵略和残暴统治，给中国人民造成3 500万人的重大伤亡。

而在东南亚，日本则把自己打扮成“亚洲人的解放者”的角色，标榜战争的目的是“赶走西方殖民者”，追求大东亚的“共存共荣”。实际上日本在这里同样实行残暴的殖民统治。

在缅甸，1942年8月1日，巴莫在日本扶持下建立傀儡政权——“行政委员会”，一切群众性的民主组织均被取缔，民众稍有不满即受严刑拷打，甚至被处死。“缅甸独立军”被解散，代之以“国民军”，实则是日军控制下的傀儡军。日本在缅甸共设警署334个，警察15 968人，警察机构得到加强。除此之外，日本还建立了间谍和告密系统。

在马来亚，日本基本依靠当地封建势力与统治机构的合作去镇压农民、洗劫城市。日军大肆屠杀抗日民众和无辜人士。在新加坡，日本于

1942 年 2 月搞的“大验证”中，有 2.5 万人被杀于海滩上；3 年之内，竟有 10 万马来亚人惨遭杀害。日军还在马来亚大肆屠杀当地华人，仅新加坡就有 7 万名华人被逮捕和审问，5 000 名华人被监禁，许多华人被当作练刺杀的活靶子，骇人听闻地遭处决。新加坡还被日本改名为“昭南市”，作为日本统治东南亚的政治、军事中心。

日本在菲律宾实行法西斯的血腥恐怖专政，规定“任何企图伤害日兵和日本平民的行动”，都以枪毙 10 个菲律宾人来报复。日军统治期间，菲律宾人战死和被屠杀者共 111 万人，财产损失(包括死亡人口折合值)共 160 亿比索，约合 80 亿美元。

日本将荷属东印度划分为 3 部分：第 25 集团军驻守苏门答腊；第 16 集团军驻守爪哇和马都拉；其余地区由海军管辖。各地设军政府进行统治，取缔一切进步组织，禁止一切政治活动，镇压抗日人士。在加里曼丹，日军一次就处死 2 万人。

日本在“大东亚共荣圈”内进行殖民统治的另一项重要内容是摧残民族文化、推行奴化教育。它较之于法西斯的恐怖专政似乎温和一些，其实是日本实行殖民统治最毒辣的手段，是力图从根本上、从长远的目标上巩固其对亚洲各国人民的统治。

日本首先在朝鲜和中国台湾推行“皇民化政策”，禁止在当地使用汉语和朝鲜语，规定日语为朝鲜“国语”，强迫朝鲜人民“创氏改名”。在中国台湾，从 1931 年起就开始实施“普及日语十年计划”。

日军侵占中国东北后，曾下令所有学校一律停办，收缴焚烧一切具有爱国思想及有关中国历史、地理的教科书。

在泰国首都曼谷，日本于 1943 年开办了日本文化学院，为使它“不仅是传播日本文化的中心，而且也是一个在泰国普及日语的机构”，日本政府为此不惜血本拨款 280 万日元。日本还主张把泰国变成世界佛教的中心，并以沙拉武里为宗教中心。

在印度支那，日本把封建教派——“高台教”和“和好教”改造联合成“国际宗教集团”，该教奉日本天皇为最高领袖，使宗教为其法西斯统治服务。

在缅甸，日本禁止使用英语，大办日语学校，到 1943 年底，开办的日语学校已有 25 所，在校学生数千人。日本在缅甸还先后成立了“缅甸振兴佛教联盟”、“缅甸僧侣大会”等组织，开展以强化“日缅亲善”为主要内容的活动，利用佛教僧侣来巩固日本的殖民统治。此外，日本还组织了“睦邻协会”、“作家联合会”等形形色色的亲日文化组织。

在荷属东印度，日本禁止使用荷兰语和英语，甚至将日历也改用日本历。1942 年 3 月，日本在荷属东印度建立宗教事务部。

日本法西斯军国主义在“大东亚共荣圈”内除实行恐怖统治外，还对占领区进行疯狂的经济掠夺。

日军每到一地便无偿地直接占有该地区的财富、资源和劳动力。1942 年 2 月 21 日，日军大本营和政府联席会议通过《应如何使用帝国资源圈》的决定，将日本、中国和西南太平洋地区划为“帝国资源圈”，澳洲和印度等地划为“补给圈”，要求在 15 年内资源圈的年生产能力扩大到钢铁 3 000 万吨、煤 2 亿吨、铝 60 万吨、石油 2 000 万吨、船舶 2 000 万吨，力求在“大东亚”实现对上述物资以及粮食和被服原料等必需品的生产自给。其实，这是日本在“共荣圈”内不择手段地掠夺各国的资源财富的计划。

用武力征用劳力，是日本在“大东亚共荣圈”内进行经济掠夺的又一项重要内容。

战争期间，日本从中国东北和关内强征劳工，当作奴隶使用。劳工劳动时间长，劳动条件恶劣，没有任何人身自由，生活困苦不堪。那些从事军事工程劳动的劳工，一旦工程结束，就被全部杀死。到 1944 年为止，在东北强征的劳动力已达 300 万人，其中被压榨虐待致死的占总数的 29%。在华北，从 1937 年至 1942 年，被日本侵略者抓捕出关的劳工达 529 万人。还有 4 万多中国劳工被抓捕运往日本，其中，仅在秋田县花冈矿的 986 名劳工，就有 418 人死亡。

日本还将大批朝鲜和中国台湾的青壮年劳力送到日本强迫从事最繁重、最危险的劳动，把大批妇女送到前线，充当“慰安妇”。日本征用朝鲜劳动力人数，1941 年为 5 万，1942 年为 11 万，1943 年为 12 万。

日本在东南亚普遍建立“劳动营”，强迫东南亚各国人民去修建道路和军事战略工程。在菲律宾，日军驱赶成千上万名劳工去“工人营”服役，并且规定 16 至 60 岁者每周必须无偿为占领者劳动一天。日军强迫荷属东印度人民为日军筑路、修工事、伐木、装卸与运输货物，把 20 ~ 50 万的荷属东印度民夫送到缅甸、马来亚各地前线为日军筑路做工。他们中的大多数人身亡异国，到日本投降时，幸存下来的仅7万人。

1942年11月至1943年10月一年间，日本强迫战俘及东南亚、中国等地劳工约40万人，修筑泰缅铁路。该铁路全长约400公里，40万劳工和战俘在日军的刺刀和皮鞭下筑路，劳动强度非常大，供应却十分低劣，大部分人被摧残致死。等到铁路竣工时，4万多名各国战俘死亡1.2万人以上，劳工死亡约达25万人。平均每修筑1公里铁路，就有650人死亡，每10米埋着6个半死尸。这条泰缅铁路被后人称为“死亡之路”。

日本法西斯的残暴统治和疯狂掠夺，给被占领区人民带来了沉重的民族灾难。“共荣圈”内，工人失业，经济衰败，疾瘟流行，民不聊生。“共荣圈”非但未能共荣，反而成为被占领国家和地区的“共穷圈”和“共亡圈”。

珍珠港事件

珍珠港事件，是第二次世界大战中的重大历史事件，它导致了美国直接参战。从此，第二次世界大战从欧洲范围的冲突转变为全球性的冲突。

事件发生在1941年12月7日凌晨4时。北太平洋海面上，波涛汹涌，苍苍茫茫。隐隐约约地，一支由6艘航空母舰、2艘重巡洋舰、2艘高速战列舰、9艘驱逐舰和1艘轻巡洋舰组成的舰队在海雾中出现了，它正全速向南行驶。这是一支日本海军舰队，它担负着一项秘密的使命——偷袭美国海军基地珍珠港。

日军舰队此番偷袭是势在必得，他们派了5艘袖珍潜艇潜入珍珠港打前哨。12月7日这天，正好是星期天，美国太平洋舰队的大部分官兵们都上岸度假去了。他们万万没料到，珍珠港同他们的太平洋舰队，大难临头了！

12月6日，也就是前一天，日本还在同美国大谈和平，提出要与美国共商解决冲突的良策。而美国也刚刚由驻日大使格鲁向东乡外务大臣递交了一封美国总统罗斯福致日本天皇的亲启电报。在他们眼里，战争的阴影即将消失，太平气氛将布满太平洋上空。今天将和昨天一样，在平安无事中度过。因此,美军放心地将珍珠港内的舰艇和机场上的飞机都停靠在一起。罗斯福总统前不久曾接到日本准备突袭美军舰队的情报,但经过最高司令部的分析研究后,该情报被置于脑后,也没有人通知太平洋舰队司令金梅尔上将提高警觉。

美国海军的巡逻艇发现了日军的袖珍潜艇,其中"华特号"巡逻艇立即开火,只有两艘日军潜艇得以潜入港内。但美军指挥部对此却不太在意,也许认为这些潜艇的到来,只是小骚扰而已。

悄悄逼近珍珠港的日军舰队里,航空母舰上的作战飞机起飞了,不一会儿,183 架飞机编队完毕,凶神恶煞般地向夏威夷群岛扑了过去。这个由 49 架水平轰炸机、40 架鱼雷机、51 架俯冲轰炸机及 43 架制空战斗机组成的混合机群,紧紧跟随着总指挥官渊田美津雄的坐机,爬上 3 000 米的云层,很快便隐没在云层中。

设置于瓦胡岛周围的欧柏那美军雷达基地中,两名值班士兵率先从雷达屏幕上发现北方有大编队的飞行物体飞来,他们立即报告给空袭警报中心,但值日军官却认为,他们看到的是从美军希康机场起飞的侦察机,或是从加利福尼亚飞来的"空中堡垒"飞机。日军的庞大机群渐渐飞临珍珠港上空,美军留守在舰上的官兵竟认为这是自己的空军在进行特种演习!

7 时 55 分,渊田一声令下:"攻击!"震惊世界的奇袭开始了。轰炸机群开始对机场上的美国战机狂轰滥炸,顷刻间,238 架美军飞机便成了一堆废钢铁。鱼雷机群也不甘落后,它们冲向美军战列舰,当即击沉了 5 艘。制空战斗机群和水平轰炸机群也分别按预先布置好的目标,顺利地完成了任务。美军猝不及防,乱作一团。有几架美军战斗机在滚滚浓烟中急忙升空,却寡不敌众,根本无法同日军战机较量。一小时后,日军第二批 171 架战机又一次飞临珍珠港进行轰炸,直到 9 时 45 分才离开已是一片火海的珍珠港。

在日军两次共约两个小时的袭击后,美国太平洋舰队几乎全军覆灭。美军官兵共计伤亡 3 615 人,失踪 961 人。珍珠港内除 3 艘航空母舰外出执行任务外,其余留在港内的舰艇几乎全数被击沉或遭重创。另有 300 余架飞机被炸毁于机场上。而日军的代价仅仅是 28 架飞机和 5 艘潜艇,

人员伤亡则不足100人。

在日军偷袭珍珠港成功约两小时后，日本驻美大使馆的野村和来栖两位大使前往美国国务院，向美国国务卿赫尔递交了日本政府的最后通牒。美国朝野震惊了，世界震惊了。12月8日，罗斯福总统向世界宣布，美国对日本宣战！

中途岛大海战

1942年5月5日，日本城乡正在庆祝一年一度的“男孩节”。东京帝国参谋本部选择这个吉日，批准了日本联合舰队总司令山本五十六海军大将进攻中途岛的作战计划。

中途岛是太平洋中一个环状的珊瑚岛，距东京2 500英里，距美国夏威夷群岛不到1 000英里，是美国重要的航空基地。对美军来说，中途岛的战略价值十分重要，它是美军海上补给线，也是太平洋上的前哨阵地。山本五十六主张进攻并占领中途岛，是想把美国在日本偷袭珍珠港后残存的太平洋航队引诱到中途岛，然后一举加以歼灭。这样，太平洋势必落入日军手中。

日军联合舰队有近200艘舰只，其中战列舰11艘，航空母舰8艘，航空母舰上载有700架飞机。而美国太平洋舰队由于5个月前在珍珠港战役中受到重创，只能集中3艘航空母舰、7艘重巡洋舰和17艘驱逐舰。但是山本五十六在偷袭珍珠港成功之后，显然有些得意忘形，在这次进攻中途岛战役布署中，忘记了海军应集中力量的原则，而且把他的舰队分成了6个小舰队，这在无形之中就削弱了自己的优势。特别是美国太平洋舰队总部作战情报处事先破译了日本海军密码，对日本这次进攻的目标、时间、战斗布署的细节，早已了如指掌。

山本五十六还决定在进攻中途岛的同时进攻阿留申群岛，以便转移美军视线，但这个策略被美国海军军官尼米兹识破，因此他没有理会日军对阿留申群岛的进攻。

尼米兹非常重视侦破敌军的密码，目的是通过对破译密码来掌握敌军的真正作战意图和行动。他还专门成立了由约瑟夫·J·小罗彻福特负责的密码破译小组。5 月 24 日,在尼米兹召集的作战会议上,罗彻福特向尼米兹报告,6 月 4 日,日本舰载机攻击部队将袭击中途岛。他们将从西北方向来,方位 325°。在离中途岛 175 英里外,他们将被我方发现,时间是中途岛时间 6 时。

1942 年 6 月 1 日,日军联合舰队的近 200 艘战舰全部出动了。从塞班岛起航的士兵,深信他们一定会占领中途岛。他们嘱咐留在岛上的人,如果收到他们的家信,就请转寄“日出之岛”——这是日本给即将占领的中途岛起的新名字。而山本五十六在出发前,曾经写信给他的情妇说:“现在已经到了关键时刻。”至于他一手策划的这场决战,他在信中却泄气地说:“我对它并不抱多大的期望。”这与他在部下面前那种信心十足的劲头形成鲜明的对比。

山本的决战计划从一开始就乱了套。前往珍珠港拦截美军舰队的 13 艘潜艇晚到了一天,而两支美军特快舰队,根据日方密电中进攻的时间表,早已从珍珠港出动,正悄悄驶往中途岛海域,进入有利的位置。早在战前,尼米兹就分析认为,日军的最大可能是占领中途岛,并以美军航空母舰为主要攻击目标。于是他将计就计,令弗莱切尔和斯普劳恩斯两位将军把舰队埋伏于中途岛东北 200 海里的海面上,留在日军空中攻击航程之外。

选择在中途岛东北方向的另一个原因,是有的将领不相信日军会进攻中途岛,如果他们的判断是正确的,那么埋伏在这一方向的航空母舰即可转而保卫夏威夷或美国两海岸。尼米兹决定用两支舰队同庞大的日军舰队作战,一支是斯普劳恩斯指挥的第 16 特混舰队,一支是由弗莱切尔指挥的第 17 特混舰队。两支舰队分别于 5 月 28 日和 5 月 30 日驶离珍珠港。6 月 3 日同油船会合加油,然后,弗莱切尔的第 17 特混舰队在中途岛东北海面列阵,准备伏击日军南云的舰队。

6 月 3 日,日军各舰队进入进攻位置,山本等人这时所得的情报是,在这个海域里没有美军航空母舰,它们都远在南太平洋的所罗门群岛。其实,这是美国人发布的假情报引诱他上钩。

4 日清晨,负责主攻的日本南云忠一海军中将命令“赤诚”、“加贺”、“飞龙”、“苍龙”4 艘航空母舰上的 108 架飞机立即出动,俯冲轰炸机、水平轰炸机及零式战斗机相继起飞,去袭击中途岛上的美军机场。这时岛上的 119 架美国飞机，由于事先得到了情报，都升空迎战和逃避轰炸。

在第一批飞机离开母舰后，南云忠一又命令第二批飞机升到甲板，装上鱼雷，准备去袭击美军军舰。这时候，第一批轰炸中途岛的日机指挥官返航，报告要求对中途岛进行第二次轰炸。于是，南云忠一又命令士兵卸下鱼雷，换上炸弹。顿时，甲板上忙得不可开交。就在此刻，日军侦察机报告，发现 10 艘美舰正位于东北 200 英里处。这个消息，使南云忠一大吃一惊，因为他知道，这么大的舰队至少拥有一艘航空母舰。于是南云忠一又下令甲板上的飞机改去袭击美舰。这样又要卸下炸弹，装上鱼雷。恰巧又碰上第一批轰炸中途岛的飞机归来，而第二批飞机又停在甲板上，使它们无处降落。南云忠一又下令把飞行甲板腾出，让返航的飞机降落。

战机贻误了，时间一分一秒地过去。从美国“企业”号、“约克顿”号和“大黄蜂”号航空母舰上起飞一批又一批各种型号的轰炸机直扑“赤诚’、“加贺”和“苍龙”号，炸弹呼啸而下。这 3 艘大型航空母舰中弹后，立即引起舰上飞机起火和堆在甲板上的炸弹连续爆炸。霎时间，弹片横飞，穿过甲板，又在舰体深处引起爆炸，机舱破坏，舰舵失灵。甲板上许多飞机不是被烧毁，就是落海。不久，这 3 艘庞然大物沉入到了太平洋中。

南云忠一正在旗舰“赤诚号”上指挥，眼前这一切使他呆住了。在部下的再三催促下，他离开正在燃烧的旗舰，转移到一艘巡洋舰上，向山本五十六报告。这时候，山本正坐在他的旗舰“大和号”上，惨败的消息，使他的胃剧烈地疼起来。过了一会儿，他又像一个输红了眼的赌棍，命令所

有的舰队向他集中，企图诱使美舰队继续西进，想用他的舰队猛烈的炮火摧毁美舰队。但是美舰指挥官识破了山本的计划，没有上当。

6月4日中午，幸存的“飞龙号”航空母舰，派出飞机，把美航空母舰“约克顿号”炸成重伤，而美国舰队飞机很快又报了仇，把“飞龙号”炸沉。

日方败局已定。5日凌晨，山本痛苦地发出命令：“取消占领中途岛的行动！”

日本在中途岛海战中的惨败，使它丧失了4艘航空母舰、一艘重巡洋舰、234架飞机、几百名海军飞行员和2 200名水兵。日本海军从此一蹶不振，被迫转入守势。

中途岛大海战中，美国海军只损失了1艘航空母舰、1艘巡洋舰、147架飞机。在美国太平洋舰队总部庆祝会上，尼米兹海军上将派车去作战情报处接来罗彻福特海军中校，他当着全体部下的面夸奖罗彻福特，说：“中途岛的胜利主要功劳应归于这位军官。”

中途岛海战是太平洋战争中的一个转折点。美国海军总司令金梅尔上将说：“中途岛战斗是日本海军350年以来的第一次决定性的败仗。它结束了日本的长期攻势，恢复了太平洋海军力量的均势。”

中途岛大海战扭转了美国海军在太平洋战场上的被动局面，而日本则丧失了太平洋的制空权和制海权，战事每况愈下了。

沙漠之狐

1942年8月，在北非战场上连连获胜的德军非洲军团司令隆美尔元帅，开始计划他的下阶段对英军的攻势行动。

德军非洲军团的主要任务是征服埃及，占领苏伊士运河，并进而控制红海和西非航路，为德军渗入印度洋，与日本会师于印度洋创造条件。

现在，隆美尔已经打到埃及首都开罗的大门口了，只要继续努力一下，将溃退到阿拉曼一线组织防御的英国第8集团军消灭，埃及就唾手可得。

因此，隆美尔计划，在极其秘密的情况下把他的非洲军团从阿拉曼防线的北端转到南端，从南端发起攻击，突破英军防线，然后向北发动进攻，这样就可以把英军装入阿拉曼“口袋”加以歼灭。歼灭第8集团军以后，向东推进至尼罗河三角洲。这个计划，干脆利落而又简单。因为隆美尔根据他掌握的情报，知道在阿拉曼防线的南端，英军兵力最薄弱。

为严守机密，防止英军发现德军的行动企图，隆美尔下令，部队向南端的转移一律在夜间行动，而且必须在原地留下模拟的坦克、卡车等。部队完全不发无线电报，以防止英军无线电情报侦察部门侦听到部队南下的行动。

然而，隆美尔万万没有想到，尽管他为了防止暴露这个计划而采取了种种防范措施，但英军还是及时掌握了他的行动。更让他想不到的是，泄露了他的行动计划的，不是别人，正是他本人。

原来，为了顺利地实施这一作战计划，隆美尔的地面行动必须得到空军最大限度的支援和大量的汽车、弹药及其他补给品。因此，隆美尔用无线电报将他的计划通知了德国空军和罗马、柏林总部。在他的电报发出后，英军情报部门利用已掌握的德军通信密码，也得到了这份计划。

尽管英军掌握了隆美尔的行动计划，但要阻挡隆美尔的进攻也是相当艰难的。因为英国第8集团军刚刚退到阿拉曼一线组织防御，兵员、弹药等在补充、调整之中，而且新任司令官蒙哥马利才刚刚到任几天，很多准备根本来不及进行，那么如何才能阻挡隆美尔的进攻呢？

在埃及首都开罗，截获了德军计划的英军第8集团军司令蒙哥马利与他的上司、英国中东战区新任司令亚历山大等人，开始了紧张的讨论。

蒙哥马利的参谋长德甘冈将军从以前战斗中缴获来的一套德军作战地图中发现，隆美尔对阿拉曼防线南端的拉吉尔地区的地形几乎全不了解。在这个地区，沙漠很深，且流动性极大，变幻莫测，极不适合德军坦克部队行动。正为阻挡隆美尔的进攻而绞尽脑汁的蒙哥马利等人，猛然间找到了阻挡隆美尔进攻的最有效的方法：不是阻止他发动攻势，而是鼓励他发动攻势，但要设法将他的攻势行动引诱在阿拉姆哈勒法山岭前的拉吉尔地区进行。

为了将隆美尔的进攻能够引诱到拉吉尔地区，英军决定利用不久前刚刚破获的隆美尔的情报网“康多尔”小组。“康多尔”小组，是一个德国情报机关派驻开罗的间谍组织，这个间谍组织曾多次成功获取了大量的英国情报，并将这些情报提供给隆美尔，为隆美尔在北非的胜利起了重要作用。

英国情报机关在破获了这个间谍网后,立即模拟这个间谍组织继续向隆美尔提供“情报”,保持着与隆美尔的密切“联系”。而隆美尔此时也丝毫没有对“康多尔”小组产生怀疑。因此,利用“康多尔”小组,确实是使隆美尔上当的最好手段。

就这样,在8月下旬,隆美尔接到了“康多尔”小组的一份极其重要的情报:“康多尔开始发报。据最可靠的消息来源证实,第8集团军准备在阿拉姆·哈勒法进行最后抵抗以保卫埃及。他们仍在等待援军,充其量只能勉强抵挡一阵。”

几天之后,隆美尔又收到了“康多尔”小组发来的另一份电报,此次电报的情报资料,竟是一份完整的英国沿阿拉姆·哈勒法山岭的作战命令。隆美尔接到这份报告,高兴地拍着他的大腿说:“我们在开罗的密探是最伟大的英雄,最高统帅部应奖给他们铁十字勋章。”

为了使隆美尔坚定他的进攻计划,英军情报机关又设计了另一个行动。德甘冈将军命令他的绘图员画了一张特殊的拉吉尔地区地图,并标明这个地区是“硬地”,是适于德国装甲、坦克部队行动的地形。然后,将已被逮捕关押的“康多尔”小组成员,英军驻开罗总部的史密斯少校从监狱中提出来,强迫他带着这张假地图,开着侦察车冲向德军防线。不知底细的史密斯还以为是逃跑的机会来到了,便拼命开车向德军防线冲击。然而就在他冲到德军防线附近时,侦察车爆炸了。但是德军派出的巡逻队找到了史密斯少校的尸体和他身上的地图。这一条条不同来源的情报,都印证着同一个事实,即拉吉尔地区适合装甲、坦克部队行动。隆美尔终于在他的作战地图上注明了拉吉尔地区“硬地”符号,并将此地区选定为主攻路线。

1942年9月1日,隆美尔的进攻开始了。这次,等待隆美尔的已经不再是胜利,而是失败了。在德军进攻的道路上,到处都是新布设的地雷。当德国工兵进入雷区扫雷,为装甲部队扫清道路时,英国空军又飞来了。一颗接一颗的照明弹,将隆美尔的一长串的装甲部队照得通亮,紧接着,大批轰炸机向德军坦克部队投下了雨点般的高爆炸弹。

但是,倔强的隆美尔,还是决定不顾损失,继续向前推进。这样,他的庞大的非洲军团开始进入蒙哥马利早就准备好的陷阱——拉吉尔地区。

近百辆坦克及卡车在英国假地图上标明为“硬地”的沙漠中东倒西歪地挣扎着前进。当人们走下车来试图去推动车辆时，英国皇家空军再次光顾了他们。没有出路，也没有藏身之地，到了夜幕降临时，沙漠上到处都是被烧毁的德军车辆。精疲力尽的隆美尔只得下令，全军实施总撤退。

这次作战，英军只动用了一小部分装甲部队，而英国步兵则根本没有参加作战，尽管如此，却让德国非洲军团损失了4 800人、50辆坦克和近百门大炮。对无法得到补充的非洲军团来讲，这样的损失是致命的。隆美尔试图夺取开罗、征服埃及的机会一去不复返，“沙漠之狐”在这里遇到了比他更为聪明的猎手。从此，非洲军团开始在北非战场上走下坡路了。

西西里岛登陆

1943年1月，美国总统罗斯福和英国首相丘吉尔在卡萨布兰卡举行会议，会议决定：如果北非战役胜利结束，盟军将在意大利的西西里岛登陆，从而确立美、英两国在地中海的控制权，并设法迫使意大利政府投降，为盟军向南欧推进扫清地中海交通线的主要障碍。为了实现美、英首脑会议做出的这一战略意图，盟军制定了一个代号为“爱斯基摩人”的西西里岛登陆计划：

在空降部队的配合下，由巴顿将军率领美军第七集团军在西西里岛南部突击登陆；由蒙哥马利元帅率领英军第八集团军在西西里岛东南岸登陆。两军登陆后首先占领沿海主要港口和机场，然后向北进攻，分路围歼德军主力，最后占领全岛。

位于地中海中部的西西里岛上，驻扎有约30多万德、意军队。为了避免美、英盟军在刚刚登陆还立足未稳时遭到敌人的突击，盟军指挥部决定将登陆点岸边的德、意军队设法调开。

5月30日，美英两国空军对意大利本土、西西里岛、撒丁岛和希腊等地的机场、港口、交通枢纽、部队集结地域、雷达站及其他军事设施进行了广泛轰炸。由于轰炸的地域十分广泛，德、意军队无从判明盟军的登陆企图及登陆地点。

为了进一步迷惑敌人，盟军又派海军舰艇在西西里岛西海域及希腊西海岸游弋，给敌人造成盟军将在那里登陆的假象。英国情报人员绞尽脑汁想出一个绝妙的高招，他们将一份在希腊西海岸登陆的假情报装在一个死尸身上，并把这具死尸装扮成因飞机失事而身亡的英军少校“马丁”，然后将死尸放于西班牙海滩。

“英军少校马丁”的尸体很快被西班牙人发现，西班牙当局把从死尸身上搜出的假情报交给了德军。德军统帅部得知后，十分兴奋，自以为获得了一份重要情报。根据这份假情报，德军统帅部断定盟军会在希腊西海岸登陆，便下令将主要兵力、装备和运输车辆调到希腊，从而使西西里岛东、南部兵力空虚。

7月8日，美、英两军按原定作战计划分头向西西里岛靠拢。为了避免打草惊蛇，盟军起初伪装成普通的护航运输队沿北非海岸航行，然后才转向西西里岛。然而，德、意两军对美英联军的行动竟毫无觉察。

7月10日凌晨，美军派出一个3 400人的加强空降团和英军派出的一个2 000人的机降旅，分乘约400架运输机和144架滑翔机，分别在西西里岛实施空降。盟军海、陆、空三军指挥混乱，致使空降中损失很大，降落在预定地域的伞兵仅占总数的5%，只有100人左右。尽管如此，盟军的失误并未给登陆计划造成很大影响，因为德、意军被盟军的伪装迷惑住了，他们认为敌人在西西里岛空降，只不过是为了转移自己的注意力，以掩盖其真正作战意图，竟然不予理睬。就这样，这支100人左右的盟军空降兵顺利地夺取了交通要道，并成功地钳制住了敌军预备队。

紧接着，美、英两军开始从海上大规模登陆。由于西西里岛上敌军防守薄弱，先前的重兵已被调到希腊去了，因此盟军登陆进展十分顺利，很快便占领了西西里岛南部地区，开始向北推进。7月22日，西西里岛首府巴勒莫失陷。到8月17日，盟军终于占领了整个西西里全岛。

德黑兰会议

在德国法西斯撕毁《苏德互不侵犯条约》进攻苏联和日本偷袭美军太平洋舰队基地珍珠港以后，英美两国同苏联结成了反法西斯同盟，共同对德国作战。1942年1月1日，中、苏、美、英等26个国家在华盛顿发表了

《联合国家宣言》,表示要全力对抗德、意、日法西斯。这样,国际反法西斯统一战线(又称“国际同盟”)就形成了。

在苏联战场上,当斯大林格勒会战取得伟大胜利以后,如何协调行动、共同作战就成了迫切的问题。1943 年 11 月下旬,美国总统罗斯福、英国首相丘吉尔和苏联领导人斯大林都来到了伊朗首都德黑兰,共同商量对德作战的军事问题。这是三国领导人之间举行的第一次首脑会晤。

1943 年 11 月 28 日下午 3 点钟,正式开会前 1 小时,斯大林身着苏联大元帅的咔叽制服,胸前佩戴列宁勋章,从苏联人的住地,走到美国人住的别墅来拜会罗斯福总统。罗斯福穿一套蓝色便服坐在轮椅上,对斯大林说:“见到你很高兴,我早就想同你见面了。”斯大林也微笑着回答说:“我也很希望会见你。”下午 4 时,苏、美、英三国领导人会议正式开始。

美国总统罗斯福主持了第一次会议,他首先致词说:“苏联人、英国人和美人国第一次作为家庭的成员相聚一堂。我们所抱的唯一目标,是赢得战争的胜利。希望自由讨论,畅所欲言。”

丘吉尔接着说:“这次会议也许象征着人类有史以来整个世界力量空前的大聚会,人类的幸福及命运已完全掌握在我们手中。”

斯大林也说:“苏美英三大国的友谊是非常重要的,希望大家很好地利用这个机会。”

在第二次会议举行以前,丘吉尔奉英国国王之命,向斯大林赠授了为纪念光荣的斯大林格勒保卫战而特别设计铸造的宝剑。斯大林把宝剑举到唇边,轻吻剑鞘,然后把宝剑交给身旁的伏罗希洛夫元帅,再由他交给苏联的仪仗队捧出去。这些言辞和举动都为会议创造了友好的气氛。但是,当会议讨论到具体问题的时候,他们就发生了分歧。这次会议的主要目的是研究如何打败德国法西斯,早日结束战争问题。更具体地说,就是如何尽快开辟欧洲第二战场。

当时,苏军是抗击德军的主要力量,为了减轻苏军的压力,迫切需要美英在欧洲西部开辟另一条战线,牵制德军,缩短战争时间。斯大林早在 1941 年就几次要求英国开辟第二战场,却遭到了丘吉尔的婉言拒绝。后来美国和英国国内也掀起了要求开辟第二战场的声浪,美英两国才制定了代号为“霸王”的战役计划,准备在 1944 年从法国诺曼底登陆,开辟欧洲第二战场。现在,德黑兰会议讨论到这个问题时,丘吉尔却又把他早就

Y

提出的“地中海战略”拿出来，主张英美从地中海进攻意大利，再往巴尔干进军。

面对丘吉尔的建议，斯大林反驳道：“进行地中海战役对打败德军意义不大，巴尔干离德国心脏太远。所以，还是尽快进行‘霸王’战役好。”丘吉尔思索了一阵，又提出两路并进的办法，实际上还是把巴尔干作为主要战场。

斯大林再也忍耐不住了。这位工人出身的领袖猛地敲了一下桌子，怒声道：“我们的人民每天都在流血牺牲，我们的孩子由于没有面包充饥而正在挨饿！而有的人却在这时只顾抢夺中欧的地盘，置人民的牺牲于不顾！我待在这里，简直是浪费时间！”说完，斯大林挪开椅子，就要离开会场。

罗斯福这时也觉察出丘吉尔的用心了。他知道丘吉尔是想从巴尔干打进中欧，不让苏军进入奥地利、罗马尼亚和匈牙利。罗斯福并不同意丘吉尔的意见。他说：“如果在地中海登陆作战，就会把战役推迟两三个月，我是不想推迟‘霸王’战役的。”

经过反复磋商、争论，最后美英苏三国达成了一致协议，决定在 1944 年 5 月，英美将实行“霸王”战役并进攻法国的南部，开辟欧洲第二战场。斯大林也答应同时发动攻势，阻止东线德军西调。苏联还答应在打败德军后，将对日本宣战。

苏美英三国领导人在协议上签字,德黑兰会议取得了积极的成果。达成协议以后,罗斯福、丘吉尔和斯大林互相祝贺。罗斯福在为庆贺丘吉尔69岁生日的宴会上说:“虹有很多颜色,各不相同,但它们能混成一条灿烂夺目的彩练。我们各个国家也是如此。我们有不同的习惯、哲学和生活方式。我们每一个国家都按本国人民的愿望和理想,来拟定我们处理各种事情的计划。可是我们在德黑兰会议上已经证明,我们各国不同的理想是可以汇合成一个和谐的整体,团结一致地为我们自身和全世界的利益而采取行动。所以,当我们离开这次历史性的聚会时,我们能够在天空第一次看见传统的希望象征——彩虹。”

德黑兰会议,为国际联盟接下来对德宣战起了重大作用,它加速了反法西斯战争的胜利。

诺曼底登陆

德黑兰会议一个月后,即1944年6月6日凌晨,美英盟军的2 390架运输机和846架滑翔机,从英国南部20个机场起飞,载着3个伞兵空降师向南疾飞,准备在法国诺曼底海岸后边的重要地区着陆。从而拉开了著名的“诺曼底登陆”的序幕。

黎明时分,英国皇家空军的1 136架飞机对事先选定的德军海岸的10个炮垒投下了5 853吨炸弹。天亮以后,美国第八航空队又出动了1 083架轰炸机,在部队登陆的前半个小时,对德军海岸防御工事投下了1 763吨炸弹。接着,盟军各种飞机同时出动,轰炸德军海岸目标和内陆的炮兵阵地。5点50分太阳已经升起来了,盟军的海军战舰又开始猛轰沿海敌军阵地。诺曼底海滩成了一片火海,地动山摇。

登陆部队由运输舰送到离岸7至11英里的海面上,然后改乘大小登陆艇按时到达预定攻击的滩头。跟在登陆部队后面的是运载重武器和装备的大型登陆艇。

美英盟军选择的登陆地点诺曼底海滩,位于法国的西北部,从东到西共有5个滩头——剑滩、朱诺滩、金滩、奥马哈滩和犹他滩,全长约50英里。登陆计划的第一批进攻部队是5个师,每个师占领一个滩头。

6点30分美军开始在奥马哈滩和犹他滩登陆。美军第七军第四师在犹他滩没费多大劲儿就登上海岸了,只遇到断断续续的炮击。3个小时内,他们就肃清了守卫这个地区的德军,后续部队和装备也源源不断地运到岸上。但在奥马哈滩,美军第七军第一师的情况并不妙。大浪、晨雾,加上硝烟弥漫和侧面的气流,把部队折腾得精疲力尽,登陆时又遭到敌军炮火的猛烈袭击。一时间,死伤的士兵布满了海滩。而下一批进攻的部队也遭到同样的不幸。在这危急关头,美军两个突击营用绳梯爬上了海岸上的悬崖峭壁,夺取并摧毁了敌人的一座炮台。但是敌人继续猛烈射击,把美军阻挡在海滩边上。美军第一步兵师师长许布纳当机立断,要求海上的驱逐舰冒着可能杀伤自己人的危险,向德军炮群和火力点进行近距离的轰击。驱逐舰的大炮果然发挥了巨大的威力,不一会儿,工事里的德军就举手投降了。经过美军第一师的艰苦血战,虽然美军付出了巨大的人员伤亡,但终于占领了一条纵深不到2英里的滩头阵地。

英国的第二军团第五十师于7点20分开始在金滩登陆。他们开始时也遇到一些困难,但逐渐摧毁了德军的抵抗。到黄昏时分,他们终于深入了内地5英里。

在朱诺滩,加拿大的第三师在肃清滩头的德军之后,进展最快,当晚就到达了冈城——贝叶公路。

英国第三师在剑滩上也遇到德军激烈的抵抗。但到黄昏时,他们就同空降的第六伞兵师会合了。

当天傍晚,盟军已在欧洲大陆建立了牢固的立足点,伤亡人数比预计的要少。有将近10个师的部队连同坦克、大炮及其他武器装备都上了岸,后续部队也源源而来,不断扩大盟军对德国守军的优势。盟军的诺曼底登陆成功了。

希特勒吹嘘的长达2 500英里"大西洋壁垒"防御工事为什么如此不堪一击呢?原来每年6月,英吉利海峡总是狂风大作,恶浪滔天,舰只行驶艰难。德军在西线的大部分将军都认为在这个气候恶劣的6月里,盟军是不会发动进攻的。6日凌晨2点左右,驻守在巴黎的德军总司令部接到报告说,有美英空降师着陆,看来像是一次"大规模行动"。但总司令龙德施泰特却认为这是盟军声东击西的惯用手法,并不十分在意。接着,西线德国海军部队又向总司令报告说:据海岸雷达报告,荧光屏上有大量黑点，一支庞大的舰队正向诺曼底海岸进发。对此德国西线的参谋长却回答说："什么？在这样的天气里？一定是你们的技术员弄错了！也许是一群海鸥吧？"后来，当他终于看到形势不好，请求希特勒出动两个装甲师去对付盟军空降师时，希特勒却禁止动用他的这支战略预备队。希特勒还是坚持认为这只是盟军牵制性的佯攻，认为盟军一定会在加来地区登陆。

希特勒中了盟军总部的疑兵之计了。早在诺曼底登陆以前，美英盟军伪装集结了一支舰队，发出大量电讯，造成假象，好像盟军总部设在英国的肯特郡；又让以勇猛著称的美国巴顿将军在肯特郡街头散步，而德国情报人员正断定他是盟国总司令。而且在进攻前夕，英国飞机又撒下大量的锡箔片，使德军的海岸雷达上显示出好像盟军的一支舰队向东驶去，开往加来。

为了严格保密，整个英国南部已同英国其他地区断绝了一切交通，俨然成了一个大兵营，盟军为"霸王"行动在这里塞满了堆积如山的军事装备和物资。为了防止泄密，英国政府还中止了英国同外国的一切外交关系，撤销了沿岸的正常航道运输，把所有船只用于"霸王"行动的运输，使得美国艾森豪威尔将军在调动集结军队问题上没有任何妨碍。英国政府在这个地区设置了警戒线，任何人未经许可都不得穿过警戒线。每一座帐篷、兵营、停车场和每一支部队，都仔细地标志在行动的指示图上。每一支部队的预定行动都作了准确的安排。这支在诺曼底登陆的军队是非常庞大的，拥有盟军陆海空三军 287 万多人，战舰 6 000 多艘，飞机 1.3 万多架。美英盟军这么大规模的军事行动的准备工作，德军竟然丝毫不知。盟军的保密工作真是做到了家。

为诺曼底登陆进行的准备工作是巨大而复杂的。盟军改进了许许多多的装甲车，它们有供清理海滩的压路机，有在布雷区开道的装有扫雷器的装甲车，有供跨过沟渠的装甲便桥等，甚至还制造了两座人工港口，以便登陆部队卸下装备物资之用。对于进攻目标的地形侦察，早在一年之前就开始用飞机拍摄从荷兰到西班牙的海岸线，特别是从 1944 年 4 月 6 日，共出动飞机侦察 4 500 架次。此外，还有法国地下抵抗组织提供的数以千计的情报。这样，德军在欧洲大陆沿海的防御工事、桥梁、机场、沼泽地区、仓库、公路、火车站等等，都被盟军弄得一清二楚。每一个登陆部队负责人带着的作战计划上，连树木都标了出来。

到6月12日,盟军在诺曼底的几个滩头已经连结成一条阵线,后续部队源源而来,军需物资不断增加,这些,都有力地保证了盟军诺曼底登陆的成功。到8月19日,盟军占领了塞纳河西岸的芒特。这一天,巴黎人民举行武装起义,解放了自己的首都。8月25日,戴高乐将军指挥的法国第二装甲师从巴黎南门和西门进入市中心。当天下午,法国勒克莱将军奉命接受德军投降。

巴黎的解放标志着诺曼底战役的结束。经此一战,德军有40多万人伤亡和被俘。德国再次被迫进行两线作战,陷入了苏联红军和美英盟军东西夹击的铁钳之中,德国法西斯灭亡的日子已经为期不远了。

犹太人大屠杀

以希特勒为首的纳粹德国在第二次世界大战中给许多国家的人民带来了空前的灾难。德国法西斯在占领区实行残酷镇压、野蛮掠夺的政策,并对犹太人进行了灭绝人性的种族消灭。

在希特勒眼中,犹太人和斯拉夫人都是劣等民族,他们根本无权活在世上。斯拉夫人中的一部分人,给德国主子做奴隶,也许还有点用处,而东方几个大城市,像莫斯科、列宁格勒和华沙等,必须永远从地球上消失。

在欧洲的占领区内,当地的犹太人首先被法西斯送到被征服的东方,然后劳动到死,对活下来的少数体格特别强健的犹太人则干脆处死。至于原本就住在东方、已在德国统治之下的几百万犹太人,又该怎样处理呢?代表波兰总督辖区的国务秘书约瑟夫·贝勒博士提出了一项现成的处理方案。他说,波兰的犹太人将近250万,这些人"构成了极大的威胁"。他们是"疾病的传染者,黑市的经营者,而且不适宜于劳动"。这250万人不产生送走的问题,他们原来就住在那里。但是在这个时候,纳粹头子谁也不懂得几百万犹太人对德国将是多么有价值的奴隶劳工。实际上,直到1942年快到年底的时候,他们才明白过来,但为时已太晚。刚开始他们只懂得一点:在修筑向东通往俄国的道路的工程中,使几百万犹太人劳累致死,得费不少时间。因此,早在这些不幸的人们累死之前——大多数人还根本没有被叫去参加劳动——希特勒和秘密警察头子希姆莱决定采用更迅速的办法来处置他们。

纳粹德国设立的30多个主要集中营全都是死亡营，好几百万囚徒在这里挨饿受刑，最后死在这里。毛特豪森集中营有一本死亡登记簿保存下一部分，那上面记载着从1939年1月到1945年4月死亡了35 318人。直到1942年底，对奴隶劳工的需要特别迫切时，希姆莱才下令"务必降低"集中营中的死亡率。从1942年6月到11月，收容在集中营里的13.67万名囚徒中，死亡者约7.06万人，处决者9 267人，"转移"者2.78万人。所谓"转移"其实就是送到毒气室。这样，可以当劳工的人就所剩无几了。

但是在实现"最后解决"方面，取得进展最大的正是在灭绝营中。最大的也是最出名的灭绝营是奥斯威辛，它有四个大毒室和附设的火葬场，处死和焚化的能力远比特莱勃林卡、贝尔赛克、锡比堡和切尔诺等其他集中营为高，它们都是在波兰境内。在里加、维尔纳、明斯克、考那斯和利沃夫附近，还有一些规模较小的灭绝营，它们与大的几个营有一点不同，就是用枪杀而不用毒气。

被送往毒气室去的囚徒是被"挑选"出来的。之所以要挑选，是由于并不是所有囚徒都要消灭——至少不是立刻消灭，因为要把其中一些人送到伊·格·法本化学厂和克虏伯工厂去做工，直到他们耗尽了精力，够上"最后解决"的条件时为止。

有时候对少数"特别囚犯"则干脆注射石脑油杀死。集中营纳粹医生奉命要填写一般的死亡证明书，当然死亡原因一项随便怎么填都可以。

"挑选"哪些犹太人去劳动、哪些犹太人立即用毒气熏死的工作，是在被害人一下货车，在铁路的岔道上就进行的。他们被锁在货车里，既没有饭吃又没有水喝，有的长达一星期。

从近处看，毒气室以及附设的焚化场有修整得很好的草地，草地四周还种上花；入口处的牌子上写有"浴室"字样。对此毫不生疑的犹太人以为德国人只是把他们带到浴室来消灭虱子，因为在所有集中营消灭虱子是很普遍的事情。而且他们在进去时还有美妙的音乐伴奏哩！

此时演奏的是轻音乐。德国人从囚徒中挑一些人组成了一个乐队，参加乐队的都是年轻貌美的女郎，她们一律身穿白衬衫和海军兰的裙子。在挑选送进毒气室的人时，这个独特的乐队就奏起《快乐的寡妇》和《霍夫曼故事》中的轻松曲调。她们不演奏庄严的、沉重的贝多芬作品。奥斯威辛的死亡进行曲是直接选自维也纳或巴黎轻歌剧的轻快欢乐的曲调。

伴随着这些令人回忆起幸福和快乐时光的音乐，男女老幼被带进“浴室”，一到里面，就有人要他们脱下衣服准备洗“淋浴”，有时还领到毛巾。然而等他们一走进“淋浴间”，这才开始看出有些不对头了，因为多至2 000人像沙丁鱼似的被塞进了这个房间，根本无法洗澡。这时重实的大门马上推上了，加了锁，还密封起来。死亡室的顶上砌有蘑菇形通气孔，它们给修整得很好的草地和花坛掩盖得几乎一点也看不出来。这时勤务兵们站在这些气孔旁边，准备好一接到命令，就把紫蓝色的氰化物或称“齐克隆B”的结晶药物投下去，并封上气孔。

有一个时期，指挥勤务兵们把药物投下去的是一个名叫莫尔的中士。“好吧，给他们点东西尝尝。”他说完就会大笑一阵，药物就从气孔里倒进去，倒完马上把气孔封上。

刽子手们通过门上装着厚玻璃的窥视孔可以看到里边的情况。这时下面那些赤身露体的囚犯们有的仰头望着滴水不出的莲蓬头，有的望着地上在纳闷，为什么看不到下水道。毒气发生效果需要过一些时间，但是囚徒们不用多久就看出毒气是从上面的气孔放下来的。这时人人都吓慌了，一齐向离管子远的地方拥去，最后冲到巨大的铁门旁边。在大门附近，他们堆成了一个金字塔，彼此之间互相抓着、掐着想爬过去，一直到死还不松手。

大约二三十分钟以后，这些人都不动弹了，抽气机把毒气抽掉，大门打开，“特别队”的人员进来接手工作了。这些“特别队”员都是被囚禁的犹太男子，营部答应免于他们一死，并给以足够的食物，作为他们做这种人间最可怕的工作的报酬。他们工作时都戴上防毒面具，穿上胶皮靴，手拿水龙头。

当时德国商人为了争夺建造这种屠杀和处理尸体的新设备和供应这种致人死命的蓝色结晶药物，曾经展开了激烈的竞争。艾尔福特的制造加温设备的托夫父子公司在投标建造奥斯威辛的火葬场时，获得了成功。

做这种骇人听闻的生意的，在德国不只是托夫父子公司这一家。其他许多集中营对死尸的处理，也曾引起商业竞争。例如，柏林的第迪尔工厂曾投标在贝尔格莱德一个纳粹集中营装置一座焚尸炉，并且自称这座炉子可以生产十分优良的产品。另外一家经营贝尔格莱德这种生意的公司是科里公司，它强调在这方面有极丰富的经验，因为它已为达豪建造了4座焚尸炉，为卢布林建造了5座，它们在实际运用中都令人十分满意。

德国的自由企业尽了极大努力，利用上等材料，提供精湛的技术，还是满足不了焚烧尸体的需要。在许多集中营，结构完善的焚尸炉远远赶不上需要，尤其是1944年的奥斯威辛集中营，它每天焚毁6 000具尸体。仅在1944年夏天的46天中，这个集中营杀死的匈牙利犹太人就达25～30万人。甚至毒气杀人室也赶不上需要，而不得不用特别行动队的办法进行集体扫射。尸体干脆扔入壕沟焚烧，其中许多尸体只烧毁了一部分，然后就用推土机推上土掩埋起来。到最后，集中营长官都抱怨焚尸炉不仅不够用，而且划不来。

用来杀死受难者的“齐克隆B”结晶药物是由两家德国公司供应的，它们都从伊·格·法本化学公司取得了专利权。这两家公司就是汉堡的特奇—施塔本诺夫公司和德骚的达格奇公司，前者每月供应2吨氰化物结晶体，后者每月供应0.75吨。

在这种灭绝人性的死亡集中营里，罪恶的纳粹到底屠杀了多少不幸的、无辜的人，人们将永远无法知道它的确切数字。但在整个欧洲被虐杀的犹太人，据不完全统计，人数高达570万。

柏林战役外围战

1945年3月，第二次世界大战已经接近尾声。德国法西斯在苏联红军和英美盟军的强大攻势下陷入了绝境，只剩下了法西斯魔窟——德国首都柏林这道最后的防线了。苏军统帅部决定一举攻克柏林，与美英盟军会师，迫使法西斯德国最后投降。希特勒的末日就要来到了。

苏军动用了十分庞大的兵力参加柏林战役，其中包括4个方面军和10支舰队。苏军最高统帅部决定，由朱可夫元帅指挥白俄罗斯第一方面军和由科涅夫元帅指挥乌克兰第一方面军共同完成包围、攻入柏林以及围歼德军残余力量的艰巨任务。

1945年4月14日，对法西斯德国的最后一战终于打响了。白俄罗斯第一方面军首先迅速挺进到奥得河畔。奥得河口战略位置十分重要，堪称扼守柏林的咽喉，德军在此修筑了两道坚固的防线。为了突破德军的防线，朱可夫元帅一方面集中了强大的兵力和火力，另一方面积极采取巧妙的战术，以便更有效地摧毁德军的抵抗。

在进攻奥得河之前，苏军首先派出先头部队穿越敌军雷区，侦察了敌军的主防部位、火力点等部署，然后制定出进攻的具体方略。4月16日凌晨，进攻正式开始，苏军从空中和地面同时猛烈轰击敌军阵地。但20分钟后，进攻突然停了下来。

炮声刚落，苏军阵地上突然打开了150台大功率的探照灯，强烈的光束齐刷刷地射向德军，敌军阵地顿时亮如白昼。德军被这刺眼的强烈灯光惊吓住了，这种“灯光战术”他们见所未见、闻所未闻。他们根本弄不清楚苏军是用了什么新式武器，也不知道会有什么结果。而且，强烈的灯光还刺得德军睁不开双眼，对面苏军的情形根本无法看清楚，更无从开枪开炮予以还击。德军甚至看不清楚自己阵地上的情况，指挥官找不到手下的士兵，士兵也看不见指挥官在哪里，炮兵连大炮结构上的位置，也只能靠手摸索。

就在德军处于混乱不堪时，苏军不失时机地猛扑过去，步兵和坦克同时出击，十分顺利地突入德军阵地2公里。与此同时，科涅夫元帅指挥的乌克兰第一方面军也在尼斯河畔向德军发动了猛攻。德军在尼斯河沿岸

也构筑了两道防线。

4月16日凌晨，科涅夫派先头部队渡过尼斯河，查明了敌军阵地上的兵力部署。拂晓时分，苏军阵地上突然浓烟滚滚，浓浓的烟雾慢慢飘向德军阵地。德军阵地上很快便笼罩了呛人的浓烟，德军看不清对岸苏军的动静，也看不清自己阵地上的一切。苏军趁此良机迅速渡过尼斯河。德军虽然明知苏联红军正在抢渡尼斯河，却苦于无法判断苏军渡河的具体地段，只好胡乱开炮轰击，这些炮弹自然通通落入尼斯河中，而对苏军几乎没有构成什么威胁。苏联红军渡过尼斯河后，很快便突破了德军的第一道防线，并突入第二道防线纵深约2公里。

两路苏联红军分别成功地扫清柏林外围德国守军后，希特勒便只剩下柏林这座最后的孤城了。

墨索里尼暴尸街头

1883年7月29日，贝尼托·墨索里尼出生于意大利罗马涅大区多维阿一个小村庄，他的父亲是一名铁匠，母亲是一名小学教员。

墨索里尼早年曾加入社会党，但不久后被开除。1919年墨索里尼建立了第一个法西斯组织“战斗团”，接着在1921年成立法西斯党。1922年10月发动“进军罗马”的军事政变，开始了他在意大利的法西斯独裁统治。1926年11日，墨索里尼下令颁布《紧急法》，除法西斯党团外，所有政党和团体禁止活动，意大利完成了法西斯化。

1929年由美国爆发的经济危机冲击到意大利，墨索里尼走上了对外扩张的道路，他不顾国内人民的反对，入侵埃塞俄比亚，出兵武装干涉西班牙佛朗哥法西斯政变，与德日结成《反共产国际协定》，形成三国轴心同盟。

1939年9月1日，德国入侵波兰，第二次世界大战爆发。老奸巨滑的墨索里尼坐山观虎斗。局势未明，他还不敢与英法宣战。德国迅速胜利，占领法国。墨索里尼才于1940年6月10日对法宣战。这一战，他成了希特勒铁杆帮凶、忠实走狗。

墨索里尼追随希特勒投身第二次世界大战后，战局没有按他们设想的方向进展。1943 年 7 月,墨索里尼因意军一连串军事失利和国内反法西斯运动高涨而垮台,9 月在意大利北部充当德国占领区傀儡政权头子,1945 年被意大利游击队捕获并处死,在米兰的广场陈尸示众。

当初,也就是1943 年5 月,曾经一度横行北非的一支轴心国劲旅的残部在突尼斯被歼,美国将军艾森豪威尔指挥下的英美盟军下一步目标显然就要进攻意大利本土了。这场噩梦吓得墨索里尼心力交瘁,幻想破灭。在他的人民和军队中间,普遍存在失败主义的情绪。工业城市米兰和都灵发生了大规模罢工,威信扫地的、腐败的法西斯政权正在迅速瓦解中。

几个月来,墨索里尼不断向希特勒呼吁,要求他同斯大林议和,以便把德国军队调到西方,和意大利军队一起,共同防御在地中海以及正在英国集结、准备横跨海峡入侵大陆的英美军队。希特勒认识到,此刻又是需要同墨索里尼举行会谈的时候了,应当给这个意志消沉的伙伴打打气,使他能够挺起腰杆来。实际上,墨索里尼对随后即将迅速连续发生的事件,并未做好准备。

5 月间,盟军占领突尼斯,接着在 7 月 10 日,英美军队又在西西里岛胜利登陆。意大利人十分不愿意在自己的本土上发生战事,意大利军队已经处于崩溃状态。希特勒只好再一次把墨索里尼找来讨论这件事。这次会议于7 月 19 日在意大利北部的菲尔特雷举行。这正好是两个独裁者的第 13 次会谈,情况同不久前举行的几次一样,大部分时间都是希特勒一个人在说话,墨索里尼在一旁洗耳恭听。这个狂热的德国纳粹法西斯头子竭力想使他这位有病的朋友和同盟者的颓丧精神振作起来,但是并未收到很大效果。

希特勒说,他们必须在各个战场上继续作战。他们的任务不能留给“下一代”,“历史的声音”还在呼唤着他们。如果意大利人打下去,西西里和意大利本土是能够守住的。更多的德国军队会来增援他们。不久便有一种新式的潜水艇参加作战,它要给英国来一个“斯大林格勒”。

虽然希特勒许了诺言,夸了海口,会议的气氛还是压抑、低沉至极。墨索里尼太累了,他对希特勒的长篇大论无法听进去,最后要求施密特把笔记给他看。会议在进行期间,传来了盟军飞机第一次在白昼对罗马大肆轰炸的消息,意大利法西斯头子的绝望心情更加深了。

此时的墨索里尼还不到60岁，却已显得非常疲惫衰老。他曾在欧洲政治舞台上昂首阔步了20年之久，这时已到了智穷力竭的地步。回到罗马时，他发现大轰炸所造成的结果不堪设想。他面临着法西斯党内部他的某些最亲密的追随者、甚至他自己的女婿齐亚诺的反叛。而且，在这种反叛的幕后，有着一个连国王也包括在内的更广泛阶层的人物所策划的、企图推翻他的阴谋。

以狄诺·格兰迪、朱塞佩·波太伊和齐亚诺为首的那些法西斯谋反头子，要求召开法西斯党最高委员会。1943年7月24日夜间，法西斯党最高委员会召开了自该党1939年12月以来召开的第一次会议，墨索里尼在作为独裁者的生涯中第一次发现由于自己把国家引入灾难而成为猛烈抨击的目标。最后委员会以19票对7票、2票弃权的表决通过了一项决议，否决了墨索里尼的专制独裁地位，要求恢复有一个民主议会的君主立宪制，并要求把军队的全部指挥权重新交还国王。7月25日夜晚，墨索里尼被逮捕。

几天后，法西斯主义也像他的创始人一样，轻易地瓦解了。彼得罗·巴多格利奥陆军元帅召集一些文官武将组成一个无党无派的政府。法西斯党被解散，法西斯分子被撤除了重要的职位，反法西斯人士从监狱里被释放出来。

1943年9月，意大利新政府和盟军签定了停战协定，退出法西斯同盟，并对德宣战。希特勒震惊了，他连夜召开纳粹头目会议，决定采取措施营救墨索里尼，挽救已经垮台的意大利法西斯统治。1943年9月12日下午2时，墨索里尼在布拉齐亚诺湖畔的皇家旅馆被希特勒派来的飞机救走，带到德国。在希特勒的劝说下，在德军的帮助下，9月23日，墨索里尼在意大利北部组建了“萨洛共和国”，墨索里尼担任领导人。

1945年4月，在意大利共产党领导下，意大利人民举行武装起义，配合英美盟军作战。躲在北部的墨索里尼乔装打扮成德军一个司务长，混在德军的汽车队中，企图逃往德国。半路上，他被游击队截住了。这个罪大恶极的意大利法西斯头子终于落到人民手中。4月28日，意大利人民举国欢庆祖国从法西斯奴役下解放出来，根据民族解放委员会的号令，墨索里尼在科莫湖边的科莫村外被枪决了。

第二天上午9时半，墨索里尼的尸体被拉到法西斯诞生地——米兰，放在最热闹的洛莱特市场。人们从四面八方蜂拥而至,观看这个大战犯的可耻下场。两个小伙子从人群中挤出来,用脚踢墨索里尼的脑袋和下巴,使他生前趾高气扬的脸完全扭曲,变得更丑恶了。墨索里尼生前拍照片,爱把下巴挺出,以显示作为领袖的威风。这一次,人们只好用步枪枪托顶着他的下巴,好让两名盟军摄影师给他的尸体拍照。

10 时刚过,人们就用电线把墨索里尼的脚捆绑结实,拉到几码以外一个废弃不用的加油站,把他倒吊在一根钢梁上示众。

墨索里尼这个臭名昭著的法西斯,落得个暴尸街头的结局。

雅尔塔会议

1945 年初,德国在欧洲各条战线上均处于溃败之势。为了迅速而沉重地打击敌人,以及商讨战后如何处置德国等问题,美国总统罗斯福、英国首相丘吉尔、苏联领导人斯大林于 1945 年 2 月 4 日 –11 日,在苏联克里米亚半岛的雅尔塔举行了他们在“二战”时期的最后一次会议。盟军三巨头在就日本问题达成协议时几乎没遇到什么困难。斯大林同意在德国投降及欧洲战争结束后的两个月内向日本宣战。作为回报,苏联将重新获得千岛群岛和 1905 年丢失给日本的领土和特许权,其中包括萨哈林岛南部、旅顺港海军基地的租借权以及与中国共同经管中东铁路和南满铁路的权利。

关于德国,根据罗斯福的提议,将德国划分成 4 个占领区,由苏军占领德国东部,法国占领西部,英军占领西北部,美军占领西南部。不过,位于苏联占领区内的“大柏林”由 4 国共同占领。同时,在柏林设立盟国对德管制委员会,以协调管理德国的工作。比如解决战后的德国必须解除武装以及惩办战争罪犯等问题。然而,会议未能就保证西方进入首都柏林这一问题达成明确的协议,这个遗憾导致“二战”后引发了盟国间重大的经济冲突。

在会议上,美英同意苏联将得到经过修订的寇松线以东的波兰领土。寇松线是在第一次世界大战后划定的,但随后被忽视了。作为补偿,波兰将得到东德一大块的领土。关于波兰和南斯拉夫政府的组成,斯大林同意在苏联支持下已建立的各共产党政权应通过接受面向西方的流亡政府的代表来加以扩大。流亡政府的代表对这种安排感到忧虑。经过讨论，三国代表达成一项政策声明即《关于已被解放的欧洲的雅尔塔宣言》，它在理论上驳斥了流亡政府代表的疑虑。这一宣言使三大强国承诺帮助已被解放的欧洲诸民族“建立能广泛代表所有民主人士，能保证通过自由选举尽快成立关心人民意愿的政府的临时政府机构……”

在雅尔塔会议上，美苏还讨论了苏联对日本作战的条件。早在两个月前，也就是1944年12月，斯大林就向美国驻苏大使说明了这些条件。现在，斯大林与罗斯福当面协商，最后达成了协议。1945年2月11日，罗斯福、斯大林邀请丘吉尔共同在协定上签字。这个协定因为是秘密签订的，因此它又叫《雅尔塔秘密协定》。该协定的要点是：在德国投降及欧洲战争结束后两个月内，苏联将对日本作战，其条件表现为：

1. 千岛群岛必须交给苏联。

2. 维持外蒙古（今蒙古人民共和国）的现状。

3. 恢复由日本1904年背信弃义进攻所破坏的俄国权益，它包括：库页岛南部及周围岛屿归还苏联；大连港须国际化，保证苏联在该港的优越权益，恢复苏联对旅顺港海军基地的租借；中东铁路和南满铁路应设立一家苏中合办的公司以共同经营之，以保证苏联的优越权益。

今天看来，这个协定改善了苏联在亚洲的战略地位，美国也达到了讨好苏联的目的。然而，这个协定是瞒着中国签订的，它严重侵犯了中国的主权和领土完整。虽然如此，雅尔塔会议还是起了一定作用的，它调整了盟国内部的矛盾，加速了反法西斯战争的胜利。

希特勒之死

1944年6月，美英联军在法国诺曼底登陆，开辟了欧洲第二战场。德国处于两线作战的不利地位，希特勒及其帝国的灭亡已成定局。就在此时，纳粹德国内部爆发了一次严重危机，希特勒和陆军军官团长期以来的矛盾发展到极为尖锐的程度。1944年7月20日，史陶芬贝格上校在腊斯登堡用炸弹炸伤了希特勒，这次事件导致希特勒对陆军军官的大清洗，使德国法西斯内部的团结受到损害,大批有才能的德军将领受到株连。此后,希特勒更加不信任别人,猜疑心更重,时时处于歇斯底里的狂暴与幻想之中。

1945 年 4 月底,意大利法西斯头目,希特勒的忠实盟友墨索里尼被处决、暴尸街头,这让希特勒看到死亡在向他招手。

为了不落入苏联红军的手中,希特勒在进行着他死亡前的最后准备。他首先毒死了他心爱的名叫布朗迪的法国阿尔萨斯种名狗,又枪杀了家里的其他两条狗。接着,他将剩下的两名女秘书叫来,把毒药交给她们并对她们说,当野蛮的苏联人打进来的时候,如果她们想要使用的话,可以使用。他又说,他很抱歉在诀别时不能送更好的礼物给她们,他对她们长期忠诚的服务表示感谢。

1945 年 4 月 29 日,夜色已经降临,阿道夫 · 希特勒,这个专制恶魔,他的生命的尽头也到了。他命令他的秘书荣格夫人焚毁档案中的残余文件,并且命令所有地下避弹室的人在没有得到通知以前不准入睡。4 月 30 日早晨 2: 30,希特勒走出他的私人房间,来到作为饭厅的过道上,在那里等候他的约有 20 人,多半是他的女部下。他眼里含着泪水,同在场的人一一握手,作最后的告别。

在希特勒退回私室以后,一件怪事发生了。地下避弹室里可怕的、窒息的紧张气氛松弛下来了,有几个人到饭厅来跳舞。虽然他们当中大多

数人一直在考虑如何逃命,但是由于希特勒对他们生命的严格控制已经结束,在这短暂的片刻,只要可能,他们也想寻欢作乐一番。

鲍曼却不是这样,这位阴险人物还有事情要办理,他企图逃命的机会似乎很少了。从希特勒自杀到苏军来到之前的这一段时间恐怕太短,很难逃到邓尼茨那里去。如果逃不了,在希特勒尚未死去之前,他还能假借名义发号施令,他至少可以进一步拿“卖国者”来报仇雪恨。

无论如何柏林实在是保不住了。苏军几乎已经占领整个城市,现在仅仅剩下总理府这弹丸之地了。总理府已成了瓮中之鳖,希特勒和鲍曼在4月30日中午的最后一次情况汇报会议上已经了解到这一点。苏联人已经打到柏林动物园的东边,进入波茨坦广场,离总理府只有一条街。阿道夫·希特勒实现他的决心的时候已经到了。他将在人生的最后时刻和心爱的女人结婚,然后共赴黄泉。

显然,希特勒的新娘爱娃·勃劳恩这一天没有心思吃午饭,希特勒同他的两位秘书和素食女厨一道进餐,她也许还没有意识到这是她替他做的最后一餐饭。大约在下午2点30分,他们快要用完午饭的时候,管理总理府车房的元首司机埃里希·肯普卡接到命令,叫他立刻运200公升汽油到总理府花园来。在当时的情况下要弄这么多汽油是困难的,但肯普卡还是设法搞到大约180公升,找了3个人帮忙把汽油运到地下避弹室的紧急出口处。

为火葬收集汽油的工作还在进行时,希特勒用完了他最后的晚餐。他把爱娃·勃劳恩叫来,与他一道同他最亲密的伙伴们诀别。这些人是戈培尔博士、克莱勃斯将军和布格道夫将军、他的秘书们和女厨曼齐阿里小姐。戈培尔夫人没有在场,这位刚强而美丽的金发女人,觉得下决心同丈夫一道死去是容易的,但一想到要杀死她那6个年轻的孩子,她就感到缺乏勇气了。这些天来孩子们整天在地下避弹室嬉戏,丝毫不知有什么可怕的下场在等待着他们。

希特勒和爱娃与大家告别之后,回到自己的寝室。戈培尔、鲍曼和其他几个人,在外面的走廊里等候着。过了一会儿,他们听到一声枪响,他们等待着第二次枪声,但是却没有声音了。他们等了一会儿,轻轻地走进元首的房间。他们看到阿道夫·希特勒的尸体趴在沙发上,还在淌血,他是对着自己的嘴放枪的,爱娃躺在他的身旁。两支手枪滚落在地板上,但是新娘子没有用她的手枪，她服的是毒药，毒发身亡。此刻时间是 1945 年 4 月 30 日，星期一，下午 3 点 30 分。这是阿道夫·希特勒 56 岁生日后的第十天，是他担任德国总理、建立第三帝国以来的整整 12 年零 3 个月。

接着就进行维金式火葬。地下室里静得可怕，唯一能听到的声音就是地面上苏军的炮弹落在总理府花园里和打在四周弹痕累累的墙壁上的爆炸声。希特勒的侍从、党卫队中队长海因兹·林格和一个勤务兵将元首和元首夫人的尸体抬出来，到了过道之后交给肯普卡。两具尸体被抬到花园里，在一阵轰炸之后，勤务兵趁机将尸体放在一个弹坑中然后点燃汽油。随着一股焚尸焦味的飘散，第三帝国元首的幽灵从此烟消云散。

德意志第三帝国仅比它的元首多活了 7 天。1945 年 5 月 8 日午夜，欧洲的炮火和轰炸停止了，德国代表邓尼茨海军上将宣布无条件投降。自从 1939 年 9 月 1 日以来，欧洲大陆第一次在平静中度过。在这 5 年 8 个月零 7 天中，在 100 多个战场，在 1 000 多个被轰炸的城镇中，据不完全统计，苏联共死亡人数 2 000 多万，波兰为 580 万，法国为 60 万，德国为 800 万，犹太人为 570 万。而那个自吹是“千秋帝国”的法西斯德国，也在暮色中结束了生命。欧洲大陆重新获得了和平。

希特勒，这个 20 世纪最大的专制恶魔和战争罪犯，将永远地被钉在人类历史的耻辱柱上。

广岛原子弹大爆炸

第二次世界大战的欧洲战场以希特勒之死，纳粹无条件投降而宣告结束。在亚洲战场上，日本太平洋战争的前景也黯淡起来。到 1944 年年中时，他们的本土诸岛已遭到以马里亚纳群岛为基地的美国 B－29 轰炸机的狂轰滥炸。1944 年底，美军在菲律宾登陆，第二年 2 月底，他们已迫使日本驻军投降。

对日本人来说，更为严重的是，美国海军陆战队的 3 个师于 1945 年 3 月攻占了硫磺岛，在这场战斗中，美国海军陆战队的 3 万人中有 2 万人死伤，日本兵死亡 2 万人，200 多人被俘。硫磺岛离日本本土只有 350 英里，而冲绳岛也被占领，这时，美国空军将这两座岛屿用作基地，昼夜不停地对日本人口拥挤的城市进行暴雨般的轰炸。

在1944年11月到1945年8月日本投降的近10个月时间里，美军B－29轰炸机对日本进行了3.2万架次的轰炸，平均每天100多架次，1945年8月6日这一天，美军一架B－29轰炸机在广岛市上空扔下一颗原子弹，让日本人感受到了什么叫“大灾难”。

1945年7月16日5点30分，美国制造的第一颗试验性的原子弹“瘦子”在新墨西哥爆炸成功。此时正在参加波茨坦会议的美国总统杜鲁门得知原子弹试验成功，非常高兴。对他来说，原子弹既是一种军事武器，可以用来对付日本；同时也是一种外交武器，可以用来抑制苏联。在8月2日从波茨坦回国途中，杜鲁门决定立即对日本投掷原子弹。

关于是否对日本使用原子弹问题在美国朝野曾发生过激烈的争论。物理学家西拉德首先提出反对。他说：“我期望的是美国先于德国拥有原子弹。现在这个目的已经达到，希特勒不仅没有原子弹，而且已经垮台。剩下的日本不可能拥有原子弹，因此我们绝不能单方面使用原子弹，因为原子弹的杀伤力太大。”主持原子弹实验的科学家也说，即使不依靠原子弹，对日战争显然也即将结束。而他们要考虑的是，原子弹在未来的文明中将代表什么。

但是，杜鲁门和美国政府想尽早迫使日本投降，也想以此来抑制苏联。于是他们决定在日本的广岛、长崎等4个城市中选择一个目标投掷原子弹。

1945年8月6日8时刚过，3架美军B－29轰炸机进入广岛上空。在这3架飞机中，有1架已经装上了一颗名叫“胖子”的5吨重的原子弹。9点14分，这架轰炸机上的自动装置被打开，1分钟后，原子弹从打开的舱门落入空中。45秒钟后，原子弹在离地600米的空中爆炸，顷刻之间，广岛市沦为一片火海。原子弹爆炸的强烈光波，使成千上万人的双目失明；10亿度的高温，把一切都化为灰烬；冲击波形成的狂风，又把所有的建筑物摧毁殆尽。当时广岛人口为34万多人，靠近爆炸中心的人大部分死亡，当日共死亡7.9万余人，负伤和失踪人数为5.1万人；全市7.6万幢建筑物全被毁坏的有5万幢，严重毁坏的有2.2万幢。

第二天，杜鲁门总统在电台中向日本广播，他在讲话中宣布：“16小时前，一架美国飞机向日军重要基地广岛投放了一颗原子弹，这颗原子弹的威力比2万吨TNT炸药的威力还大。它的爆炸力相当于英国‘大满贯’爆炸力的2 000多倍,是世界战争史上迄今为止所使用过的最大的炸弹。”杜鲁门还说:“如果他们(日本)现在还不接受我们的条件(无条件投降),他们的毁灭将自空中而降。”

杜鲁门发表讲话之后,日军参谋本部组成了以原子能权威人士参加的调查委员会赴广岛,证实美国确实投放了原子弹,于是将这一情况报告了天皇。

但是,广岛的悲剧并未使日本当局醒悟过来,他们仍在作垂死挣扎。1945年8月9日上午11点30分,美国又在日本长崎投下了第二颗原子弹“男孩”。结果使这座城市遭到了同广岛一样的破坏。

日本无条件投降

1945年8月6日和8月9日美国在广岛、长崎投下两颗原子弹,与此同时,苏联也在8日出兵对日作战,对驻扎在中国东北的日本关东军发起全线攻击,日军全线崩溃。日本政府终于在8月15日宣布无条件投降。

美国投掷的原子弹虽然对促使日本投降起了一定的作用,但是它决不是决定性的因素。在中国人民和亚洲人民的全力抗击下,日本法西斯失败的命运早已是注定了的,这点连美国战略轰炸团在报告中也承认。丘吉尔曾说:“如果认为原子弹决定了日本的命运,那将是一个错误。”相反,由于原子弹给人民带来了巨大灾难,核武器和核战争遭到了全世界人民的强烈反对。

1945年9月2日上午9时许,在停泊在东京湾的美国战舰“密苏里”号上,举行了签降仪式。日本外相重光葵和陆军参谋长梅津美治郎大将代表日本政府在投降书上俯首签字。

日本的头号战犯东条英机,在美国宪兵去抓他的时候,曾试图开枪自杀以逃避责任,但是子弹却没打中心脏,终于给抢救活了下来。不久,在东京国际法庭上,他受到正义的审判,最后被送上了绞刑台绞死,终于得到应有的下场。

第二次世界大战总算结束了。爱好和平的人民将永远记取这个历史教训，团结一致，反对任何人奴役和压迫其他民族的企图，为争取世界和平而奋斗。让我们永远记住那些在战争中献身的人们！

东京大审判

1945 年 8 月 15 日，日本帝国主义对华侵略战争以失败而告终；同年 9 月 2 日，日本天皇发表无条件投降书。第二次世界大战亚洲太平洋战争宣告结束。世界和平来临了。

为了惩罚发动侵略战争的日本军国主义者，远东国际军事法庭在东京拉开了审判战犯的序幕。

1946 年 5 月 3 日上午东京时间 11 点 30 分，远东国际军事法庭宣布开庭。开庭前，全体法官一致宣誓：

“我们郑重保证：我们，远东国际军事法庭的法官，必定秉公执行我们的司法任务，绝无恐惧、偏袒、私爱。”

“静！”随着法庭内一声威严的喊声，全体肃然。澳大利亚昆士兰州最高法院的首席法官（院长）、本次审判庭的庭长韦勃爵士率 10 国法官刚一露面，法庭内又一声高喊：“全体起立！”顿时，摄影机、照相机的闪光灯一片闪烁，法官们依次登上审判台。

审判庭的组成是按中、美、英、苏等次序排列的，坐在庭长韦勃左边的是中国大法官，坐在庭长右边的是前美国陆军军部少将检察长克莱麦尔法官，其他 8 位法官分别是：英国最高法院法官派特立克，苏联最高法院军事委员会委员、少将法官扎里亚诺夫，加拿大最高法院法官麦克杜格尔，法国一级检察官柏纳特，荷兰乌得勒支市法院法官、乌得勒支（市）大学教授洛林，新西兰最高法院法官诺斯克洛夫特，印度加尔各答高等法院法官、大学教授帕尔，菲律宾最高法院法官加拉尼拉。

法庭内除上述 11 名法官外，还有相关国家的 11 名检察官和庞大的律师辩护团。

法庭内气氛森严。随着“带被告”一声传号，在法庭上的人，无论是法官、检察官、辩护人员、翻译人员，还是旁听者，其目光都不约而同地集中到被告身上，28 名日本甲级战犯，他们有的披着和服，有的穿着军装，一个个脸色苍白，神情沮丧，强作镇静而又无可奈何地走向各自的被告席。

甲级战犯，又称A级战犯，是指犯有共谋侵略他国，以战争破坏或威胁世界和平；违反战争法规及战争惯例；违反人道等行为的战争罪犯。甲级战犯大多是握有重权的战争狂人。日本战败投降后，到1945年12月中旬，被盟军最高统帅部指定的日本甲级战犯嫌疑犯共有110名之多，其中以东条英机为首的罪行特大的28名战犯受到了公开审判。他们是：东条英机、土肥原贤二、松井石根、坂垣征四郎、桥本欣五郎、烟俊六、梅津美治郎、荒木贞夫、平诏淇一郎、广田弘毅、星野直树、木户幸一、木村兵太郎、贺屋兴宜、小矶国昭、松冈详右、永野修身、南次郎、武藤章、大以周明、冈敬纯、大岛浩、佐滕贤了、岛田繁太郎、重光葵、白鸟敏夫、东乡茂德、铃木贞一。其中前8人都是侵略中国的元凶，对中国人民犯下了滔天的罪行，给中国人民带来了史无前例的大劫难。如东条英机接任首相的当天，就在第一次内阁会议上公然宣布：侵占整个中国，并建立"大东亚共荣圈"，是日本"帝国既定之国策"。土肥原贤二是制造"九·一八"事变和伪"满洲国"事件的祸首之一。松井石根1937年任日本侵略上海之派遣军司令官，曾先后指挥侵略上海的战争和"南京大屠杀"。梅津美治郎是分割中国华北的《何梅协定》的制定者。坂垣征四郎则是"平型关大战"和"台儿庄大战"的日军指挥官……

审判开始了，检察长美国人季南首先起诉，他说："……根据1945年7月26日《波茨坦宣言》，9月2日日本投降书和本法庭的宪章，经由下面署名的、赋有代表其各自政府参加对首要战犯进行侦查和起诉的适当全权的代表，现在对上述全体人犯，就下列所指范围，即破坏和平罪、战争罪、违反人道罪，就参与实现经法庭宪章加以定义的各种罪行的共同计划或阴谋，提起控诉……"

紧接着，各国检察官开始分阶段举证。

首先是中国阶段的举证。中国检察官向哲浚列举了大量的如山般的铁证，揭露了侵华日军的累累罪行。他揭露日本帝国主义一手制造的侵华战争，给中国人民带来了巨大的灾难，直接的物质损失难以计数，约有2 000多万中国同胞惨死在侵略者的刀枪之下。日军在南京的暴行，比德国法西斯在奥斯威辛集中营单纯用毒气屠杀更加惨绝人寰，他们砍头、劈脑、切腹、水溺、火烧、挖心、砍去四肢、割生殖器、刺穿阴户或肛门等手段之残忍，行为之恶劣，令人恐怖震惊……

在国际法庭调查期间，许多中国证人以亲身的经历揭露和控诉了日本侵略者的罪行。“南京大屠杀”的幸存者任长德用身上的刀伤证实了他所亲眼见到的日军用4挺重机枪扫射2 000多中国难民的暴行，他的回忆使得法庭官员和旁听者都深为震动。对“南京大屠杀”最后的判决书指出：“在日军占领后最初6个星期内，南京及其附近被屠杀的平民和俘虏，总数达20万以上。”同时，“这个数字还没有将被日军所烧弃了的尸体，投入到长江或其他方法处分的人们计算在内”。实际上，总数达30万之多。中国末代皇帝、“伪满洲国”的日本傀儡溥仪，也被传唤到庭讲述了日本帝国主义奴役满洲的计划和实施的过程。

但是在如此铁证面前，这些一贯狡猾阴险毒辣的战争狂人，在口供中仍竭力抵赖，掩盖事实，试图混淆视听。尽管如此，审判基本上还是朝着正义的方向发展。法庭出示了4 336件文件证据，先后共有109名检察方面的证人出庭作证，整个审判前后历时31个月，这些审判在历史上都是罕见的。审判期之所以拖得这般长，一是案情本身庞大复杂；二是被告百般抵赖，不配合法庭；三是语言翻译困难，更重要的则是辩护律师故意节外生枝、拖延时间。每一位被告都有美日律师各一名，他们十分嚣张。究其原因一则是当时美苏两国为着柏林封锁危机而对峙，剑拔弩张，各不相

让，似乎第三次世界大战即将发生。被告和律师当时都抱有幻想，以为一旦国际阵营发生变化，日本势必能得到美国重视，而战犯们或许还可以受到美军重用。二则是法庭采用的英美法系规定的“国家律师制”，使律师在庭上享有与检察官同等的权利。故此，战胜国美国的律师便有恃无恐，东拉西扯，不着边际地询问证人，使得证人无法向法庭正常提供证言，一直到1948年11月4日法庭才开始宣判。判决书长达1 800页，庭长宣读了8天才结束。28名被告中，有3人生病，另有3人或因精神病或因死亡均未出庭，因此只有22名被告默坐在被告席上，听取韦勃大法官宣读的判决书的日文翻译。

1948年11月12日下午1时30分，法庭宣告判决。

判处东条英机、土肥原贤二、广田弘毅、坂垣征四郎、木村兵太郎、松井石根、武藤章7人绞刑处死。

判处荒木贞夫、桥木欣五郎、俊六、平诏淇一郎、星野直树、木户幸一、小矶国昭、南次郎、冈敬纯、大岛浩、岛田繁太郎、贺屋兴宜、佐藤贤了、铃木贞一、白鸟敏夫、梅津美治郎16人无期徒刑。

判处东乡茂德有期徒刑12年。

判处重光葵有期徒刑7年。

松冈详右和永野修身在审判期间死亡，因而“免予起诉”，大以周明因精神病而中止审判。

判决书正式宣告后，战犯们仍旧贼心不死，企图捞一根救命稻草，在辩护律师授意下，正式向美国最高法院提起上诉，但被驳回。1948年12月23日凌晨，东条英机等7名战犯在日本巢鸭监狱被绞刑处死，行刑过程仅用了35分钟。盟军总部对这次行刑发表了如下公告：

“在开始绞刑前20分钟，4个被处死的日本战犯由卫队保护自监狱中引入一层楼上附设的秘密的小佛堂中，由和尚（为他们）作最后祈祷后，即在保护下（走入刑室）至刑台上。在各战犯走入刑室时，一一验明正身。刑室的入口处在证人席的前面，证人在战犯进入之前莅临。各战犯验明正身后，即步上13级刑台，面对着各证人。各战犯站在刑台之上，即被蒙上黑罩，接着又被套上绳子。总行刑向监刑官敬礼及报告执行死刑准备就绪之后，就发号执行。此时为午夜后一分半钟，也就是各战犯进入刑室后一分钟。土肥原于12时7分半钟死去，东条英机于12时10分半钟死去,武藤章于12时11分半钟死去,松井于12时13分钟死去。第二批于12时15分进入刑场,一切程序如前,在12时26分执行。坂垣于12时32分半死去,广田于12时34分半死去,木村于12时35分死去。”

正义终于得到了伸张。这些双手沾满了世界各国人民鲜血的刽子手,恶贯满盈,得到了应有的下场。

东京大审判绝非战胜国对战败国的简单报复,更不同于私人间的复仇,它是正义的人民对邪恶的敌人的审判,是世界爱好和平者对战争狂人的回击,它是一次正义的审判。东京大审判,标志着第二次世界大战落下了帷幕。

日军慰安妇

说到第二次世界大战,就不得不提日军慰安妇。第二次世界大战期间,日本军队曾从国内征召一批所谓“从军慰安妇”,到战场上满足官兵的性欲。所谓“从军慰安妇”,又称“女子挺身队”,实际上就是军妓。联想到20年前日俄战争期间,日军在西伯利亚肆意强暴妇女,结果有1/7的官兵染上性病,无法服役。所以,战争中官兵的性欲问题非解决不可,伤害敌国妇女事小,但损耗军力事大,因此“军妓制度”势在必行。

为此,日本陆军省高级官员向北支方面军和中国派遣军参谋长下发了有关征集慰安妇的通知,要求以日军和警察为主参与征集慰安妇的工作。1944年原陆军中山警备队总部(驻扎在中国)拟就的《军人俱乐部(慰安所)使用规定》中说,部队要负责对慰安所的监督以及经营管理和对慰安妇的卫生管理等。

刚开始时日军并不敢明目张胆地强征慰安妇,同时,为了避免刺激中国人的抗日情绪,曾规定军妓不应由中国女性担任。

这样,军方只好暗中找了一些商人、流氓在日本本土招募妓女去做慰安妇。万一东窗事发,军方可以把责任推给他们。

另外,在财务上也是做得不落痕迹。日本政府发动民众购买国债,所得资金以“临时军事费”名义拨给远征军,按规定不必列入结算报告,也不需收据销账,正好供“从军慰安妇”之用。

因此，军妓制度开始实行之初，随军慰安妇大部分是日本的妓女，包括一部分朝鲜人。但自从太平洋战争爆发以后，随着战场规模的扩大和战争日趋残酷，朝鲜妇女的人数就大大超过了日本人，同时，也增加了部分中国人和菲律宾人。

日本军方也日益直接插手慰安所的监督、管理和慰安妇的卫生管理工作，打破了原有的限制。

据估计，在第二次世界大战期间，总共有大约10万~20万妇女（大多是朝鲜人）被迫充当随军慰安妇。随军慰安所的设置遍及战场各地，在中国、菲律宾、缅甸、越南、印度尼西亚等国均有。可以说，只要是日本侵略者魔爪所到之处，无不设有慰安所。

“从军慰安妇”是日本战时的一大“发明”，也是世界历史大事中的一大污点。

联合国的建立

第二次世界大战带给了人类不尽的灾难，爱好和平的人士意识到，有必要建立一个国际组织和广泛而永久的普遍安全制度，以维护世界和平。

1941年12月太平洋战争爆发，美国总统罗斯福与英国首相丘吉尔为协调各个反法西斯国家之间的政策和行动，在苏联的支持下，共同草拟了一个有关各国应该遵守的宣言。1942年1月1日，中、美、英、苏等26个参战国在美国白宫共同签署了《联合国家宣言》，该宣言宣布：“各签字国保证运用本国的全部军事、经济及其他资源的力量与法西斯国家作战到底，各签字国互相援助，不与敌国单独缔结停战协定或和约。”

当时，《联合国家宣言》虽是战时针对法西斯国家的，但为以后联合国的建立奠定了基础。

1943年10月19日－30日，美、英、苏三国外长以及一些高级参谋人员在莫斯科召开会议。会议期间，中国驻苏联大使傅秉常受权与三国外长共同签署了《中苏美英四国关于普遍安全的宣言》，在这个宣言中四国提出了建立联合国的基本想法和原则，即：“他们认为必须在最短期间，根据一切爱好和平国家主权平等的原则，建立一个普遍性的国际组织，所有这些国家不论其大小，均可加入为成员国，以维护国际和平与安全。”这样，中、苏、美、英也就成了建立联合国的发起国。

1944年8月-10月，中苏美英4国代表又在美国华盛顿召开了一次会议。会议根据莫斯科宣言的精神，讨论了“关于建立普遍性国际组织的建议案”。会议建议新建立的国际组织名称为“联合国家”，对这一组织的机构，建议：①建立全体成员大会，由全体成员国代表组成；②设立安全理事会，由中苏美英法5个常任理事国和大会选出的6个非常任理事国组成；③秘书处为联合国的常设机构，秘书长为秘书处的领导人；④国际法院为联合国司法机构。

1945年2月，在苏联的雅尔塔会议上，罗斯福、丘吉尔同意斯大林提出的在安理会5个常任理事国的表决权问题上，主张一票否决制，即在常任理事国表决时，只要有一个国家反对，表决就是无效的建议。会后，三方约定同年4月间在美国旧金山召开世界各国反法西斯国家代表大会，讨论成立联合国事宜。

1945年4月25日，联合国成立大会在美国旧金山歌剧院大厅开幕，中国共产党的代表董必武作为中国代表团成员参加了会议。联合国大会历时2个月，会议一致通过了《联合国宪章》和《国际法院规约》。6月25日，联合国成立大会签字仪式在旧金山举行，50个国家的153名代表在印有中、俄、英、法、西5种文字的宪章文本上签字，中国代表团首先签字。这一天后来被定为“联合国宪章日”，简称“联合国日”。

联合国的建立是为了完成两大任务：维护和平与安全，妥善处理国际经济、社会和文化问题。联合国是作为各主权国家的联盟而建立的，它的宪章明确规定，这个组织不得“干预基本上属于任何国家国内管辖范围内的事项。联合国的第一个任务——维护和平与安全——主要交给安全理事会执行。所有实质性问题的决议必须以5个常任理事国的同意票（和2个非常任理事国的同意票）通过。安理会拥有解决国际争端的广泛权力。它可以采用诸如调解或仲裁之类的和平方式，也可以强行实施经济或政治制裁。”如果这些措施解决不了问题，安理会还有权“通过海、陆、空部队来采取维护或恢复国际和平所必需的行动”。为此，宪章规定成立一支由各会员国提供人员和装备的“国际治安部队”。

联合国的第二个任务——反饥饿、反疾病和反愚昧——交给经济及社会理事会执行。这个理事会制定了种种计划,目的是要为占世界人口一半的挨饿的人提供较多的食物,治愈占世界人口1/8的患疟疾的人,拯救占儿童总数40%的、不满一岁就已死去的婴儿,教育占世界成年人总数一半的、不会读书写字的文盲。为了达到这些目的,经济及社会理事会建立了许多专门机构,其中包括国际劳工组织、粮食及农业组织、联合国教科文组织、世界卫生组织和国际货币基金组织。

今天,联合国在各种非政治性活动方面十分成功。在处理国际事务的过程中,联合国发挥了越来越重要的主导作用。

第十六章　战后

冷　战

所谓“冷战”，是指第二次世界大战结束后不久，以美国为首的西方联盟针对以苏联为代表的社会主义国家进行的除了直接武装进攻之外的一切敌对活动，包括遏制、封锁、颠覆、污蔑、煽动等一系列的紧张对峙状态。

1946 年 3 月 5 日，以英国首相丘吉尔在美国富尔顿发表反苏、反共演说为标志，拉开了冷战的序幕。1947 年 3 月 12 日，美国提出要求遏制苏联和共产主义的杜鲁门主义，这标志着冷战的正式开始。

“冷战”作为国际政治中的一个术语，是 1946 年 4 月美国参议员伯纳德·巴鲁克在一篇讲话中首先提出来的。1947 年美国专栏作家李普曼在《冷战:美国外交政策研究》等文中，把冷战局面归结为美苏之间根深蒂固的敌意及相互之间的冲突和不战不和的对峙局面。此后，“冷战”这一政治术语被广泛采用，在相当长时间里成为美国外交，尤其是它对社会主义国家外交政策的一个专有名词。

由于第二次世界大战末期反法西斯战争胜局已定，美国已不再需要苏联，美苏战时同盟关系的基础已动摇。而在战争中经济、军事实力急剧膨胀起来的美国，急欲在战后建立其从未有过的领导地位，但鉴于苏联的实力和威望，美国无力也不愿与苏直接对抗，于是遏制苏联和共产主义的影响便成为当时及以后相当长时间里美国外交政策的基调。这一基调的形成便影响到 20 世纪下半个世纪苏美两霸领导集团的国际思维——也就是外交家们常说的“冷战思维”。

为了能够实现反苏、反共、阻挠社会主义力量发展的目的，美国极力在苏联和其他社会主义国家的周围建立军事集团，到处以反对所谓的“共产主义威胁”和维护美国及西方“安全”为由干涉他国内政，先后在欧洲、中近东、东南亚等地区组织起北大西洋公约组织、巴格达条约组织、东南亚条约组织等军事或准军事集团。苏联也极力保护和扩大自己的势力范围，建立了共产党和工人党情报局、经济互助委员会和华沙条约组织等与之相对抗，还在世界许多地方通过第三方与美国进行激烈争夺。在战后

40 多年里，美苏之间或明或暗进行争斗的事件屡屡发生，加剧了世界和地区性紧张局势，有时甚至战争一触即发。

美苏两国之间的争夺主要表现在常规和核军备竞赛上。而两国间的对峙好几次达到“热战”边缘，20 世纪 60 年代初期发生的古巴导弹危机，20 世纪 40 年代末和 50、60 年代发生的几次柏林危机，便是突出的事例。

整个“冷战”时期也时不时地爆发局部的“热战”。美苏或一方亲自出马，或通过支持他方在亚非拉等地区进行了军事较量。例如：

在朝鲜，美国操纵“联合国军”，进行了 3 年多的朝鲜战争。

在越南，美军又拉了几个盟友同北越从 20 世纪 50 年代一直打到 70 年代，打了 20 年。

在中美洲和加勒比地区，美国自 20 世纪 60 年代以来一直对受到苏联支持的古巴实行经济制裁，策划颠覆、武装干涉危地马拉、萨尔瓦多等左翼政府，派重兵强行入侵亲古巴的格林纳达。

在南美，美国支持和参与推翻智利等有社会主义倾向的政府。

在非洲，美国和苏联各支持一方，在刚果、安哥拉、红海之角等地鏖战了数年。

在欧洲，苏联对西柏林的几次封锁都使苏联与美、英、法等国发生了严重的军事对峙。

1979 年，苏联重兵入侵阿富汗，引发严重的国际危机。

意识形态的相互对立是冷战中最具特征、持续性最强、影响最难消除的原因和遗产。美苏为壮大自己、削弱对手，在文化、宣传等思想文化意识领域进行了长期的、耗费巨大的斗争。这种斗争带来的消极影响一直延续到20世纪末。

与“冷战”密切相关的一个词便是“缓和”。冷战中，美苏双方为了自己的利益，20世纪50年代末之后先后搞过几次缓和，以避免发生双方都难以承受的大规模直接冲突，以及争取时间去积聚更大的力量。20世纪50年代末的戴维营会谈及“戴维营精神”、60年代末和70年代大肆宣传的军备控制谈判等，都是“缓和”的产物。

然而，“缓和”并不可能真正缓和双方紧张对峙的冷战关系。自从1979年苏联武装入侵阿富汗后，20世纪80年代的美国里根政府对苏联又开始采取强硬政策，大力扩军备战，特别是提出了“战略防御倡议”，即“星球大战”计划，美国不惜耗费巨资，力求运用高技术手段谋取能压倒苏联的军事优势。苏联不甘落后，从此双方展开了冷战中又一轮更危险的军备竞赛。

40多年的冷战使美苏双方消耗了巨大的财力、物力和人力，都在不同程度上伤了元气，使两国在国际上的地位和影响力均下降。相比之下，苏联更是吃力得多，其后果也更严重，导致国民经济结构严重失调，发展停滞。

为摆脱眼前困境，1985年戈尔巴乔夫任苏共中央总书记后，在外交上提出“新思维”，对美国转而采取守势，逐步甩掉东欧、越南、古巴等“包袱”，收缩战线以求得喘息时间。

1989年1月布什总统入主白宫后，美国提出了“超越遏制”战略，把对苏政策的重点从军事对抗转为和平演变。此后不久，苏联、东欧政治发生剧变。

1989年12月，美苏两国首脑布什与戈尔巴乔夫在地中海岛国马耳他举行了一次非正式会晤，双方宣布结束自第二次世界大战末期以来形成的美苏划分势力范围的雅尔塔体制，“将其抛进地中海底”。

1990年10月，冷战最重要的象征之一，竖立了30年的柏林墙被推倒，民主德国被联邦德国吞并，德国统一。11月，欧安会各成员国首脑汇集巴黎，缔结了“新欧洲巴黎宪章”，冷战正式宣告结束。

马歇尔计划

1947年6月5日，美国国务卿乔治·马歇尔在哈佛大学讲话时指出，至少在以后几年中，欧洲的需要大大超过了它的支付能力。他又说："美国应尽最大努力帮助恢复世界正常的经济繁荣，如果不这样做，就不会有政治上的稳定和有保证的和平。"这次旨在帮助欧洲复兴的方案是当时美国对外政策的一个重要组成部分，因由马歇尔系统提出而取名为"马歇尔计划"。

马歇尔计划出台有着浓厚的政治经济背景。第二次世界大战后，美国因大发战争横财而成为西方国家中最强大的国家，与苏联为首的社会主义阵营处于相抗衡的地位。在战争中美国本土未受到攻击，工业基础未遭破坏，生产力得到提高，生产过剩；相反，英、法等老牌资本主义国家却因遭受战争创伤，工业基础遭到严重破坏，原有的殖民地大量失去，昔日霸主的地位已不复存在；而德国、意大利等国因战败被盟国所摧毁，战争创伤要比其他西欧国家更为严重。西欧各国在战后物资缺乏，物价飞涨，失业率猛增，经济面临崩溃，更加上1946年发生的经济危机，使得西欧各国政局动荡不安，工人罢工斗争此起彼伏，日益高涨，已经严重地动摇了资产阶级的统治地位。

在第二次世界大战中，美国已经开始扮演世界领袖的角色，企图充当未来的世界霸主。战后美国看到老牌的资本主义殖民国家如英、法、德已经没落，美国一方面感到幸灾乐祸，因为这为美国提供了充当新霸主的极好机会；另一方面美国又不愿看到西欧日益衰败，出现土崩瓦解之势，深怕西欧落入当时社会主义阵营的势力范围。从美国的最高利益考虑，美国政府认为在经济、政治、军事上全面控制西欧的时机已经到来，于是美国就抛出了欧洲复兴的计划，作为美国全面控制西欧、抗衡苏联、充当霸主战略的一个部分。

1947年2月22日，美国国务卿马歇尔上任不久即在普林斯顿大学发表对外政策演说，强调鉴于西欧各国经济处于困境，美国应给予各国强有力的援助。3月6日，美国总统杜鲁门在德克萨斯州贝纳大学发表演说，声称世界经济关系的格局取决于美国。4月29日，马歇尔指示其下属的政策设计委员会研究美国援助欧洲的问题,要求委员会主席乔治·凯南提出报告。5 月 8 日,杜鲁门授意美国副国务卿艾奇逊在克利夫兰一个集会上发表对外政策演说。艾奇逊强调欧洲重建要作为一个整体来考虑,要通过贷款或赠予方式给予更广泛的支援,以此来保持欧洲的繁荣,并遏制苏联的渗透。艾奇逊的演讲被杜鲁门称为“马歇尔计划的序幕”。

6 月 5 日,马歇尔选择他被哈佛大学授予名誉学位的机会发表演说,正式提出欧洲复兴计划的总方针和原则,宣布美国为了应付欧洲危机,准备帮助欧洲走上复兴的道路。马歇尔指出要克服欧洲的经济困境,必须由美国提供援助。美国的政策是“帮助世界恢复正常的经济秩序”。进而他提议应由欧洲首先提出倡议,然后再由美国就这一倡议给予支持,并给予实际的援助。

马歇尔的讲话立即受到西欧各国普遍的热烈欢迎。6 月 17 日 – 18 日,英、法两国就“马歇尔计划”问题在巴黎举行会谈,19 日两国发表公报,表示欢迎马歇尔计划,并决定邀请苏联共同参与制定一个广泛的复兴计划。6 月 27 日英、法、苏三国外长在巴黎举行会谈。7 月 2 日苏联外长莫洛托夫发表声明表示欢迎基于民主的国际合作,但谴责西方的做法将导致某些国家对另一些国家内部事务的干涉,因此宣布退出会谈。7 月 12 日,英、法、奥、希、比、丹、冰、爱、意、卢、荷、挪、葡、瑞典、瑞士、土耳其 16 国在巴黎举行会议,讨论“马歇尔计划”,决定成立“欧洲经济合作委员会”,负责起草西欧各国 4 年内资源和需求的总报告,以便提交美国。

9 月 22 日,“欧洲经济合作委员会”提出“欧洲复兴计划”的 4 项原则:(1)各国努力发展生产;(2)维持国内的财政稳定;(3)参加国之间互相合作;(4)解决参加国与美洲大陆之间的赤字。要求美国给予 240 亿美元的经济援助。

“马歇尔计划”在得到西欧的热烈欢迎后,美国即加紧将该计划的各项准备工作予以落实,首先成立了对外援助委员会,直属总统,该委员会负责制定具体的方针、政策。作为复兴欧洲的有机组成部分,美国曾分别于 6 月 20 日给予希腊 3 亿美元援助;7 月 12 日援助土耳其;8 月 14 日削减意大利战时所欠债务,停止对意大利在美财产的冻结;10 月 16 日减少作为赔偿而拆迁的德国工厂的数目。

1947 年 12 月 19 日,杜鲁门总统向国会提出“美国支持欧洲复兴计划”。1948 年 4 月 2 日美国国会通过《1948 年对外援助法》,4 月 3 日杜鲁门签署了这项法案。该法律规定为“马歇尔计划”拨款 50 亿美元,并规定各个参加“马歇尔计划”的受援国须与美国就援助条件签订双边条约。美国为此还特别成立了经济合作署,开始正式实施马歇尔计划。

到 1951 年 12 月 31 日马歇尔计划终止时,美国为支持该计划的实施总共支付了 125 亿美元。这一巨大的投资和欧洲的人力物力一起,使欧洲能迅速复苏,生产水平和生活水平超过了第二次世界大战前的水平。但是,从东西方之间的关系这一角度看,马歇尔计划是走向冷战的最后一步。

关税及贸易总协定

关税及贸易总协定是一个政府间缔结的有关关税和贸易规则的多边国际协定,简称关贸总协定。它的宗旨是通过削减关税和其他贸易壁垒,削除国际贸易中的差别待遇,促进国际贸易自由化,以充分利用世界资源,扩大商品的生产与流通。关贸总协定于 1947 年 10 月 30 日在日内瓦签订,并于 1948 年 1 月 1 日开始生效。

20 世纪三四十年代,世界贸易保护主义盛行。国际贸易的相互限制是造成世界经济萧条的一个重要原因。第二次大战结束后,解决复杂的国际经济问题,特别是制定国际贸易政策,成为战后各国所面临的重要任务。

1946 年 2 月,联合国经社理事会举行第一次会议,会议呼吁召开联合国贸易与就业问题会议,起草国际贸易组织宪章,进行世界性削减关税的谈判。随后,经社理事会设立了一个筹备委员会。1946 年 10 月,筹备委员会召开第一次会议,审查美国提交的国际贸易组织宪章草案。参加筹备委员会的与会各国同意在“国际贸易组织”成立之前,先就削减关税和其他贸易限制等问题进行谈判,并起草“国际贸易组织宪章”。1947 年 4 月 7 月,筹备委员会在日内瓦召开第二次全体大会,就关税问题进行谈判,讨论并修改“国际贸易组织宪章”草案。经过多次谈判,美国等 23 个国家于 1947 年 10 月 30 日在日内瓦签订了“关税及贸易总协定”。按照原来的计划,关贸总协定只是在国际贸易组织成立前的一个过渡性步骤,它的大部分条款将在“国际贸易组织宪章”被各国通过后纳入其中。但是,鉴于各国对外经济政策方面的分歧以及多数国家政府在批准“国际贸易组织宪章”这样范围广泛、具有严密组织性和国际性的条约所遇到的法律困难,使得该宪章在短期内难以被通过。因此,关贸总协定的23个发起国于1947年底签订了临时议定书,承诺在今后的国际贸易中遵循关贸总协定的规定。该议定书于1948年1月1日生效。此后,关贸总协定的有效期一再延长,并为适应情况的不断变化,多次加以修订。于是,“关税及贸易总协定”便成为确立各国共同遵守的贸易准则,协调国际贸易与各国经济政策的唯一的多边国际协定。

关贸总协定由序言和4个部分组成,共计38条。其基本原则是:贸易应当在非歧视待遇的基础上进行;成员国只能通过关税而不能采用直接进口管制措施保护本国工业;应通过多边谈判来削减关税,限制贸易壁垒;成员国应当通过磋商解决贸易问题及争端。总协定第四章还专门规定了发展中国家在贸易与发展方面的一些特殊要求和有关问题。

从名称上看,关贸总协定只是一项“协定”,但它实际上等于是一个“组织”。这个在总协定基础上形成的国际组织,其最高决策机构是缔约国大会(通常每年举行一次),其常设机构是由缔约国常任代表组成的理事会(一般每两个月开例会一次),其常设秘书处设在日内瓦。此外,关贸总协定下还设有20个机构,如贸易与发展委员会、国际收支限制委员会、关税减让委员会、反倾销委员会、纺织品委员会等,分别负责各种专门问题事务。

“关贸总协定”组织的主要活动是举行削减关税和其他贸易壁垒的谈判,这种谈判有一个专门术语称为“回合”。从1947年到1979年,在总协定的主持下各国共进行了7次多边贸易谈判。其中最著名的是1964年的“肯尼迪回合”和1973年的“东京回合”。除组织多边关税及贸易谈判外,关贸总协定还组织有关国家对于商业政策方面出现的问题进行磋商,解决争端;协助个别国家解决其本国贸易中的问题;帮助有关国家加强地区性贸易合作;执行培训国际贸易专业人员的计划等。

关贸总协定对世界贸易具有非常重大的影响。到1985年5月为止,关贸总协定的正式成员国已发展为90个国家和地区。参加关贸总协定的国家和地区的总贸易额占世界总贸易额的80%以上。

中国也是关贸总协定的创始会员国之一,参加了关贸总协定的谈判和签字。1950年3月,台湾当局宣布退出关贸总协定。由于当时国际和国内的历史原因,中华人民共和国政府未能立即参加关贸总协定的活动或与之保持联系。时至今日,中国在关贸总协定中的创始会员国地位仍未恢复。根据公认的国际法原则,一个国家的政府更替不应影响该国所承担的国际条约义务和享有的国际条约权利。1949年中华人民共和国成立后,便成为中国的唯一合法代表,台湾当局无权代表中国。因此,台湾当局退出关贸总协定,不应影响中国在关贸总协定中的法律地位。考虑到这一事实本身具有的独特历史原因,关贸总协定各成员国均应在非歧视的基础上承认中国的创始会员国资格。多年来,中国政府一直在为恢复中国在关贸总协定中的合法地位而努力。

现在,关贸总协定已被世界贸易组织所代替。21世纪初,经过中国政府的努力,中国终于入世。

甘地遇害

甘地是印度民族运动领袖。

1920年他从南非回到印度后,便积极倡导对英国殖民政府的"不合作运动",并领导印度国大党积极开展争取印度独立的斗争。不久,国大党通过了甘地的"不合作运动"方案。从此,甘地一直是国大党的领袖,"非暴力"思想便成为国大党的指导思想。

从开始领导国大党到印度独立,甘地在印度人民争取民族独立的斗争中起了重要作用。此外甘地还主张印度教徒和伊斯兰教徒在反殖民主义运动中团结合作,并提倡进行社会改良及妇女地位平等。

1948年1月,印度发生了锡克族人和穆斯林教徒的纠纷。许多从巴基斯坦涌入印度的难民占领了穆斯林的清真寺,宗教纠纷引发了内乱。1948年1月13日,甘地为了平息这场纠纷,又在新德里进行第15次绝食,甘地的绝食行动产生了惊人的效果。巴基斯坦的锡克族难民把其占领的清真寺还给了伊斯兰教徒,一场宗教纠纷终于平息了。几天前还在广场上斗殴的人们，现在聚集在那里，盼望知道甘地的身体状况。但是，在印度浦那市的一家报馆里，纳拉扬·阿普迭和纳拉姆·戈德赛两人读着甘地绝食的消息，内心痛恨甘地的一切作为。他们认为甘地提出的“非暴力抵抗”的口号是胆小鬼的懦言。他们理想中的印度，是绝不允许甘地这样对穆斯林友善和宽容的。于是，他们下决心杀死甘地。

已经78岁高龄的甘地在印度各界的请求下，终于在绝食121小时之后，于1月18日停止绝食。这时，阿普迭、戈德赛和戈帕尔、帕赫尔、卡尔卡雷、巴奇等6名狂热分子来到新德里海洋饭店第46号房间。他们准备暗杀甘地。暗杀凶器有一支老式手枪、两枚手榴弹和一枚炸弹。阿普迭建议他们6人在甘地与公众会见的比拉大厦动手。这个计划规定：在1月20日（星期二）下午甘地会见公众的祈祷仪式上，杀死甘地；射击时，从窗口投出一枚手榴弹；卡尔卡雷带着另一枚手榴弹，站在甘地祈祷台前；帕赫尔拿着炸弹站在花园里，到时引爆，掩护同伙撤走；阿普迭和戈德赛负责指挥。

星期二这一天，阿普迭因事迟到15分钟。戈帕尔到达预定位置后，发现那扇窗子实际上是个位置很高的通风口，手榴弹无法投出去。巴奇心惊胆战，没敢开枪。卡尔卡雷犹豫不决，没有动手。帕赫尔拿出炸弹后，被一个小孩发现，遭警察逮捕。戈德赛因为住在原独眼人住过的房间，认为是不祥之兆，而行动不积极。刺杀甘地的计划终于没能得逞。剩下的5名刺客随着人群悄悄溜走。

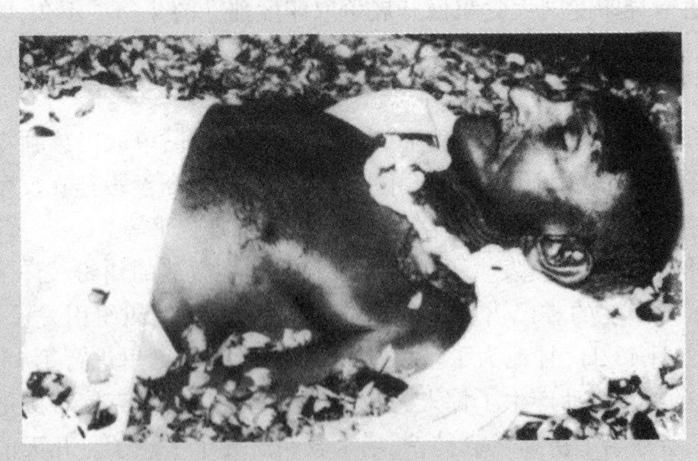

半夜，被逮捕的帕赫尔在警察拷问下，终于供出刺杀计划。但警察所负责人由于即将卸任，故对调查工作一直不尽力。他认为这件事是少数失去理智的人干的，不必惊慌失措，那些刺客不会再来了。

但是，刺客们很快又回来了。戈德赛、戈帕尔、阿普迭和卡尔卡雷等在孟买郊外一个火车站的一节车箱里，密谋了第二次刺杀行动，并决定这次行动由戈德赛一人持枪射击，阿普迭和卡尔卡雷作掩护。然后，他们重又回到了新德里。

1948年1月30日，甘地照常到比拉大厦做祈祷，刺客们也积极准备行动。为防止被人辨认出来，刺客们用穆斯林信女祈祷用的大披巾把戈德赛裹起来，男扮女装。戈德赛腰藏装有6发子弹的手枪，未经警察检查，便混入比拉大厦祈祷场地。

下午5时，人群突然一阵骚动，然后自动向两旁分开，形成了一条通道。甘地从通道尽头，慢慢地走过来。当甘地走到离戈德赛只有三步远的时候，戈德赛向前走了两步，按照印度传统的方式，把手放在胸前，向甘地鞠躬。人们都认为他是个虔诚信徒而没加注意时，戈德赛突然向半米远的甘地连开了3枪。甘地手捂胸口，挣扎了一下，然后慢慢倒下。

慌忙之中，戈德赛忘了逃跑，当场被抓获。阿普迭和卡尔卡雷则于逃跑后两星期也被捕获。1949年11月15日，戈德赛和阿普迭被处以绞刑。卡尔卡雷、帕赫尔和戈帕尔被判处无期徒刑，21年后3人获释。巴奇因出庭作证，被免罪释放。

一代圣雄在狂热的教徒枪杀中辞世了，终年79岁。他去世后，整个印度都陷入巨大的悲痛之中。人们悲痛欲绝，在政府为他举行的隆重的葬礼中，出现了数十万人夹道为他的灵柩送行的感人场面。

柏林危机

1948年，美苏在柏林发生了一场争斗，历时11个月，最后以双方互相妥协而告终。这次斗争被称为“柏林危机”。这次危机是美国蓄意分裂德国、恶化美苏关系而制造的一次事件。

第二次世界大战后，德国战败，美、苏、英、法4国分区占领了德国。

1945年6月5日，占领区当局在柏林开会，联合发表《关于德国占领区的声明》。1945年以后，为了解决德国问题，4国曾多次举行过外长会议。1948年2月，美国、英国、法国、荷兰、比利时和卢森堡6国外长会议在伦敦召开。在此次会议上，美国加紧推行分裂德国的步骤。美国通过"马歇尔计划"，推行欧洲复兴政策。这次会议于6月7日结束后发表公报，决定在德国西占区拟订"基本法"，召开"制宪会议"；美、英、法拟议建立德国西部国家；在德国境内西区进行币制改革；6国组成国际管理机构对西区的工业生产进行管理等。

其实伦敦会议是在美国操纵下召开的，它排斥苏联在德国问题上的发言权，试图单独解决德国问题，并在德国西部建立一个国家，以此为桥头堡，建立反苏阵线。苏联对此当然不满。1948年3月20日，苏联决定采取报复行动，他们的外长宣布退出盟国管制委员会。6月19日，针对美国于6月18日宣布将于20日在德境西区进行币制改革的声明，苏联发表政府声明，指出大柏林属苏占区内，是苏占区的一部分；宣布为了防止对苏占区货币流通的破坏，苏联将采取措施加强管理，控制西方国家进入柏林的通道。柏林危机由此开始。

6月22日，苏、美、英、法4国在柏林召开会议讨论柏林货币问题。苏联代表在会上宣布，苏联决定在柏林发行新货币，美国随即宣布把德境西区货币改革扩大到柏林西区。由于柏林是由4国共管，因此苏美都声称有权在柏林推行新货币，并且命令柏林行政管理当局执行各自的货币政策。23日下午，柏林市政当局采取折中方案，决定在苏占区实行苏联发行的新币，在柏林西区则实行美英法的新币。

6月24日，苏联针对这种情况，全面封锁了柏林，中断柏林铁路、公路、水路交通线。美国对苏联的做法提出抗议，英法政府支持美国的立场。3国随即也宣布对两个德占区即苏联占领区和美、英、法占领区之间及柏林西区与苏占区之间的交通、运输和贸易进行限制。

柏林危机全面爆发，一时苏占区和柏林西区关系非常紧张，交通、运输中断，居民来德被限制，柏林市政管理陷入混乱，人心惶惶。战争气氛笼罩着柏林。美国为了进一步实现其分裂德国的阴谋，推波助澜，大肆宣传核恐怖，并有意制造第三次世界大战即将爆发的假象。为迷惑人心，美国还运送了大量武器和物资到美、英、法占领区。

8月2日，斯大林指出美国破坏德国的统一，使西方失去共管柏林的法律基础，建议用柏林苏占区的新币代替西区的新币。美、英、法驻苏大使在听取了斯大林的建议后，提出了各自的立场，坚持其分裂德国的政策。

1949年1月31日，斯大林在会见美国国际新闻新欧洲分社社长时就柏林问题建议，如果美、英、法3国同意把建立单独的联邦德国推迟到研究整个德国问题的外长会议召开时，那么苏联可以取消对柏林的交通管制。

4月8日，美、英、法3国外长在华盛顿签署关于德国的协议，单独就联邦德国的成立以及联邦德国与3国的关系作出规定。

经过苏联与美、英、法3国的谈判，5月5日达成协议，4国政府在莫斯科、华盛顿、伦敦和巴黎同时发表公报宣布：5月12日解除德国各占领区和柏林之间的交通限制；5月23日将在巴黎召开4国外长会议讨论德国问题。

5月8日，联邦德国制宪议院委员会通过了《德意志联邦共和国基本法》（通称“波恩宪法”）。5月12日，美、英、法3国批准了该宪法。

5月12日，柏林的“封锁”全面解除，至此柏林危机结束。5月23日，德意志联邦共和国即“西德”宣告成立，首都为波恩。10月7日，德意志民主共和国即“东德”宣告成立，首都为柏林。冷战就这样将德国切成两半。

联合国大会通过《世界人权宣言》

1948年12月10日，联合国大会通过了《世界人权宣言》。该宣言是作为所有人民和所有国家为实现基本人权的共同标准而制定的。《世界人权宣言》是联合国一切人权工作，包括拟订和应用在法律上有约束力的国际文件的理论基础。

还在联合国于1945年10月24日正式成立的时候，50个创始会员国就在《联合国宪章》的序言中庄严宣告，“欲免后世再遭今代人类两度身历惨不堪言之战祸”，重申“基本人权，人格尊严与价值，以及男女与大小各国平等权利之信念”，促进国际合作，“且不分种族、性别、语言或宗教，增进并激励对于全体人类之人权及基本自由之尊重”。这是联合国的主要宗旨。

根据宪章的授权,联合国经济及社会理事会负责就人权问题提出建议、拟订公约草案、召集国际会议、建立专门委员会。1946 年,联合国经社理事会设立人权委员会。随后,在人权委员会第一届会议上,根据大会的有关决议,负责起草《世界人权宣言》。经过一年多的草拟,人权委员会制订了宣言草案。1948 年 12 月第三届联合国大会召开时,经社理事会正式提交大会审议。大会代表经过认真的讨论、审议,提出了许多修正案。12 月 10 日,联合国大会正式通过了《世界人权宣言》。

《世界人权宣言》共 30 条,其基本内容包括:

人人生而自由,在尊严和权利上一律平等,不分种族、肤色、性别、语言、宗教、政治或其他见解、国籍或社会出身、财产、出生或其他身份而有所区别。

人人有权享有生命、自由和人身安全。

任何人不得使为奴隶或被奴役;任何人不得加以酷刑,或施以残忍的、不人道的或侮辱性的待遇或刑罚。

法律面前人人平等,并有权享受法律的平等保护,免受歧视。

任何人不得加以任意逮捕、拘禁或放逐,有权接受公正的审判;法无明文规定不为罪。

任何人的私生活、家庭、住宅和通信不受任意干涉。

人人都有自由迁徙和居住的自由。

人人有权在受迫害时寻求其他国家的庇护;任何人的国籍不得任意剥夺。

人人都有婚姻自由,男女双方享有平等的权利。

任何人的财产不得任意剥夺。

人人都有思想、良心、宗教自由的权利;人人有权享有主张和发表意见的自由。

人人有权享有和平集会和结社的自由。

人人都有权参与国家事务的管理,有权平等地参加本国公务。

人人有权享受社会保障,并有权享受其个人尊严和人格自由发展所必需的经济、社会和文化方面的各种权利。

人人有工作权、劳动权、休息权、受教育权。

人人有权自由参加社会的文化生活，进行任何科学、文学艺术的创作。

任何人在行使权利时应保证对他人的权利和自由给予应有的尊重和承认，并在一个民主的社会中适应道德、公共秩序和普遍福利的正当需要。

《世界人权宣言》的发表，奠定了联合国开展人权工作的理论依据和法律基础。该宣言对世界各国影响巨大而深远，成为各国政府在制订相关法律时的重要准则，对各国人民争取基本人权和自由提供了有力的思想武器。宣言的发表极大地鼓舞和激励了各国人民，产生了巨大的精神力量。

《世界人权宣言》是人道主义的胜利。

北大西洋公约组织

第二次世界大战刚刚结束，冷战又开始了，国际政治局势出现了新一轮大分化，分别形成了以美国为首的西方阵营和以苏联为首的东方阵营。这两大阵营在政治、经济、军事和文化等诸多方面展开了长期对抗，在军事方面形成各自的军事集团，即北大西洋公约组织（简称“北约”）和华沙条约组织（简称“华约”）。

1947 年，美国提出“杜鲁门主义”和“马歇尔计划”，用以遏制苏联和控制西欧，并且成为美国对外扩张和抑制苏联的政策基础。杜鲁门主义是美国以希腊和土耳其受到“共产主义的威胁”为理由，表示美国要代表“西方自由社会”抗击“苏联极权”，要在世界范围内承担反共义务。

1946 – 1949 年希腊内战中，美国向希腊政府提供大量经济和军事援助，镇压了希腊共产党领导的民主军，激化了战后欧洲的矛盾。马歇尔计划旨在经济上复兴和稳定西欧国家，达到既控制西欧和为美国商品扩大出口市场，又联合西欧压制苏联的双重目的。英、法、意等西欧国家也担心难以独自对抗苏联，愿意利用美国力量压制苏联。遏制苏联成为美国和西欧国家的共同政策，这样就为建立北约集团在政治上铺平了道路。

1948年2月，捷克斯洛伐克发生政治危机，亲西方势力失败并退出政府，捷克斯洛伐克共产党掌握政权，美国和西欧国家极为不满并大为惊恐，乘机加速西欧国家联合军事力量的努力。同年3月17日，在美国的鼓励下，英、法、比、荷、卢五国签定“合作和集体防御条约”（又称“布鲁塞尔条约”），以军事同盟为核心，进行多方面合作，向建立北约走出了重要一步。5天后，美、英、加三国举行会议，开始讨论建立更大的北大西洋“安全体系”。不久，美国国会通过“范登堡决议”，希望美国同西欧国家结成同盟。

1948年6月，因为苏联封锁西方国家进入柏林的水陆通道形成了紧张的军事对抗局面，即“柏林危机”。双方都调集大量军队，美国甚至将其用于投掷原子弹的B－29轰炸机派往欧洲。一时间，纷纷传言第三次世界大战将要爆发。西方国家迅速行动，筹备成立军事集团。

同年7月，美国、加拿大和布鲁塞尔条约五国在华盛顿开始谈判成立北约，随后有丹麦、挪威、意大利、葡萄牙和冰岛参加。历经大半年的谈判后，12国于1949年4月4日在华盛顿签订“北大西洋公约”，规定实行“集体防御”，当缔约国受到军事攻击时，其他缔约国将采取包括使用武力在内的“必要措施”。北约组织正式成立。其最高权力机构为部长理事会，并设立军事委员会和防务委员会等。此后，北约继续扩大。1952年，希腊和土耳其加入；1955年，德意志联邦共和国加入，并且引发与苏联集团的重大冲突，直接导致了华约组织的建立。

1951年，北约组织建立联合武装部队，成立欧洲盟军最高司令部，由美国人出任最高司令官，最高司令部下设3个战区司令部等机构。美国利用自己强大的军事实力，由此加强了对西欧国家的控制，确立了美国在西欧的霸权，进而利用北约组织服务于美国的世界称霸战略。

北约组织内部常有分歧，尤其是各成员国对美国的称霸表示不满。1966年，法国因不满美国的霸道，奉行独立政策，要求修改北大西洋公约，恢复国家主权，宣布退出北约的军事机构，撤回法国军队，又于1967年迫使北约军事指挥机构和数万美军撤离法国。因此，北约组织内部也并非是铁板一块。

华沙条约组织

华沙条约组织直接产生于苏联及东欧国家与北约组织的对抗过程中。第二次世界大战后，苏联积极帮助一些东欧国家建立社会主义政权，与捷克斯洛伐克、波兰、罗马尼亚、保加利亚等国签订了“友好互助合作条约”，也因此扩张了苏联的势力范围。

1949年北约成立后，美国又开始带头计划把联邦德国纳入北约。美、英、法3国于1950年就联邦德国重建军队和加入北约等问题达成协议。美国总统杜鲁门宣称联邦德国加入北约，可以使西欧有更大纵深的防御地区，能够有力地对付来自“东方的侵略”。

苏联和东欧国家强烈反对北约接纳联邦德国，认为这是复活德国军国主义，将构成更重大的威胁。但是，美国等北约国家不顾苏联和东欧国家的反对，于1954年10月正式签订接纳联邦德国的巴黎协定。

苏联马上向这些国家发出照会，要求它们不要最后批准该协定，又提议建立欧洲集体安全体系，试图阻止北约接纳联邦德国，但均告无效。1955年5月5日，巴黎协定正式批准生效。

对此，苏联、波兰、匈牙利、保加利亚、东德、罗马尼亚、捷克斯洛伐克、阿尔巴尼亚8国于同月11日至14日在华沙举行会议，缔结八国友好互

助条约,建立华沙条约组织。条约有效期为20年,期满后可以延期10年。条约规定,一个缔约国受到军事攻击时,华约组织国家将行使集体自卫权利,提供包括武力在内的一切援助。华约最高机构是政治协商委员会,下设国防部长委员会、外交部长委员会和联合武装力量司令部等机构。至此,北约和华约两大军事集团终于完全形成。

苏联在华约组织中居于控制地位。联合武装部队的总司令和总参谋长均由苏联人担任。苏联除了利用华约对抗北约和与美国争霸外,还借以控制缔约国,甚至以华约名义出兵干涉。

20世纪60年代,东欧国家由于要解决国内发展问题,普遍出现政治经济改革动向,其中一些与苏联发生矛盾,有独立发展的趋向。

1968年,捷克斯洛伐克共产党在杜布切克等人领导下进行政治经济改革。苏联对此极为不安,多次施压要求捷克斯洛伐克停止改革,但未能奏效。8月20日晚11时,一架苏联民航飞机借故在布拉格的机场紧急降落后,从飞机中冲出来的苏军突击队迅速占领机场。紧接着,装载空降部队的苏军大型运输机以1分钟1架的速度降落,同时,由苏、波、匈、保、东德五国组成的华约军队50万人,分18路突然进军捷克斯洛伐克,迅速占领全国,事件震惊世界。

1968年9月,与苏联关系破裂多年的阿尔巴尼亚宣布正式退出华约。1976年后,越南、蒙古和老挝等国以观察员身份参加华约活动,使华约势力向亚洲扩张,威胁中国等国安全。

1989年后,由于苏联、东欧发生政治剧变,华约各国原共产党政权土崩瓦解,苏联解体,华约组织遂于1991年6月正式宣告解散。

朝鲜战争

在历史上,日本和俄国为了争夺朝鲜这道天然桥梁而多次发生交战。从1895年起,正式地说从1910年起,朝鲜已在日本人的统治之下,沦为殖民地。第二次世界大战期间,在1943年的开罗会议上,中国、美国和英国共同宣布,朝鲜应在适当的时候获得独立和自由,但是,日本30余年的统治使朝鲜缺乏自治所必需的经验。因此,获胜的同盟国决定,在不超过5

年的时间内，朝鲜虽然独立，但仍由苏联、美国、英国托管。

1945年8月，苏联对日宣战，苏军很快占领朝鲜大部，美军随后也进入朝鲜半岛。为了军事上的方便起见，美国向苏联提出以北纬38°线拦腰划断朝鲜，分别由苏军控制该线北部，美军控制南部。苏联表示同意美国建议并从朝鲜南部撤军。同德国一样，冷战的到来使分割朝鲜的这一临时“三八线”牢牢固定下来。

随着战后冷战的发生，美苏两国在朝鲜问题上尖锐对立。首先是美国支持曾经长期流亡美国的李承晚于1948年8月在南朝鲜建立大韩民国；9月9日，曾在中国东北参加中国抗日战争的金日成在北朝鲜宣布建立朝鲜民主主义共和国，形成两个朝鲜，双方都建立了互相敌对的军队。联合国的一个委员会曾试图在分别以金日成和李承晚为首的两个政权之间进行调解，但没有成功，这两位国家领导人互相极为反感，因此，1949年9月，联合国的这个委员会警告说，朝鲜有爆发内战的危险。

按照预先的协定，苏联撤出了驻扎在北朝鲜的红军部队，1949年6月，美国也撤走军队，但是美国在1950年1月与南朝鲜签订“美韩共同防御条约”。朝鲜半岛因此形成紧张的军事对峙。

1950年6月24日，南北朝鲜之间爆发了战争。双方均指责是对方首先发动进攻。第二天，联合国安理会通过了美国提出的要求立即停火，北朝鲜撤回到三八线以北的提案。同天下午和第二天，杜鲁门总统和他的顾问们协商，决定给南朝鲜以全面的军事支援。

6月27日安理会打算开会通过美国新提案的前几个小时，苏联代表团刚刚举行过宴会，准备欢送马立克回国。联合国秘书长特里夫·赖伊虽然邀请马立克出席即将召开的安理会会议，但马立克谢绝了这个邀请。因为“在苏维埃制度下，人们不能当场作出决定，那就需要政治局做决定……马立克90%不会回安理会”。结果，安理会的第二个决议又顺利通过。

该决议要求各成员国给“大韩民国”以援助，用以抵制北朝鲜的“武装入侵”。这样，美国又操纵安理会通过非法决议，使其得以盗用联合国的蓝白旗帜，给侵朝军队披上了“联合国军”的合法外衣，同时也使美国的军事干涉得到了法律的保障（追随美国派遣军队入侵朝鲜的有英国、澳大利亚、新西兰、荷兰、加拿大、泰国、法国、土耳其、菲律宾、希腊、比利时、哥伦比亚、埃塞俄比亚、南非联邦、卢森堡等15个国家,其中有些国家只是象征性地派出了极少量的军队)。

3天后,杜鲁门下令美国军队炮击北朝鲜的主要军事目标,对北朝鲜海岸实行全面封锁,任命美国驻远东司令官麦克阿瑟上将为"联合国军"总司令,出动美国地面部队,悍然入侵朝鲜,进行武装干涉。麦克阿瑟一直所期待的美国干涉终于实现了。

杜鲁门给麦克阿瑟的第一道命令是:用他统率的海空军力量支援"大韩民国",但不得越过三八线;把第七舰队开入台湾海峡,防止中国共产党进攻台湾,同时,防止蒋介石反攻大陆,引发中国共产党的报复行动,从而扩大战区。

1950年9月,正处于朝鲜战争前期,由金日成将军指挥的朝鲜人民军频频告捷,把部分侵朝美军及李承晚的韩国军队一直逼到了釜山地区,形势发展对朝鲜人民军十分有利,朝鲜统一的日子,眼看就指日可待了。

就在朝鲜人民军积极准备乘胜进军,试图一举歼灭敌人的同时,以美国为首的联合国军总部也正在磋商实施反攻,改变目前不利形势的方略。联合国军总部一致同意,一方面在釜山地区加强防御,另一方面在人民军后方登陆作战,以解釜山之围。但是,究竟选择在什么地方登陆才是最好的呢? 联合国军总部为此一直举棋不定。

联合国军总司令麦克阿瑟上将提出了一个十分大胆的方案:在仁川登陆,然后攻克汉城,切断围困釜山的朝鲜人民军的供给线。但海军却对该方案提出了不同的反对意见,他们认为,应该选择群山港作为登陆地点,因为那里与釜山遥遥相对,登陆后可以立即缓解釜山之围。他们分析说,仁川港很不适于登陆,那儿潮水涨落的平均差高达20.7英尺(1英尺≈0.3048米),最高时达到30余英尺。并且潮水涨落时,潮水冲击海港水道的速度达每小时60英里。仁川港水道是飞鱼海峡,狭窄而弯曲,因此很容易被人民军的炮火和水雷封锁。海峡的两岸都是长期冲积而成的软泥滩,会给登陆行动带来诸多不便。此外,仁川远离釜山,即使在那里登陆成功,也很难形成合围的态势,弄不好还可能会被人民军各个击破,分别围歼。

尽管有海军的再三劝阻,但丝毫也没能动摇麦克阿瑟登陆仁川的决心。他认为,之所以选择在仁川登陆,正是基于那里不适于登陆,可以起到麻痹人民军的作用,攻其不备。

美军在登陆作战之前,故意通过记者,暴露了联合国军将在仁川登陆的计划,同时不加掩饰地对仁川进行空中侦察。美军的这些举动,反而造成朝鲜人民军错误的判断,认为所谓仁川登陆,只不过是一个幌子,目的是转移朝鲜人民军的视线。

正是基于这样的判断,朝鲜人民军并未在仁川地区加强防备,结果美军几乎没有遇到有威胁力的抵抗,很快便占领了仁川,并按预定计划攻克了汉城,随后又挥军北上攻占平壤和元山。

自联合国军仁川登陆成功后,形势迅速出现了逆转,朝鲜人民军的处境越来越艰难。到后来人民军被迫退至中朝边界鸭绿江。

为挫败美军的攻势,援助朝鲜人民军,将战火拒于国门之外,中华人民共和国主席毛泽东果断决定,迅速组织并派出中国人民志愿军赴朝参战,世界都为毛泽东的这一决定而震惊。

中国人民志愿军出兵朝鲜

还在美军在朝鲜仁川成功登陆之前,中苏两党就已经预感到朝鲜人民军作战将要遇到很大困难,便采取了相应的措施,积极开展外交斗争。

1950 年 8 月 20 日,周恩来总理给联合国秘书长赖伊和安理会主席马立克致电,表明“美国是挑起朝鲜战争的侵略祸首。中华人民共和国对解决朝鲜问题不能不表示深切的关注”,同时表明中国支持苏联关于和平调处朝鲜问题的提案,要求对朝鲜停止军事行动,并从朝鲜撤退所有外国军队。

8 月 24 日,周恩来又向安理会提出控诉,“美国对中国领土采取了直接武装侵略”,并要求“美第七舰队撤出台湾海峡”,要求安理会使美国政府自台湾及其他属于中国的领土上撤出它的武装侵略部队,制裁美国侵朝空军侵犯中国领空、杀伤中国人民的残暴行为。

8 月 28 日,中国政府通告安理会美机侵犯东北,抗议美国恶意扩大武装侵略,并建议安理会谴责美国的侵略行径,迫使美国侵略军立即撤走。

8 月 29 日,安理会在中国政府坚决要求下,决定将中国政府的控诉列入议程，并邀请中国派代表出席会议，这是中国外交斗争的一大胜利。

9 月 30 日，周恩来在政协全国委员会庆祝国庆节大会上发表演说，严正警告美国政府："中国人民决不能容忍外国的侵略，也不能听任帝国主义者对自己的邻人肆意侵略而置之不理。"

同时，中国密切注意朝鲜战局的发展，并与苏联协商如何支援金日成的问题。斯大林担心出动苏军支援北朝鲜，直接与美军对抗，将会把战火引向欧洲和世界各地，甚至会引起第三次世界大战，破坏"二战"后形成的世界格局。于是，斯大林提出由中国出兵，苏联提供空军支援。

出兵抗美援朝，关系重大，不能不慎之又慎，毛泽东主席为作出这一决策思之再三。

从道义上讲，支持朝鲜人民进行反侵略斗争，这是中国共产党人的一贯立场，也是义不容辞的责任。中朝两国是长期的友好邻邦，自日本侵占朝鲜以后，许许多多的朝鲜同志就来到中国，和中国共产党长期并肩战斗。解放战争期间，有数万名朝鲜人参加了中国人民解放军。同时，以金日成为首的朝鲜革命政府和苏联在北朝鲜的驻军一起，曾给予东北解放区多方面的支援。正如毛主席所高度评价的那样："我们中华人民共和国灿烂的五星红旗上，染有朝鲜革命烈士的鲜血。"从这一点讲应当出兵。

但是，到底能不能打赢这场战争，确实谁也没有把握。

首先，朝鲜战争是一场相当规模的国际性斗争，敌方是以美国为首的 16 个国家的军队组成的"联合国军"，以及南朝鲜军队，而我方则只有朝鲜人民军和中国人民志愿军两支军队。多国参战的局面使战争的规模、方式和进程都必然受到国际政治形势的影响和约束，这就决定了战争的复杂性和尖锐性。

其次，战争双方的经济力量和军事技术装备优劣异常悬殊。美国是高度工业化的西方国家，其经济力量居世界首位。其军队拥有高度现代化的技术装备，除陆军外，还有强大的空军和海军，在朝鲜战场上运用了除原子技术以外的所有现代军事技术成果，牢牢掌握着制空权和制海权，其他地面部队全部系机械化，有大量的火炮和坦克，火力强、机动快，进行的是现代化诸兵种联合作战。而中国大陆刚刚解放，战争创伤尚未恢复，久战思和，经济又极端落后，极需休养生息。军队是既无空军，又无海军，陆军装备又相当落后，基本上靠步兵和少量炮兵、坦克作战，火力和机动性远不如敌人。技术装备落后会给我军作战带来很多实际困难。

其三，异国作战，人生地疏，语言不通，地理环境不熟，给行军作战带来诸多不便。

然而，中国政府对世界的公众舆论，特别是社会主义国家和正在为争取独立而斗争的国家公众舆论负有义务，以美国为首的西方国家正在想尽各种办法来维持并加强自己的阵地。他们过分低估中国人民的决心和力量，认为中国义正辞严的警告是“虚声恫吓”，拒绝和平解决朝鲜问题，坚持向三八线以北大举进犯，企图以武力侵占全朝鲜。他们已把战火燃到了鸭绿江边，中国与美国处于严重的对抗中。

在这种情况下，中国不能害怕冲突，但同时必须保持理智。为此，毛主席整整三天三夜没有合眼，凭着其过人的胆略和气魄，于1950年10月2日作出了出兵抗美援朝、保家卫国的战略决策。10月8日，中华人民共和国、中共中央作出正式组成中国人民志愿军和由彭德怀任司令员兼政委的决定。

1950年10月19日晚，第一批入朝作战的中国人民志愿军20多万人开始分批跨过鸭绿江，从而揭开了中国人民“抗美援朝、保家卫国”战争的序幕。

入朝初次参战时，中国人民志愿军在天寒地冻、供应困难和武器不精的艰苦条件下，英勇激战12昼夜，歼灭万余美军和南朝鲜军，取得第一次战役胜利。

随后在11月25日至12月24日第二次战役中，中朝军队收复了北朝鲜首都平壤。

在1951年元月上旬的第三次战役中，中朝军队直抵“三八线”，攻克汉城和仁川等地。

在随后举行的第四次和第五次战役中，中朝军队又重创敌军，将战线稳定在“三八线”一带。

中朝军队发动的这5次战役完全改变了战场局面，中朝军队共歼敌23万人，其中含11万美军。

1951年6月，美国被迫接受停战谈判的建议。在随后两年多时间里，出现边谈边打的局面。美韩军队多次发起大规模攻势，包括使用细菌战和凝固汽油弹等，均遭失败，加之美国国内反战情绪高涨，使美国政府难

以继续坚持战争。

1953 年 7 月 27 日,美国不得不在美国历史上第一个没有取得胜利的停战协议上签字,同意以“三八线”附近为军事分界线。朝鲜战争结束。至 1958 年,中国人民志愿军全部回国。

朝鲜战争中美国动用了除核武器外的一切现代化武器和大量兵力,美国承认美军伤亡至少在 15 万人以上,世界头号强国美国是不可战胜的神话被打破,朝鲜战争大大提高了中国的国际声威。

日内瓦会议

1954 年举行的日内瓦会议,是世界外交史上的一件大事,它的历史意义与日内瓦这个古老的名字一样,载入了外交史册。

瑞士名城日内瓦环山临水,风光秀丽,乡间民居倚傍阿尔卑斯山峰。1534 年,加尔文在日内瓦传教,建立了一个廉洁教会、一所大学和一个研究院。1749 年,日内瓦与法兰西缔约,1753 年与撒丁那缔约,从此确保了外部平安。这样一个小小的城邦,人口不足 2.4 万人,散居在 30 个左右的村落,却拥有自己的主权,并且成为欧洲最富庶的城邦。

1946年底，法国军队侵略印度支那三国，越南、柬埔寨、老挝人民英勇抵抗法国侵略军。1950至1953年，美国纠集15个国家军队和南朝鲜军队组成“联合国军”，在朝鲜把战火烧到了鸭绿江边；中国人民志愿军和朝鲜人民军进行了反侵略战争。朝鲜战争停战后，双方对峙在北纬38°线附近，将朝鲜分为南北两部分。

1954年1月25日－2月18日，苏联、美国、法国、英国四国外长在柏林召开会议，并发表《苏、美、法、英四国外长柏林会议公报》。《公报》指出，“鉴于用和平方法建立一个统一与独立的朝鲜将是缓和国际紧张局势和恢复亚洲其他地区和平的重要因素”，建议由苏联、美国、法国、英国、中国、南朝鲜、朝鲜及其他有武装部队参加朝鲜战争并愿意参加会议国家的代表，“于1954年4月26日在日内瓦举行会议，以期对朝鲜问题取得和平解决”。《公报》还说：“同意在这个会议上还要讨论恢复印度支那和平的问题”，届时特邀苏联、美国、法国、英国、中华人民共和国及其他有关国家的代表参加。

在朝鲜问题的会议上（1954年4月26日－6月15日），参加的有苏联、美国、法国、英国、中国、朝鲜，还有加拿大、澳大利亚、新西兰、比利时、希腊、卢森堡、荷兰、菲律宾、土耳其、哥伦比亚、埃塞俄比亚、泰国及南朝鲜。会上，朝、中、苏等国提出关于恢复朝鲜的国家统一和举行全朝鲜自由选举等方案，要求一切外国军队必须在全朝鲜选举前撤出朝鲜。美国竭力反对这一提案，并纠集参加朝鲜战争的国家发表“共同宣言”，片面宣布结束会议，以致未能就朝鲜的和平统一问题达成协议。

参加印度支那和平问题会议（1954年5月8日－7月21日）的有中国、苏联、美国、英国、法国、越南民主共和国、高棉（今柬埔寨）、寮国（今老挝）及南越。由苏联、英国首席代表轮流担任会议主席。主要议题是：一、关于在印度支那三国停止敌对行动问题；二、关于政治解决印度支那问题。

1954年7月21日，与会各国签署了《越南停止敌对行动的协定》、《老挝停止敌对行动的协定》、《柬埔寨停止敌对行动的协定》，发表了《日内瓦会议最后宣言》。

《越南停止敌对行动的协定》规定：（1）协定签字后48小时生效；越南的北部、中部、南部应分别在5天、10天、20天内停火；停火应是完全、全面、同时的。(2)在北纬17°线以南、九号公路以北划定一条临时分界线，此线以北为越南军队集结地区，以南为法国军队集结地区。双方军队将从对方集结地区撤退。在临时军事分界线的两侧各5公里以内划定非军事区。(3)禁止向越南运送军队武器装备，禁止在越南建立外国军事基地，越南不参加任何军事同盟。(4)在30天内释放所有战俘和被拘平民。

《老挝停止敌对行动的协定》规定：(1)协定签字后48小时生效，上寮、中寮、下寮应分别在5天、10天、20天内停火。(2)双方部队、军事物资的撤退和转移在120天内完成；在老挝的越南志愿人员应向越南撤退。(3)集合于临时驻扎地段的寮国战斗单位应移往桑怒、丰沙两省等待政治解决。(4)禁止向老挝运进军队、武器弹药，禁止在老挝建立新的军事基地，但法军可在老挝留下5 000人，作为训练老挝军队和维持两处军事设备之用。(5)在30天内释放所有战俘和被拘平民。

《柬埔寨停止敌对行动的协定》规定：(1)协定签字后48小时生效，8月7日8时在全境内完全停火。(2)外国军队、军事人员和武器装备在90天内撤离柬埔寨。(3)高棉抗战军队在30天内就地复员。

在签署协定的同一天，即1954年7月21日，老挝政府发表两项声明，其一是保证人民的和谐与一致，申明全体老挝公民都能自由地以选举人和候选人的资格参加秘密投票的普选，并保护“战时不在王国军队方面的老挝国民的利益”；其二是老挝“决心永不参与侵略政策”，“不与其他国家缔结任何协定”，以和平方法解决国际纠纷，不要求外国军事援助。这两项声明，分别作为《日内瓦会议最后宣言》的附件一和附件三。

柬埔寨政府发表了两个声明，其内容与老挝政府声明大致相同。这两个声明，分别作为《日内瓦会议最后宣言》的附件二和附件四。

法国政府发表了两项声明，一是表示从柬埔寨、老挝和越南领土上撤退其军队，但如经双方协议，一定数量的法国军队在规定的期限内留驻在规定的地点者不在此限；二是承认“在尊重柬埔寨、老挝和越南三国的独立、主权、统一和领土完整的基础上来解决有关恢复和巩固柬埔寨、老挝和越南的和平的一切问题”。这两项声明，分别作为《日内瓦会议最后宣言》的附件五和附件六。

《日内瓦会议最后宣言》的基本点是：会议注意到老挝、柬埔寨、法兰西等国的声明；会议确认，关于越南的协定的主要目的是解决军事问题，以便结束敌对行动,并确认军事分界线是临时性的界线,无论如何不能被解释为政治的或领土的边界;会议声明,关于越南,在尊重独立、统一和领土完整原则的基础上对各项政治问题的解决,应使越南人民享有经由秘密投票的自由普选所建立的民主机构保证的基本自由;对《停止敌对行动协定》中关于维护生命、财产的各项条款,必须最严格地予以执行;越、柬、老三国各方不得对战时参加另一方的人员及其家属施行报复;参加日内瓦会议的各国在对柬埔寨、老挝、越南三国的关系上,保证尊重上述国家的主权、独立、统一和领土完整,并对其内政不予任何干涉。

美国政府代表没有在《日内瓦会议最后宣言》上签字。美国政府单独发表声明,将不使用武力或以武力威胁来妨碍上述协议的执行,但美国以后还是违背了自己的诺言,发动了侵略越南的战争。

《日内瓦会议最后宣言》及《停止敌对行动协定》的签署,是越南、老挝、柬埔寨人民为争取民族解放而进行长期斗争的一个重大成果。

万隆会议

1955 年 4 月 18 日,亚非会议在印度尼西亚的万隆胜利召开。自此,万隆会议便载入了世界外交史册。

参加这次盛会的除 5 个发起国外,还有阿富汗、柬埔寨、埃及、埃塞俄比亚、黄金海岸(加纳)、伊朗、伊拉克、约旦、老挝、日本、黎巴嫩、利比里亚、利比亚、尼泊尔、菲律宾、沙特阿拉伯、苏丹、叙利亚、泰国、土耳其、越南民主共和国、南越、也门和中国,共 29 个国家,代表着全球一半以上的人口。

印尼总统苏哈托在开幕词中热情洋溢地指出:“这是人类有史以来第一次有色人种的洲际会议。”他说:“亚非两洲各国人民的领袖……聚集一堂讨论和商讨共同有关的事项,这是世界历史上新的起点……亚洲和非洲只有团结起来才能得到繁荣。”

开幕式后,大会举行公开的全体会议。22 个国家的代表先后在大会上致词。发言的主流是谴责殖民主义,促进经济合作和呼吁世界和平,但也有少数国家的代表偏离大会的主旨,提出亚非国家当前面临的主要问题不是反对殖民主义，而是反对共产主义，认为苏联对东欧和中亚的控制也是殖民主义；有的以“颠覆活动”、“宗教信仰自由”等问题来影射、攻击中国。会议气氛异常紧张，许多国家代表担心会议会因争吵而一无所获。

为了阻挠这次大会的召开，美国指使台湾特务进行阴谋活动，试图阻止以周恩来总理为首的中国代表团参加会议。4 月 11 日，中国代表团的包机“克什米尔公主号”在从香港飞往印尼的途中，因台湾特务放置的炸弹爆炸坠海，致使 11 人罹难。

4 月 19 日，中国代表团团长周恩来总理将原来的发言稿散发给与会代表，同时又作了一个针对性的补充发言。

周总理指出，“我们的会议应该求同存异”，我们“并不要求各人放弃自己的见解，因为这是实际存在的反映。但是不应该使它妨碍我们在主要问题上达成的共同协议……亚非绝大多数国家和人民自近代以来都曾受过并且现在仍在受着殖民主义所造成的痛苦……从解除殖民主义痛苦和灾难中寻找共同基础，我们就容易相互了解和尊重，互相同情和支持，而不是互相疑虑和恐惧，互相排斥和对立……我们应该承认，在亚非国家中是存在有不同的思想意识和社会制度的，但这并不妨碍我们求同和团结”。他还就有些国家代表针对中国提出的问题逐一解答并阐明中方立场和政策。周恩来总理的发言受到代表们的热烈赞扬，甚至对中国抱有疑惧的国家代表都主动上前与他握手。菲律宾外长罗慕洛称赞说：“这个演说是出色的，和解的，表现了民主精神。”中国代表团提倡的“求同存异”方针为各国代表普遍接受，为会议的顺利进行和成功奠定了基础。

全体会议后，代表们又为政治、经济和文化 3 个委员会进行分别讨论。经过几天的秘密会议，经济委员会和文化委员会首先顺利达成一致意见；政治委员会围绕着殖民主义问题和和平共处问题则争论较大。中国和许多国家代表团本着求同存异和亚非团结的精神，终于克服重重阻力，最后达成协议。

中美关系是许多爱好和平的代表们关注的重大问题之一。4 月 23 日，周恩来总理在同印尼、印度、缅甸等国代表团会谈时阐明了中国政府对台湾问题的立场，并声明“中国人民不要同美国打仗。中国政府愿意同美国政府坐下来谈判，讨论缓和远东紧张局势问题，特别是缓和台湾地区的紧张局势问题”。周恩来总理的声明为翌年 8 月的日内瓦中美大使级会晤开辟了途径。

4月24日,最后一次全体会议一致通过《亚非会议最后公报》,大会宣告胜利闭幕。

戴高乐建立法兰西第五共和国

1789年法国大革命后,法国政治体制多次变换,共和制与君主制反复交替,国号亦随政体改变而改变。第二次世界大战结束后重建的法兰西共和国,按历史上的顺序排列称为第四共和国。1958年9月28日在戴高乐的主持下,法国举行全民投票通过新宪法,依据这部宪法建立的政治体制,虽然仍旧是共和制,而且国号依然是法兰西共和国,但由于与第四共和国的政治体制有较大差异,所以被称为第五共和国。

依据法兰西第四共和国宪法的规定,法国在非洲的殖民地阿尔及利亚是法国的一个海外省。阿尔及利亚人民自1954年起掀起了争取民族独立的武装斗争,法国殖民军人与法国殖民者相互勾结,在镇压阿尔及利亚民族解放运动中日益介入政治。1958年5月,在阿尔及利亚的首府阿尔及尔发生了法国殖民军人反对中央政府的暴乱。软弱的法国政府无力平息暴乱,情急之下恳请12年前辞去总理职务的夏尔·戴高乐再度出山,挽救危局。戴高乐以制订新宪法、改革第四共和国的政治体制为条件,同意出任总理。6月1日,议会以329票对250票通过对戴高乐的授权,6月3日戴高乐政府正式成立。戴高乐上台后,依据议会通过的特别授权,着手修改宪法。新宪法草案对第四共和国的政治体制进行了带有根本性的改革,极大地加强了共和国总统的地位和权力,把法国传统的议会制改变为半总统制、半议会制。新宪法草案在同年9月举行的全民投票中获得通过,10月4日颁布施行,法兰西第四共和国至此寿终正寝,第五共和国正式建立。依据新宪法于同年12月举行的总统选举中,戴高乐当选为第五共和国首任总统,1959年1月8日正式就职。

戴高乐首先成功地平息了阿尔及利亚的军人暴乱,接着在大多数法国人民的支持下,着手解决阿尔及利亚问题,在与阿尔及利亚共和国临时政府的代表经过多次谈判后,终于在1962年3月18日签订了协议。根据协议,法国政府承认阿尔及利亚独立。在戴高乐的第一届总统任期内,德勃雷和蓬皮杜先后担任政府总理。1965 年,戴高乐再次当选总统,蓬皮杜再次被任命为总理。1968 年 5 月,法国爆发了声势浩大的群众运动,参与者起初仅限于大学生和少量中学生,他们修筑街垒,与警察搏斗;政府的暴力镇压引起各阶层的不满,不久,大批工人加入运动,后来许多政党也卷入其中,发展成为一场席卷全国的政治风波,法国经济几乎陷于瘫痪。法国人把这场运动称作"五月危机"。"五月危机"表明,法国社会的种种矛盾已达到相当尖锐的程度,民众的强烈不满无异于对当权者发出警告:必须进行新的改革。戴高乐软硬兼施,分化工人和学生队伍,终于艰难地瓦解了这场波澜壮阔的群众运动。然而,他的权威和地位受到严重打击,游行队伍所喊的口号:"十年,够了!"表明人民对他长达 10 年的执政已经厌倦。1969 年,戴高乐提出地方改革和参议院改革方案,提请全民公决。改革方案仅获得 47% 的支持,未过半数。戴高乐意识到自己的声望已不再如日中天,于是决定急流勇退,翌日清晨即发表早已准备好的公报,宣布辞去总统职务。在戴高乐担任总统的 10 年期间,法国的经济增长速度较高,其中 1959 年到 1964 年间年平均增长率为 7% ~8%,农业跃入世界前列,成为仅次于美国的世界第二大农产品出口国;对外贸易超过战前 4 倍左右,国家经济实力有所增长,1965 年重新成为债权国。在外交上戴高乐坚持独立自主的对外政策,退出受美国控制的北大西洋公约组织,推动欧洲联合起来与美国抗衡,并独立发展法国的国防和核武器,努力保持和加强法国的大国地位。法国还冲破重重阻力,于 1964 年 1 月与中华人民共和国建交,成为与新中国建立大使级外交关系的第一个西方大国。

戴高乐下台后,1969 年 6 月,乔治·蓬皮杜当选法兰西第五共和国第三任总统,在他的总统任期内先后担任总理的是沙邦·戴尔马和梅斯梅尔。蓬皮杜基本上继续执行戴高乐制订的路线。在经济上力图使法国成为一个经济大国,为此,他加强科学技术的研究,鼓励法国工业集团向外发展,成立和发展跨国公司,增加出口,提高在国际市场上的竞争能力,同时也注意改善工人的劳动和生活条件。在外交上继续坚持独立自主,同时采取更加灵活的政策,妥善处理法国与美、苏两个超级大国的关系,加强与欧洲各国以及广大第三世界的联系和合作。1973 年 9 月,蓬皮杜在癌症缠身的情况下,毅然对中国进行正式访问,会见了毛泽东主席,与周恩来总理进行了卓有成效的会谈，发表了《中法公报》。他是西方国家中第一位应邀访华的国家元首，显示了他对发展中法两国关系的关心和重视。

1974年2月，蓬皮杜因病死于任上。同年5月，吉斯卡尔·德斯坦当选法兰西第五共和国第四任总统。在吉斯卡尔·德斯坦总统任期内先后担任总理的是梅斯梅尔、希拉克和巴尔。吉斯卡尔·德斯坦上台伊始，立即对政治体制进行改革，加强宪法委员会的作用，改变总统候选人的提名办法，精简总统府办事机构，增加政府中妇女人数，等等。在社会和经济政策方面，比较引人注目的改革是普及社会保险、降低体力劳动者的退休年龄、扩大失业救济等。但是改革并没能遏制住通货膨胀，从1974年起，法国爆发了战后最严重的经济危机，工业生产下降14%，失业人数超过100万。经济学家巴尔担任总理后，把复兴经济作为头等大事，先后推出两个“巴尔计划”，取得了一些积极的成果。在对外政策方面，吉斯卡尔·德斯坦以“做所有人的朋友”为标榜，主张和解，避免争吵、冲突和对抗。他继续奉行独立路线，不接受任何超级大国的统治，同时也强调以国际合作作为独立的必要补充。吉斯卡尔·德斯坦继续执行对华友好政策，于1980年10月对我国进行正式国事访问，同邓小平等领导人就国际重大问题和发展双边关系深入交换了意见，中法合作建造大亚湾核电站也是会谈中的重要内容之一。

1981 年 5 月，弗朗索瓦·密特朗当选法兰西第五共和国第五任总统，1988 年 5 月再次当选。在密特朗长达 14 年的总统任期内，先后担任总理的有：莫鲁瓦、法比尤斯、希拉克、罗卡尔、巴拉迪尔等。密特朗在任期间，大力推行变革政策，扩大企业国有化，实行权力下放，进行司法制度改革，增加各种社会福利和劳动者的权利，鼓吹消除不平等现象等。但是密特朗的经济政策并未获得成功，反而招致社会各阶层的不满。希拉克担任总理后，实行私有化政策，鼓励自由竞争，增强了法国企业的活力。在对外关系方面，密特朗基本上继承了戴高乐路线，但更加积极地参与国际事务，彻底改善了与德国的关系，热心于欧洲一体化事业，插手中东问题，干预非洲事务，充分显现了法国要在国际事务中充当大国的愿望。密特朗也对中国进行了正式访问，但由于向台湾出售大量先进的军事装备，推行所谓的人权外交，1989 年后中法两国关系跌入低谷。直到近年方有所改善。

1995 年密特朗任期届满，前总理希拉克当选法兰西第五共和国第六任总统。

法兰西第五共和国的 40 年的历史证明，其政治体制基本符合法国的国情，能够适应国内和国际环境，仍具有强大的生命力。只要没有特殊情况，法国将保持现有的政治体制，继续推进其经济和社会的发展。

匈牙利事件

“二战”期间，即 1945 年 2 月，苏联红军解放了匈牙利首都布达佩斯。同年 4 月，匈牙利全国获得解放，“二战”后，匈牙利建立起人民政权，在匈牙利党的领导下进行社会主义改造和建设。

1949 年 6 月，东欧各国开展了反“铁托分子”的运动。原匈牙利党中央领导人拉伊克被指控为当时的南斯拉夫的间谍，被开除出党，10 日被处决。在党内进行的清洗中，原国内中央书记卡达尔·亚诺什等人被捕入狱。匈牙利党中央总书记拉科西照搬苏联模式，在国内开展大清洗，被清查的人数达 20 万人。在经济上，拉科西不顾本国的具体情况，急于求成，片面追求高速度，造成农业和轻工业比例失调。1951 年以后人民生活水平普遍下降，引起了匈牙利人民的不满。

1953年5月,赫鲁晓夫将拉科西召到莫斯科,建议他将党政分开,让出部长会议主席的职位。但拉科西以找不出合适人选为由予以拒绝。6月17日,东柏林发生了暴徒在苏占领区制造暴乱并刺杀东德副总理奥托·努舍克的事件。苏联再次召拉科西来莫斯科,要求他进行人事调整,由纳吉·伊雷姆任部长会议主席。拉科西回国后做了自我批评,承认自己犯有错误,并辞去了部长会议主席职务。

纳吉上台后,在国内采取了一系列自由化政策,提出降低重工业发展速度,发展轻工业,提高人民群众的生活水平的政策。在农村,国家允许农民退出合作社和解散合作社,允许小私有企业存在;允许知识分子自由发表作品。纳吉的这些做法得到了西方国家的喝彩,但却受到了匈牙利党内的批评。拉科西于1955年7月撤消了他的党内外一切职务,11月又将其开除出党。这种做法引起了一些群众的不满。

匈牙利一些知识分子于1956年3月17日成立了裴多菲俱乐部,经常举行集会,就政治问题进行辩论。

他们提出自己的政治主张,要求民主、自由,明确提出要求党中央恢复纳吉党籍,让纳吉回中央工作。

1956年6月,匈牙利劳动人民党中央为拉伊克等人恢复了名誉。裴多菲俱乐部邀请拉伊克夫人到俱乐部发表演说,公开揭露拉伊克在狱中遭受迫害的事实,激起了人们对拉科西的愤怒,纷纷谴责拉科西。拉科西认定裴多菲俱乐部为反革命组织,下令逮捕了俱乐部的大多数成员,随后在各地追查"裴多菲俱乐部"分子。拉科西的高压政策激化了矛盾,致使社会局势日趋恶化。

为了平息事态,苏联派出苏共政治局委员米高扬到匈牙利,改组了匈党领导机构,由格罗任第一书记。格罗迅速采取了一些缓和群众情绪的措施。10月6日,匈牙利为拉伊克等4名原党的领导人遗骸举行国葬,数十万群众参加了这一葬礼。10月14日匈党中央决定恢复纳吉的党籍。10月22日,裴多菲俱乐部被匈党平反后举行集会,向党和政府提出政治主张,其中包括:建议匈牙利劳动人民党中央将拉科西开除出党,重申让纳吉出任党中央的重要职务;修改第二个五年计划;保障社会主义民主,在工厂实行民主。当天晚上,首都及各地区大专院校学生团体召开联席会议,提出"十六点"要求,其中包括:要求苏军全部撤出;解除所有在斯大林—拉科西时代犯有“罪行”的领导人的职务，由纳吉领导成立新政府；对政治体制进行改革；在完全平等和互不干涉内政的基础上调整匈苏、匈南各方面的关系；要求在专家指导下彻底改组匈牙利的经济生活；在新的基础上改进分配制度，调整工资；要求完全确认思想和言论自由、新闻自由，反对高压政策；结社、示威自由不受干涉。会议还决定于10月23日举行示威游行。

10月23日，匈牙利首都布达佩斯十多万学生和其他群众举行了和平游行，声援波兰在波兹南事件中的群众性示威活动。声势浩大的示威活动对匈牙利影响极大。格罗率领党政代表团从南斯拉夫访问回国后，为平定国内混乱局面，他指令内务部发表公报，禁止任何游行。示威群众对这一公报非常愤怒，示威活动因此加剧。下午，内务部又被迫取消了这一禁令。晚上，示威活动仍未平息，格罗到广播电台发表讲话，要求停止游行示威。格罗在演说中谴责反苏言论是散布民族沙文主义毒素，并谴责敌对分子和暴徒企图制造事端。一些反苏、反匈的敌对势力为了进一步扩大事态，趁机宣传、煽动人们夺权，并于当晚制造骚乱。他们先向维护秩序的保安人员开枪，袭击电台、报社和国家机关，袭击商店，打砸抢，游行示威活动失去了控制。间谍、特务分子大批从西德、奥地利等国涌到匈牙利，加入骚乱之中，并运进大批武器和弹药。西方敌对势力发动宣传机器，煽动群众暴乱，制造事端，妄图颠覆匈牙利政权。

10月24日，匈牙利国内局势日益严峻，首都的混乱状态明显加剧，并且波及到全国各地，许多政府部门陷入瘫痪状态。匈牙利党中央迅速作出反应，改组了党中央政治局，由纳吉出任部长会议主席。下午，赫鲁晓夫派米高扬和苏斯洛夫来到匈牙利，向格罗施加压力，格罗被迫辞职，由卡达尔·亚诺什出任党中央总书记。

10月25日，纳吉代表新政府宣布新的施政纲领，呼吁停止冲突，保持国内稳定，恢复秩序。随后与武装部队和“自由战士”代表进行谈判。28日，纳吉提出要求苏联撤回驻扎在布达佩斯的苏军。同时，纳吉提出了一系列政治主张，如主张废除一党制，成立各党派组成的联合政府；实行结社、集会自由；释放政治犯等。

一些敌视社会主义制度的暴乱分子利用匈牙利的混乱状态趁机袭击布达佩斯市委，放火焚烧工厂、商店、学校，抢劫国家机密、财产，大肆杀害党员、警察和市民。

11月1日，纳吉致电联合国秘书长，宣布匈牙利退出华沙条约，要求苏军撤出匈牙利，并请求美、英、法、中四大国保证匈牙利的“中立”。

11月4日，以卡达尔为首的4名部长退出纳吉内阁，宣布成立匈牙利工农政府，发表《告匈牙利人民书》，宣布要求苏军帮助制止骚乱。苏联红军开进布达佩斯市区，采取严厉的军事手段，迅速平定了匈牙利的混乱局面。11月5日，卡达尔致电各社会主义国家，要求给予援助。

匈牙利事件平息后，纳吉跑进当时的南斯拉夫大使馆避难。随后匈牙利党中央于12月召开中央全会，认真分析事件的起因，总结经验教训，提出了一系列措施，恢复了社会秩序，镇压了反革命势力的活动，并对发展经济等问题确定了方针、路线。1957年6月16日，纳吉被捕后被处死。

第一颗人造地球卫星

1957年10月4日，苏联向全世界公布了它成功发射世界第一颗人造地球卫星的消息。这颗人造地球卫星的发射成功，标志着人类的航天技术已进入到一个崭新的时期。

第二次世界大战结束不久，美苏两国展开了激烈的军备竞赛。美国在“V－2”导弹的基础上，在布劳恩等德国火箭专家的帮助下，加紧研究大型液体火箭。同时，因为科学上的需要，产生了发射卫星的想法。美国曾经把一些火箭用在科学探测上，取得高空大气层、电离层、宇宙线、高空摄影等方面极其珍贵的资料。而进一步进行科学探测，需要发射人造卫星。1953年，有科学家指出发射小型人造卫星所需要的火箭，比V－2火箭大不了多少。

1954年9月，在美国陆军任职的德国专家布劳恩提出了一个发射卫星的详细计划。到1955年初，美国已经提出了发射卫星的3种计划。1957年，美国正式宣布准备发射一颗科学卫星。

1957年以前，发射卫星主要是科学研究的需要，为科学家们所关心。此时，美国政界领导人还没有充分认识到空间科学技术可以变成政治斗争的工具，美苏两国的空间竞赛还没有开始。但苏联则不一样，其领导人认为,如果能够抢在美国前面发射一颗卫星,就会成为苏联社会主义制度比美国制度优越的最有说服力的证据。

1957 年 10 月 4 日,也就是在美国预定发射卫星之前的两个多月,苏联发射了世界上第一颗人造卫星。这个卫星里的主要仪器设备是化学能电池无线电发报机。

人造地球卫星靠具有巨大推进力的巨型多级火箭送上太空。多级火箭的工作原理并不复杂,就是把几支单线火箭串联或并联在一起,构成一个大的火箭系统。其中的每一级都是一支可以独立工作的火箭,它们各自分阶段地完成飞行任务。首先是第一级火箭点火,此时整个火箭便腾空而起,当第一级的推进耗尽时,它笨重的壳体就立即被扔掉,接着第二级开始工作,此时由于甩掉了一部分已经无用的结构重量,从而使整个火箭轻装前进,再接着第二级的壳体被抛掉,第三级点火……这样一级接一级,越跑越轻,越跑越快。最后一级火箭工作结束时,使装在末级火箭前端的卫星进入地球轨道。

苏联发射的第一颗人造地球卫星的多级火箭先到达 900 多公里的高度,然后以每小时约 2.88 万公里的速度与地球平行飞行,最后卫星脱离停止燃烧的最后一级火箭,在距地球约 880 公里的上空建立自己的运行轨道。人造卫星每 96.2 分钟绕地球一圈。由于地球的自转,人造卫星能飞越各大洲以及所有有人居住区。

苏联发射的第一颗人造地球卫星的主要任务是进行政治宣传。而第一颗卫星上天是历史上最引人注目的科学事件,世界上的每一个人,都知道苏联取得的这个重大成就。苏联出其不意地抢在美国之前,取得了第一个回合的胜利。此后,美苏两国的空间竞赛开始了。

太空争夺战

苏联人造地球卫星发射成功,震惊了全世界,刺激了美国。为了改变被动局面,美国政府发布紧急命令,发射先锋号卫星,同时命令冯·布劳恩用陆军中程导弹“朱庇特”发射人造卫星。

1958 年 1 月 31 日,冯·布劳恩主持把美国第一颗人造地球卫星“探险者一号”送上天。这颗卫星装有电子观测仪器，可向地球发回信息。1958年3月美国发射“先锋二号”，采用太阳能电池。为了测定放射能，美国于1958年3月23日发射“探险者三号”卫星，测得地球外围有一层很强的辐射能带，称为范艾伦带。这个卫星使用了钢丝录音机，长时间记录结果，定时将观测结果送回地球。

人造卫星的竞争，促使各发达国家对科技政策进行全面调整，普遍增加科研经费和科技人员，加强科技情报和教育工作。美国在这方面的震动大，调整也大，1958年新建情报服务局，成立国家宇航局，协调组织美国的空间科技活动。20世纪60年代，美国宇航局已有职工3万~4万人，预算达50亿~60亿美元。

1958年12月8日，美国发射“成功计划”卫星，最早在太空传送人的声音。

1959年开始，苏、美两国将卫星研究重点转向回收技术，而要实现回收，则必须控制卫星的飞行姿态和研制准确的反作用喷射，这在技术上的难度不小。美国从1952年起进行了卫星在地球高空摄影和卫星回收的实验，平均每月发射一颗卫星。1960年8月10日，美国发射“发现家8号”，8月13日回收获成功，回收卫星的重量为45公斤。

苏联于1960年5月15日发射宇宙飞船1号，由于反向喷射控制失灵，飞船回收失败。8月19日，苏联又发射宇宙飞船2号，绕地球飞行两天后，飞船回收获得成功，比美国回收成功时间晚8天。宇宙飞船2号重4.6吨，装狗2只，还有其他小动物。两只狗平安返回地面，比美国的回收规模大、技术指标高。

1960年12月1日，苏联发射宇宙飞船3号，技术难度大，轨道和未来的载人地球卫星轨道计划一致，但回收未能成功。苏联研究了失败的教训，改进措施，于1961年3月9日发射宇宙飞船4号，1961年3月25日发射宇宙飞船5号。这两次飞船回收都获得成功，为载人飞船的发射打下可靠的基础。

其他国家人造卫星的研制工作，都与苏、美两国的差距较大，而且多数国家是利用外国火箭将自己的卫星发向太空的，或是与苏、美合作发射的。

1966年2月17日，法国发射“音域1A”卫星。

1969 年 11 月 8 日,联邦德国发射“阿祖尔 1”卫星。

1970 年 2 月,日本发射“大偶号”卫星。

1970 年 4 月 24 日,中国发射科学实验卫星,是我国自行设计、制造的,重 173 公斤。1971 年 3 月 3 日,我国发射科学实验卫星,重 221 公斤。1975 年 7 月 26 日,我国发射科学探测与技术实验卫星,1975 年 11 月 29 日回收成功。1975 年 12 月 26 日和 1976 年 8 月 23 日我国两次发射科学探测与技术实验卫星。1976 年 12 月 7 日和 1978 年我国两次发射科学探测与技术实验卫星,并且两次回收成功。1981 年 9 月 20 日,我国用一枚火箭发射三颗卫星成功,用于空间物理探测。1984 年 4 月 24 日我国发射试验通信卫星。1985 年 10 月 21 日我国发射科学探测与技术实验卫星。1986 年 2 月 1 日我国发射实用通信广播卫星。

今天,中国人造卫星的研制工作已经走在世界的前列。

苏联成功发射载人宇宙飞船

载人宇宙飞船是苏联率先发射成功的。

1961 年 4 月 12 日,苏联发射世界第一艘载人宇宙飞船“东方 1 号”获得成功,人类第一个到宇宙去旅行的加加林驾“东方 1 号”飞行,证明在失重情况下人可以正常进行工作。加加林第一次在地球外观看美丽的蓝色星球,兴奋地与地球控制站通话。宇宙飞船绕地球飞行一周后,安全返航

着陆。从此人类进入宇航时代。

1961 年 8 月 7 日,苏联发射"东方 2 号",由宇航员季托夫驾驶,绕地球飞行 17 周,续航 25 小时,平安返回地面。苏联在载人宇宙飞船方面又取得了成功。

美国人不服气,为了超过苏联,他们加紧火箭和卫星的研制更新。1961 年 10 月 27 日,美国的"土星"火箭发射成功,推力超过苏联"东方号",这是美国火箭赶上苏联的转折点。苏联"东方号"运载火箭已相当强大,按照谢尔盖·科罗廖夫方案,设计成集束式三级液体火箭,起飞重量 300 吨,起飞推力 500 吨。

1962 年 6 月 20 日,美国的"水星计划"成功,用阿特拉斯远程火箭发射"水星 6 号",由宇航员格林驾驶,绕地球飞行 3 周。

1962 年 8 月 11 日和 12 日,苏联先后发射"东方 3 号"和"东方 4 号",指令这两艘飞船在同轨道接近飞行;在"东方 3 号"绕地球飞行 64 周时,才又发射"东方 4 号",埃克拉耶夫驾驶 3 号,波波毕奇驾驶 4 号,这次飞行被称为"伙伴飞行"、"幽会飞行"。"东方 3 号"首次用电视向地面传播飞船舱内的情景。

1963 年 6 月 14 日,苏联发射"东方 5 号",由毕克夫斯基驾驶,6 月 16 日,又发射"东方 6 号",世界第一次由女航天者但不是宇航驾驶员的泰勒西克娃驾驶,这又是一次同轨道"幽会飞行",6 月 19 日两飞船返回地面。"东方 5 号"飞行 119 小时,绕地球 81 周,行程 3. 3 万公里。

1962 年,美国载人飞船飞行增加到绕地球 6 周。1963 年 5 月 16 日,库巴驾驶的载人飞船绕地球飞行 22 周。

接着,载人飞船的研制向大型载人飞船方向发展。1964 年 10 月 12 日,苏联发射"沃斯霍物 1 号",重 10 多吨,载 3 名宇航员,其中 1 名驾驶员、1 名科学工作者、1 名医生。科学工作者从星体方向测定宇宙飞船的位置,为未来的登月和到火星去做准备。医生以平衡感觉为中心对宇航员身体情况进行实地观察,为未来长时间宇航做准备,还对宇航员不穿宇航服进行实地观察。但这是一次冒险行动,因为当时苏联只有运载两名穿宇航服乘员的能力。

1963 年 11 月 1 日,苏联发射可以自由操纵方向的飞船"贝留特 1 号",1964 年 4 月 1 日发射"贝留特 2 号",为空间对接和登月飞行做准备。

美国也急起直追，加紧这方面的研究。1965 年 3 月 23 日，美国发射“双子星 1 号”飞船在太空作改变轨道的试飞，由格里森和约翰·杨两人驾驶，并实现两个飞船的对接。1965 年 12 月，“双子星 6 号”和“双星子 7 号”在太空相距 30 公里飞行，为以后的飞船对接和设轨道站打下基础。

1966 年苏联首席火箭专家科罗廖夫去世，使苏联的空间计划受到很大损失。

1973 年，美国有 9 位宇航员在太空实验室逗留 3 000 多小时，获得很多太阳物理、地球资源和人体反应的知识。1975 年 5 月到 7 月，苏联宇航员在太空停留 63 天，并与美国飞船实现两船的对接。1979 年 8 月，苏联宇航员在太空生活 175 天。

1969 年 1 月，苏联“联盟 4 号”和“联盟 5 号”相隔一天从地面发射，在空间轨道上首次对接成功，宇航员从 5 号飞船通过对接口进入 4 号飞船。

载人宇宙飞船的成功，为人类登月成功打下了基础。此后，人类终于在 1969 年 7 月 20 日登上了月球。

“阿波罗 11 号”登上月球

自古以来，中国就有嫦娥奔月的故事，这是人类数千年来企盼能够登上月球的愿望的反映。如今，这个梦寐以求的愿望实现了，时间就是 1969 年 7 月 20 日。

1969 年 7 月 16 日（星期三）9 点 32 分，美国“阿波罗 11 号”宇宙飞船连同它的 36 层楼房高的“土星 5 号”火箭在肯尼迪角的 39A 综合发射台发射。在飞船上的是民航机长尼尔·阿姆斯特朗和两名空军军官小埃德温·奥尔德林上校和迈克尔·科林斯中校。“土星 5 号”的第三级火箭把他们送进了一条 110 英里高的轨道。把一切工作系统检查了两个半小时之后，他们再度发动了第三级火箭，这使他们获得了每小时 24 245 英里的速度，脱离地球大气层向 25 万英里外的月球前进。

在离地球 5 万英里处，科林斯操纵名为“哥伦比亚”的指挥舱，使它与称为“鹰”的脆弱的登月舱正面相对。“哥伦比亚”和“鹰”互相一钩住，土星号的第三级火箭就被抛弃了。航行的第二天，他们开动了“哥伦比亚”的发动机，这样到星期六就可以进入到月球背面69英里之内的一条轨道上。在肯尼迪角时间星期五下午，阿姆斯特朗和奥尔德林爬过两个运载工具之间的管道，进入了登月舱“鹰”号，那天黄昏，宇航员们进入了月球的重力场。这时他们离月球已不到4.5万英里，速度越来越快了。

第二天下午，宇航员们把速度降低到每小时3 736英里，进入了绕行月球的轨道。休斯敦航控台于7月20日（星期日）上午7点零2分叫醒他们，因为这一天是预定在月球上着陆的一天。在“鹰”舱里，阿姆斯特朗和奥尔德林把登月舱着陆用的四条难看的腿伸展出去。航控台告诉他们说：“你们完全可以驶离船坞了。”于是，登月舱就和“哥伦比亚”分开，这时阿姆斯特朗说：“‘鹰’已经长了翅膀了！”下午15：08，他发动了宇宙飞船的引擎，于是他们朝着月球上的静海飞去。两名宇航员在距离月球表面9.8英里处进入了一条低轨道，在一片可怕的满是高山和火山坑的月球荒野上飞行。

这时，休斯敦的一部计算机开始在登月舱的仪表上闪光，向他们发出警报。现在已如此接近目的地，于是他们就根据在休斯敦的一个青年指导官员的指示向前飞去。阿姆斯特朗掌握着操纵器，奥尔德林不停地读出仪表上显示出的航行速度和高度。他们在下降的最后时刻，遇到了一些麻烦。当阿姆斯特朗发现他们将落在广阔的不可接近的西山火坑时，“鹰”舱与月球之间的距离已不到500英尺了。他向那火山坑外面飞去，但这计划外的延长路程，意味着燃料快要用完了。他必须立即作出决定，要么转向坑外，要么冒坠毁的危险。就在这一刹那，他前面的仪表盘上发出了两道白光，显出接触月球字样。“鹰”舱已经着陆了。

他报告说：“休斯顿，这里是静海基地，‘鹰’舱已经着陆。”他讲这句话的时间是1969年7月20日，星期日，美国东部时间下午16时17分42秒。

把仪器检查了3个小时之后，两名宇航员向休斯顿请示，他们可否省去预定的4个小时休息时间而就在现在下机。休斯顿回答：“我们支持你们这一行动。”于是他们穿上价值30万美元的特制太空衣，降低了登月舱内的压力。阿姆斯特朗背朝外，开始从九级的梯子上慢慢下去。在第二级阶梯上他拉了一根绳子，打开了电视照相机的镜头，让5亿人看到他小心地下降到荒凉的月球表面上去。

阿姆斯特朗的靴子接触了月球表面,他说:“对一个人来说,这是小小的一步,但对整个人类来说,这是一个巨大的飞跃。”此时时间是1969年7月20日晚上22时56分20秒。阿姆斯特朗拖着脚步在地上走来走去。他说,月球表面是纤细的粉末状的,它像木炭粉似的一层一层地粘满了他的鞋底和鞋帮。他一步踩下去不到1英寸深,也许只有1/8英寸,但他能在细沙似的地面上看出自己的脚印来。

阿姆斯特朗把那细粉状的物品捡放一些在他太空衣的裤袋里。在阿姆斯特朗下舱后19分钟,奥尔德林走到他身旁说:“真美呀!壮丽的凄凉景色。”阿姆斯特朗把一根标桩打入土里,把电视摄影机架在上面。样子像蜘蛛的“鹰”舱离镜头60英尺远,正处于电视图像的中央,它后面就是外层空间的永恒的夜。这里的重力只有地球的1/6,因此电视观众们看到这两人像羚羊似的跳来跳去,并听到奥尔德林说:“当我要失去平衡的时候,我发现恢复平衡是十分自然而又非常容易的事。”他竖起了一面3英尺宽的美国国旗,它是用铁丝缚在旗杆上的,奥尔德林向它行礼。他们还存放了一个盛有76国领导人拍来的电报的容器和一块不锈钢的饰板,上面刻着下列字样:“来自行星地球的人于纪元1969年7月第一次在这里踏上月球。我们是代表全人类和平地来到这里的。”

两位宇航员收集了50来磅石块供科学研究之用,并测量了他们太空衣外面的气温:阳光下是华氏234℃,背阴处是-279℃。他们摆出一长条金属箔来收集太阳粒子,架起测震仪来记录月球震动,还架起反射镜把结果送给地球上的望远镜。在半夜里他们回到“鹰”舱,总共在月球上停留了21小时又37分钟之后,发动引擎离开了月球。返回轨道之后,他们就和待在“哥伦比亚”里的柯林斯会合。“鹰”舱则被放走而飘入太空,最后将坠毁在月球上。

7月21日下午1时56分,柯林斯使“哥伦比亚”朝向地球,发动引擎,使指挥舱摆脱了月球的引力。回程需要60个小时。那天晚上,宇航员们通过电视将一幅他们摄自175 000英里外的地球本身的照片送到地球上,奥尔德林说:“坐在这里看着地球变得越来越大而月亮变得越来越小,这情景多美!”阿姆斯特朗说:“不管你航行到哪里,回家总是好事!”

星期四,他们以每小时24 602英里的速度航行,在太平洋上空57英里处重新进入了地球的大气层。守候着的美国航空母舰“大黄蜂”号上的雷达已探测到正降落的“哥伦比亚”宇宙飞船在13.8英里外,在3个83英尺的橙色和白色的降落伞下疾降。指挥舱溅落在海面上,激起6英尺高的大浪,并倾翻了。指挥舱内3人努力把舷边的气袋充了气,就立即使它恢复了平衡。从“大黄蜂”号上起飞的直升机在他们头顶盘旋,引导这只船开往目的地。尼克松总统在舰桥下挥动双筒望远镜。“大黄蜂”号上的乐队吹奏起了《哥伦比亚,你是海上明珠》,在整个美国和许多外国城市里,教堂钟声四起,气笛长鸣,汽车驾驶员都按响了车上的喇叭。

“阿波罗11号”登月舱第一次实现了人类登上月球的壮举。“阿波罗”月球探测计划获得了大量有意义的新资料,详细地揭示了月球表面结构特性、月面物质的化学成分、光学和热力学物理特性,并探测了月球的重力、磁场和月震等。“阿波罗”计划为人类研究月球开创了新的阶段,是人类历史上前所未有的壮举,实现了人类多年来的梦想。

古巴导弹危机

美国于1961年策动的对古巴猎湾的入侵遭到可耻的失败,美国为此一直怀恨在心,总想伺机对古巴进行干涉。与此同时,古巴同苏联的关系已是越来越密切,而美、苏之间的磨擦却日趋严重。

当时,美、苏两国导弹数量的比例是5:1,力量对比美国的优势极其明显,苏联政府对此担忧不已。为了迫使美国从土耳其或靠近苏联的其他地区撤除导弹,赫鲁晓夫决定在古巴部署苏式导弹,并找了一个堂而皇之的理由:捍卫古巴革命成果。

1962年7月,古巴副总理访问了苏联,时隔不久,苏联就开始向古巴运送导弹。美国的U-2侦察机发现了古巴境内的导弹基地,肯尼迪总统立即向苏联提出强烈抗议,要求马上拆除古巴境内的导弹发射设施,否则,美国将不顾一切地消灭这些直接威胁美国安全的导弹设施。苏联方面对此的答复是:这些导弹基地纯粹是防御性质的。但美国却一口咬定从该基地发射的导弹足以摧毁美国各大城市,对美国安全构成了严重威胁。

1962年10月16日,肯尼迪总统组建了国家安全委员会执行委员会,研究如何对付苏联的行动对策。执委会成员们提出了众多方案,归纳起来主要有三个:一、空袭古巴导弹基地;二、对古巴实行封锁;三、诉诸联合国。肯尼迪总统思考后发表意见说:"如果美军空袭古巴导弹基地,必然会引起核大战爆发,可能导致美、苏两败俱伤甚至同归于尽的恶果,而向联合国申诉,则只不过是目前这种争吵不休的状态的延续,无济于事。"因此,肯尼迪主张对古巴实行封锁,因为这样必定给赫鲁晓夫带来巨大的压力,并能有效地控制事态发展。这一主张,得到执委们的一致赞赏。

一个星期后,美国总统肯尼迪发表电视演说,宣布美国将对古巴实施封锁。此后,大批美国海军军舰和2万名海军士兵开始执行封锁行动,美国在世界各地的军队也进入戒备状态。美国如此强硬的态度着实让赫鲁晓夫吃了一惊,于是他下令加快向古巴运送导弹及苏式轰炸机的速度。

美国毫不退让,一支由90艘战舰组成的庞大舰队,在68个空军中队和8艘航空母舰的护卫下,已经在古巴领海周围设置了警戒线,并开始拦截所有驶入封锁区的船只。在靠近古巴的美国佛罗里达州及邻近各州,美国已集结了一支庞大的登陆部队。

苏联政府发表声明,如果苏联舰船遭拦截,苏联将进行最强烈的回击。肯尼迪见苏联以硬碰硬,当即下令陆军第一装甲师进入临近古巴的地域,另外5个师进入紧急戒备状态,携带核武器的B-52型轰炸机振翼升空待命。

实际上,肯尼迪并不打算真的发动一场战争,他只不过是想迫使赫鲁晓夫从古巴撤除导弹基地,所以他做的一切都只是恫吓。肯尼迪一直努力不让赫鲁晓夫丢面子,不让苏联人因感到其国家安全受到威胁而做出更强烈的反应,以避免危机升级。

同样,赫鲁晓夫的所谓"强烈反应",也不过是色厉内荏的把戏,他亦不敢贸然将事态一再扩大。肯尼迪的强硬态度却真的唬住了苏联人。赫鲁晓夫最后宣布,从古巴撤走导弹,而美国人也作出了不再入侵古巴的承诺,一场战争危机终于过去了。古巴导弹危机依然是冷战的结果。

越南战争

在第二次世界大战期间，日本从法国殖民主义者手中夺取了包括越南在内的印度支那。

1945 年 8 月日本宣布投降时，以北纬 16°线为界，英军开进越南南部，中国国民党政府军开进越南北部。

1945 年 9 月 2 日，印度支那共产党（后为越南共产党）领袖胡志明在河内宣布建立越南民主共和国。

同年 9 月 21 日，法国军队卷土重来，开进越南南部，拒绝承认越南独立，越南抗法战争开始。

1946 年 3 月，法军进入越南北部，中国军队则撤回国内。法国当时与越南订立协定，承认越南是自由的国家，越南政府也承认越南是法兰西联邦一部分。但是，法国在调集大量兵力到越南后，于同年 12 月撕毁协定，发起全面进攻，并且建立伪政权。

中华人民共和国成立后不久，胡志明秘密访华请求中国政府援助，中国政府当即给予大力援助，派出陈赓和韦国清等率领的军事顾问团帮助越军。

经多年战争，越南在中国援助下越战越强，并于 1954 年 3 月发动奠边府战役，此战越南军队战果辉煌，大败法军并且迫使法军主力近万人投

降，共歼敌1.6万人。法国政府无力再战，于1954年7月在中、苏、英、美、越等23国参加的日内瓦会议上，签定《日内瓦协议》。

《日内瓦协议》规定：停战后，法国政府尊重越南、柬埔寨和老挝三国独立的主权和统一，以北纬17°线为南北临时军事分界线，法国军队退出北越，越共军队退出南越。从此以后，南北越南分裂局面得以确立。

9年抗法战争，使法国损失惨重，耗资百亿美元，于1956年完全撤出越南。

心中另有打算的美国政府当时拒绝在《日内瓦协议》上签字，美国官员表示他们将接替法国，在南越建立吴庭艳傀儡政权，提供大量经济和军事援助，并积极修建美军基地。吴庭艳政权一方面排挤亲法派和其他政治派别，建立吴氏家族的独裁统治；另一方面大肆残酷镇压越南共产党人和其他反对派人士。越南共产党被迫在南方组织武装反抗，开始了长期的、艰苦卓绝的抗美战争。

1961年，美国发动"特种战争"，将农村人口强迫集中到以铁丝网和碉堡包围起来的所谓"战略村"，实行严密控制，并且直接参战，采用各种战术和大量使用化学武器等。美国厚颜无耻的行为受到全世界人民的嘲讽。

1963年，吴庭艳政权因残暴和腐败，完全丧失民心，同时也因为表现得实在太无能，不能使美国满意，被美国中央情报局策划的军事政变推翻，另换其他代理人。

美国因"特种战争"未能消灭越共武装，开始实行扩大战争的"逐步升级战略"。1964年8月4日，美国借口发生"北部湾事件"，美国军舰受到北越炮舰袭击，开始狂轰滥炸北越多年，将许多城镇夷为平地。美军声称要把北越"炸回到石器时代"。从此，战争不断升级，范围日益扩大，美军成为作战主力，至1968年驻越美军高达54万人。

1971年，美军和南越伪军入侵柬埔寨，进一步扩大战争规模和战争范围。然而，北越和南越的越共军队在中国和苏联的鼎力支持下，有力地反击美军的进攻，击毁数千架飞机，多次发动大规模攻势，并曾在1968年的"新春攻势"中一度攻入西贡，袭击了南越的总统府和美国大使馆。

原本想发战争财的美国，以为发动越南战争又能捞上一笔，可是，战斗进行到最后，竟损耗了1 389亿美元巨资，死伤35万人。而且国内经济受到严重影响，人民极为不满，青年纷纷拒服兵役，接连出现大规模反战运动，迫使约翰逊政府下台。1973 年，美国被迫签订《巴黎协定》，同意在 60 天内从越南撤退全部美军。美军撤退后，西贡政权于 1975 年宣布投降，越南战争结束。

当时的美国国防部长麦克纳马拉后来承认，越南战争确实是一场错误的战争，他在 1964 年 8 月 4 日声称，美国军舰受到北越炮舰袭击也纯属捏造。

尼克松访华

1949 年 10 日 1 日中华人民共和国成立后，美国拒绝承认新中国，极力阻挠新中国取得联合国的合法席位，并发动朝鲜战争，扶植蒋介石台湾政府，中美两国 20 多年内处于敌对和隔绝状态。20 世纪 60 年代末和 70 年代初，随着世界政治力量对比发生巨大的变化，美国开始考虑改变对华政策。理查德·尼克松宣誓就任美国第 37 任总统后，他主张美国与中国建立外交关系。1970 年 2 月，尼克松向美国国会提出了第一个外交报告。关于中国的部分开头语是："中国人民是伟大的、富有生命力的人民，他们不应该继续孤立于国际大家庭之外。"在中华人民共和国方面，1970 年 10 月 1 日，美国作家埃德加·斯诺登上天安门城楼，参加中华人民共和国 21 周年庆典。毛主席与斯诺在天安门城楼上的合影被刊在《人民日报》第一版上，这是中国向美国发出的一个清晰、强烈的信号。

1970 年 10 月初，尼克松在接受美《时代》周刊记者采访时说："如果说我今生有什么事想做的话，那就是去中国。如果我去不了，我要我的孩子们去。"不久，巴基斯坦总统叶海亚和罗马尼亚总统齐奥塞斯库访问美国，尼克松请他们为美中关系正常化提供中间帮助。在欢迎齐奥塞斯库的宴会上，尼克松第一次称中国为"中华人民共和国"。

1970 年 11 月，尼克松口授了一个备忘录给基辛格，要求他主持研究美国在联合国接纳中国的问题上将采取什么方针，并特别提醒他不要告诉任何可能会泄密的人。1970 年 12 月 9 日，周恩来总理请叶海亚传话，欢迎尼克松的代表到北京讨论台湾问题。周总理幽默地说："过去我们通过不同的来源收到美国方面的口信，这次是第一次从一个首脑通过一个首脑给另一个首脑提出建议。”尼克松通过巴基斯坦驻美大使希拉里答复：“会谈不必限于讨论台湾问题，我们双方的代表可以在巴基斯坦会晤，商议北京高级会谈一事。”

1971年初，罗马尼亚方面传来周总理的口信：“美国总统的信息不是新的。我们之间只有一个悬而未决的问题，那就是美国对台湾的占领。中华人民共和国真诚地试图谈判这个问题已经15年了。如果美国有解决这个问题的愿望和解决问题的方案，中华人民共和国将准备在北京接待一位美国的特使。”周总理这个口信态度诚恳，没有丝毫的激烈的地方，尼克松、基辛格听后异常兴奋。

1971年2月，尼克松向国会提交的第二个外交政策报告中，谈及美中关系正常化的可能性。3月，美国国务院取消了对于使用美国护照到中国大陆旅行的所有限制。4月，“乒乓外交”使尼克松宣布取消对美中贸易的禁令。一段时间后，叶海亚捎来周总理的另一个口信：中国坚持台湾问题是中美恢复关系之前的必须解决的主要和先决问题，又表示中国对中美之间为达到和解的直接会谈感兴趣，愿意在北京公开接待美国总统的一位特使，或者美国国务卿、美国总统本人以进行直接会晤和商谈。

收到这个口信后，尼克松决定亲自访问北京。为了不遭反对派的破坏，公开访问一事在达到协议之前须严格保密。尼克松安排基辛格先完成北京之行。

1971年7月初，基辛格飞往亚洲，官方宣布是前往西贡、泰国、印度、巴基斯坦等地举行会谈。基辛格同巴基斯坦总统叶海亚·汗进行了一个半小时会谈后，突然改变日程，说他要去拉瓦尔品第休假。因此巴基斯坦政府发言人宣布，基辛格因稍感不适，将在休养地多住一天。实际上，基辛格和3名助手此时已登上一架巴基斯坦的飞机飞往北京去了。

此次基辛格访华期间，周总理同基辛格举行了多次会谈，双方除讨论尼克松访华日期、会谈方式、通讯联络等问题之外，还着重就台湾、印度、朝鲜、日本等问题交换了意见。双方会谈取得了成果。基辛格在7月11日回拉瓦尔品第之前，向尼克松发回了注明“我已经发现了密码”的电报。基辛格的中国之行5天以后，中国发布了一个震惊世界的公告。公告如下：

“周恩来总理和尼克松总统的国家安全事务助理基辛格博士于1971年7月9日至11日在北京进行了会谈。获悉,尼克松总统曾表示希望访问中华人民共和国,周恩来总理代表中华人民共和国政府,邀请尼克松总统于1972年5月以前的适当时间访问中国。尼克松总统愉快地接受了邀请。”

“中美两国领导人的会晤,是为了谋求两国关系的正常化,并就双方关心的问题交换意见。”

几乎是在同一时刻,美国总统尼克松也在电视上发表了震惊世界的讲话。他宣布说,“我已被邀请访问中国,而且愉快地接受了这一邀请”,“我之所以采取这一行动,因为我深信在美国同中华人民共和国之间减少紧张局势,改善关系,对所有国家都有好处”。

1972年2月21日,尼克松等人乘坐的专机在北京首都机场安全降落,周总理亲往机场迎接。到京几小时之后,尼克松被请到了中南海,毛主席在那儿会见了他,并同他进行了广泛的交流。经过周总理和尼克松多轮会谈,中美终于在1972年2月28日签署了著名的《上海公报》。

这是一个独特的、别具风格的公报,公报根据周恩来总理的建议,首先列出了中美两国各自的立场和态度,包括对国际问题的各项原则主张。在承认“一个中国”的原则立场下,中方为了照顾美方国内的政治困难,作出了一些让步,在首先确定美国必须从台湾全部撤军的前提下,没有要求美方立即承诺废除美蒋共同防御条约,允许美军在一定时期内逐步撤离。公报还提出,双方都不应该在亚太地区谋求霸权,反对其他国家或国家集团建立这种霸权的努力。

尼克松离开中国前夕,周恩来总理举行宴会欢送他。在宴会上,尼克松说:

“我们今天所发表的联合公报概括了我们会谈的结果。这个公报明天将成为全世界的重大新闻。但是,我们在那个公报中所说的话,远不及我们在今后为建立跨越16 000公里和过去分割我们多年的敌对状态的桥梁而将做的事情来得重要。”

1979年1月1日,中美两国在尼克松访华近7年时间后,终于正式建立外交关系。这是世界现代史中的一件大事。

水门事件

水门,也就是华盛顿水门大厦,它是美国民主党总统竞选委员会总部所在地。所谓水门事件,就是尼克松竞选班子派到水门大厦民主党总统竞选委员会总部偷拍文件和安放电子窃听器而被破获的案件。

共和党人理查德·尼克松,1968年当选为美国第37届总统。1972年美国第38届总统选举时,他获得的选举人票数为520万张,以压倒性优势战胜民主党对手麦戈文,连任美国第38届总统。在这次大选揭晓的第二天,尼克松在华盛顿的肖尔哈姆饭店举行了一次庆功宴,称赞自己的竞选班子有能力,为他当选总统立下了汗马功劳,使他"最后一次竞选成为所有竞选中最成功的竞选",表示"谢谢大家"。可是,他哪里想到正是这个竞选班子搞了一个"水门事件",给他捅了一个大漏洞,使他从高山之巅掉进万丈深渊,在取得空前胜利之后遭到了彻底覆灭的命运。

1972年6月17日夜晚,尼克松竞选班子"争取总统连任委员会"总部安全顾问麦科德和曾当过中央情报局间谍的古巴裔美国人巴克、马丁内斯、斯特古斯、冈萨雷斯等5个人,带着外科手术手套,携带照相机、电子窃听器和无线电对话机,悄悄进入民主党总部所在地水门大厦,偷拍了民主党的档案,并在暗处安装了电子窃听器,准备偷听民主党领导人研究本届总统选举的竞选策略的谈话,以便为尼克松竞选总统拟订对策。

但是,他们的活动被水门大厦的警卫人员发现了,警卫人员当场将他们逮捕。在大厦外面为麦科德等人望风的利迪、亨特二人见势不妙,马上逃跑,但3个月后也被逮捕。

麦科德等人供认,他们是奉尼克松总统竞选班子之命,潜入水门大厦窃取民主党竞选策略情报的。他们在17天前的5月30日曾潜入水门大厦,在民主党总部安放了窃听器。由于偷听到的情报价值不大,而且窃听器安的地方不合适,决定再去第二次。他们这次去的主要目的,是准备把窃听器安放在水门大厦民主党主席奥勃莱恩办公室的电话机里,以获得作为尼克松竞选对手的参议员麦戈文和肯尼迪的重要情报。

1973年1月,华盛顿地方法院审讯水门事件时,7名被告全都认罪,但对案情本身却保持沉默。随着时间的推移和调查的深入,水门事件真相终于逐步露出原形。

3月20日,麦科德写信给法官西里卡,说明他和几个被害人都受到了政治压力,要他们承当罪责和保持沉默。他表示愿意提供案情线索,但又怕遭到报复,要求秘密提供情况。在接下来的秘密审讯中,麦科德供出了水门事件及企图掩盖真相的有关高级人员,其中包括米切尔、白宫法律顾问迪安和马格鲁德,使案情有了突破性进展。后来,麦科德又进一步供认,他之所以参加水门活动,是因为"这项工作是司法部长、白宫及总统本人发动的"。法庭经过深入调查发现,参加策划、指挥水门事件的除上述人员外,还有白宫助理霍尔德曼、埃利希曼、拉鲁,参加尼克松总统竞选班子的前商务部长斯坦斯,前司法部长克兰丁斯特,联邦调查局代局长格雷,中央情报局副局长沃尔特斯,总统竞选委员会工作人员考尔菲尔德、波特和马迪安等,共10多人。

水门事件影响巨大,事件发生后,美国政府、司法部门和国会先后组成10多个机构对水门事件进行调查和审理。1973年10月23日,美国众议院决定由该院司法委员会负责搜集、调查尼克松的罪行,为弹劾总统做准备。在调查和审理中,还查出了在总统竞选活动秘密捐款中的许多非法活动,揭露出了挪用大笔竞选基金供掩盖水门事件之用,暴露了白宫和中央情报局假借"国家安全"的名义大搞窃听电话和其他间谍、特务活动。司法机构在掌握了确凿的证据之后,要求对白宫人员进行传讯,并要求尼克松本人到庭作证。

尼克松总统在事件真相完全暴露之前,一再否认白宫及政府有关人员与这一事件有牵连,还以美国行政、立法、司法三权分立和总统享有行政特权为理由,阻止白宫人员到调查委员会作证。但是随着案情的进展,他再也没法阻止,只好让他们去作证,并宣布凡与水门事件有牵连人员将立即撤职。1973年5月23日,尼克松发表声明,表明他自己与水门事件无关,但承认他曾限制调查。

7月中旬,白宫助理、联邦航空局长巴特菲尔德在参议院作证说,尼克松自1970年以后就下令在自己的白宫椭圆形总统办公室内安装复杂的电子收听装置,把他自己同下属的谈话录下音来,其中就有他同白宫人员关于掩盖水门事件谈话的内容。以后,参议院特别调查委员会主席欧文和特别检察官考克斯都发出传票,要求尼克松交出有关水门事件的录音

带。但尼克松以这些录音带涉及国家安全和国家机密为由拒绝交出。这样，录音带的问题就成了水门事件新的焦点。

1974年6月25日，众议院司法委员会决定公布同弹劾尼克松有关的全部证据。7月底，司法委员会相继通过三项弹劾尼克松的条款。

8月5日，理查德·尼克松被迫交出3盘有关水门事件的录音带，这些录音带记录了1972年6月23日（即水门事件后第七天）他和霍尔德曼谈论阻挠调查的内容。在事件真相大白、无可掩盖的情况下，甚至在共和党内部，也出现了一股要求尼克松下台的浪潮。8月7日，尼克松和国会里的共和党三巨头戈德华特、莫斯特和罗兹会谈，经过蹉商，尼克松决定辞去总统职务。8月8日上午11时，副总统福特到白宫见尼克松，尼克松告诉他决定今天辞职。8月8日晚21时，尼克松在白宫椭圆形总统办公室向全国发表宣布辞职的电视讲话。8月9日上午，尼克松离开白宫，乘总统座机“空军一号”，向加里福尼亚州飞去。离开白宫时，白宫办公室主任黑格将军交给基辛格国务卿关于尼克松辞职的信，信上写道：“亲爱的国务卿先生：我谨辞去美国总统职务。理查德·尼克松谨上。”

在尼克松离开白宫后不到2小时，福特宣誓继任美国总统。福特就任总统后，根据美国宪法的有关规定，颁布总统令，赦免了尼克松的罪行。至此，美国总统竞选的丑闻水门事件以尼克松下台而告终。

欧洲安全和合作会议的召开

欧洲安全和合作会议简称“欧安会”。历经8年多的酝酿和准备之后,欧安会于1973年7月3日正式召开。

1964年12月1日,第19届联合国大会开幕。苏联通过波兰外长腊帕茨基在大会上提出召开全欧安全会议的建议。苏共中央总书记勃列日涅夫在1965年3月29日苏共第23次代表大会上及4月8日访问波兰时,也提出了这个问题。1966年7月4日-6日,华沙条约成员国在布加勒斯特举行会议,讨论东西方关系和越南战争问题。这次会议通过了《关于加强欧洲和平与安全的宣言》,提出召开欧洲国家会议,讨论欧洲安全问题。苏联当时提出召开欧洲安全会议的目的,主要是巩固它在第二次世界大战中获取的利益(如48万平方公里土地),进一步控制东欧国家,向西欧渗透。

1968年6月24日和25日,北大西洋公约外交部长在冰岛首都雷克雅未克举行例会,向苏联和东欧国家呼吁相互均衡裁军,以促进东西方的缓和,与苏联召开欧安会的主张相对抗。1969年3月17日,华沙条约组织在布达佩斯举行会议,呼吁早日召开欧安会,讨论欧洲安全和和平合作问题。4月3日,苏联向美国表示,不反对美国参加欧安会。刚开始美国反对召开这样的会议,但当西欧一些主要国家赞成召开欧洲安全会议时,美国怕在西欧联盟中孤立,但为便于在会上与苏争夺,也就同意参加了。因此,在1972年5月尼克松访问苏联时,便与苏联达成了召开欧安会和中欧裁军会议的协议。

1972年11月22日-1973年6月8日,33个欧洲国家以及美国、加拿大的代表在赫尔辛基举行欧安会筹备会议,拟定了《赫尔辛基最后建议蓝皮书》,规定了会议讨论的范围,议事日程的会议组织、地址等,并规定会议分三个阶段进行。

第一阶段:1973年7月3日-6日在赫尔辛基召开,33个欧洲国家和美国、加拿大外长参加。会议批准了《赫尔辛基最后建议蓝皮书》,确定会议议程是:欧洲安全问题;经济、科技合作问题;人道主义方面的合作问题;制订会议最后文件的办法。

第二阶段:从1973年9月18日开始,与会国的375名专家在日内瓦召开会议。会议分3个委员会,分别讨论前三项议题。由于双方分歧实在太大,会议时断时续,前后用了近两年的时间,开了2 400余次会议,经过双方多次讨价还价,直至1975年7月21日,才拟定了《欧洲安全和合作最后文件》。文件规定,与会国首脑于近期召开会议,签署这个文件。

第三阶段:1975年7月30日–8月1日,欧洲33国及美国、加拿大等国国家首脑、政府首脑或他们的代表在赫尔辛基举行会议,签署了《欧洲安全和合作最后文件》。文件包括四个部分也叫"四个篮子":1.《指导与会国间关系的原则的宣言》;2.《关于建立信任的措施和安全与裁军的某些文件》;3.《人道主义和其他方面的合作》;4.《经济、科学技术和环境方面的合作》。

苏联最关心的是"欧洲安全"问题。它希望能通过欧安会固定欧洲边界现状。《指导与会国间关系的原则的宣言》提了十项原则,其中特别提到"边界的不可侵犯性","禁止使用武力或以武力相威胁",但在西方国家的坚持下,又写上了"边界可以根据国际法,以和平手段和通过协议加以改变"。《关于建立信任的措施和安全与裁军的某些文件》规定,与会国在离边界250公里以内地区举行25 000人以上的军事演习,应在21天前通知与会国家,并邀请他们派观察员观看演习。

对《经济、科学技术和环境方面的合作》,苏美双方各有用心。苏联企图通过这方面的合作,引进美国的先进技术和资金;美国想通过这方面的合作,作为向苏联、东欧国家进行经济渗透,并以此作为施加压力的手段。

西方国家则对《人道主义和其他方面的合作》特别感兴趣,企图通过这方面的合作,促进苏联和东欧国家的"自由化"。

《欧洲安全和合作最后文件》虽长达1 200页,但内容非常空泛,可以各取所需,各作各的解释。勃列日涅夫在会上强调文件是"对第二次世界大战做出必要的政治总结"。美国总统福特在会议前夕却一再申明《最后文件》既不是一项条约,也不是法律上对任何与会国有约束力的文件,不会影响美国"支持"东欧国家的政策。

根据1975年7、8月赫尔辛基与会国首脑会议关于核查执行情况的规定,1977年6月15日在南斯拉夫首都贝尔格莱德召开了欧安会续会预备会,会议主要任务是检查两年来与会各国执行会议规定的情况,并就增进欧洲安全与合作的问题交换意见，耗费了50天时间，才决定召开正式会议的日期和议事日程。1977年10月14日，续会正式开始，原来规定开到12月22日，但由于会议毫无进展，只好宣告休会。1978年1月17日，欧安会后续会议在贝尔格莱德复会。与会国的西方国家和苏联、东欧国家之间在很多问题上存在严重分歧，经过一番激烈争吵，3月9日，会议在通过了一份所谓总结报告后草草收场。

1980年11月11日，欧安会又在西班牙首都马德里召开第二次续会，不少国家的代表纷纷谴责苏联军队侵略阿富汗，指责它破坏了赫尔辛基文件的原则。同年12月19日休会。1982年2月，欧安会又围绕波兰问题展开了激烈争论。欧安会名不符实，名义上是为了"安全""合作"，而实际上是苏联和美国两个超级大国加紧争夺欧洲霸权的一种手段。

恩德培机场人质事件

1976年6月27日，4名巴勒斯坦人和西德人在希腊首都雅典劫持了一架法航班机，随后他们飞抵乌干达恩德培机场。机上乘客大部分都是以色列人，劫机者把他们全部扣为人质，提出换取关押在以色列的53名巴勒斯坦人的要求。不然的话，他们将于7月1日杀死机上全部人质。

以色列军政首脑迅速作出周密部署。他们首先通过法国外交部同劫机者保持随时联系，时而态度强硬，时而又讨价还价，企图以此来拖延时间，最后双方达成协议，以色列当局表示同意用关押的巴勒斯坦人交换人质，并且列出了移交人员的详细名单。劫机者方面则同意将最后期限由7月1日延长至7月4日，然后他们开始慢慢等候以色列用来交换人质的巴勒斯坦人。

7月3日黄昏时刻，以色列的薛姆龙将军，率领营救队从西奈半岛的沙姆沙伊赫机场出发，他们乘坐13架飞机，外带3架空中加油机和1架空中通讯机，向乌干达恩德培机场飞去。从以色列到乌干达行程4 000公里，途经埃及、苏丹、索马里、埃塞俄比亚、沙特阿拉伯等数国领空。为避免途中被阿拉伯国家雷达发现，以色列人把飞机上所有的以色列标志全都涂抹掉，还采用阿拉伯国家的无线电呼号和频率，并且以离地面15米的超低空飞行，躲过了阿拉伯国家一道又一道雷达的搜索，最后营救队成功地到达恩德培机场。

当乌干达机场航空管制塔的值班人员发现这组机群时，以色列飞行员回答说是东非航空公司运来了交换人质的巴勒斯坦人，于是以色列飞机得以着陆。与此同时，先期到达恩德培机场的以色列间谍则切断了机场对外联系。

突然，一个酷似乌干达总统阿明的以色列间谍坐着豪华轿车出现在机场，机场的20余名乌干达士兵慌忙跑向轿车，去迎接“阿明总统”，他们哪里想到突然之间就被轿车内伸出的机枪全部打死。飞机里的突击队员迅速冲出机舱，以迅雷不及掩耳之势，在劫机者和乌干达人还没弄明白怎么回事之前就全部歼灭了他们，解救了所有人质，然后他们迅速登上以色列飞机离去。这场战斗从开始到结束前后仅仅用了53分钟就大告成功。

两伊战争

两伊战争是指伊拉克和伊朗为了阿拉伯河主权问题而发动的战争。1980年4月初，在伊拉克首都穆斯坦西里亚大学举行的“世界经济讨论会”上，一名伊朗青年扔出一颗手榴弹，炸伤了出席这次会议的伊拉克总理阿齐兹，还有数人死亡。萨达姆·侯赛因，这位向以强硬派姿态示人的总统，立即发表了煽动战争的演讲。而时任伊朗总统的霍梅尼也不甘示弱，他表示，如果伊拉克发动战争，伊朗会“一直打到巴格达”。

穆斯坦西里亚大学谋杀事件，使两伊原就紧张的关系更加恶化，萨达姆说：“我们将进行战斗。”果然，1980年9月22日，伊拉克作战飞机就向包括首都德黑兰机场在内的7个伊朗空军基地和15个城市发起了突然袭击，随后，伊拉克出动1 200多辆坦克，兵分三路，向伊朗发起猛攻。

开战两周后，伊拉克军队已占领了伊朗领土2万多平方公里，基本上达到了“收复失地”的目标，同时萨达姆也为自己在阿拉伯世界中赢得了极大的威望。他认为和谈的时机到了，便于10月4日宣布单方面停火3天，表示愿和伊朗谈判以解决争端。但是萨达姆的算盘落空了。面对伊拉克的入侵，伊朗总统霍梅尼号召全体人民奋起保卫祖国，他根本不理萨达姆的建议及联合国在两伊开战之初就已开始了的调解,霍梅尼还声称:"在伊拉克部队未撤走的情况下,决不接受停火。"萨达姆不得不将这场由自己发动的战争打下去。

1981 年上半年,战场形势向有利于伊朗的方向发展,伊拉克由进攻转为防守。1982 年 6 月,伊斯兰调解委员会再一次出面调解,萨达姆连忙宣布将把伊拉克军队从伊朗境内全部撤出,以换取和谈,但吃了大亏的霍梅尼不肯罢休,他提出了 3 条苛刻的停战条件:1. 赔偿战争损失 1 500 亿美元;2. 伊拉克全部撤军并承认是侵略者;3. 萨达姆必须下台并作为战争罪犯接受审判。这 3 个条件萨达姆一条也无法接受,无奈之下,只得将战争继续打下去。战场随着伊朗军队的不断进攻而移到了伊拉克的领土上,第二大城市巴士拉告急,盛产石油的马季岛失守。在这种可能降临的失败的情形下萨达姆采取了釜底抽薪的战略,在加强地面防御的同时,竟宣布封锁伊朗主要的石油输出港口哈尔克岛,凡进入该港装油的船只,不论国籍,全部炮火相迎。封锁使伊朗石油出口受到了严重打击。1983 年,萨达姆又进一步将战争打到了海上,率先发动了袭船战。伊拉克飞机频繁用导弹袭击装运伊朗石油的船只,仅第一个月,就击沉击伤油轮 20 多艘,使来往于波斯湾的油轮由战前的每天 800 艘,锐减至每天不足 100 艘,使伊朗的石油出口减少了一大半。

正如萨达姆在战前预料的那样,当伊拉克节节败退,伊朗可能取得胜利的时刻,海湾国家及西方无不万分着急,他们在调解的同时还把大量的美元和武器交给了萨达姆。仅科威特和沙特阿拉伯等海湾国家在开战后就支付了 500 亿美元替伊拉克购买武器,美国也与伊拉克恢复了中断 17 年的外交关系。

这边萨达姆越打仗越能赚钱;那边,伊朗则叫苦不迭。伊朗虽然在反击中夺回了被侵占的领土,但外汇收入急剧下降,武器装备越打越少,外交越来越孤立。经过几年的僵持,战争对伊朗来说,已变为一场用血肉之躯与钢铁相对抗的悲剧。到了 1988 年 7 月,战场又回到了伊朗的土地上,伊拉克收复了全部失地后,又攻陷了伊朗的德赫洛兰城。

7 月 18 日,伊朗忍痛宣布,愿意接受联合国 1987 年 7 月 20 日做出的要求两伊立即停火的 598 号决议。正如伊朗总统霍梅尼在宣布此事时说的:"接受这项决议是痛苦的,接受这一现实比喝毒药还要厉害。"8 月 20

日,两伊正式停火。

两伊战争是20世纪80年代持续时间最长、伤亡人数最多、物资消耗和经济损失最大的一次战争。两伊双方共伤亡200多万人,经济损失高达8 000亿美元。在这场战争中,没有谁是最后的胜利者。

东德西德统一

第二次世界大战结束后,以苏联为首的东欧集团与美国为首的西方世界为削弱德国的力量,在拆散德国的问题上达成了共识。1949年5月23日在美英法三国操纵下,德意志联邦共和国在由美英法控制的德国西部诞生,首都定在波恩,史称"西德";1949年10月7日,德意志民主共和国在苏联占领的德国东部成立,史称"东德"。

由希特勒发动的第二次世界大战带给德国的是毁灭性的损害,国内工业瘫痪、厂房被炸、机器被拆、交通中断、住房和食物空前匮乏,而占领国还索要高额战争赔款。在这种内忧外患的情形下,首任西德总理阿登纳在谈判中用他的智慧,使得一批工厂保存了下来。阿登纳又四处游说,使联邦德国跻身于美国援助欧洲的"马歇尔计划"受援国之列,从而获得大量美国资金。冷战时期,美国为了对付苏联,开始改变对德政策。阿登纳瞅准机会先是与宿敌法国修好,结成欧洲煤钢联营,进而使联邦德国在现代工业国中占有一席之地。朝鲜战争爆发后,美国等国向联邦德国购买军火,联邦德国工业由此得到迅速发展,同时又得以重新武装自己,获得独立主权,加入北约组织。

民主德国在昂纳克的领导下,内外政策在20世纪70年代初期取得了良好的效果,主要表现在经济稳定增长、消费品供应有所改善、社会稳定。尤其是在对外政策方面,民主德国打破了长期被孤立的局面,赢得了许多国家的承认。1973年两德一起加入联合国。

两德统一与苏联领导人戈尔巴乔夫有着密切的关系。戈尔巴乔夫上台伊始,发起一场"新思维"运动,对内提倡"公开化"、"民主化"、"多元政治",对外主张与西方缓和,推进欧洲和解与合作,结束"冷战"。

戈尔巴乔夫的"新思维"在苏联国内和东欧集团内掀起巨大风浪。在波兰,团结工会领导人瓦文萨1990年以74.7%的选票当选为波兰总统,他表示将在波兰实行全面私有制。在匈牙利,1990年5月新选举的多党制国会举行首次会议,反对党夺得国家的大权,政局动荡不安。

1990年,波兰和匈牙利的巨变波及到了东德。昂纳克虽领导国家取得了进步,但由于许多工作不尽人意,群众不满情绪日长。1989年10月9日,莱比锡7万人上街游行,要求政府仿效苏联,实行“民主化”、“公开化”。昂纳克因病辞职后,克伦茨继任。11月9日,克伦茨宣布开放隔断东西德联系的柏林墙和两国边界,开放的第一天即有5万人涌入联邦德国,此后进入联邦德国的民主德国公民无以数计。12月1日,民主德国修改宪法,将“在工人阶级及其马克思列宁主义政党领导下”这一内容删除;两天后,将昂纳克开除党籍。

面对民主德国的局势,联邦德国领导人果断地采取行动,以期结束德国分裂的状态,实现民族统一。1990年2月13日,东西德领导人在波恩举行会晤,商谈统一德国的有关事项。苏美英法四大国以“2+4”会谈方式介入了“二战”后欧洲大陆上这一重大的历史事件。

同年8月底,两德在东柏林签署了《政治统一条约》,10月3日零时,两德实现正式统一。12月2日,原联邦德国总理科尔当选为统一后的第一任德国总理。从此,德国开始了新的社会发展局面。

海湾危机

1990年初,伊拉克总统萨达姆·侯赛因派兵悍然入侵科威特。联合国安理会从维护世界和平出发,制定了相关决议,要求伊拉克撤出科威特。然而,伊拉克拒不执行安理会决议,相反,更加疯狂地发动对科威特的战争,使海湾地区陷于危机之中。1990年11月29日,联合国安理会以12票赞成、2票反对、1票弃权的多数通过了第478号决议,向伊拉克发出最后通牒:如果伊拉克政府于1991年1月15日之前仍拒不执行从科威特撤军等安理会的有关决议,联合国成员国有权使用一切手段,维护和执行有关的安理会决议,恢复海湾地区的和平与安全。

但是,联合国的这一最后通牒并没有吓倒萨达姆,伊拉克随即于次日表示拒绝安理会的这项决议。在随后的外交努力中,伊拉克的强硬态度尽管有所松动,但在拒不从科威特无条件撤军这一点上却毫无商量余地。

1991年1月12日,在距联合国给伊撤军规定的最后限期1月15日到来之前三天,美国国会参众两院分别以52票对47票和250票对183票通过决议,授权时任总统布什在他认为必要的时候对伊拉克使用武力。于是,由伊拉克侵占科威特这一地区性冲突而升级形成的国际性海湾危机,终于走到了战争边缘。

这时,美国根据"沙漠盾牌"计划在海湾地区集结的总兵力已达38万人。其中,以陆军8个师和海军陆战队5个旅为主的地面部队共30万人,装备坦克1 400多辆,作战飞机120余架;海军包括几艘航空母舰在内的各型舰只80多艘,舰载飞机240多架,巡航导弹350枚;空军4万多人,装备各型作战飞机800多架。另外,还有数万美军正在开往海湾的途中。与美军协调配合的多国部队此时也已基本部署完毕。其中,西方包括英、法、德、意、比、加、荷、挪、希、葡、丹、澳、新西兰和西班牙在内的14国总兵力约5万人,装备作战飞机200多架、各型舰艇60多艘、各型坦克300多辆;阿拉伯地区埃、叙、摩3国3个师又5个旅,共7万人,装备坦克约800辆;信奉伊斯兰的巴基斯坦、孟加拉国、塞内加尔和尼日尔4国共1.2万人。此外有拉美两国阿根廷和洪都拉斯及东欧捷、保、匈、波4国分别派有少量的舰艇、防化分队或军事医疗队。以上各国再加上沙特等海湾6

国，这样，在海湾与伊拉克军事对抗的国家多达35个，总兵力70多万人，装备坦克约4 000辆、各型舰艇300多艘、作战飞机2 000多架。他们分布在沙特、波斯湾、红海、地中海、土耳其、阿联酋、叙利亚等各处，对伊拉克形成合围之势。

驻海湾的各国部队中，美、英部队由美方指挥，其他多国部队统归沙特哈立德亲王指挥，美驻海湾部队司令施瓦茨科普夫上将与哈立德亲王各自秉承美、沙元首指令，相互协调指挥作战。驻海湾美军各部反复进行了各种实战演练，侧重沙漠战、防化战、夜战和以夺取科威特为目标的两栖登陆作战等课目。

美军对伊作战计划分为大中小三种。小者如"外科手术式"的空中袭击；中者如在海空的袭击下夺取科威特行动；大者则是"全面、致命"的打击，打一场有限规模的局部战争。无论何种打法，均力求突然、速战速决，力避重陷越南战争的泥潭。

针对美军和多国部队在海湾地区的大规模集结行动，伊拉克相应地完成了防御作战的军事部署。到1月12日，伊在科战区集结的兵力达37个师54万人，装备坦克4 000余辆，装甲车2 700辆，大炮约3 000门，飞毛腿—B型地对地导弹发射架14部，蛙—7战术火箭发射架约30部，各型作战飞机250架，武装直升机125架。其中约有一半的兵力部署在科境内。

伊军在科沙、伊沙边界沿线构筑了一道长240公里、宽7～8公里的多层次坚固的防御工事。

此外，伊拉克在北部边境布署了8个师，西部边境地区7个师，两伊边境地区9～10个师，首都及中南部地区16～17个师。

鉴于战争威胁日益严重，伊拉克政府在国内进行了全面战争动员，准备同各国部队大打出手。各政府部门均已研究制订了战争爆发的应急计划，首都巴格达及其他大城市频繁进行防空、疏散演练及战时民防教育。

伊拉克当局命令所有17－33岁的男性公民应征入伍，组织了数百万人民军（民兵），几乎是全民皆兵。伊拉克政府多次声明，一旦海湾爆发战争，伊拉克将选择以色列作为首要报复打击目标，挑起阿以战争；将使用化学武器，大量杀伤美国和多国部队；将袭击沙特油田，毁坏海湾石油设施；将支持阿拉伯和伊斯兰激进组织开展圣战，并到处袭击美国及其盟国的利益,把战争扩大到全世界。

1月14日,伊拉克国民议会召开紧急会议,一致通过决议,授予萨达姆·侯赛因总统解决海湾危机所需的一切必要的权力,支持他在科威特问题上不作任何退让的立场。1月15日下午,联合国安理会结束了有关海湾危机的两天紧张磋商,没有取得任何实际成果。安理会为和平解决海湾危机的最后努力宣告失败。

沙漠风暴行动

1991年1月17日,巴格达时间凌晨2时40分左右,以美国为首的驻海湾多国部队向伊拉克发动了代号为"沙漠风暴行动"的大规模空袭。从美国的各种军舰上,从沙特阿拉伯的陆地上,数以百计的飞机和巡航导弹飞向北方和西方,袭击伊、科境内的轰炸目标,巴格达火光冲天、声震大地。伊拉克则用导弹予以还击。一场以伊拉克为一方、以美国为首的多国部队为另一方的现代化战争终于爆发。

按照"沙漠风暴行动"计划,美国为主的多国部队第一步是利用海空优势,对伊拉克的指挥、通信、联络、空防、机场等重要军事战略目标进行狂轰猛炸,削弱甚至摧毁伊拉克战争的潜力;第二步是大规模空袭伊地面作战部队,最大限度地打击和削弱其战斗力;第三步是投入地面部队和两栖登陆力量发起地面进攻。

按照"沙漠风暴行动"计划,美军为主的多国部队在战争前期主要是对伊拉克进行空袭。

空袭开始的前10天,美、英、科、沙、法、加、意和卡塔尔、巴林等9国就出动了各型飞机约2万架次,美驻波斯湾和红海的战列舰及潜艇发射了近250枚战斧式巡航导弹,对伊、科境内的军事目标进行了狂轰滥炸。

战争开始的头3天为战略空袭,4 700多架各式飞机和约200枚战斧式巡航导弹对伊、科境内的防空和雷达系统、军用和民用机场、萨达姆总统住所、军事指挥中心、政府首脑机关、通信联络枢纽、核生化和地空导弹设施等军事战略目标进行了轮番轰炸。

此后则转向战术轰炸,侧重空袭伊在科战区和共和国警卫师等地面部队、伊前线部队的后勤补给线等目标，以削弱伊在科战区的军事实力，为地面决战扫平道路。

美军及多国部队对伊拉克的空袭作战持续了整整 37 天，据美及多国部队军方发表的战报，空袭使伊空、海军基本失去战斗力，伊导弹等大规模杀伤性武器袭击能力削弱到最低限度，伊军指挥控制系统被摧毁 3/4，伊军前线部队通讯联络发生困难，伊驻科部队后勤补给线基本被切断，从而使伊在科战区的战斗力受到重创。

针对美及多国部队的狂轰滥炸，伊拉克除加强防空力量外，时不时地有飞机升空作战，同时连续地向以色列和沙特阿拉伯发射“飞毛腿”导弹以反击对方空袭，但由于受到“爱国者”反弹道导弹的拦截，再加上其导弹命中精度本来就不高，伊拉克的反击能力非常有限。在海湾战争前期的整个空袭作战阶段，伊拉克一直未能改变自己所处的被动挨打局面。

1991 年 2 月 24 日，举世关注的海湾地面战终于开始了。

还在战前，美及多国部队就已为地面进攻做了充分准备。空军使用气浪弹等重磅炸弹从伊军防线的雷区打开了许多通道，海军在海上大规模地进行了扫雷，空袭和炮击摧毁了伊前沿阵地许多坦克、火炮及岸舰导弹等防御阵地。

发起进攻第二天，美国及多国部队进一步加强备战工作。美军首先使用凝固汽油弹，破坏伊军阵地前沿的贮油壕沟；接着出动大型推土机在伊军沙堤防线上打开决口；并且加强了对伊军前线部队的空袭和炮击。

2 月 22 – 23 日，美军出动 B—52 重型轰炸机达到海湾战争以来最高日出动量，对美地面部队进攻方向上的伊军阵地作了地毯式轰炸；英军第一装甲师倾其所有大炮与火箭对其地面部队进攻方向进行了火力攻击，仅 21 日一天就发射了 1 300 发炮弹，144 枚火箭。

同时，美和沙特等国还派出小分队，对伊军的前线部队作了火力侦察，并夺取了一些伊前哨阵地。正是在这些充分准备的基础上，美国及多国部队的地面进攻分突破防线、纵深作战和合围围歼 3 个阶段在顺利地进行着。

2 月 24 日，美海军陆战队 2 个师和阿拉伯联合部队组成的东路军率先在科沙边界兵分多路突破伊军防线，挥戈直指科威特市，当天即对科市形成合围之势；与此同时，美、英、法 3 国 10 个师组成的西路军，在沙伊边界多方向突破伊军防线，由南往北向伊南部纵深挺进，美国第18军的第101空降师还在伊沙边界以北80多公里处实施空降行动，为多国部队深入伊拉克境内作战建立了第一个后勤补给基地。

25日和26日，多国部队东路军在科境内切割伊军部队，并挫败了伊装甲机械化部队在科市外围地区的反击行动，歼灭伊军约10个师；西路军的法国第6轻装师击败伊拉克2个步兵师后进抵伊纳西里亚－萨马瓦一线的幼发拉底河流域，美第18空降军的3个师继续向伊纳西里亚地区开进，美第7军的5个师和英第1装甲师则由伊南部及科伊西部边境地区向东进击伊驻科地区的部队，西路军在两天多的作战行动中歼灭伊军11个师，并完成对科战区伊军迂回包围的钳形攻势。

其间，伊总统曾亲临伊南部前线组织反包围作战行动，但未能获得成功，遂于26日下令驻科伊军全部撤出科威特，收缩战线，准备在伊南部巴士拉地区进行抵抗。

2月27日起，美英装甲机械化部队对伊军5个共和国警卫师等精锐部队实施围歼作战，美海军陆战队和阿拉伯联合部队则围歼科市外围伊军，并与科军开进科市，宣告科获解放。

整个地面作战行动于2月28日上午结束，举世瞩目的海湾战争终于实现停火。

海湾战争中100个小时的地面决战，其规模之大为“二战”以来所罕见。交战双方动用兵力达百万之众，作战区域涉及伊南部及科全境，共约5万平方公里的整个科威特战区，结果以美为首的多国部队大获全胜。据美国、沙特等军方宣布，整个海湾战争共使伊军42个师中的约40个师被摧毁或失去战斗力，加上空袭作战的结果，共摧毁或缴获伊军坦克3 700多辆，装甲车1 800多辆，大炮2 140多门；击毁击落伊作战飞机150架，击沉或重创伊舰艇57艘，俘虏伊军17.5万人，造成伊军死伤10万～15万人，占领伊南部地区2.6万平方公里。多国部队方面总共伤亡失踪600余名军人（其中美军死79人，伤213人，失踪44人），被俘官兵41人，损失作战飞机49架（其中美机38架），被水雷炸伤美两栖攻击舰和巡洋舰各一艘。相比之下，力量占优势的美及多国部队以极小的代价使伊军遭受惨重失败。

伊拉克人民从此陷入水深火热的生活之中。

苏联解体

1991 年 12 月 25 日,西方人沉浸在圣诞节的快乐之中,而对苏联人民来说,这一天却是一个特别的日子。晚上 19 时,时任总统戈尔巴乔夫在电视上发表讲话,宣布辞去总统职务。19 时 20 分,戈尔巴乔夫将象征总统权力的核按钮交给了俄罗斯联邦总统叶利钦。18 分钟后,苏联国旗被俄罗斯国旗代替,飘扬在寒风中。所有这一切,在短短的几十分钟时间里发生,但这标志着一个由列宁亲手缔造的世界上领土最大、第一个由共产党领导的社会主义国家不复存在。国际格局在悄悄地发生着变化。

苏联曾是世界上经济发展速度最快的国家之一,然而在 20 世纪 70 年代末、80 年代初却陷入严重的内外交困局面:

在国内,经济停滞不前,社会政治气氛死气沉沉;在国际上,亦因苏联推行霸权主义和扩张主义政策而空前孤立,而且越来越难于承受同美国的激烈军备竞赛和旷日持久的阿富汗战争所带来的沉重负担。

此时,国内政治格局也出现了危机:勃列日涅夫、安德罗波夫和契尔年科 3 位最高领导人在 20 世纪 80 年代上半期短短的两年半时间内相继病逝。苏共政治局和中央委员会中的多数成员抱着要改变苏联面临的严峻局面的殷切期望,把年轻一辈的戈尔巴乔夫推举为苏共中央总书记。

戈尔巴乔夫 1985 年上台后推行所谓的“新思维”,从政治和经济方面着手改革。但是,由于对苏联经济问题的症结缺乏深刻认识,戈尔巴乔夫等苏联领导人在经济发展和改革的战略目标及政策选择上发生重大失误,具体表现为把加快经济发展速度作为战略目标,而忽视了经济结构的调整;希望以改善人民生活的许诺来树立自己的形象和取得人民的支持,却制定了超越实际可能的社会政策,结果自然是适得其反。这是导致苏联解体的第一个因素。

第二,由于苏联对经济体制改革的复杂性、长期性和艰巨性估计不足,在实践中急于求成,盲目冒进。

第三,苏联在意识形态和思想工作方面犯了错误,戈尔巴乔夫在倡导“公开性”和“民主化”的过程中,把这两个概念绝对化。只讲“公开性”、“民主化”和“社会主义意见多元化”,而不讲在大是大非问题上的原则界

限，对各种社会错误思潮采取容忍甚至宽容的态度，把一些有社会影响的报刊的领导权交给那些主张“激进改革”的“民主派”掌握。这些“民主派”乘机利用党的报刊和其他各种媒介，大肆宣扬“民主派”的思想和主张，严重地扰乱了人们的思想，一些人因此而成了名当了官，继而又利用获得的政治地位和权力，推进苏联的演变。他们还大力宣传西方资本主义社会中的“社会主义因素”，鼓吹资本主义和社会主义的“趋同论”，宣称共产主义是“乌托邦”，从而也在理论上搞乱了人们的思想。

正是这三点因素导致了苏联政治发生剧变。

列宁在世时，非常重视布尔什维克党的领导对维系民族关系的巨大作用，坚决反对苏共的“联邦化”。可是，1989 年苏共中央九月全会通过的《党在当前条件下的民族政策》，实际上放弃了苏共中央对各加盟共和国党组织在组织工作方面的领导，为苏共的“联邦化”准备了条件。

苏共领导人在对外政策上从推行“新思维”外交开始直到完全倒向西方，对苏联国内的演变起到了推波助澜的作用。

由于“新思维”外交的核心思想中所包含着的谬误，并由于改革过程中在政治和经济思想上逐渐认同于西方的价值观，再加上苏联国内经济、政治、社会和民族危机的不断激化，1989 年东欧解体后苏联采取了迎合西方、乞求西方援助的做法。这一做法的结果也进一步加速了苏联的解体进程。

1990 年 2 月,苏共中央全会作出决定,取消苏共在苏联的法定领导地位。

1990 年 7 月,苏共二十八大从根本上否定了马列主义的指导地位,用“人道的民主的社会主义”代替共产主义作为党的奋斗目标,在组织原则上放弃了党的民主集中制。就这样,改革一步步削弱和取消苏共的领导地位,一步步把苏共引向社会民主党型的议会党的道路。

为了挽救苏联使其免于解体和失去共产党的领导地位,1991 年 8 月 19 日,苏联发生了“8・19”事件,以副总统亚纳耶夫为首的一些党政领导人发动政变夺取国家权力,他们扣押了戈尔巴乔夫,宣布成立国家紧急状态委员会,但于 3 天后失败,亚纳耶夫等人被捕。“8・19”事件后,戈尔巴乔夫以苏联总统的名义发布了宣告“苏共中央自我解散”的命令,其后他又在他所著的《八月政变》一书中声称“苏共是不可改造的”,从而宣告他对苏共的根本否定。就这样,苏联在戈尔巴乔夫等人推行的改革“新思维”下终于一步一步走向了解体。苏联解体,这是 20 世纪世界历史上的一件大事,它给世界的政治、经济格局带来了巨大的影响,为许多国家提供了改革的沉痛教训。

图书在版编目(CIP)数据

世界上下五千年:学生版 / 杨非编写. -南京:南京大学出版社,2010.4(2018.1 重印)
(青少年课外阅读系列丛书)
ISBN 978-7-305-06878-2

Ⅰ.①世… Ⅱ.①杨… Ⅲ.①世界史-青少年读物 Ⅳ.①K109

中国版本图书馆 CIP 数据核字(2010)第 054101 号

出版发行 南京大学出版社
社　　址 南京市汉口路 22 号　　邮　　编 210093
出 版 人 金鑫荣

丛 书 名 青少年课外阅读系列丛书
书　　名 世界上下五千年(学生版)
编　　写 杨 非
责任编辑 杜 松　　编辑热线 025-83207098
审读编辑 荣卫红

照　　排 南京新洲印刷有限公司
印　　刷 皖南海峰印刷包装有限公司
开　　本 787×1092 1/16　　印 张 30　　字 数 460 千
版　　次 2010 年 4 月第 1 版　　2018 年 1 月第 9 次印刷
ISBN 978-7-305-06878-2
定　　价 39.80 元

网　　址 http://www.njupco.com
官方微博 http://weibo.com/njupco
官方微信 njupress
销售咨询热线 025-66665152

---

* 版权所有,侵权必究
* 凡购买南大版图书,如有印装质量问题,请与所购图书销售部门联系调换